Wien

Walter M. Weiss

Reise-Taschenbuch

Inhalt

Schnellüberblick	6
Das wienerische Gemüt	8
Lieblingsorte	10

Reiseinfos, Adressen, Websites

Informationsquellen	14
Wetter und Reisezeit	17
Tipps für Kurztrips und längere Aufenthalte	18
Anreise und Verkehrsmittel	21
Übernachten	26
Essen und Trinken	33
Einkaufen	44
Ausgehen, Abends und Nachts	50
Feste und Festivals	58
Aktiv sein, Sport, Wellness	62
Museen und Galerien, Gedenkstätten	66
Reiseinfos von A bis Z	72

Panorama – Daten, Essays, Hintergründe

Steckbrief Wien	80
Geschichte im Überblick	82
Dornröschenkuss an der Donau	88
Eine gemütliche Metropole – Wiener (Stadt-)Landschaften	92
Wien und die Donau – Szenen einer Ehe	96
1683 und die Folgen – Zweite Türkenbelagerung und Barock	99
Die Zeit des Biedermeier – Lust am seichten Amüsement?	102
Das Februar-Trauma	104
Medizin und Psychoanalyse – Wien therapeutisch	107

Inhalt

Wieder en vogue: das Kaffeehaus	111
Wien literarisch: von Grillparzer bis Jelinek	114
Das Burgtheater, ein Mythos	117
Brillante Bissigkeit – kleine Kabarettgeschichte	120
Wien, Welthauptstadt der Musik?	123
Wiener Jugendstil – die Geschichte einer Idee	125
Zeitgenössische Malerei	128
Wien, Hauptstadt der Diplomatie	131
Zwei ungleiche Brüder: Österreicher und Deutsche	134

Unterwegs in Wien

Westliche Innenstadt und Ringstraße — 138
Imperialer Prunk pur — 140

Staatsoper	140
Hofburg	146
Michaelerplatz/Herren- und Schottengasse	152
Freyung und Hof, Schottenring	153
Universität und Votivkirche	156
Mölker Bastei	157
Neues Rathaus	158
Burgtheater und Minoritenkirche	158
Parlament	159
Kunsthistorisches Museum	159
Naturhistorisches Museum	161
Burggarten	162
Akademie der Bildenden Künste	163

Östliche Innenstadt und Ringstraße — 166
Rund um den Stephansdom — 168

Stephansdom	168
Bummel über die Kärntner Straße	174
Kapuzinergruft	174
Graben und Kohlmarkt	174
Am Hof	181
Rund um den Judenplatz	182
Hoher Markt	182
Vom Ruprechtsviertel zum Dr.-Ignaz-Seipel-Platz	182
Postsparkassenamt	183
Regierungsgebäude, Urania	187
Museum für Angewandte Kunst	187

Inhalt

Das Wiental — 196
Zwischen Naschmarkt und Stadtpark — 198
Otto Wagners Jugendstilhäuser — 198
Naschmarkt, Theater an der Wien — 199
Karlsplatz mit Secession — 200
Stadtbahn-Pavillons, Karlskirche — 202
Wien Museum am Karlsplatz — 203
Künstlerhaus und Musikverein — 206
Schwarzenbergplatz und Lothringerstraße — 207
Stadtpark — 208

Schloss Schönbrunn und Umgebung — 214
Schlossgeschichte — 216
Schlossbesichtigung — 218
Technisches Museum — 219

Westliche Vorstadt — 226
Alsergrund, Josefstadt, Neubau – — 228
Am Alsergrund — 228
Altes Allgemeines Krankenhaus — 229
In der Josefstadt — 230
Spittelberg — 233
Museumsquartier — 234

Östliche Vorstadt — 242
Belvedere, Prater und Transdanubien — 244
Oberes Schloss Belvedere — 244
Unteres Schloss Belvedere — 246
Botschaftsviertel und zum Donaukanal — 247
Abstecher zum Gasometer, Prater — 251
Vienna International Centre/UNO-City — 255
Leopoldstadt — 255

Heiligenstadt und Grinzing — 262
Abwechslung zur Großstadt: Raus aufs Land! — 264
Karl-Marx-Hof — 264
Beethoven-Gedenkstätten — 265
Dorfkern von Grinzing — 266
Auf den Kahlenberg — 266
Zum Leopoldsberg — 267

Wiens Umland — 274
Wienerwald und weitere Umgebung — 276
Klosterneuburg — 276
Schloss Laxenburg — 278
Südliche Weinstraße — 278

Inhalt

Baden	279
Heiligenkreuz und Mayerling	279
St. Pölten, Krems und Stein	280
Wachau	281
Marchfeldschlösser	283
Nationalpark Donauauen	283
Register	284
Abbildungsnachweis/Impressum	288

Auf Entdeckungstour

Mal anders shoppen: im Dorotheum	144
Die Museen in der Hofburg	148
Mozart und die Musikstadt Wien	178
Durch das jüdische Wien	184
Highlights des Wiener Kunsthandwerks	192
Auf den Spuren des »Dritten Mannes«	204
Stationen des Wiener Jugendstils	220
Museale Highlights im MQ	236
St. Marxer und Zentralfriedhof	248
Wien und sein Wein	268

Karten und Pläne

Westliche Innenstadt und Ringstraße	142
Hofburg	150
Östliche Innenstadt und Ringstraße	170
Stephansdom	172
Das Wiental	200
Schloss Schönbrunn	219
Westliche Vorstadt	231
Museumsquartier	238
Belvedere	246
Zentralfriedhof	250
Östliche Vorstadt	253
Heiligenstadt und Grinzing	267

▶ Dieses Symbol im Buch verweist auf die Extra-Reisekarte Wien

Schnellüberblick

Westliche Vorstadt
Am Alsergrund wandelt man auf den Spuren weltberühmter Mediziner, allen voran Sigmund Freud. Josefstadt und mehr noch Neubau sind dank der Fülle an originellen Lokalen und Shops Wohnreviere von Künstlern und ›Bobos‹. Als urban-kreativer Hotspot fungiert das Museumsquartier. S. 226

Westliche Innenstadt und Ringstraße
Den Kernbereich jener Besichtigungstour bildet die Hofburg mit ihren Schauräumen und hochkarätigen Museen. Ihr benachbart sind Musentempel wie Staatsoper und Albertina. Ein Spalier spektakulärer Prunkbauten erwartet den Stadtflaneur entlang der westlichen Ringstraße. S. 138

Schloss Schönbrunn und Umgebung
Wo Maria Theresia und Franz Joseph residierten, erstrahlt Wien noch ganz im Glanz der Donaumonarchie. Neben den imperialen Schauräumen und der Wagenburg lohnt ein herrlicher Park mit Gloriette, Palmenhaus und dem ältesten Tiergarten der Welt ausführliche Spaziergänge. S. 214

Östliche Innenstadt und Ringstraße
Labyrinthische Gässchen und luxuriöse Shoppingstraßen, bedeutsame Adelspalais und Kirchen – zwischen Stephansdom und Donaukanal, Stadtpark und Judenplatz reichen Wiens Wurzeln am tiefsten. Zugleich pulsiert vielerorts eine quicklebendige Kunst- und Lokalszene. S. 166

Heiligenstadt und Grinzing

Die beiden alten Winzerorte im Nordwesten locken abends kraft ihrer zahlreichen Heurigenlokale scharenweise Gäste an. Die angrenzenden Weinberge und Wälder des Kahlen- und Leopoldsbergs laden zu Wanderungen, weiter stadteinwärts zwei Beethovenstätten zur Besichtigung.
S. 262

Wiens Umland

Abwechslung zur Großstadt gefällig? Voilà – malerische Winzerorte wie Mödling und Gumpoldskirchen, altehrwürdige Stifte wie Heiligenkreuz oder Klosterneuburg, prächtige Schlöser in Laxenburg und im Marchfeld, aber auch Stadtjuwele wie Baden und Krems animieren zu Spritztouren.
S. 274

Das Wiental

Theater an der Wien, Musikverein, Konzerthaus, aber auch Stadtmuseum, Karlskirche und diverse Jugendstiljuwele: Das Tal des Wienflüsschens bildet eine kulturelle Hauptachse. Beiderseits des Naschmarkts findet sich ein ›Kunterbunt‹ aus Lokalen, Boutiquen und Handwerksläden. S. 196

Östliche Vorstadt

Barocker Blickfang ist hier Schloss Belvedere, ein zweites ›Must See‹ das Hundertwasserhaus, und ein Hort der Internationalität die UNO-City. Spaß und Erholung bieten der dank dem Riesenrad weltberühmte Prater und, mehr noch, die 22 km lange Donauinsel, Lobau und die Alte Donau. S. 242

Der Autor

Mit Walter M. Weiss unterwegs
Reiseführer fallen nicht vom Himmel. Sie werden bei DUMONT von Menschen geschrieben, die eine ganz besondere Beziehung zu ihrem Thema haben. Walter M. Weiss kennt die Stadt als ›waschechter‹ Wiener wie seine Westentasche und hat – seit gut 25 Jahren als freier Autor mit den Themenschwerpunkten mitteleuropäische Kultur und islamische Welt tätig – sehr viel über sie geschrieben. Insgesamt veröffentlichte er bislang mehr als 60 Reise- und Sachbücher; für den DuMont Reiseverlag u. a. über Niederösterreich, Salzburg, Kärnten, Prag, Venedig und Syrien.
Details unter: www.wmweiss.com

Das wienerische Gemüt

»Nua ka schmoez net, how e xogt!« Die Warnung vor dem ›Schmoez‹ (Schmalz), die der geniale Mundartpoet H. C. Artmann an den Beginn eines seiner besonders trefflichen Gedichte gestellt hat, scheint jedem Intimkenner dieser Stadt nur allzu verständlich. Gewiss, die Liebe vieler Wiener zum Wein, zum Tod oder zu einer rückblickend vermeintlich »besseren« kaiserlich-königlichen Vergangenheit, auch ihre spezielle heurigenselige Musikalität, ja überhaupt die Neigung zu selbstgenügsamer Gemütlichkeit und tränendrückerischem Pathos, dem ›Schmalz‹ eben – all dies sind arg strapazierte, klebrig-süße Klischees. Wie so oft in solchen Fällen, enthalten sie freilich mehr als nur ein Kernchen Wahrheit. Das berühmt-berüchtigte ›Goldene Wienerherz‹, zu dessen Wesenzügen auch jener eigenwillige, berechnende Humor gehört, den die Wiener so gerne an den Tag legen und augenzwinkernd als ihren ›Schmäh‹ bezeichnen, ist ein vielschichtiges und zugleich zwiespältiges Gemütsorgan.

Katholisch und barock ...

Seelenkundler haben sein Wesen als Mischung aus Minderwertigkeitskomplexen und lärmigem Selbstbewusstsein gedeutet. Historisch betrachtet steckt dahinter wohl die Erfahrung, lange Zeit am Nabel eines Weltreichs gelebt zu haben, dann aber in einen Kleinstaat und an den Rand Europas gedrängt worden zu sein. Auch das immaterielle Erbe der Habsburger ist bis heute bemerkbar: Der Katholizismus zum Beispiel, ein konstituierendes Element ihrer mehr als 600 Jahre währenden Herrschaft, scheint in den Köpfen manch ehemaliger Untertanen, gepaart mit Obrigkeitsdenken, noch gegenwärtig.

Der Wiener hat, wenn man so will, einen Januskopf. Er folgt trotzig und selbstzufrieden der Maxime »Mir san mir«. Zugleich versprüht er scharfen Witz und verfügt – was ihn zum Diplo-

Blick auf den Michaelertrakt der Hofburg bei Nacht

maten prädestiniert – über ein ausgesprochenes Talent zur Anpassung, Improvisation und unverbindlichen Verbindlichkeit (was auch damit zu tun haben mag, dass sein Stammbaum für gewöhnlich einen ungarischen Onkel und eine böhmische Großmutter aufweist). Er liebt es, über eine künftige Änderung der Verhältnisse tagzuträumen. Tritt diese jedoch ein, wird sie vorerst sicherheitshalber einmal abgelehnt. Erst hinterher versucht man, sich – meist erfolgreich – mit den neuen Gegebenheiten zu arrangieren. Dabei gelingt es, aus Beethoven einen Österreicher und aus Hitler einen Deutschen zu machen.

Der Wiener raunzt gerne, frönt bereitwillig Fatalismus und Melancholie, besitzt aber andererseits auch eine unbändige Lebenslust. Wie sonst ließe sich die barocke Freude am Schlemmen und Trinken, an prunkvollen Titeln und Begräbnissen erklären? Und wie die Vorliebe und Gabe, selbst im Alltag stets haarscharf die Grenze zwischen Sein und Schein, zwischen Ernst und Spiel, Wirklichkeit und Traum entlangzubalancieren?

... und absolut zeitgemäß

Freilich kann doch auch Entwarnung gegeben werden. Denn manch Wiener mag zwar seinen Stammplatz beim Heurigen in der Tat nie und nimmer aufgegeben. Doch ein Gang durch die Szeneviertel genügt, um festzustellen, dass die gastronomische Vielfalt längst eine überbordende, an Internationalität kaum zu überbietende ist. Der rühr- und walzerselige Dreivierteltakt mag nach wie vor den Grundrhythmus des musikalischen Geschehens bilden. Aus der Jazz-, Pop- und Musicalszene aber dringen seit Jahren erfrischend quirlige, neue Töne. Und natürlich werden Lipizzaner, Sängerknaben und Philharmoniker bis auf Weiteres ihre Kapriolen, Koloraturen und Kadenzen nicht verlernen, und die Wiener ihren raunzigen, aber herzlichen Charme nicht verlieren. Und die ehemalige Kaiserstadt gebärdet sich zugleich szenig, wild und dekadent. Sie hat ein trendiges, multikulturelles, kreatives Kleid angelegt und sich somit, 100 Jahre nach ihrer legendären Geistesblüte um 1900, erneut zu einer wahrlich weltstädtischen Metropole gemausert.

Die weite Welt unter einem Dach im Globenmuseum, S. 154

Das älteste Kaffeehaus Wiens, das Café Frauenhuber, S. 176

Lieblingsorte!

Eine prall mit Leben gefüllte Piazza, der Haupthof im MQ, S. 241

Adriafeeling im Herzen Wiens gibt's in der Strandbar Herrmann, S. 256

Ausgezeichnete Speisen, ebensolcher Service: Meierei im Steirereck, S. 212

Stilvoller, origineller Platz zum Tafeln: der Kaiserpavillon im Tiergarten, S. 224

Sich in der Meierei im Stadtpark oder – wie dereinst Franz Joseph und Sisi – von Raubtieren beäugt im Kaiserpavillon des Tiergartens an Kaffee und Kuchen gütlich tun; den Blick vom ›Himmel‹ am Kahlenberg über die Stadt schweifen lassen; im Globenmuseum über die Vermessenheit der Welt oder im L.E.O. über große Oper im Taschenformat schmunzeln; die Wohnzimmeratmosphäre in Wiens ältestem Kaffeehaus genießen; im Haupthof des MQ die Seele baumeln lassen, oder in der Strandbar am Donaukanal das Wohlgefühl auskosten, man läge am Meer … Jeder dieser Orte, die ich immer wieder ganz gezielt und mit Freude aufsuche, bringt mir in Erinnerung, was Wiens Atmosphäre so einzigartig und liebenswert macht.

Große Oper in kleinem Rahmen – dargeboten im L.E.O., S. 260

Genüssliches Gratis-Freiluftkonzert ›Am Himmel‹, S. 272

Reiseinfos, Adressen, Websites

Der Opernball in der Staatsoper – immer noch das High-Society-Ereignis Wiens

Informationsquellen

Infos im Internet

Folgende Adressen können bei der Vorbereitung einer Wien-Reise sowie beim Aufenthalt in der Stadt aktuelle Tipps und nutzbringende Hinweise liefern. Landeskennung: .at

www.wien.info
Eine Fülle von Informationen zu allen nur erdenklichen Aspekten des Stadtlebens, von Sightseeing und Veranstaltungen über Essen & Trinken, Einkaufen, Lifestyle & Szene bis hin zu Unterkünften (auch direkte Buchungsmöglichkeit!) sowie vielerlei Hintergrundinfos zu diversen Themen erhält man auf der offiziellen Website des Wien-Tourismus.

www.wien.gv.at
Stets die aktuellsten Infos über sämtliche Serviceangebote der Wiener Stadtverwaltung – Wohnen, Gesundheit, Soziales, Familie, Umwelt, Bildung, Wirtschaft, Medien, Stadtplanung sowie, für Gäste der Stadt wohl am relevantesten, Freizeit und Verkehr, Kultur und Tourismus – finden sich auch auf der offiziellen Website der Stadt. Von hier zahlreiche Links zu themenverwandten Web-Adressen.

www.wienxtra.at
Vielfältige altersspezifische Informationen für Kids und Jugendliche bietet die Wien Xtra Jugend-Info.

www.viennahype.at
Alle jungen und jung gebliebenen Gäste auf der Suche nach Tipps zu schrägen Shoppingadressen, Kunst- und Szeneevents, alltäglichen und abgedrehten Festen, preiswerten Nächtigungsmöglichkeiten u. v. m. werden auf der von Wien Tourismus erstellten Site garantiert fündig.

www.falter.at
www.city-online.at
Wann wo was los ist, findet sich allwöchentlich umfassend in den Programmzeitschriften »Falter« und »City« aufgelistet. Hier bekommt man auch eine brauchbare Übersicht zu den Veranstaltungen der trendigsten Clubs.

www.oe4.com
www.sunshine.at
www.viennahype.at
www.cycamp.at
Auf Clubs spezialisiert haben sich obige Websites, darunter die Seite der Wiener Hochschülerschaft (linker frame »events«).

www.gayguide.at
Schwule Besucher finden einen umfassenden Überblick zu Hotels, Bars, Clubs, Restaurants, Discos, Saunas, Styling & Beauty, Gay-Cinemas und einschlägigen Läden unter – sowie übrigens auch in der vom Wiener Tourismusverband herausgegebenen Broschüre – »Vienna Gay Guide«.

www.wienguide.at
www.viennawalks.com
www.vienna-guide-service.com
Wer Wien im Rahmen fachkundiger Führungen kennenlernen möchte, bekommt hier eine Unmenge sowohl an einführenden als auch an thematisch spezielleren Spaziergängen aufgelistet, und dazu alle Termine, Treffpunkte, Preise und Kontakte.

www.culturall.at
Eine stets aktuelle Übersicht zum Veranstaltungsprogramm der führenden

Information

Bühnen. Hier kann man auch direkt Tickets für die Bundestheater und diverse andere Bühnen online kaufen.

www.oeticket.com
Ergiebige Ticketquelle.

www.mqw.at & www.khm.at
Was einen aktuell im Museumsquartier und im Kunsthistorischen Museum erwartet, erfährt man hier.

www.kunstnet.at
Für Kunstliebhaber halten Kunsthändler, Galeristen, Ausstellungsveranstalter und Auktionshäuser Informationen bereit.

www.nhm-wien.ac.at/bundesmuseen
Über die Programme aller Bundesmuseen.

Fremdenverkehrsämter

In Deutschland
Österreich Information: aus ganz Deutschland zum Ortstarif: Tel. 01802 10 18 18, Fax 01802 10 18 19, www.austria.info, tgl. 9–19 Uhr.

In der Schweiz
Österreich Information: Tel. 0842 10 18 18, Fax 0842 10 18 19, www.austria-tourism.at, tgl. 9–19 Uhr.

In Wien
Wien-Hotels & Info: Tel. 01 24555, Fax 01 24555 66, info@info.wien.at, http://www.info.wien.at, tgl. 9–19 Uhr.

Hotelbuchungen auch unter: rooms@info.wien.at.

Tourist-Information: 1., Albertinaplatz 1, Ecke Maysederg. hinter der Oper gelegen, U1, U2, U4 Karlsplatz, tgl. 9–19 Uhr.

wienXtra-Jugendinfo: 1., Babenbergerstr. 1, Tel. 01 17 99, U2 Museumsquartier, Mo–Sa 12–19 Uhr.

Xtra-Kinderinfo: Museumsquartier/Hof 2 (Zugang von Mariahilfer Str.), Tel. 01 400 08 44 00, U2 Museumsquartier, Di–Do 14–19, Fr–So, Fei 10–17 Uhr.

Österreich Information: Tel. 01 588 6 60, Fax 01 588 66 20, www.austria.info, Mo–Do 9–17, Fr bis 15.30 Uhr.

Niederösterreich Tourist Information (für Ausflüge in die Umgebung Wiens): Tel. 01 536 100, Fax 01 536 10 98 58, Mo–Fr 9–17 Uhr, www.niederoesterreich.at.

Am Flughafen
Flughafen Wien-Schwechat: Ankunftshalle gegenüber der Gepäckausgabe, tgl. 6–23 Uhr.

Wien-Karte
Für ›Museumstiger‹ empfiehlt sich der Erwerb der Wien-Karte. Mit dieser Karte kann man für nur 18,50 € nicht nur 72 Stunden lang beliebig oft sämtliche öffentlichen Verkehrsmittel verwenden, sondern genießt auch in den meisten wichtigen Museen und Sehenswürdigkeiten, aber auch bei Führungen, Rundfahrten, in Geschäften, Restaurants und Heurigen – teilweise erhebliche – Ermäßigungen. Die Wien-Karte ist am Flughafen, in über 200 Wiener Hotels, den Tourist-Infos sowie den Vorverkaufsstellen der Wiener Linien erhältlich. Außerdem kann sie online unter der Adresse www.wienkarte.at geordert werden.

Reiseinfos

Lesetipps

H. C. Artmann: Best of H.C. Artmann (Hg. Klaus Reichert), Frankfurt, 2000. Ein Lyrik-Sampler aus dem Werk des sprachgenialen Mundartpoeten. So sensibel und zugleich voll Wortwitz und überbordender Fantasie hat wohl kein anderer Dichter die (Un)Tiefen der wienerischen Vorstadtseele ausgelotet und in Verse gefasst. Tipp: wegen der phonetischen Schreibweise am besten laut lesen!
Thomas Bernhard: Heldenplatz, Frankfurt, 2005. Die gnadenlose Abrechnung des Großmeisters der literarischen Übertreibung mit den politisch-moralisch-geistigen Verhältnissen im Österreich der Anschlusszeit und auch der späten 1980er Jahre.
Heimito von Doderer: Die Strudlhofstiege, München, 1996 (seit 2008 auch als 4-teiliges Audio-CD-Set). Fabulöses 900-seitiges Porträt des bürgerlichen Wien der Zwischenkriegszeit, in dem sich atmosphärische Beschreibungen und Gesellschaftsdiagnose virtuos vermengen.
Wolf Haas: Komm, süßer Tod, Reinbek bei Hamburg, 2000. Turbulenter und makabrer, keineswegs unrealistischer – inzwischen auch erfolgreich verfilmter – Krimi um Privatdetektiv Brenner im Milieu der örtlichen Rettungsvereine und ihrer Fahrer. Gute Gelegenheit, die Aussagekraft und Deftigkeit des Wiener Dialekts kennenzulernen.
Robert Musil: Der Mann ohne Eigenschaften, Reinbek bei Hamburg, 1999. Obschon Fragment geblieben, einer der großen Romane des frühen 20. Jh.: Auf über 1000 Seiten erfolgt die meisterhafte Analyse der geistigen und kulturellen Strömungen am Ende der Habsburgermonarchie.
Helmut Qualtinger/Carl Merz: Der Herr Karl, Wien, 2007. Mit dem legendären Monolog des feisten Gemischtwarenhändlers über Leben, Liebschaften und politische ›Haltung‹ rechneten die beiden Kabarettisten 15 Jahre nach Ende des Zweiten Weltkriegs genialisch mit jenem bösartig-vulgären Opportunismus ab, wie er im Speziellen für den Wiener Spießbürger leider nicht untypisch ist.
Gerhard Roth: Eine Reise in das Innere von Wien, Frankfurt, 1991. Feinfühlige Exkursionen in das unterirdische Wien – seine Katakomben, Grüfte und Verliese, aber auch seine seelischen Abgründe und seine so glanzvolle wie elende Vergangenheit.
Joseph Roth: Radetzkymarsch und Kapuzinergruft, Hamburg, 2005. Zwei Schlüsselwerke des gebürtigen Galiziers – beides ungemein poetische und zugleich wortgewaltige Abgesänge auf die k.u.k.-Zeit, geschildert anhand des Aufstiegs und Untergangs der Adelsfamilie von Trotta.
Arthur Schnitzler: Traumnovelle, Fräulein Else, Leutnant Gustl, Reigen, Anatol … , Ditzingen, div. Jahrgänge. Keiner demaskierte die Doppelbödigkeit und Brüchigkeit der bürgerlichen Moral im Wien des Fin de Siècle so treffend und unerbittlich wie dieser dichtende Seelenverwandte Sigmund Freuds in seinen Dramen und Novellen. Dringend zur Wiederentdeckung empfohlen!
Carl E. Schorske: Wien – Geist und Gesellschaft im Fin de Siècle, München, 2002. Bis heute in ihrer intellektuellen Brillanz und Ausführlichkeit unübertroffene Analyse der Stadt um 1900.
Friedrich Torberg: Die Tante Jolesch, München, 2008. Äußerst originelle, melancholisch-heitere, stark von jüdischem Witz geprägte Anekdotensammlung aus der Welt der Wiener, Prager und Budapester Boheme. Ebenfalls lesenswert: Torbergs Folgeband »Die Erben der Tante Jolesch«.

Wetter und Reisezeit

Wiens Witterung unterscheidet sich nicht grundsätzlich von jener in deutschen Landen. Von ungefähr Mitte Mai bis Ende September ist es mehr oder weniger warm, ja manchmal sogar richtig heiß. Den Rest des Jahres ist es kühl bis feucht- oder bitterkalt.

Für Kunst- und Shopping-Enthusiasten empfiehlt sich die Reise dann, wenn das Wetter am angenehmsten und das kulturelle Leben am ergiebigsten ist: im **Spätfrühling** (Mai/Juni) und im **Herbst** (Sept./Okt.). In Ersterem finden, zeitlich gut abgestimmt, mit Blütenpracht und lässig-lauen Nächten die **Wiener Festwochen** statt, und rechtzeitig im Herbst, den in der Regel eine konstante Schönwetterperiode auszeichnet, setzt das Wiener Kulturleben wieder mit vollen Akkorden ein.

Als suboptimal kann sich ein Wien-Besuch indes in der **Hauptreisezeit** im Juli und August erweisen. Erstens wird es da doch oft ziemlich heiß. Zweitens ist die Stadt mit Fremden überschwemmt. Drittens ist in diesen Monaten die Wiener Kultur mehrheitlich ›auf Urlaub‹. Oper und Theater haben Sommerpause, die Philharmoniker spielen auswärts bei den Salzburger Festspielen, die Sängerknaben genie-

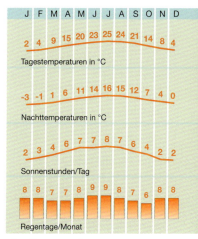

Klimadiagramm Wien

ßen die Stille der Ferien und selbst die Lipizzaner – so man sie dem Kulturleben zurechnen kann – faulenzen auf der Sommerweide.

Kleidung

Für die **schönsten Reisezeiten,** Spätfrühling und Frühherbst, empfiehlt es sich, leichtes Gewand plus einige wärmere Sachen für die durchaus möglichen Kälte- und Regenperioden mitzubringen. Im Winterhalbjahr ist massiver **Kälteschutz** angebracht.

Im touristischen Alltag genügt für gewöhnlich Freizeitkleidung. Doch bei festlicheren Anlässen wie klassischen Konzerten, Bällen, Abenden in der Oper oder den großen Theatern etc. zelebrieren die Wiener gerne das Ritual der bürgerlichen Repräsentation. **Elegante Garderobe** (im Zweifel samt Schlips) ist dort meist obligat.

Gut zu wissen
Wetter aktuell: www.orf.at/wetter und in den Tageszeitungen.
Die aktuellen Events: www.vienna hype.at und www.vienna.at, in den kostenlos in Tourismusämtern, Hotels und Museen ausliegenden Monatsbroschüren und -leaflets sowie im kommerziellen Wochenmagazin »Falter« (www.falter.at).
Ermäßigungen: s. S. 15.

Tipps für Kurztrips und längere Aufenthalte

Nur ein Wochenende Zeit?

Selbst wenn man sich nur kurz in Österreichs Hauptstadt aufhält und es an Zeit für eine eingehendere Besichtigung mangelt: Auch an nur einem Nachmittag oder Abend lässt sich durchaus ein – bleibender – Eindruck gewinnen.

Ringstraße und Innere Stadt

Unverzichtbar ist ein Spaziergang entlang der Ringstraße von der Staatsoper, vorbei an den **Prachtbauten der Gründerzeit** bis zur Universität. Eine bequeme Besichtigungsart für besonders Eilige: die Fahrt im zentralen Abschnitt mit den Straßenbahnlinie 1, 2 oder D.

Ein Muss ist auch ein zweiter Bummel vom **Stephansdom** (von dessen Türmerstube man sich übrigens einen herrlichen **Überblick auf das Stadtzentrum** verschaffen kann) über den Graben und von dessen Ende entweder über den Kohlmarkt durch die Hofburg auf den Heldenplatz oder über Hof und Freyung zum Schottentor – beides Routen, an denen zahlreiche Cafés Gelegenheit zur Pause bieten.

Museen

Nummer eins auf der langen Liste sehenswerter Sammlungen ist wohl das **Kunsthistorische Museum** mit seiner reich bestückten Gemäldegalerie (Minimum: 2 Std.).

Dieser Besuch lässt sich ideal mit einem Abstecher ins benachbarte, neue **Museumsquartier** verbinden, wo vor allem das Leopold-Museum mit seinen Schätzen von Schiele, Klimt & Co., aber auch das Museum Moderner Kunst, die Kunsthalle und ein sehr innovatives Kindermuseum locken.

Einzigartige Einblicke in die Tiefen der österreichischen Geschichte vermittelt eine Visite in der **Schatzkammer** (einzuplanen ist gut 1 Std.).

Schönbrunn und Belvedere

Zwei, drei unvergessliche Stunden lassen sich auch in **Schloss und Park Schönbrunn** zubringen (10 U-Bahn-Min. vom Stadtzentrum). Eine Führung durch die Schauräume (50–60 Min.), ein Bummel durch den perfekt gepflegten Garten hinauf auf die Gloriette – und man weiß, was die Habsburger unter Lebenskunst verstanden haben.

Keinesfalls versäumen sollte man den kurzen Gang von der Innenstadt zum **Belvedere**. Selbst wenn man dort nicht all die fulminanten Sammlungen zur österreichischen Kunst en détail studieren kann: Allein der **Blick vom Oberen Schloss** über die barocke Gartenanlage zum Unteren und auf die Innenstadt prägt sich tief ins Gedächtnis.

Abendprogramm

Um Wiens Kulturangebot in seiner ganzen Breite zu genießen, reichten 100 Abende nicht aus. Wer nur einen zur Verfügung hat, möge zwischen **Staatsoper** und **Burgtheater,** den zwei berühmtesten Kunsttempeln, wählen.

Klassische Alternative: ein gemütliches ›Glaserl‹ samt üppigem Buffet beim **Heurigen.** Und am späteren Abend lockt eine Reihe schicker Clubs.

Tipps für Kurztrips

Wien von ganz oben und ganz unten

Die folgenden Vorschläge führen zur schönen Aussicht und in den Untergrund:

Die **Türmerstube** im Stephansdom (72 m) muss über 343 Stufen erklommen werden (tgl. 9–17.30 Uhr), der unausgebaute Nordturm verfügt über eine Aussichtsplattform auf 60 m Höhe (Lift, tgl. 8.30–17.30, winters nur bis 17 Uhr). Aus anderer Perspektive sieht man aus dem **Haas-Haus** gegenüber dem Dom auf die Innenstadt.

Vom **Oberen Belvedere** (3, Prinz-Eugen-Str. 27) überblickt man gut das Zentrum und von der **Gloriette** (13, Grünbergstr., Tivolibrücke) das Schönbrunner Schloss, den Park und die westlichen Bezirke Wiens.

Das **Riesenrad** (64,5 m) im Prater befördert aussichtshungrige Gäste von Mai bis Sept. (9–24 Uhr; verkürzte Betriebszeiten in den übrigen Monaten).

Auf die 150 m hohe Plattform des **Donauturmes** führt ein Lift. Zwei drehbare Kaffee-Restaurants auf 160 und 170 m Höhe erlauben außerdem einen gemütlichen Rundblick über die Stadt.

Der **Kahlenberg** (484 m) und der **Leopoldsberg** (425 m), von wo aus man jeweils eine Aussicht über ganz Wien genießt, sind mit öffentlichen Verkehrsmitteln (Autobus 38a, während der Wintermonate allerdings eingeschränkt), Ausflugsbussen, dem Auto über die Höhenstraße und auf zahlreichen Fußwegen (zwischen 45 Min. und 2 Std. von Grinzing, Nußdorf oder dem Kahlenbergerdorf) erreichbar.

Außer der Stefaniewarte auf dem Kahlenberg eignen sich auf den Hügeln des Wienerwaldes noch die **Jubiläumswarte** (388 m, Gallitzinberg, 16. Bezirk, von Neuwaldegg oder Hütteldorf ca. 1,5 Std. Fußweg) und die **Habsburgwarte** (542 m, höchster Punkt Wiens, Hermannskogel, 19. Bezirk, von Grinzing oder Sievering ca. 1,5 Std. Fußweg) als schöne Aussichtspunkte.

Zwischen Hütteldorf und Grinzing verläuft die über 36 km lange **Höhenstraße** mit vielen Rast- und Parkplätzen entlang der Strecke durch eines der ›aussichtsreichsten‹ Gebiete Wiens.

Unter der Erde bieten sich einige Gruftanlagen zur Besichtigung an, wie z. B. die sogenannten **Katakomben** unter dem Stephansdom (Führungen Mo-Sa 10–11.30, 13.30–16.30 Uhr, So nur nachmittags), die **Kaisergruft** (Kapuzinerkirche, 1, Neuer Markt, tgl. 10–18 Uhr) und die **Herzgruft der Habsburger** (1, Augustinerstr. 3, Zugang nur nach telefonischer Voranmeldung: Tel. 533 70 99).

Römische Baureste gibt es unter dem Hohen Markt 3 (Di–So und Fei 9–18 Uhr) zu sehen.

Stadtrundfahrten und -führungen

Hop on hop off

Unter dieser aus anderen Weltstädten bekannten Bezeichnung bietet auch in Wien ein Linienbus Touristen die Möglichkeit, die wichtigsten Sehenswürdigkeiten der Stadt individuell und bequem zu entdecken. 15 Haltestellen (von der Staatsoper über die Ringstraße bis zu UNO-City, Prater, Belvedere und Schönbrunn) werden an 365 Tagen im Jahr zwischen 10 und 19 (im Winter bis 17) Uhr im Stundentakt angefahren. Aus- und Einstieg ist jederzeit möglich. Die Tickets um 20 € (Kinder 7 €) sind einen ganzen Tag lang gültig; zu buchen in jedem Hotel und jeder Pension in Wien, in allen Reisebüros in Österreich sowie auch im Ausland. Vorreservierung ist nicht nötig. Informationen: Tel. 71 24 68 30.

Reiseinfos

Sightseeing-Programm
Über das reichhaltige Wiener Sightseeing-Programm informieren auch Reisebüros und Hotels (reine Rundfahrten ca. 3–4 Std. rund 35–45 €; auch Hotelabholung, Abendfahrten, Konzert- oder Lokalbesuche etc.). Zu den führenden Veranstaltern, die im Übrigen auch Halbtages- und Ganztagestouren außerhalb Wiens durchführen, zählen: Cityrama Sightseeing Tours (Tel. 53 41 30) und Vienna Sightseeing Tours (Tel. 71 24 68 30).

Alternative Stadtrundfahrten vermittelt u. a. die Stattwerkstatt (Tel. 317 33 84).

Radtouren
Diverse zwei- bis dreistündige Besichtigungstouren per Rad bieten an: Pedal Power (2, Ausstellungsstr. 2, Tel./Fax 729 72 34, www.pedalpower.at) und Bike & Guide (Tel./Fax 212 11 35, www.bikeandguide.com).

Miet-Oldtimer
Mit Fahrer für Wien und Niederösterreich: Tel. 06 64 411 88 93, www.oldiefahrt.at.

Unterwegs mit dem Fiaker
Fiaker-Standplätze (im Sommer): Stephansplatz, Albertinaplatz und Heldenplatz; Fahrpreis vor Antritt der Fahrt vereinbaren.

Schiffstouren
Verschiedene Touren per Schiff (u. a. auf dem Donaukanal und in die Wachau) hat die DDSG-Blue Danube im Programm (Information: Österreichisches Verkehrsbüro, Tel. 58 80 00).

Organisierte Rundgänge
Anbieter sind u. a.: Vienna Guide Service, Tel. 440 30 94, www.vienna-guide-service.com; Per Pedes: Tel. 544 96 68; Wiener Spaziergänge/Austria Guides, Tel. 489 96 74 oder 06 64 260 43 88, Fax 774 89 33, www.wienguide.at. Infos gibt's auch bei der Kammer der gewerblichen Wirtschaft für Wien, Tel. 514 50 12 57; Programm erhältlich bei der Stadtinformation im Rathaus, Tourist-Information Kärntner Straße, in Museen und Hotels.

Lizensierte Fremdenführer legitimieren sich mit Ausweis und amtlichem Fremdenführerabzeichen.

Klassische Sightseeing-Touren bietet u. a. Vienna Sightseeing

Anreise und Verkehrsmittel

Einreisebestimmungen

Für EU-Bürger, Schweizer und auch Bürger einiger anderer Staaten genügt – wenn sie sich nicht länger als max. drei Monate in Österreich aufhalten – ein amtlicher Personalausweis. Mitreisende Kinder benötigen entweder einen eigenen Pass oder müssen im Reisepass eines Elternteils eingetragen sein, in diesem Fall müssen sie jedoch in Begleitung des Reisepassinhabers reisen.

Zoll
Zollkontrollen werden bei Einreise aus einem EU-Land gemäß dem Schengener Abkommen nicht mehr durchgeführt. Stichproben sind – insbesondere bei Einreise aus der Schweiz – freilich jederzeit möglich.

Anreise

Mit dem Flugzeug
Der Flughafen Wien-Schwechat ist 19 km (südöstl.) vom Stadtzentrum entfernt.
Wien-Information (Zimmernachweis) in der Ankunftshalle des Flughafens, gegenüber der Gepäckausgabe, tgl. 9–21 Uhr, Tel. 70 07-0; **Flugauskunft:** Tel. 700 72 22 33, **Gepäckverlust:** Tel. 700 70; **Austrian Airlines:** Tel. 05 17 89; **Air Berlin/Niki:** Call Center-Tel. 08 20 40 00 11.

Flughafentransfer: mit dem **Autobus** (Auskunft: Tel. 930 00 23 00 oder 700 73 23 00) auf folgenden Linien: Schwedenplatz, Wien 1–Flughafen: rund um die Uhr in 30-minütigen Intervallen (Fahrzeit 20 Min.); Westbahnhof–Südbahnhof–Flughafen: halbstündl. von 5.40/5.55–23.40/23.50 Uhr (Fahrzeit 35/20 Min.). Fahrpreis jeweils ca. 6 €; die Fahrpläne ab Flughafen richten sich z. T. nach der Ankunft von Passagiermaschinen. Etliche private Firmen bieten einen Flughafen-Shuttle-Service an.

Mit der **Bahn** (Auskunft: Tel. 580 03 53 98): Wien Nord–Wien Mitte–Flughafen: 4.35–21.30 Uhr in stündl. und z. T. kürzeren Intervallen, in umgekehrter Richtung bis 22 Uhr (Fahrzeit 30/35 Min., Fahrpreis ca. 3 €). Als Direktverbindung ins Zentrum: **City Airport Train,** tgl. 5.38–23.35 Uhr im Halb-Stunden-Takt. Non-Stop-Fahrzeit: 16 Min., Fahrpreis: einfach 9 € (online 8 €/Hin- und Rückticket 15 €, Check-in am Bahnhof in Wien-Mitte bis 75 Min. vor Abflug möglich). Infos: Tel. 252 50, www.cityairporttrain.com.

Ein **Taxi** ins Zentrum kostet zwischen 17 und 28 € (beim Rufen eines Funktaxis ›Flughafen‹ dazusagen).

Mit der Bahn
Die Hauptbahnhöfe Wiens (Westbahnhof, Südbahnhof und Franz-Josefs-Bahnhof) sind alle Kopfbahnhöfe. Transitreisende (außer im Orient-Express) müssen daher per Taxi oder mit den innerstädtischen öffentlichen Verkehrsmitteln von Bahnhof zu Bahnhof.
Westbahnhof (mehrmals tgl. gute Schnellverbindungen von bzw. nach Deutschland, Schweiz und Ungarn): 15, Mariahilfer Straße/Gürtel (Europaplatz), öffentliche Verkehrsmittel: U3, U6, 5, 6, 9, 18, 52, 58, Schnellbahn und Regionalbahn vom/zum westlichen Stadtrand.
Südbahnhof/Ostbahnhof (mehrmals tgl. gute Schnellverbindungen von/nach Italien, Ex-Jugoslawien und Slowakei, 3 x tgl. von/nach Ungarn): 10,

Reiseinfos

Wiedner Gürtel/Arsenalstraße, öffentliche Verkehrsmittel: D, O, 18, 13A, 69A, Schnellbahn und Regionalbahn vom/zum südöstlichen bis südwestlichen Stadtrand und Stadtteile links der Donau.
Franz-Josefs-Bahnhof (mehrmals tgl. Schnellverbindungen von bzw. nach Tschechien und Deutschland): 9, Julius-Tandler-Platz, öffentliche Verkehrsmittel: U4, U6, D, 5, 37A, Schnellbahn und Regionalbahn vom/zum nördlichen Stadtrand rechts der Donau.
Wien Mitte/Landstraße: 3, Landstraßer Hauptstraße, öffentliche Verkehrsmittel: U3, U4, O, 1A, 74A, Schnellbahn von/nach Südbahnhof, Wien Nord und Wien-Schwechat, Busbahnhof.
Wien Nord/Praterstern (1 x tgl. Schnellverbindung von/nach Tschechien bzw. Slowakei): 2, Praterstern, öffentliche Verkehrsmittel: U1, O, 5, 21, 80A, Schnellbahn von/nach Wien Mitte, Schnellbahn und Regionalbahn vom/zum nördlichen und nordöstlichen Stadtrand.

Informationen: Reisebüros am Bahnhof mit Zimmervermittlung gibt es am Westbahnhof, im Südbahnhof, im Franz-Josefs-Bahnhof und im Bahnhof Wien Mitte. **24-Std.-Zugauskunft:** Tel. 05 17 17; mit der Durchwahl -1 (also: 05 17 17 1) gelangt man zur Stelle für Reisebuchungen, mit der -2 erhält man Auskünfte zum Fernverkehr im In- und Ausland, mit der -3 solche über regionale Verbindungen im Inland. **Zugauskünfte** für Ausflüge in die Umgebung per Bahn sind rund um die Uhr unter Tel. 05 17 17 3 erhältlich.

Mit dem Auto

Von München über Salzburg oder von Passau auf der Westautobahn A1, über Prag oder durch die Wachau über die Donauufer-Autobahn A22. Achtung, nicht vergessen: Vor Fahrtantritt (beim ADAC) oder aber spätestens beim Grenzübertritt unbedingt die gesetzlich vorgeschriebene **Autovignette** besorgen!

In Österreich sind der internationale Führerschein, die nationale Zulassung und ein Nationalitätenzeichen nötig. Eine Autoapotheke und ein Pannendreieck müssen mitgeführt werden.

Es gelten folgende **Geschwindigkeitsbeschränkungen:** auf Autobahnen 130, auf Landstraßen 100, im Ortsgebiet 50 km/h, wenn nicht anders beschildert.

Ungefähre **Entfernungen** nach Wien: von Zürich 770 km, von München 440 km, von Berlin über Prag 650 km, von Prag 300 km.

Kraftfahrervereinigungen (Tonbanddienste): ÖAMTC-Verkehrsnachrichten, Tel. 0810 120 120; ARBÖ, Informationen für Kraftfahrer: Tel. 05 123 123. Verkehrsfunk: Radiosender Ö3. Über die orangefarbenen Notrufsäulen an der Autobahn kann Pannenhilfe, Rettung usw. angefordert werden.

Öffentliche Verkehrsmittel in Wien

Das dichte Netz der öffentlichen Verkehrsmittel verbindet sämtliche wichtigen Sehenswürdigkeiten und Verkehrsknotenpunkte, sofern sie nicht (wie vor allem in der Innenstadt) überhaupt am besten zu Fuß angesteuert werden. Durch den Zusammenschluss der Beförderungsunternehmen Wiener Verkehrsbetriebe (U-Bahn, rot-weiße Straßenbahnen und Autobusse), der österreichischen Bundesbahnen (Schnellbahnen und alle in Wien verlaufenden Bahnstrecken, Autobusse), der Post (Autobusse) und etlicher privater Busunternehmen sowie der Badner Lokalbahn zu einer **Tarifgemein-**

Anreise und Verkehr

schaft (**VOR**) bieten sich attraktive Möglichkeiten der Wien-Besichtigung mit derselben Fahrkarte für die verschiedensten Verkehrsmittel (vgl. Plan auf der Rückseite der Faltkarte).

In den Fahrzeugen der Wiener Verkehrsbetriebe gibt es so gut wie keine Schaffner mehr, sondern es befinden sich entweder Münzautomaten zum Fahrscheinkauf und automatische Fahrscheinentwerter im Fahrgastraum, oder die Fahrkarte muss bereits außerhalb des Bahnsteigbereiches gekauft und entwertet werden. Bei größeren Knotenpunkten (vor allem im Bereich Ring und Gürtel) befinden sich Fahrkarten-Verkaufsstellen und/oder Fahrkartenautomaten, auch solche, die Banknoten wechseln.

Fahrscheine

Ein Einzelfahrschein (2,20 €) berechtigt zu einer Fahrt auf einer beliebigen Strecke mit beliebig vielen Umsteigestationen, allerdings nur in eine Richtung und ohne Unterbrechung. Um Fahrgeld zu sparen, sollte man **Vorverkaufsfahrscheine** besorgen, die bei den Verkaufsstellen der Wiener Verkehrsbetriebe, an ÖBB-Schaltern und in Trafiken (Tabakläden) erhältlich sind. Fahrscheine bekommt man einzeln oder in größeren Kontingenten zu 5 oder 10 Stück, Streifenkarten (ein Streifen entspricht einem Einzelfahrschein) mit vier oder acht Streifen und beides auch zum halben Preis (für Kinder oder Hunde bzw. Kurzstrecken).

Als Kurzstrecken gelten bei U-Bahn und Schnellbahn je zwei Stationen, in den anderen Verkehrsmitteln sind sie im Wageninneren beschrieben. Mit den Streifenkarten kann man mehrere Zonen (1 Zone = 1 Streifen) befahren, was jedoch nur dann relevant ist, wenn man das Stadtgebiet verlässt, Wien ist eine einzige Zone. Erläuterungen zur Zoneneinteilung hängen in den U-

Günstig mit Bus und Bahn unterwegs

Die sogenannte **Acht-Tage-Karte** enthält acht Streifen, die jeweils eine Tagesnetzkarte für einen beliebigen Tag beinhalten (27,20 €). Eine noch günstigere Variante zur intensiven Erkundung von Wien bieten die **Zeit-Netzkarten** (z. B. 72 Std. um 13,60 €, ein Monat usw.). Die **Wienkarte** (s. S. 15; erhältlich in allen Touristenbüros für 18,50 €) ermöglicht für 72 Stunden die unbeschränkte Nutzung der öffentlichen Verkehrsmittel und gewährt zusätzlich ermäßigten Eintritt bei allen Museen, an deren Eingang Sie das entsprechende Symbol sehen.

Bahn- und Schnellbahn-Stationen aus. Kontrolleure können zu jeder Zeit den Vorweis eines Fahrscheines verlangen. Beim **Schwarzfahren** ertappt zu werden, kostet von 60 € aufwärts!

Kinder bis zum vollendeten sechsten Lebensjahr werden unentgeltlich befördert, Kinder zwischen sechs und 15 Jahren können an Sonn- und Feiertagen sowie während der gesetzlichen Ferien gratis fahren. Sie brauchen dazu einen Lichtbildausweis, aus dem das Geburtsdatum ersichtlich ist.

Auskünfte: Informationszentren der Wiener Linien befinden sich an folgenden Stellen: Karlsplatz (in der Fußgängerpassage), Stephansplatz und Westbahnhof: Mo–Fr 6.30–18.30, Sa, So, Fei 8.30–16 Uhr. Praterstern, Philadelphiabrücke, Schottentor, Floridsdorf und Landstraße (im Bahnhofsgebäude): Mo–Fr 6.30–18.30 Uhr.

Sämtliche Informationen sind auch telefonisch unter Tel. 7909100 bzw. unter der Site www.wienerlinien.at erhältlich.

Reiseinfos

U-Bahn

Das im Ausbau befindliche Wiener U-Bahn-Netz ersetzte zunächst den Streckenverlauf der Stadtbahn, die 1892 bis 1901 nach dem Generalkonzept von Otto Wagner, von dem auch alle Haltestellenbauten stammen, entstanden. So sind die Linien U4 und U6 nur z. T. Untergrundbahn, zum anderen Teil Hochbahn. Die U-Bahn führt auf dem schnellsten Weg quer durch die Stadt und reicht bis nahe an die Hügel des nördlichen und des westlichen Wienerwalds heran. Die Linien (zurzeit U1, U2, U3, U4, U6) verkehren von etwa 5 Uhr früh bis kurz nach 24 Uhr.

Schnellbahn, Straßenbahn & Bus

Auf den Bahnstrecken der ÖBB verkehrt die zweite wichtige Wiener Schnellbahn, die vor allem die Beförderung vieler Berufstätiger aus der Umgebung Wiens ins Zentrum sicherstellt. Mit ihr erreicht man am besten die Heurigengegenden und Ausflugsziele nordöstlich von Wien und des südlichen Wienerwalds. Die Betriebszeiten der meisten Linien beginnen gegen 4.30 bzw. 5 Uhr und enden zwischen 21 und 24 Uhr.

Der Nachteil, dass man mit den Bus- und Straßenbahnlinien in den Stoßzeiten nur wenig schneller vorankommt als mit dem privaten Pkw, wird wohl dadurch ausgeglichen, dass man von den Bussen und Bahnen aus die beste Aussicht auf Wien hat. Noch immer ist die Straßenbahn das meistgenutzte, weil am besten vernetzte Verkehrsmittel der Stadt. Ihr Fahrbetrieb dauert durchschnittlich von 5/5.30 bis 23/24 Uhr. Weitaus unterschiedlicher verkehren die Buslinien, deren Fahrbetrieb z. T. erheblich früher endet und die auch an Wochenenden und Feiertagen andere Fahrpläne als werktags haben können. Nachtbusse verkehren in Wien im 30-Minuten-Intervall von Mitternacht bis zum Betriebsbeginn des Tagesverkehrs.

Nachtfahrscheine sind an allen Verkaufsstellen der Wiener Linien und auch direkt am Automaten erhältlich (Sondertarif: ca. 1 €). Weitere Informationen mit genauem Routenverlauf der insgesamt 22 Linien sind den »Night Line«-Broschüren zu entnehmen, die es in allen Informationsstellen der Wiener Linien kostenlos gibt.

Taxis

Taxi-Standplätze befinden sich an vielen größeren Kreuzungen, bei Bahnhöfen und in der Nähe von Ausflugszielen. Der Fahrpreis (geeichte Taxameter) setzt sich aus der Grundgebühr (2 €), einem Funkzuschlag und einem gekoppelten Kilometer- und Zeittarif zusammen. 10 Min. Fahrt kosten rund 10/12 €. Für ein per Funk gerufenes Taxi zahlt man einen Zuschlag von 2 €. Fahrten außerhalb des Stadtgebietes (zum/vom Flughafen) werden nach Sondertarifen berechnet.

Funktaxi-Rufnummern (Auswahl): Tel. 313 00, 401 00, 601 60.

Mit dem Auto in der Stadt

Die **Verkehrsvorschriften** unterscheiden sich im Allgemeinen nicht wesentlich von denen anderer mitteleuropäischer Länder (Rechtsfahrordnung, 0,5 Promille Obergrenze für Alkoholgehalt im Blut, solange die Fahrtüchtigkeit gewährleistet ist). Die Höchstgeschwindigkeit im Ortsgebiet beträgt 50 km/h (Ausnahmen beschildert). Hupverbot besteht generell in ganz Wien.

Parken

In **Kurzparkzonen,** die beschildert und zudem mit blauen Bodenmarkierun-

Anreise und Verkehr

> **Nützliche Parkfibel**
> Unter www.parkeninwien.at, Stichwort Parkfibel, kann man kostenlos die aktuelle Parkfibel für Wien bestellen (Inhalte: Kurzparken, Dauer- und Nachtparken, Park & Ride, Sicherheit in Parkgaragen, Parkleitsystem, Blaue Zonen, Wissenswertes über die Wiener Parkgaragen, wie z. B. Tarife, Orientierungsplan, Öffnungszeiten).

gen kenntlich gemacht sind, sowie in den Bezirken 1, 2 bis 9 und 20 ist das Parken nur mit Parkscheinen gestattet (Mo–Fr, also werktags, 9–22 Uhr, max. 2 Std.). Achtung: In Vororten gelten eigens beschilderte Ausnahmen.

Parkscheine gibt es in Vorverkaufsstellen der Wiener Verkehrsbetriebe, vielen Tankstellen, Tabaktrafiken sowie in Filialen einiger Geldinstitute. Die Entwertung geschieht durch Anzeichnen von Jahr, Monat, Tag und Uhrzeit. Der Parkschein muss an sichtbarer Stelle hinter der Windschutzscheibe platziert sein. Parkverbot herrscht in Straßen, in denen Straßenbahnschienen liegen. Liste der **Parkhäuser** unter: www.wkw.at.

Die **Ringstraße** ist im Uhrzeigersinn Einbahnstraße, die Innenstadt z. T. Fußgängerzone, daher ist die Zufahrt äußerst erschwert, es herrscht akuter Parkplatzmangel. Verkehrsbehindernd abgestellte Fahrzeuge werden abgeschleppt, was mit lästigen Wegen und Kosten verbunden ist.

Leihwagen

Etliche **Autoverleihfirmen** sind auch am Flughafen Schwechat vertreten. Die meisten bieten auch Chauffeur- und Limousinenservice und bewegen sich im Rahmen des internationalen Preisniveaus.

Avis: 1, Opernring 3–5, Tel. 587 62 41 bzw. 700 73 27 00 oder 700 73 29 61, Mo–Fr 7–18, Sa 8–14, So 8–13 Uhr.
Hertz: 1, Kärntner Ring 17, Tel. 512 86 77 bzw. 700 73 26 61, Mo–Fr 7.30–18, Sa, So 8–16 Uhr.

Mit dem Fahrrad unterwegs

Erst in den letzten Jahren wurde das ›sanfte Verkehrsmittel‹ wiederentdeckt. Viele Kilometer Radwege in den städtischen Erholungsgebieten und auch durch die Innenstadt wurden ausgebaut, weitere sind geplant.

In der U- und S-Bahn ist die Mitnahme von Fahrrädern beschränkt erlaubt (Anschlag im Fahrgastraum).

Informationsmaterial für Radfahrer:
ARBÖ, 15, Mariahilfer Str. 180, Tel. 89 12 17; Gratis-Infomaterial, Verkauf von Radliteratur und Radkarten, Radreiseangebote.
ARGUS, 4, Frankenberggasse 11, Tel. 50509 07; Verkauf von Radliteratur und Radkarten, Herausgeber eines speziellen Wienplanes für Radfahrer, betreibt ein sogenanntes Fahrradbüro.
ÖAMTC, 1, Schubertring 1–3, Tel. 711 99; Gratis-Infomaterial, Verkauf von Radliteratur und Radkarten, Radreiseangebote.
VCÖ, 5, Bräuhausg. 7–9, Tel. 893 26 97; Gratis-Infomaterial, Radkarten.
Fahrradverleih: Stellen finden sich in den Sommermonaten u. a. im Prater, vor allem aber im gesamten Bereich der Donauinsel bzw. am rechten oder linken Donauufer zwischen Nußdorf und Lobau.
Citybike: Spontan Fahrräder entleihen und zurückbringen an mehr als 50 Stationen im ganzen Innenstadtbereich! Details s. S. 63 bzw. S. 165.

Übernachten

Hotels, Pensionen und Appartements

Wien verfügt über ein äußerst **breites Hotelangebot**, das Jahr für Jahr um etliche neue Häuser wächst. Insgesamt bieten über 350 Beherbergungsbetriebe ihre Dienste an. Sie sind, wie in ganz Österreich üblich, fünf verschiedenen offiziellen Kategorien zugeteilt. Die Skala reicht von luxuriösen (5 Sterne) und erstklassigen (4) über gehobene (3) und mittlere (2) bis zu einfachen (1 Stern) Häusern. Eine Handvoll Betriebe aus allen Qualitätsstufen nimmt am Klassifizierungssystem nicht teil.

Pensionen unterscheiden sich von Hotels darin, dass sie oft nur einen Teil, z. B. eine Etage, eines Wohngebäudes umfassen. Ihr Angebot ist oft weniger vielfältig (meist nur Frühstück), dafür ist ihnen in der Regel eine familiärere Atmosphäre eigen. Bei **Appartements** sind Wohn- und Schlafbereich getrennt und eine Kochnische vorhanden. Saisonhotels werden zwischen Juli und September zimmerweise vermietet und dienen das restliche Jahr über als Studentenheime.

Zimmervermittlung

Eine übersichtliche Liste sämtlicher lizensierter Unterkünfte mit detaillierter Beschreibung, Lageplan, Preis- und Kontakthinweis finden Sie auf www.wien.info. Unter dieser Adresse bzw. info@wien.info können Sie auch gleich online buchen. Die Fachleute von WienTourismus beraten Sie und buchen für Sie in jedem Wiener Hotel täglich (auch an Feiertagen) von 9 bis 19 Uhr auch unter Tel. 00 43 1 24 555 (alternativ: Fax 00 43 1 24 55 56 66). Sie informieren auch über besonders familienfreundliche oder behindertengerechte Quartiere. Die angegebenen Preise verstehen sich stets inkl. Frühstück sowie allen Steuern und Abgaben. Websites und Prospekte führen häufig den Maximalpreis an, der aber nur in der Hauptsaison (Mai/Juni, Sept., Ostern, Weihnachten/Silvester, während Messen, Kongressen etc.) zur Anwendung kommt. Oft lohnt es, nach **Sonderkonditionen** zu fragen. Einzelzimmer kosten im Durchschnitt 20–30 % weniger als Doppelzimmer.

Preiswerte Alternativen

Reisende mit Kindern aufgepasst: Viele Hotels in allen Kategorien bieten sogenannte **Familienzimmer** an, die über Gitterbetten oder Klappsofas für den Nachwuchs verfügen. Die Preise liegen meist nur unwesentlich über jenen für DZ (die Altersgrenze für Kinder liegt meist bei zwölf; unter Sechsjährige übernachten für gewöhnlich gratis).

Private Zimmer und Wohnungen bekommt man über die **Mitwohnzentrale** (c/o Odyssee-Reisen, 7., Westbahnstr. 19, Tel. 00 43 1 402 60 61, www.odyssee-mwz.at) bzw. die **Wiener Privatvermieter** (Tel. 945 59 74, www.wienprivat.com) vermittelt.

Wohnen in Vorstadt und Peripherie

Die Unterkünfte finden sich über so gut wie alle inneren Bezirke verteilt. Besonders gut bestückt – und vielfach merklich preisgünstiger als die Innenstadt – sind die angenehm zentral gelegenen, ehemaligen Vorstädte (Bezirke 2–9). Dank direkter öffentlicher

Übernachten

Verkehrsanbindung sind aber auch so manche an der Stadtperipherie, etwa an den Ausläufern des Wienerwalds, gelegene Quartiere gut geeignet.

Edel und teuer

Topschick in historischem Gemäuer – **Palais Coburg Hotel Residenz** 1 : ▶ Karte 2, P 12, 1., Coburgbastei 4, Tel. 518 18-0, www.palais-coburg.com, U1, U3 Stephansplatz, U3 Stubentor, DZ ab 460 €. Historisches Palais, 2003 als überaus luxuriöses Suitenhotel wiedereröffnet. Viel Glas und Chrom trifft auf Relikte der alten Stadtmauer, modernes Design auf Spätbiedermeier- und Directoire-Stil. Service und Wohnlichkeit erfüllen allerhöchste Ansprüche; Spa mit 2300 m^2, weitläufiger Wintergarten, exquisites Restaurant, sensationeller Weinkeller von Weltruhm.

Raffinement im Ringstraßen-Palais – **The Ring** 2 : ▶ Karte 2, O 12, 1., Kärntner Ring 8, Tel. 515800, www.theringhotel.com, U1, U2, U4 Karlsplatz, DZ ab 400 €. Das neue Luxushotel verbindet exklusives Ambiente und besten Service mit einer legeren Atmosphäre. In Top-Lage gleich neben der Oper, bietet es 68 großzügig angelegte Zimmer und Suiten, die sich farblich an *café au lait* (Braun, Beige, Pistazie und Rot) orientieren. Der 200 m² große Spa- und Fitnessbereich hat alle Finessen, das Restaurant und eine Bar sorgen für lukullische Genüsse. Der denkmalgeschützte Lift wurde mit zeitgemäßem Design kombiniert und schafft einen spannenden Gegensatz zwischen Altem und Neuem.

Intimer Luxus seit Generationen – **Sacher** 3 : ▶ Karte 2, O 12, 1., Philharmonikerstr. 4, Tel. 514 56 541, www.sacher.com, U1, U2, U4 Karlsplatz, DZ ab 380 €. Dieses wunderbar plüschige Nobelhotel, von dessen Zimmern aus man der Staatsoper gleichsam auf die Hinterseite blickt, ist fast so legendär wie die gleichnamige Schokoladentorte und zählte schon zu Zeiten der Monarchie zu den Vorzeigehotels Wiens. Zusätzlich hervorhebenswert sind die kostbaren Originalgemälde, das Spa, das exquisite Restaurant und das neue Dachgeschoss.

Komfortabel und stilvoll

Pionier unter den Designhotels – **Das Triest** 4 : ▶ Karte 1, O 13, 4., Wiedner Hauptstr. 12, Tel. 58 91 80, www.dastriest.at, U1, U2, U4 Karlsplatz, DZ ab 273 €. Ein prominentes US-Lifestyle-Magazin hat es als eines der »world's hippest hotels« beschrieben. Kein Wunder, steckt doch kein Geringerer als Englands Designerpapst Sir Terence Conran hinter der Verwandlung dieser 300 Jahre alten Postkutschenstation in ein Schmuckkästchen, das modern-minimalistischen Zeitgeist atmet, ohne die ursprüngliche Funktion zu verleugnen. Die Kreuzgewölbe der einstigen Stallungen überspannen Salons, Suiten und Seminarräume. Die Zimmer: lichtdurchflutet, mit eigens entworfener, schlicht-eleganter Einrichtung und strahlenden Farbtupfen. Frühstück gibt's im baumbestandenen Innenhof.

Künstlerflair mit viel Tradition – **Kaiserin Elisabeth** 5 : ▶ Karte 2, O 11, 1., Weihburgg. 3, Tel. 515260, www.kaiserinelisabeth.at, U1, U3 Stephansplatz, DZ ab 216 €. Alles in diesem denkbar zentral gelegenen First Class-Hotel atmet Traditionsbewusstsein und Gediegenheit. Kein Wunder, hat doch das Gemäuer schon über 600 Jahre auf dem Buckel und fungiert seit dem 17. Jh. als Herberge. Für Musik-

Reiseinfos

freunde inspirierend: In den stilvollen Suiten nächtigten u.a. schon Clara Schumann, Liszt, Bruckner, Wagner und, früher noch, sogar Wolfang Amadeus Mozart. In heißen Sommerwochen wichtig: Dritter und vierter Stock bieten (ohne Aufpreis) Air Condition. Drei – freilich etwas beengte – Einzelzimmer mit Dusche gibt's schon um 72 €. Zusatzplus: die nahe Vertragsgarage mit Abholung und Zustellung des Wagens.

Urbaner Schick – **Radisson SAS Style Hotel** 6: ▶ Karte 2, O 11, 1., Herrengasse 12, Tel. 22 78 00, www.stylehotel.at, U3 Herrengasse, DZ ab 200 €. Das ehemalige Jugendstilgebäude im Herzen Wiens überrascht mit seinem Inneren. Elegant urbanes Design verbindet exquisite Materialien und Schlichtheit mit persönlicher Wohlfühl-Atmosphäre. Die geräumigen Designzimmer und komfortablen Suiten sind mit modernster Technik ausgestattet. Im Fitness-, Sauna- und Entspannungsbereich wird die ursprüngliche Nutzung als Bankgebäude sichtbar: Eine schwere Tresortür sicherte einst Gold und Silber! Einladend sind das Italienische Restaurant und die H12-Wine&Bar.

Originelles Styling – **The Levante Parliament** 7: ▶ Karte 2, M 11, 8., Auerspergstr. 9, Tel. 22 82 80, www.thelevante.com, U2 Rathaus, DZ ab 195 €. Das Jugendstilgebäude in der Nähe des Parlaments ist heute ein schickes Designhotel. Die klare Architektur von einst verbindet sich sehr gut mit der modernen Ausstattung. Tiefrote Glasobjekte des rumänischen Künstlers Ioan Nemtoi schaffen eine einzigartige Atmosphäre. Leuchtend rote Kunstwerke sorgen auch für die außergewöhnliche Stimmung im Nemtoi Restaurant & Bar. Der Garten im Innenhof des Gebäudes ist eine Oase der Ruhe und Entspannung.

Gediegene Tradition – **Graben** 8: ▶ Karte 2, O 11, 1., Dorotheerg. 3, Tel. 51 2 15310, www.kremslehnerhotels.at/graben, U1, U3 Stephansplatz, DZ ab 180 €. Gediegenes 4-Sterne-Haus, sehr ruhig in der Fußgängerzone, am Rand des Antiquitätenviertels gelegen. Zur Gasse hin, wo heute Restaurant und Trattoria zum – empfehlenswerten – Mahle laden, befand sich noch in den 1920er Jahren ein Café und beliebter Schriftstellertreff. Der stadtbekannte Bohemien und Meister impressionistischer Kurzprosa, Peter Altenberg, nahm in diesem Hotel sein Dauerquartier (heute: Zimmer-Nr. 57 mit historischen Gedenkfotos an der Wand). Weitere literarische Stammgäste von einst waren Franz Kafka und Max Brod.

Viel Charme am Nabel der Stadt – **Wandl** 9: ▶ Karte 2, O 11, 1., Petersplatz 9, Tel. 53 45 50, www.hotelwandl.com, U1, U3 Stephansplatz, DZ ab 180 €. Eine zentralere Lage ist wohl kaum denkbar: Tritt man aus diesem eleganten, kürzlich komplett renovierten Familienhotel auf die Straße, hat man den prachtvollen Barock der Peterskirche vor sich. Eine Gehminute später steht man am Graben und bald darauf zu Füßen des Stephansdomes. Eine frühzeitige Buchung ist deshalb dringend angeraten. Wermutstropfen für Autofahrer: In Ermangelung hoteleigener Parkplätze müssen diese ihren fahrbaren Untersatz in einer der City-Garagen unterstellen.

Feiner Fin-de-Siècle-Komfort – **Fürst Metternich** 10: ▶ M 13, 6., Esterhazyg. 33, Tel. 588 70, www.austrotel.at, U3

Stylish: die Lobby im Radisson SAS in der Herrengasse

Reiseinfos

Neubaugasse, DZ ab 170 €. Schon die Jahrhundertwende-Fassade des kleinen Hotels wirkt sehr stilvoll und freundlich, genau wie die Atmosphäre im Haus. Die Shoppingmeile Mariahilfer Straße ist gleich um die Ecke und der Naschmarkt auch nur wenige Gehminuten entfernt. Exzellente American Bar (Barfly's) im Haus.

Architektonische Überraschung – **Renaissance Penta 11:** ▶ Karte 1, Q 13, 3., Ungarg. 60, Tel. 71 17 50, www.marriott.de, U3 Kardinal-Nagl-Platz, DZ ab 155 €. Potztausend, welch architektonisches Husarenstück! Und zwar: Aus der 1850 erbauten k.u.k.-Militärschule ein solch veritables 4-Sterne-Hotel zu zaubern! Wo einst die Soldaten ihre Schlafsäle hatten, bettet man im Deluxe-Zimmer sein Haupt zur Ruhe. Und wo sich die Reithalle befand, begrüßt heute der Rezeptionist die Gäste. Zudem bergen die zinnenbekrönten Backsteinmauern Konferenzräume, zwei tadellose Restaurants, Indoor-Pool und Sauna. Bei so viel postmodernem Schick nimmt man gerne die 10 Min. auf sich, die es braucht, um per Tramway die Innenstadt zu erreichen.

Intim & elegant – **Hollmann Beletage 12:** ▶ Karte 2, P 11, 1., Köllnerhofgasse 6, Tel. 96 1 19 60, www.hollmann-beletage.at, U1, U4 Schwedenplatz, DZ ab 150 €. Das kleine Hotel in der Innenstadt mit 16 großzügigen Zimmern befindet sich in einem noblen Haus des 19. Jh. Ein kleines, feines Spa-Separée mit Sauna, Dampfbad, Laufband und Kamin verspricht totale Entspannung. Edle Designermöbel, eine kleine Bibliothek, eine Lobby mit Kamin, Klavier und gemütlichen Sitzgruppen laden zum Plaudern ein. Individuelles Frühstück, auf Wunsch Souper à deux oder Abendessen für bis zu 20 Pers. für Gäste der Gäste werden arrangiert.

Für Weinliebhaber – **Rathaus Wine & Design 13:** ▶ Karte 1, M 11, 8., Lange Gasse 13, Tel. 400 11 22, www.hotel-rathaus-wien.at, Straßenbahn 2, 5, 33, DZ ab 148 €. Der Name ist Programm: In diesem modernen Designhotel unweit der Wiener Innenstadt dreht sich alles um das Thema Wein: Die individuell gestalteten Doppelzimmer sind jeweils einem österreichischen Top-Winzer gewidmet, zum Frühstück gibt es Wein-Käse, zum Kaffee einen Wein-Guglhupf, und außerdem erwartet den Gast Wein-Kosmetik auf den Zimmern. Die Direktorin veranstaltet für ihre Gäste gerne Wein-Verkostungen im Haus, wozu Snacks nach hauseigenen Rezepten gereicht werden.

Einfach und günstig

Wohnen beim Winzer – **Landhaus Fuhrgassl-Huber 14:** ▶ Karte 1, H 5, 19., Rathstr. 24, Tel. 44 0 30 33, www.fuhrgassl-huber.at, Bus 35 A, DZ ab 125 €. Wohnen im Winzerdorf und doch in der Stadt! Neustift am Walde, wo dieses exquisite Landhaus steht, zählt zu den malerischsten und meist besuchten Heurigenorten Wiens. Von hier ist man per pedes im Nu im Wienerwald und per Bus in knapp 20 Min. downtown.

Ruhelage in Schönbrunnnähe – **Ekazent 15:** ▶ Karte 1, E 15, 13., Hietzinger Hauptstr. 22, Tel. 877 74 01, www.hotel-ekazent.at, U4 Hietzing, DZ ab 110 €. Wem das nahe gelegene, prunkvollere Parkhotel Schönbrunn denn doch etwas zu kostspielig ist, der findet hier, im Herzen von Alt-Hietzing, zwei Gehminuten zu Park und Schloss Schönbrunn in diesem deutlich budgetschonenderen, im schlichten 1960er-Jahre-Stil errichteten Haus eine tadellose Quartier-Alternative.

Übernachten

*Altwiener Charme – * **Nossek 16**: ▶ Karte 2, O 11, 1., Graben 17, Tel. 533 70 41, www.pension-nossek.at, U1, U3 Stephansplatz, DZ ab 110 €. Kaum zu übertreffen an dieser gepflegten Familienpension ist die Lage: *centralissimo* im Herzen der Fußgängerzone, kaum mehr als 100 Schritte vom Stephansdom entfernt.

*Mittelklasse in Wiens mittelalterlichem Kern – * **Christina 17**: ▶ Karte 2, P 11, 1., Hafnersteig 7, Tel. 533 29 61, www.pertschy.com, U1, U4 Schwedenplatz, DZ ab 109 €. Nettes 3-Sterne-Haus in sehr ruhiger und unüberbietbar zentraler Lage. Man fällt aus dem Haus und stolpert gleichsam über Dutzende Beisln und Restaurants. Zwei Gehminuten zu den Spazierwegen entlang dem Donaukanal. Einige Zimmer mit Möglichkeit zum Selberkochen!

*Dörflicher Heurigencharme – * **Schneider-Gössl 18**: ▶ Karte 1, D 15, 13., Firmiang. 9–11, Tel. 877 61 09, www.schneider-goessl.at, U4 Ober St. Veit, DZ ab 102 €. Hier, im weit westlich gelegenen Bezirksteil Ober Sankt Veit, fühlt man – beinahe – schon Dorfatmosphäre und wohnt direkt in einer echten Buschenschank. Die City ist 15 U-Bahn- plus ein paar Gehminuten entfernt, dafür sind weite, unbebaute Wiesenhügel zum Spazierengehen ganz nah. Und wen das leise Geschirrgeklapper und Stimmengewirr am mittleren Abend stört, der kann sich ja immer noch mit einem Gläschen reschen Veltliners zu den Heurigengästen gesellen.

*Für Öko- und Kunstbeseelte – * **Stadthalle 19**: ▶ Karte 1, K 13, 15., Hackeng. 20, Tel. 982 42 72, www.hotelstadthalle.at, U6 Burggasse/Stadthalle, Straßenbahn 9, 49, DZ ab 96 €. Funkelnagelneues Haus mit künstlerischem Touch, sehr familiär und umweltbewusst geführt, das Gros der Zimmer geht in den begrünten Innenhof, Garage samt eigener Werkstatt für Fahrradtouristen.

*Praktikables Sommerquartier – * **All you need 20**: ▶ Karte 1, O 14, 4., Schäfferg. 2, Tel. 512 74 93, www.allyouneedhotels.at, U4 Kettenbrückengasse, DZ 88 €. Zeitgemäßes, schick gestyltes 3-Sterne-Quartier mit hohem Komfort, reichhaltigem Frühstück, Autogarage. ›Filiale‹ mit 120 Zimmern in 1020 Wien, Große Schiffg. 2. Achtung: beide Häuser nur Juli–Sept. geöffnet!

*Traditionsadresse nahe dem Donaukanal – * **Post 21**: ▶ Karte 2, P 11, 1., Fleischmarkt 24, Tel. 515 83 0, www.hotel-post-wien.at, U1, U4 Schwedenplatz, DZ ab 66 €. Ausgesprochen sympathische Traditionsadresse in zentralster Lage, an der schon Mozart, Wagner und Nietzsche ihre Häupter zur Ruhe betteten. Rundum zu einem zeitgemäßen 3-Sterne-Haus modernisiert.

*Mitten im Boheme-Quartier – * **Kugel 22**: ▶ Karte 1, M 12, 7., Siebensterng. 43, Tel. 523 33 55, www.hotelkugel.at, Straßenbahn 49, DZ ab 85 €. Nach der erfolgten Rundumrenovierung ausgesprochen nette und preiswerte Bleibe. Großer Pluspunkt: die unmittelbare Nähe zum idyllischen Spittelberg-Viertel mit seinen gemütlichen Beisln und dem Museumsquartier.

*Stattlich in bester Lage – * **Neuer Markt 23**: ▶ Karte 2, O 11, 1., Seilerg. 9, Tel. 512 23 16, www.hotelpension.at, U1, U3 Stephansplatz, DZ ab 58 €. Eine gediegene 4-Sterne-Pension, untergebracht im zweiten und dritten Geschoss eines prachtvollen Stadthauses. Der Blick schweift von den typisch wie-

Reiseinfos

Wien – immer eine Reise wert!

nerisch möblierten Zimmern über den Neuen Markt mit seinem Raphael-Donner-Brunnen bis zum Eingang der berühmten Kapuzinergruft.

Möblierte Appartements

Stephansdom im Blick – **Sacher** 24: ▶ Karte 2, P 11, 1., Rotenturmstr. 1, Tel. 533 32 38, www.sacher-apartments.at, U1, U3 Stephansplatz, 9 Zimmer, DZ ab 97 €. Die Alternative für kostenbewusste Wiengäste, die etwas länger als drei, vier Tage zu bleiben planen. Helle, freundliche Appartements für zwei und mehr Personen, teilweise mit Blick auf das zum Greifen nahe Westportal des Stephansdoms.

Luxuswohnung auf Zeit – **Singerstrasse 21/25** 25: ▶ Karte 2, P 12, 1., Singerstr. 21/25, Tel. 514 49, www.singerstrasse2125.at, U1, U3 Stephansplatz, 77 App., 4 Wochen ab 2397 €. Das nennt man Logieren im Stil der Zeit – in 33–77 m² großen Appartements, eingerichtet mit Designermö-

beln, Marmorbad, komplett ausgestatteter Kleinküche, Satelliten-TV, Stereo- und Klimaanlage, Videogegensprecheinrichtung, Safe sowie hauseigener Tiefgarage und Tages-Concierge – und das alles nur drei Gehminuten vom Stephansdom entfernt. Preise für kürzere Aufenthalte auf Anfrage.

Jugendherbergen

Kostenlos in beiden Jugendherbergen: die Nutzung von Parkplatz und Mountainbikes, Internetzugang, Bettwäsche, Gepäckraum, Schließfächer in jedem Zimmer. Kinder unter 3 Jahren gratis, 3–10-Jährige 10 % Ermäßigung.

Viel Platz im Grünen – **Hostel Hütteldorf** 26: ▶ Karte 1, D 15, 13., Schloßbergg. 8, Tel. 87 71 50 10, www.hostel.at, U4 Hütteldorf, ganzjährig geöffnet, pro Pers. im Mehrbettzimmer ab 13 € inkl. Frühstück, im DZ ab 20 € inkl. Frühstück. Haus mit über 300 Betten inmitten eines 27 000 m² großen Parks am westlichen Stadtrand, unweit des Lainzer Tiergartens. Per U-Bahn in gut 20 Min. von der Stadt aus erreichbar.

Prachtlage am Wilhelminenberg – **Palace Hostel** 27: ▶ Karte 1, D 10, 16., Savoyenstr. 2, Tel. 48 58 50 37 00, www.hostel.at/shb, Bus 46B, ganzjährig geöffnet. Die 40 Vier-Bett-Zimmer (1 Bett ab 18 €) sind auch als Doppelzimmer zu buchen (pro Pers. ab 27 €). Ob dieses umfassend renovierte Schloss das Attribut der »schönsten Jugendherberge Europas« zu Recht trägt, sei dahingestellt. Prachtvoll ist seine Lage inmitten des riesigen Schlossparks am Rande des Wienerwalds mit Panoramablick auf Wien allemal. Da nimmt man die ca. 20-minütige Anfahrt per Bus aus der Stadt gerne auf sich.

Essen und Trinken

Wie Sie das richtige Restaurant finden ...

Mit diesem Buch
Auf den folgenden Seiten finden Sie eine Auswahl derjenigen Restaurants, die zu den besten der Stadt zählen, sich als bewährte Klassiker der österreichischen Kochkunst einen Namen gemacht haben oder die gerade angesagt und in aller Munde sind. Dazu kommen alteingesessene Lokale mit ursprünglicher, meist deftiger Traditionsküche, Heurigenlokale mit ihrem ureigenen Charme sowie einladende Restaurants für Vegetarier. Es handelt sich dabei ausnahmslos um Lokale, für die sich der mitunter etwas längere Weg kreuz und quer durch die Stadt lohnt.

Weitere Adressen, darunter auch gute und günstige Stadtteilrestaurants, finden Sie bei der Beschreibung der einzelnen Stadtviertel (Übersicht s. S. 34).

Hier können Sie sich selbst umsehen ...
In den folgenden Straßen und Stadtvierteln können Sie sich dank der großen Anzahl an ansprechenden Lokalen immer spontan entscheiden:

Seit den späten 1970er Jahren, als genau dort erstmals eine Wiener Szene erwachte, ist das sogenannte **Bermuda-Dreieck**, also das Gassenlabyrinth zwischen Rotenturmstraße und Rudolfsplatz in der nördlichen City bis heute ein Magnet für gesellige Gourmets geblieben.

Ebenfalls ein reges, ja bisweilen turbulentes Treiben versprechen im historischen Stadtkern die zahlreichen Beisln und Bars, die sich in der **Bäckerstraße** und **Sonnenfelsgasse** aneinanderreihen.

Einen attraktiven Mix von Ethno- und Wienerischen Lokalen bietet das kürzlich eröffnete **Museumsquartier** im Verbund mit dem benachbarten, biedermeierlichen **Spittelberg**.

Multi-ethnisch geht's auch in den sich munter vermehrenden Imbissständen und Lokalen in und rund um den **Naschmarkt** zu (4. und 6. Bezirk).

Zu einem der gastronomischen Hotspots mit idyllischen Gastgärten in den Innenhöfen haben sich die Gassen rund um den **Margaretenplatz** und die **Schloßgasse** (5. Bezirk) sowie im **Freihausviertel** (4. Bezirk) gemausert.

Vorwiegend studentisch geprägt ist die vielfältige Lokalszene entlang der Florianigasse sowie auf dem Uni-**Campus** am Gelände des **Alten AKH** (8. bzw. 9. Bezirk).

Im Internet
Eine umfassende Übersicht des Lokalangebots bietet www.bezirksseiten.at/essen. Platzhirsch unter den örtlichen Lokalführern ist in Buchform und auch online »Wien, wie es isst«, publiziert vom Falter-Verlag (www.falter.at). Umfassende Lokalempfehlungen finden sich auch auf www.vienna.at sowie www.wien.info, Rubrik »Essen & Trinken«.

Die Gastronomie in der Stadt

Die Qual der Wahl
Etwa 2600 Gaststätten und Restaurants, 500 Bars, 220 Buschenschenken, also echte Heurige, besitzt Wien; dazu rund 1800 Kaffeehäuser, Konditoreien und Espressostuben. Ergo sind Hunger

Reiseinfos

und Durst in dieser Stadt der Lebenslust zu jeder Tages- und Nachtzeit Fremdwörter. Auch findet hier jeder nur erdenkliche gastronomische Geschmack Befriedigung. Denn ob traditionelle Wiener Küche im urgemütlichen Beisl oder internationale Kost im postmodern-kühl designten Gourmettempel, ob Pasta beim schicken Italiener um die Ecke, Sushi in der City-Bar oder Kebab beim Türken in der Vorstadt, ob eine Burenwurst am Würstelstand, Vegetarisches, Koscheres, ein Guiness im Irish Pub oder exotische Köstlichkeiten aus der Karibik, Arabien und der Inneren Mongolei – in Wien sind mittlerweile so gut wie alle Küchen dieser Welt vertreten.

Dabei hat jeder Bezirk, jedes Viertel sein eigenes gastronomisches Profil, mit Geheimtipps in verborgenen Ecken und auch Fast-Food-Tankstellen entlang der Hauptverkehrsschneisen. Hauptsächlich in den Geschäfts- und Bürogegenden findet man Schnellrestaurants und Imbisslokale, die allerdings oft nur zu Büro- und Geschäftszeiten geöffnet sind.

Leider halten einige der renommiertesten Wiener Lokale in den Sommermonaten Urlaubssperre bzw. an Wochenenden Ruhetage. In den zahlreichen gastronomischen ›Grätzln‹ hat man es aber meist nicht weit zur nächsten Alternative. Die Gasthäuser und sogenannten **Beis(e)ln** sind vor allem vom Ambiente einer typisch wienerischen Einrichtung geprägt.

Eine seltsame Gabe scheint die Wiener zu befähigen, sich für ihr geselliges Beisammensein Orte zu schaffen, die über kurz oder lang Weltberühmtheit erlangen. **Kaffeehaus** und **Heuriger** sind beide einmalige Institutionen und international längst Synonyme für die örtliche Gemütlichkeit. Doch während Erstere nach einer Existenzkrise in den 1960er und 1970er Jahren nun wieder zahlreich und in ihrer authentischen Form auferstehen, drohen Letztere in nicht geringer Zahl zum kitschigen Klischee zu entarten.

Gastronomie in den Wiener Vierteln

Westliche Innenstadt und Ringstraße
Stadtviertelkarte S. 143
Restaurantbeschreibung S. 163

Östliche Innenstadt & Ringstraße
Stadtviertelkarte S. 170
Restaurantbeschreibung S. 188

Das Wiental
Stadtviertelkarte S. 200
Restaurantbeschreibung S. 209

Schloss Schönbrunn
Stadtviertelkarte S. 219
Restaurantbeschreibung S. 222

Westliche Vorstadt
Stadtviertelkarte S. 231 und S. 238
Restaurantbeschreibung S. 234

Östliche Vorstadt
Stadtviertelkarte S. 246 und S. 253
Restaurantbeschreibung S. 258

Heiligenstadt & Grinzing
Stadtviertelkarte S. 267
Restaurantbeschreibung S. 271

Wiens Umland
Umgebungskarte s. Rückseite der Reisekarte
Restaurantbeschreibung S. 279–283

Essen und Trinken

Eine besondere Vorliebe hegen die Wiener für ihren sogenannten **Schanigarten**. Sobald im Vorfrühling die ersten Sonnenstrahlen locken, stellen die Lokalbetreiber Tische und Stühle auf den Gehsteig oder in den Garten/Hinterhof, um fortan in frischer Luft zu servieren. Freilich ist das Open-Air-Vergnügen fast überall zeitlich beschränkt. Denn ab 22 Uhr – ganz selten erst ab Mitternacht – ist per Polizeidekret die Nachtruhe der Anrainer heilig.

Die Wiener Küche

Die altbewährten Klassiker …

Die Kochkunst der Donaumetropole vereint böhmische, ungarische, italienische, jüdische und etliche weitere Traditionen. Manches klingt für Nichtwiener exotisch, auch wenn das auf die italienische *costoletta milanese* zurückgehende Wiener Schnitzel (panierte Fleischscheibe vom Schwein oder Kalb) international gewissermaßen in aller Munde ist. Auf Wiens Speisekarten finden sich u. a. folgende Klassiker: der Tafelspitz – ein Gustostück vom gekochten Rind, das in der Regel mit Schnittlauchsauce, Röstkartoffeln und Apfel- oder Semmelkren (= geriebenem Meerrettich) serviert wird; das Gulasch – ein ungarisch beeinflusstes Rindsragout mit Zwiebeln, edelsüßem Paprika und viel Saft; den Kaiserschmarren – eine, glaubt man der Legende, von Kaiser Franz Joseph erfundene Nachspeise aus zerrissenem Pfannkuchenteig mit Kompott. Weitere legendäre Desserts sind: der Apfelstrudel, das Powidltascherl – eine böhmische Spezialität aus mit Pflaumenmus gefüllten Kartoffelteigtaschen, und der Topfenstrudel, fabriziert aus hauchdünnem, mit Topfen (= Quark) und Rosinen gefülltem Strudelteig. Als Einlage in der klassischen, klaren Rindsuppe dienen u. a. Grießnockerl, Leberknödel und Fritatten (Pfannkuchenstreifen).

… und noch viel mehr

Daneben beweisen jedoch noch viele weitere Spezialitäten und exotische Bezeichnungen, um welch kurioses Konglomerat es sich beim hiesigen Speisensortiment handelt. Da gibt es Palatschinken (Pfannkuchen), Beuschel (kleingeschnittene Innereien in Sauce) und Knödel (Klöße), Backhendl (Brathuhn), Buchteln (Hefegebäck, meist mit Vanillesauce), Fisolen (grüne Bohnen), Kukuruz (Mais), Paradeiser (Tomaten), Schwammerln (kleine Pilze) und Topfen (Quark). Beim Heurigen verzehrt man mit Vorliebe Stelzen (gegrillte Unterschenkel vom Schwein oder Kalb), Blunzn (Blutwurst), Presskopf (Fleischsulz), Geselchtes (geräuchertes Fleisch), Schinkenfleckerln (Gratin aus Teigwaren und Schinken), Kümmelbraten (knusprig gebratenes, fettes Schweinefleisch) und Kornspitz (dunkles Gebäck) mit Liptauer (Schafskäse, mit Paprika, Butter, Kräutern und Zwiebeln angemacht).

Alkoholisches

Ein paar Worte noch zum Thema Alkohol: Den konsumieren die Wiener bevorzugt in Form von Bier (u. a. gerne Ottakringer oder Schwechater) und mehr noch in Form von Wein. Letzterer kommt, trotz vermehrter Importe aus Übersee, immer noch vorwiegend aus Niederösterreich (Wachau, Weinviertel, Thermenregion) und dem Burgenland. Mit Mineralwasser gemischt heißt er ›G'spritzter‹. Zu den beliebtesten Sorten zählen Grüner Veltliner, Rhein- und Welschriesling, Weißer Burgunder, Traminer, Neuburger, Müller-Thurgau, Zierfandler, Zweigelt, Rotgipfler, Blaufränkischer und Blauer Portugieser bzw. Burgunder.

Reiseinfos

Spitzengastronomie

Prächtiger Gourmettempel vis-à-vis der Oper – **Korso:** ▶ Karte 2, O 12, 1., Mahlerstr. 2 (Hotel Bristol), Tel. 51516546, http://austria.starwoodhotels.com, U1, U2, U4 Karlsplatz, tgl. 12–15, 19–1 Uhr (Küche bis 14/23 Uhr), ab 70 €. Einer der Rolls Royce in der gesamtösterreichischen Spitzengastronomie: In dem reichlich pompösen Ambiente, perfekt zwischen altwienerischer Tradition und experimenteller Globalküche balancierend, werden kulinarische Hochämter der Sonderklasse zelebriert.

Feinspitz-Treff mit klangvollem Namen – **Julius Meinl am Graben:** ▶ Karte 2, O 11, 1., Am Graben 19, Tel. 532 33 34 60 00, www.meinlamgraben.at, U3 Herrengasse, Mo–Fr 8–24, Sa 9–24 Uhr, So, Fei geschl., ab 45 €. Das legendäre Feinkost-Imperium gleichen Namens ist in den letzten Jahren dramatisch geschrumpft. Geblieben ist das Stammhaus: Wiens bester Deli-Laden im Erdgeschoss und darüber ein Gourmettempel auf internationalem Top-Niveau. Sowohl Küche – unter der Ägide von Chef Joachim Gradwohl – als auch Raumdekor lassen keine Wünsche offen, verzichten dabei aber in wohltuender Weise auf Firlefanz.

Salon-Ambiente vom Feinsten – **Drei Husaren:** ▶ Karte 2, O 11, 1., Weihburgg. 4, Tel. 512 10 92 0, www.dreihusaren.at, U1, U3 Stephansplatz, tgl. 12–15, 18–1 Uhr (warme Küche bis 23 Uhr), ca. 30–60 €. Seit vielen Jahrzehnten ein Fels in der Brandung der wechselnden Gastro-Moden: Wiener Küche vom Allerfeinsten in ebensolchem Salon-Ambiente, untermalt von gediegenen Pianoklängen.

Moderne Gourmetküche vor Traumpanorama – **Do & Co:** ▶ Karte 2, O 11,

> **Preise & Trinkgeld**
> Zwei Anmerkungen vorab zum Finanziellen: Die Preisangaben im Folgenden beziehen sich, wenn nicht anders angegeben, auf ein Drei-Gänge-Menü. Und das Trinkgeld beträgt in allen Arten von Lokalitäten für gewöhnlich ca. 10–12 % der Rechnungssumme.

1., Stephansplatz 12 (Haas-Haus), Tel. 535 39 69 18, U1, U3 Stephansplatz, tgl. 12–15, 18–24 Uhr, ca. 30 €. Einer der Pioniere und Platzhirsche unter den neueren durchgestylten Feinschmecker-Restaurants, gelegen im obersten Stockwerk des Hans-Hollein-Hauses. Kosmopolitische Küche mit Schwerpunkten auf Mediterranem und Sushi sowie Fisch- und Wok-Spezialitäten. Der Ausblick auf Graben, Kärntner Straße und Stephansdom ist unschlagbar! Ebenso gute Dependance: 1., Albertinaplatz 1, Tel. 532 96 69, beide: www.doco.com.

Anspruchsvoll, aber ohne Schnickschnack – **Entler:** ▶ Karte 1, O 14, 4., Schlüsselg. 2, Tel. 504 35 85, www.entler.at, U1 Taubstummengasse, Di–Sa 17–1 Uhr (warme Küche bis 24 Uhr!), Fei geschl., ab ca. 30 €. Ruhiges, gediegenes Ambiente ohne Schicki-Micki-Allüren. Spezialitätenküche mit saisonalen Schwerpunkten auf allerhöchstem Niveau, erlesenes Weinsortiment, vernünftiges Preis-Leistungs-Verhältnis, stimmungsvoller Schanigarten.

Traditionelle Evergreens

Neuwiener Küche im schicken Rustikal-Stil – **Zum Weissen Rauchfangkehrer:** ▶ Karte 2, O 11, 1., Weihburgg. 4, Tel. 512 34 71, www.weisser-rauchfangkehrer.at, U1, U3 Stephansplatz, Di–Sa 18–

Essen und Trinken

24 Uhr, 55 € (mittags, 4 Gänge), 85 € (abends, 6 Gänge). Eine Altwiener Instititution mit zugleich elegantem Heurigen-Ambiente; sehr qualitätvolle, heimische Küche mit modern-kreativem Touch. Täglich frisch gelieferte Zutaten direkt vom Bauernhof, große Auswahl heimischer Weine. Wermutstropfen: die ebenfalls sehr beachtlichen Preise.

Vegetarisch raffiniert – **Wrenkh:** ▶ Karte 2, O/P 11, 1., Bauernmarkt 10, Tel. 533 15 26, www.kochsalon.at, U1, U3 Stephansplatz, Mo–Fr 12–16, 18–22 Uhr, Sa nur abends, So, Fei geschl., ab 20 €, Mittagsmenü 8,70 €. Das fashionable Innenstadtlokal von Wiens Vorkämpfer und Meister der gesunden Küche ist ein Mekka für Vegetarier mit Gourmet-Ansprüchen. Zugehörig: eine postmoderne Bar sowie neuerdings ein Kochsalon (Kontakt: Tel. 06 99 10 10 36 00) samt Shop für Functional Food.

Edelbeisl mit steirischem Einschlag – **Schnattl:** ▶ Karte 1, M 11, 8., Lange Gasse 40, Tel. 405 34 00, U2 Rathaus, Mo–Fr 11.30–14.30, 18–24 Uhr, ab 20 €, Mittagsmenü ca. 6,50 €. Ausgesprochen behagliches Edelbeisl mit exzellenter, steirisch angehauchter Küche, ebensolchen Weinen und einem wunderschönen Gastgarten.

Gehobene Hausmannskost – **Pfudl:** ▶ Karte 2, P 11, 1., Bäckerstr. 22, Tel. 512 67 05, U1, U2, U3 Stephansplatz, tgl. 10–24, Küche bis 23.30 Uhr, ab 16 €, Mittagsmenü 6,90 €. Gepflegte Wiener Küche im Herzen der Inneren Stadt – vom Zwiebelrostbraten mit Braterdäpfeln über das Salonbeuschel mit Semmelknödeln bis hin zum Pfudl-Strudl. Prominente Stammgäste.

Gehoben-traditionell mit stark steirischem Einschlag – **Gmoa Keller:** ▶ Karte 2, P 13, 3., Am Heumarkt 25, Tel. 712 53 10, U-Bahn Stadtpark, Straßenbahn D, 71, Mo–Sa 11–24 Uhr, ab 15 €, Mittagsmenü gut 6 €. Er hat den späten Hunger von Generationen von Kunstfreunden nach Vorstellungsschluss im nahen Konzerthaus und Akademietheater gestillt und gehört zu den ältesten Wirtshäusern der Stadt. Und auch nach der Neuübernahme durch den noch jungen Chef Sebastian Laskowsky zur Jahrtausendwende hält der Gmoa Keller alte Küchentraditionen hoch: Kredenzt wird Althergebrachtes mit stark steirischem Einschlag, vom Rindsgulasch und der gerösteten Leber bis zum Kalbswiener und Rahmbeuschel (einer Art Geschnetzeltem aus Lunge und Herz). Die Weinkarte ist exzellent, der Service zeitgemäß, das Ambiente in den Gewölberäumen indes von gehoben ruralem Charme.

Vorstadt-Idylle mit kulinarischem Anspruch – **Silberwirt:** ▶ Karte 1, N 14, 5., Schloßg. 21, Tel. 544 49 07, www.schlossquadr.at, U4 Pilgramgasse, tgl. 12–24 Uhr, ab 15 €, Mittagsmenü (zweigängig) ab 5,60 €. Alteingesessenes Gasthaus mit zeitgemäßem Face-Lifting und wunderschön-schattigem Hofgarten. Zum selben Betrieb gehört das unmittelbar benachbarte Lokal Schloßgasse 21 (tgl. 18–3 Uhr), dessen Altwiener Tafelfreuden im romantischen Gewölbe oder idyllischen Garten ein eher schickes Publikum (viele Medienleute) genießt.

Speisen in luftiger Höh' – **Donauturm-Restaurant:** ▶ Karte 1, T 5, 22., Donauturmstr. 4, Tel. 263 35 72, www.donauturm.at, U1 Kaisermühlen oder Alte Donau, tgl. 11.30–15, 18–24 Uhr, ab 15 €. Von den beiden sich langsam drehenden – komplett rauchfreien! – Restaurants in 160 bzw. 170 m Höhe ge-

Essen und Trinken

nießt man einen herrlichen Rundblick auf Stadt und Donau bis hin zum Schneeberg und in die Ungarische Tiefebene. Die Küche: gutes Mittelmaß von Wienerisch bis international.

Beislidylle pur – **Spatzennest:** ▶ Karte 1, M 12, 7., Ulrichsplatz 1, Tel. 526 16 59, U2, U3 Volkstheater, Sa–Do 9–24 Uhr (Küche 11–22.30 Uhr), ab 11 €. Typisches Altwiener Gasthaus an einem historischen Platz. Schmankerln nach überlieferten Hausrezepten. Im Sommer mit Gastgarten zu Füßen hübscher Biedermeierfassaden.

Urige Original-Tradition – **Zwölf-Apostel-Keller:** ▶ Karte 2, P 11, 1., Sonnenfelsg. 3, Tel. 512 67 77, U4 Schwedenplatz, tgl. 11–24 Uhr, Einzelgerichte ab 6 €. Geschichtsträchtiger geht's nimmer: 1339 wurde das Haus erstmals erwähnt. Teile der Gewölbe sind 900 Jahre alt. Und die Außenfassade stammt vom Barockarchitekten Lukas von Hildebrandt. Die Güte der Speisen und des Weines ist dementsprechend, günstiges Preis-Leistungs-Verhältnis. Tgl. ab 19 Uhr: originale Heurigenmusik live.

Angesagte Szenegastronomie

Elite-Treff mit erstklassiger Küche – **Zum Schwarzen Kameel:** ▶ Karte 2, O 11, 1., Bogner g. 5, Tel. 533 81 25, www.kameel.at, U1, U3 Stephansplatz, Mo–Sa 8.30–24 Uhr (Küche 12–15, 18–22.30 Uhr), ab 35 €. Lieblingstreff der Wiener Business- und Schicki-Micki-Gesellschaft, die a) an der venezianisch inspirierten Bar und b) im Hinterzimmer in wunderschönem Ju-

Zwischenstopp am Würstelstand, bevor es wieder auf die Piste geht

Mein Tipp

Würstel im Stehen
Kulinarische Institutionen sind die bis frühmorgens geöffneten Würstelstände. Beliebte Standplätze sind u. a. Albertina- (s. Foto links) und Schwedenplatz, Ende Getreidemarkt, Ecke Schwarzenbergplatz/Lothringerstraße und (rein vegetarisch!) Wallensteinplatz.

gendstilambiente schwatzt und a) feine Häppchen und b) Wiener Spezialitäten schlemmt. Angeschlossen: Delikatessen- und Weinhandlung sowie Sandwichshop.

Trendige Adresse beim Naschmarkt – **Theatercafé:** ▶ Karte 2, N 13, 6., Linke Wienzeile 6, Tel. 585 62 62, www.theatercafe-wien.at, U1, U2, U4 Karlsplatz, Mo–Sa 10–2 (warme Küche 12–23.30 Uhr), So 15–1 Uhr, ab 18 €. Schicker Szenetreffpunkt im postmodernen Edeldesign mit schmucker Bar, praktischerweise neben dem Naschmarkt bzw. Theater an der Wien. Shootingstar und Kochkünstler Herbert Malek kreiert unter dem Schlagwort *food design* eine auch optisch ansprechende Kombination aus internationaler und Wiener Küche. Mo–Fr 12–14.30 Uhr: Business Lunch mit Wiener Klassikern à la Rinds- oder Krautrouladen mit zwei Gängen und Getränk um 10,90 €. Dazu gibt's feine Cocktails, Weine und – im eigenen Raum – einen Zigarrenclub.

Kommunikativ & kreativ – **Schon Schön:** ▶ Karte 1, L 13, 7., Lindeng. 53/Ecke Andreasg., Tel. 0699 1 537 77 01, U3 Zieglergasse, Di–Sa 11–23 Uhr (Kü-

Reiseinfos

che 12–14.30, 18–22 Uhr), Drei-Gänge-Mittagsmenü 8,50 €, abends: Zwei-Gänge-Menü ab 20 €, Mini-Sechs-Gänge-Menü 38 €. Das etwas andere Konzept: Restaurant, Friseurladen und Schneiderei in einem und jeweils nur durch Glastüren voneinander getrennt. Platz wird gemeinsam an einer großen Tafel genommen, kredenzt wird österreichisch-frankophile Küche; tgl. wechselnde Speisekarte, gute Fleisch-, Fisch- und vegetarische Gerichte.

Höchst originelles Minilokal für Naturapostel – **St. Charles-Alimentary:** ▶ Karte 1, N 13, 6., Gumpendorfer Str. 33, Tel. 06 76 586 13 65, U2, U3 Museumsquartier, Bus 57A, Mo–Fr ca. 12–15, Fr, Sa 12–24 Uhr, sonst abends nur auf Bestellung (Achtung: Öffnungszeiten saisonal wechselnd!), Circa-Preise: Mo–Do 5-gängig 18,50 €, Fr, Sa mittags 5- bis 6-gängig 25 €, abends 10- bis 15-gängig 40 €. Das wahrscheinlich kleinste Lokal der Stadt mit dem gesündesten Mahl und den sympathischsten jungen Köchen. Verarbeitet wird nur, was die Betreiber selbst gepflückt, gesammelt oder erlegt – oder zumindest von handverlesenen Produzenten bezogen – haben. Der spezielle Miniatur-Salon mit nur acht Sitzplätzen liegt in einem der neuesten Trendviertel von Wien. Beachtenswert ist die Naturkosmetik und -pharmazie in der zugehörigen Apotheke vis-à-vis (Hausnummer 30).

Gestyltes Gourmet-Erlebnis – **Österreicher im MAK:** ▶ Karte 2, Q 11, 1., Stubenring 3–5, Tel. 714 01 21, www.oesterreicherimmak.at, U3 Stubentor, tgl. 8.30–1, Küche bis 23.30 Uhr, ab 24 €, mittags Tagesteller um 6,50 €. Neo-Chef Helmut Österreicher, einer von Wiens Starköchen, hat aus dem ehemaligen Studenten- und Künstlercafé ein ›Gasthaus‹ gemacht, in dem er einheimische Küche auf Top-Niveau kredenzt. Weitläufige, kosmopolitische Ambiance (beachtenswert: der Flaschen-Luster!), bestens sortierte Bar – an der man ab 18 Uhr die Spezialität Schwammlerleberkäs mit Senfgurkenragout kredenzt – und Lounge, Extrazimmer im futuristischen Logen-Design mit zu öffnendem Dach; im Sommer wartet ein schöner, ruhiger Garten auf Gäste.

Rast am Fluss – **Marina Wien:** ▶ Karte 1, V/W 11, 2., Handelskai 343, Tel. 720 61 60, Straßenbahn 21 oder, besser, Taxi, Mo–Sa 10–23, So, Fei 8–23 Uhr (Jan. geschl.), ab ca. 15 €. Nicht für eine stärkende Rast während des Innenstadtbummels eignet sich diese luftig-modern möblierte, südöstlich des Praters gelegene Lokalität, dafür als Station auf einer Wanderung oder Radfahrt entlang der Donau. Besonders schön im Sommer: der Blick von der Terrasse auf den Fluss. Im Winter: offener Kamin und Glühweinausschank auf der Terrasse.

Schniekes Café-Restaurant im MQ – **Halle:** ▶ Karte 2, N 12, 7., Museumsquartier, Tel. 523 70 01, U2, U3 Museumsquartier, tgl. 10–2 Uhr, Zwei-Gänge-Menü ab 13 €. Die ›Halle‹, das Café der Kunsthalle und der Festwochen, befindet sich in der Kaiserloge der ehemaligen Winterreithalle, einem Herzstück des Museumsquartiers (MQ). In dem vom renommierten Architektenduo Eichinger/Knechtl postmodernkühl gestalteten Interieur werden leichte Speisen serviert (der Hallenburger wahlweise mit Mozzarella, Huhn oder Gemüse). In der Foyer-Bar werden feine Cocktails kredenzt, einmal wöchentlich gibt's Liveprogramm (DJ-Line) und im Sommer im Haupthof einen Schanigarten.

Essen und Trinken

Leichte Küche im Museumsquartier: das beliebte Café-Restaurant Halle

Kreativen-Treff mit Cross-Over-Küche –
Schöne Perle: ▶ Karte 1, P 9, 2., Große Pfarrg. 2, Tel. 0664 2433593, www.schoene-perle.at, Straßenbahn N, Mo–Fr 12–24, Sa, So, Fei 10–24 Uhr (Küche durchgehend tgl. 12–23 Uhr), Mittagsmenü Mo–Fr 6,90 €. In dem ehemaligen China-Restaurant serviert man Beisl- und Fusion-Küche der Spitzenklasse mit mediterranem Einschlag – und das auch noch zu verträglichen Preisen. Das Lokal ist betont schlicht gehalten und ausgesprochen hell – eine wahre Freude für Puristen.

Weltweit

Fernöstliches für Feinspitze – **Yohm:** ▶ Karte 2, O 11, 1., Petersplatz 3, Tel. 533 29 00, www.yohm.at, U1, U3 Stephansplatz, tgl. 12–15, 18–24 Uhr, ab 18 €, Mittagsmenüs ab 20 €. Wo vor einigen Jahren Pizza Hut Junk Food produzierte, lauert jetzt das ganz große Geschmackserlebnis auf Gäste. Besser lässt sich's in Wien derzeit wohl kaum asiatisch speisen. Kein Wunder, dass hier bevorzugt Business-People, Politiker und Medienleute verkehren.

Reiseinfos

Osteria, Ristorante, Pescheria – **Danieli:** ▶ Karte 2, O 12, 1., Himmelpfortg. 3, Tel. 513 79 13, www.danieli.at, U1, U3 Stephansplatz, tgl. 10–1 Uhr, ab ca. 18 €. Einer der fashionablen Italiener in der Inneren Stadt. Vorzüglich (vor allem die Pizzen und die Fischgerichte), wenngleich nicht ganz billig, und – fast – immer geöffnet.

Authentischer Italiener – **Roma:** ▶ Karte 1, L 8, 18., Kutschkerg. 39, Tel. 479 66 30, www.ristorante-roma.at, U6 Währinger Straße/Volksoper, tgl. 11–24 Uhr, ab ca. 16 €. Kein City-Schick, keine Prestigepreise, dafür findet sich hier, keine drei Gehminuten von der Volksoper entfernt, alles, was das Herz begehrt, wenn man opulent italienisch essen möchte – also etwa hausgemachte Pasta oder frischer Fisch. Qualitätsweine und ein herrlich lebhaftes Treiben, inszeniert von quirlig-charmanten Italo-Kellnern, sind darüber hinaus garantiert.

Echt iranisch – **Apadana:** ▶ Karte 1, N 13, 5., Wehrg. 31/Ecke Hamburger Str., Tel. 587 24 31, www.apadana-wien.at, U4 Kettenbrückengasse, tgl. 11.30–15, 18–24 Uhr, ab 12 € (Mittagsbuffet 7,50 €). Vom Tschelo Kebab mit roher Zwiebel, Joghurt und Safranreis bis zu den sündhaft süßen Desserts, wie sie nur Leckermäuler des Orients erfinden können, kann man sich bei diesem unprätentiösen Perser durch die Genüsse der iranischen Küche kosten.

Virtuoses aus Südchina – **Tsing Tao:** ▶ Karte 1, K 14, 15., Gerstnerstr. 5, Tel. 892 32 27, www.tsingtao-vienna.com, U3, U6 Westbahnhof, tgl. 11.30–15, 17.30–24 Uhr, ab 12 €. Die Geheimadresse gleich hinter dem Westbahnhof für alle, die der Küche des Reiches der Mitte verfallen sind. Kleine Preise, große Portionen und eine Riesenauswahl an den berühmten ›Kleinen Glückseligkeiten‹ alias Dim Sum.

Mein Tipp

Verkostung ab Hof
Vier auch atmosphärisch empfehlenswerte Heurigenbetriebe, in denen man die edlen Tropfen von Wiens innovativen Top-Winzern gleichsam direkt ab Hof verkosten kann (alle Karte 1):
Wieninger: ▶ P 5, 21., Stammersdorfer Str. 78, Tel. 292 41 06, www.heuriger-wieninger.at, U6 Floridsdorf, Straßenbahn 31, Jan.–Anfang März Fr 15–24, Sa, So 12–24 Uhr, restl. Jahr Mi–Fr 15–24, Sa, So, Fei 12–24 Uhr.
Christ: ▶ P 5, 21., Amtsstr. 10–14, Tel. 292 51 52, www.weingut-christ.at, U6 Floridsdorf, Straßenbahn 31, Bus 30A, Jan., März, Mai, Juli, Sept., Nov. tgl. ab 15 Uhr.
Zahel: ▶ D 16, 23., Maurer Hauptplatz, 9, Tel. 889 13 18, www.zahel.at, U4 Hietzing, Straßenbahn 60, Bus 60A, variable Öffnungszeiten, wenn ausg'steckt ist tgl. 15–24 Uhr.
Edlmoser: ▶ D 16, 23., Maurer Lange Gasse 123, Tel. 889 86 80, www.edlmoser.at, U4 Hietzing, Straßenbahn 60, Bus 60A, variable Öffnungszeiten, wenn ausg'steckt ist tgl. 14.30–24 Uhr.

Türkisch schlemmen – **Kent:** ▶ Karte 1, K 10, 16., Brunneng. 67, Tel. 405 91 73, U6 Josefstädterstraße, tgl. 6–2(!) Uhr, ab 10 €. Nach dem Bummel über den Ottakringer Brunnenmarkt, wo sich Wien von seiner Multikulti-Seite zeigt, empfiehlt sich die Einkehr in diesem wohl besten türkischen Restaurant der Stadt. Die Auswahl an exzellenten, preiswerten Spezialitäten vom Bospo-

Essen und Trinken

rus ist groß, man kann selbst an der Theke auswählen. Großer Gastgarten.

Altböhmisch wie im Bilderbuch – **Zu den 3 Buchteln:** ▶ Karte 1, N 14, 5., Wehrg. 9, Tel. 587 83 65, U4 Kettenbrückengasse, Mo–Sa 18–24 Uhr, ab 10 €. In diesem sehr gemütlichen Gasthaus schlemmt man in kühner Missachtung aller zeitgeistigen diätetischen Ratschläge wie bei der buchstäblichen ›böhmischen Großmutter‹ – von Schweinsbraten mit Knödeln und Sauerkraut bis Powidldatschkerln, Liwanzen und Quargel. Dazu gibt's echtes Pilsner frisch vom Fass.

Heurige

Renommierbetrieb im Herzen Grinzings – **Reinprecht:** ▶ Karte 1, L 5, 19., Cobenzlg. 22, Tel. 320 14 71, www.heuriger-reinprecht.at, Straßenbahn 38, tgl. 15.30–24 Uhr. Ein Besuch in diesem renommierten Weingut-Heurigen, einer ehemaligen Klosteranlage, ist nicht nur eine Reise in die Vergangenheit, sondern auch ein Besuch bei typisch wienerischer Gastlichkeit, bei der Wiener Musik (live) nicht fehlen darf. Extraräume für 650, Garten für weitere 700 Personen. Sehenswert: die größte Korkenziehersammlung Europas (3500 Stück).

Jahrhundertealte Heurigenkultur – **Schübel-Auer:** ▶ Karte 1, M 5, 19., Kahlenberger Str. 22, Tel. 370 22 22, www.schuebel-auer.at, Straßenbahn 38, Anfang Feb.–Ende Dez. Di–Sa 16–24 Uhr. Weithin bekannte Traditionsadresse mit reichhaltigem Buffet, Hausmannskost und vegetarischen Speisen. Besonders schön der weitläufige Garten. Mit etwas Terminglück kann man hier live den Philharmoniker-Schrammeln lauschen.

Kaffeehäuser & Eissalons

An die zwei Dutzend weitere empfehlenswerte Kaffeehaus-Adressen finden Sie am Ende der diversen Rundgänge im Reiseteil beschrieben.

Berühmt nicht nur für seine Schokotorte – **Hotel Sacher:** ▶ Karte 2, O 12, 1., Philharmonikerstr. 4, Tel. 514 56, www.sacher.com, U1, U2, U4 Karlsplatz, tgl. 8–24 Uhr. Eine Traditionsadresse par excellence für Liebhaber exquisiter Kaffeehäuser: gelegen im Erdgeschoss des gleichnamigen Nobelhotels, mit Blick auf die Rückseite der Staatsoper. Gleich nebenan, im zugehörigen Shop, gibt's die legendäre Schokoladentorte zum Mitnehmen und auch zum Verschicken in alle Welt.

Klasse-Eis am Donaukanal – **Am Schwedenplatz:** ▶ Karte 2, P 11, 1., Franz-Josefs-Kai 17, Tel. 533 19 96, U1, U4 Schwedenplatz, März–Sept. tgl. 10–23 Uhr. An einem lauen Juli- oder Augustabend den Stadtbummel vor der mit Dutzenden Eissorten gefüllten Vitrine dieser Gelateria zu beenden, gehört zu den kleinen, großen Freuden eines Hochsommers in Wien. Und für größere Freundesrunden gibt's Eiskuchen, -bomben und -torten zum Mitnehmen im Kühlhaltepack.

Der Gelati-König von Wien – **Tichy:** ▶ Karte 1, P 17, 10., Reumannplatz 13, Tel. 604 44 46, U1 Reumannplatz, Mitte März–Ende Sept. tgl. 10–23 Uhr. Fernab der Touristenströme im Herzen des Arbeiterbezirks Favoriten und trotzdem – oder gerade deswegen – selbst bei bewölktem Himmel und moderaten Temperaturen stets heillos überlaufen. Unbedingt probieren: den Klassiker des Hauses – die vom Maestro höchstpersönlich erfundenen Eis-Marillenknödel.

Einkaufen

Wiener Spezialitäten

Shopping ist aus deutscher Sicht wohl kein vorrangiger Grund für die Reise in die Donaumetropole. Dazu sind Preise und Angebote der globalen Mode- und Accessoiresbranchen doch jenen daheim zu ähnlich. Sehr wohl lohnt freilich ein näherer Blick auf die örtlichen Qualitätsprodukte, als da etwa sind: Trachten, Loden, Maßschuhe, Gold-, Silber- oder Emailarbeiten, Lampen, (Klein-)Möbel und Textilien im Biedermeier- oder Jugendstil, aber auch Musikalien, alte und neue Bücher sowie die Kreationen junger Designer und Modemacher. Nicht zu vergessen natürlich die klassischen Souvenirs wie Sacher- oder Imperialtorte, Petit-Point-Stickereien oder Porzellan aus der Manufaktur Augarten.

Wo gibt es was?

Als Hauptgeschäftsstraßen gelten im 1. Bezirk Kärntner Straße, Graben, Kohlmarkt (alle Fußgängerzonen) und Rotenturmstraße, wo sich einige der renommiertesten (und teuersten) Wiener Einkaufsadressen befinden. Hervorhebenswert als Konsumtempel für Modebewusste: das Kaufhaus Steffl in der Kärntner Straße. Doch auch im restlichen Bezirk sind die Geschäfte aller Branchen sehr dicht gesät. Für den Einkaufsbummel außerhalb des Zentrums sind die meisten strahlenartig aus der Innenstadt in die Außenbezirke führenden Hauptstraßen empfehlenswert. Am bekanntesten und wohl am vielfältigsten sortiert ist die Mariahilfer Straße (vom Museumsquartier bis zum Westbahnhof und weiter stadtauswärts); sie hat kürzlich speziell durch die Wiedereröffnung des komplett modernisierten Kaufhauses Gerngross zusätzlich an Attraktivität gewonnen. Weiter lohnenswert sind die Favoritenstraße (vom Karlsplatz über die Wiedner Hauptstraße zu erreichen, größtenteils Fußgängerzone zwischen Südtiroler Platz und Reumannplatz) sowie die Landstraßer Hauptstraße (vom Bahnhof Wien Mitte stadtauswärts).

Als eines der traditionellen Branchenzentren sei das **Antiquitätenviertel** hervorgehoben. Die Gegend etwa zwischen Spiegel-, Bräuner- und Augustinerstraße bzw. Graben ist eine Fundgrube für alte Möbel, Kunst, Bücher, Landkarten und vieles mehr, das sich kaum auflisten lässt. Ein unvergleichliches Einkaufserlebnis versprechen das über 200 Jahre alte Pfand- und Auktionshaus **Dorotheum**, aber auch Wiens zahlreiche Lebensmittelmärkte, allen voran der Naschmarkt sowie der diesem benachbarte, jeweils samstags abgehaltene Flohmarkt. Besonders zauberhaft ist ein Bummel über die in der Vorweihnachtszeit u. a. vor dem Rathaus, der Karlskirche und Schloss Schönbrunn sowie auf der Freyung, auf dem Spittelberg und im Heiligenkreuzer Hof abgehaltenen **Advents- und Christkindlmärkte**.

Antiquitäten

Kluges von anno dazumal – **City Antik:** ▶ Karte 2, N10, 1., Helferstorferstr. 4, U2 Schottenring. Alteingesessener Spezialist für alte wissenschaftliche Bücher, Drucke, Zeitschriften.

Kunsthandwerk vom 15. bis zum 18. Jh. – **Hofstätter:** ▶ Karte 2, O11, 1., Bräu-

Einkaufen

nerstr. 12, U1, U3 Stephansplatz, Di–Fr 11–18, Sa 10–14 Uhr. Wertvolle Möbel, Skulpturen, Gemälde zwischen Gotik und Barock.

Ungewöhnliche Möbel – **Die Glasfabrik:** ▶ Karte 1, F 11, 16., Lorenz-Mandl-Gasse 25, U3 Ottakring. Antiquitäten von 1670 bis 1970. 2000 m² Altwaren, Antiquitäten und Kultgegenstände im Originalzustand.

Bücher und Musikalien

Riesensortiment für jeden Geschmack – **Morawa:** ▶ Karte 2, P 11, 1., Wollzeile 11, U1, U3 Stephansplatz. Eine der größten Buchhandlungen der Stadt; auch englischsprachiges Sortiment. Hervorhebenswert: das lückenlose Angebot österreichischer Belletristik und die international bestens bestückte Zeitschriftenabteilung.

Eldorado für Anglophile – **Shakespeare & Co:** ▶ Karte 2, O 10, 1., Sterng. 2, U4 Schwedenplatz. Die Wiener Ausgabe der Pariser Avantgardebuchhandlung – eine Fundgrube für Anglophile mit Hang zu Paperbacks und Coffeetable-Books, ergänzt durch französische und deutsche Gustostückerl.

Gedrucktes für Ästheten – **Lia Wolf:** ▶ Karte 2, P 11, 1., Bäckerstr. 2, www.lia.wolf.at, Bus 1A, 2A, 3A, Mo–Fr 10–13.30, 14–18, Sa bis 17 Uhr. In einem wunderschönen Innenhof verborgen liegt dieses Bücherparadies für Foto- und Design-Aficionados. Große Auswahl an Kunst- und Architekturzeitschriften; mit Lieferservice, damit das Reisegepäck nicht allzu schwer wird.

Schatztruhe für (Hobby-)Musiker – **Doblinger:** ▶ Karte 2, O 11, 1., Dorotheerg. 10, U1, U3 Stephansplatz. Größte Auswahl an neuen und anti-

Er begrüßt noch stets die Kunden: der Mohr im Feinkostgeschäft Meinl

Reiseinfos

Mehr als nur gut sehen – Philosophie der Brillen.Manufaktur

quarischen Notenblättern und Musik-Fachliteratur in der Stadt.

Musik für Tänzer – **Black Market:** ▶ Karte 1, O 10, 1., Gonzagag. 9, U2, U4 Schottenring, www.soulseduction.com, Mo–Fr 12–19, Sa 11–18 Uhr. Das exzellente Vinyl- & CD-Angebot an tanzbarer Musik – von Soul über Hip Hop bis Dub und Downtempo – macht jeden Einkaufenden im Nu zum Hobby-DJ.

Delikatessen

Feinschmecker-Paradies – **Meinl am Graben:** ▶ Karte 2, O 11, 1., Graben 19, U3 Herrengasse. Wiens feinster Delikatessenladen und die Nahrungsquelle für Gourmets schlechthin. Besonders beeindruckend: Vinothek & Käsetheke.

Exquisite petit-fours – **Altmann & Kühne:** ▶ Karte 2, O 11, 1., Graben 30, U1, U3 Stephansplatz. Handgefertigtes Miniaturkonfekt in putziger Verpackung.

It's tea time! – **Schönbichler:** ▶ Karte 2, P 11, 1., Wollzeile 4, U1, U3 Stephansplatz. Top-Adresse für Tees und Marmeladen aus aller Welt. Ambiente und Bedienung sind gleichermaßen gediegen.

Pikantes für Feinspitze – **Gegenbauer Essig:** ▶ Karte 2, N 13, 4., Naschmarkt/Stand 111–114, U4 Kettenbrückengasse. Bei Gegenbauer gibt Pikantes den Ton an: Sauer macht lustig – dafür sorgen feiner Essig aller Sorten aus eigener Brauerei, Öle, Senf, Eingelegtes und Fruchtsäfte.

Einkaufen

Design, Accessoires und Geschenke

Hochkarätiges aus Meisterhand – **Werkstätte Carl Auböck:** ▶ Karte 1, L 11, 7., Bernardgasse 23, U6 Thaliastraße, Atelier: Mo–Fr 8–18 Uhr, Voranmeldung unter Tel. 523 66 31. Edles, markantes Design für Messing, Leder, Holz aus einem Traditionsbetrieb – von Briefbeschwerer bis Schlüsselanhänger.

Durchblick mit Stil – **Brillen.Manufaktur:** ▶ Karte 1, M 13, 7., Neubaug. 18, U3 Neubaugasse, www.brillenmanufaktur.at. Zwei junge Optikermeister sind der Grund dafür, dass Brillenträger ihr Los nun mit Fassung tragen können. In ihrer edel-gestylten Manufaktur bieten sie exquisite Designerbrillen in Kleinserien an oder schneidern einem das Lieblingsmodell quasi auf die Nase.

Spielerisches für Jung und Alt – **Kober:** ▶ Karte 2, O 11, 1., Graben 14–15, U1, U3 Stephansplatz. Zinnsoldaten, hochwertige Spielwaren und Souvenirs.

Fundgrube für Designfans – **Lichterloh:** ▶ Karte 2, N 13, 6., Gumpendorferstr. 15–17, www.lichterloh.com, U2 Museumsquartier. Hier bietet man auf 700 m^2 seit über 15 Jahren originelles Qualitätsdesign des 20. Jh. an, mit besonderem Schwerpunkt auf (Klein-) Möbeln aus den 1920er bis 1970er Jahren.

Schatztruhe für Hobbyköche – **Cuisinarium:** ▶ Karte 2, P 11, 1., Singerstr. 14, www.cuisinarium.at, U1, U2 Stephansplatz. Hochwertige Utensilien zum Kochen und Kredenzen – von Kitchen-Aid-Designgeräten und Kochgeschirr bis zu Porzellan und, als Herzstück des Shops, der Messerabteilung. Dazu gibt's österreichische Spezialitäten, vom Zweigeltsenf bis zur Birnenmarmelade mit Pfeffer sowie Häppchen aus der Schauküche.

Originelles Konzept – **Artup:** ▶ Karte 2, P 11, 1., Bauernmarkt 8, Tel. 535 50 97, www.artup.at, U1, U3, U4 Stephansplatz, Mo–Fr 11–18, Sa bis 17 Uhr. Der Mix aus Mode, Accessoires, Wohnkultur und außergewöhnlichen Souvenirs zeigt in diesem Galerie-Shop junge, frische Ideen österreichischer Designer, die als Unikate oder in Kleinserien angeboten werden.

Kurios seit Generationen – **Manufaktur Perzy:** ▶ Karte 1, J 8, 17., Schumanng. 87, Tel. 486 43 41, www.viennasnowglobe.at, Straßenbahn 9. Wer ein originelles *und* traditionelles Souvenir aus Wien sucht, wird hier fündig: Seit

Reiseinfos

über 100 Jahren bezaubern die originalen Wiener Schneekugeln aus Glas, die hier erzeugt werden, Betrachter mit ihren liebevoll gestalteten Winterlandschaften. Die größte Auswahl gibt's im Schneekugelmuseum der Manufaktur, ausgewählte Stücke findet man in vielen Souvenirshops.

Kunst-Shoppen – **M-ARS:** ▶ Karte 1, L 12, 7., Westbahnstr. 9, Tel. 890 58 03, www.m-ars.at, Straßenbahn 49. Ein Supermarkt für bezahlbare Gemälde, Fotografien, Skulpturen, Collagen, Objekte und Videokunst, zu kaufen direkt aus dem Regal für daheim, Preisspanne: 9,90 € bis 899,90 €. Lounge-Bereich zum Verweilen und Diskutieren.

Computerspiele, historisch betrachtet – **subotron shop:** ▶ Karte 2, N 12, 7., Museumsquartier, im quartier21, U2, U3 Museumsquartier, subotron.com, Mi–Sa 13–18 Uhr. Das Herz des Shops bildet die Sammlung von Handhelds, Tabletops und Konsolen (ca. 1975–1995). Hinzu kommen T-Shirts, Actionfiguren, Literatur, Schmuck, Musik, Videos. Außerdem gibt's regelmäßig Vorträge, Workshops, Konzerte.

Mode, Schuhe und Schmuck

Österreichisches Design – **Rogy & Ostertag:** ▶ Karte 2, O 11, 1., Landskrongasse 1–3, www.martinarogy.com, U1, U3 Stephansplatz, Mo–Fr 11–19, Sa bis 17 Uhr. Lässige Schnitte mit ungewohnten Farben wie Vanille oder Rosé kombiniert für Ihn, weich fallende Kleider mit gewagten Rückendekolletés oder raffinierte Faltenröcke für Sie. Absolute Highlights: High Heels mit zarten, handgeknüpften Stoffriemchen.

Zeitgemäße Elegance für Sie – **Doris Ainedter:** ▶ Karte 2, O 11, 1., Jasomirgottstr. 5, U1, U3 Stephansplatz. Die heimische, international renommierte Top-Designerin bietet schlicht-luxuriöses Outfit für trendbewusste Damen.

Stylisher Friseur-Shop – **Be a good girl:** ▶ Karte 1, L 12, 7., Westbahnstr. 5a, www.beagoodgirl.com, Straßenbahn 49, Bus 13A. Während Fashion-Connaisseure nach seltenen Levis-Vintage-Stücken stöbern, lassen sich Schnellentschlossene nebenan den neuesten Haarschnitt verpassen.

Reduktionismus mit Stil – **Wabi Sabi:** ▶ Karte 1, M 13, 7., Lindengasse 20, www.alle-tragen-wabi-sabi.at, U2 Neubaug., Di–Fr 10–18, Sa 10–15 Uhr. Japanische Schlichtheit steht für Stefanie Wippel über allem. Die weiten Hosen und Jersey-Oberteile in Weiß, Grau, Schwarz aus eigener Kollektion lassen sich spielerisch in mehreren Varianten tragen.

Wiener Märkte

Unter den 21 Lebensmittelmärkten der Stadt sind, abgesehen vom Naschmarkt (s. S. 198), folgende besonders stimmungsvoll (per U-Bahn leicht erreichbar; alle in Karte 1): Rochusmarkt (▶ R 12, 3., Landstraßer Hauptstr., U3 Rochusgasse), Meiselmarkt (▶ H 13, 15.,Johnstr./Hütteldorfer Str., U3 Johnstraße) und Viktor-Adler-Markt (▶ P 17, 10., V.-Adler-Platz, U1 Reumannplatz). Geöffnet jeweils Mo–Fr 6–18.30, Sa 6–14 Uhr.

Wiens zentraler Flohmarkt, ein Paradies für alle begeisterten Stöberer und Sammler, findet jeden Samstag vom frühen Morgen bis in den späten Nachmittag auf der großen Freifläche neben der U4-Station Kettenbrückengasse, also der westlichen Verlängerung des Naschmarkts, statt (s. S. 198).

Einkaufen

Boutique, Friseur & Esslokal – **Schon schön:** ▶ Karte 1, L 13, 7., Lindeng. 53/Andreasg., Tel. 06 99 153 77 70, www.schon-schoen.at, U3 Neubaugasse, Di–Fr 12–20, Sa 12–18, Essen: Di–Sa 11–23 Uhr. Sich stylen lassen und genießen in vollkommen ungezwungener, entspannter Atmosphäre unter einem Dach: Eine Modedesignerin entwickelt mit dem Kunden gemeinsam ein individuelles Kleidungsstück und beim trendigen Friseur im selben Geschäft kann man sich ein komplett neues Styling verpassen lassen. Anschließend verwöhnt kulinarisch ein gemütliches ›Essen wie unter Freunden‹. Eine wirklich Wienerisch ›schöne‹ Kombination vieler Genussfaktoren.

Hochwertiges für Sie – **Elfenkleid:** ▶ Karte 1, N 14, 4., Margaretenstr. 39, www.elfenkleid.com, Di–Sa 11–18 Uhr. Damenmode, bei der Tragekomfort und trendunabhängige Eleganz in schlichtem, geradlinigem Design dominieren.

Ost-West-Grenzgänger mit hohem Promi-Faktor – **Atil Kutoglu:** ▶ Karte 2, O 11, 8., Habsburgerg. 10, Tel. 402 8 03, U1, U3 Stephansplatz. In Istanbul geborener Topdesigner. Seine ›kosmopolitische‹ Mode kommt nicht nur bei Demi Moore gut an.

Handgefertigte Luxuslederwaren – **Robert Horn:** ▶ Karte 2, O 11, 1., Bräunerstr. 7, U1, U3 Stephansplatz. Handgefertigte Luxuslederwaren, u. a. klassische Taschen, Mappen und Etuis.

Schicke Maßschuhe – **Ludwig Reiter:** ▶ Karte 2, N 10, 1., Mölkersteig 1, U2 Schottentor. Vom klassischen Budapester bis zum Rauleder-Freizeittreter.

Juwelier der Extraklasse – **A. E. Köchert:** ▶ Karte 2, O 12, 1., Neuer Markt 15, U1, U3 Stephansplatz. Juwelier der Extraklasse für ein glitzerndes Souvenir mit Stil inmitten eines ›Schmuckschachterls‹ von einem Laden.

Origineller Selfmade-Schmuck – **Kaufhaus Schiepek & shipping:** ▶ Karte 2, N 10/11, 1., Teinfaltstr. 3/4, Straßenbahn 1, 2, www.kaufhaus-schiepek.at. Ein Eldorado für Schmuckliebhaberinnen: Perlen in allen Formen und Farben zum Selbst-Designen, aufsehenerregende Halsketten und Ohrgehänge plus Accessoires wie bestickte Täschchen oder Gürtel. Gleich gegenüber verbreitet das shipping asiatisches Flair: Hier stapelt sich unzerbrechliches Melamingeschirr aus Thailand in allen Farben.

Schmuckkunst von heute für Anspruchsvolle – **Slavik:** ▶ Karte 2, P 12, 1, Himmelpfortg. 17, www.galerie-slavik.com, U1, U3 Stephansplatz. Extravagante Schmuckunikate von internationalen zeitgenössischen Künstlern, präsentiert im Rahmen überaus spannender, preisgekrönter Innenarchitektur.

Fashionable Topadressen

Weitere Highlights in der **Lindengasse** (▶ Karte 1, L/M 13), die, im Herzen des Kreativbezirks Neubau gelegen, derzeit unter Fashion-Insidern für Furore sorgt (gemeinsame Website: www.7tm.at):

The Hot Dogs – Nr. 30, www.thehotdogs.org, Di–Fr 12.30–19, Sa 11–17 Uhr, **Buntwäsche** – Nr. 31–33, www.buntwaesche.at, Di, Mi, Fr 11–18, Do 11–19, Sa 10–17 Uhr, **La petite boutique** – Nr. 25, www.sandragilles.com, Mi, Do 15–19, Fr 10–12, 14–19, Sa 12–18 Uhr, und **Ozelot** – Nr. 43, www.ozelot.at, Mo–Fr 12–19, Sa 11–17.30 Uhr.

Ausgehen, Abends und Nachts

Wiens Nachtleben ist in den letzten Jahren so vielfältig und kurzweilig geworden, dass man sich hier fast in einer der ganz großen Metropolen der Welt wähnt. Wenn die hoch berühmten Musentempel zwischen 22 und 23 Uhr ihre Pforten schließen, ist noch lange nicht Schluss. Im Gegenteil: Allerorten im innerstädtischen Bereich, also den vom Gürtel umkränzten Bezirken, pulsiert das Leben im Hochfrequenzbereich. Flippig-schrille Clubs und Discos, gediegene Lounges und Cocktailbars, gemütliche Beisln, Bier- und Jazzkneipen, Hippiehöhlen – für jeden Geschmack findet sich das Passende. Und ganz Verwegene, bei denen in der Früh kein Wecker klingelt, können vielerorts bis drei, vier Uhr früh durchtrinken und – tanzen, baggern, sehen und gesehen werden.

Szene Wien

Ein Epizentrum des schicken Nachtlebens aus der Pionierzeit der späten 1970er und frühen 1980er Jahre ist das bis heute quicklebendige ›**Bermuda-Dreieck**‹, das sich inzwischen nordwestwärts bis zum Rudolfsplatz und Richtung Osten bis zur Rotenturmstraße ausgebreitet hat. Zu einem Zentrum kosmopolitischen Treibens hat sich – gemeinsam mit dem nahen, schon lange arrivierten und sehr malerischen **Spittelberg-Viertel** – das **Museumsquartier** mit seinen gastronomischen Betrieben gemausert.

Starke Magneten für hungrige und durstige Nachtschwärmer sind weiters der **Naschmarkt** und die zu beiden Seiten angrenzenden Gassen, die vielfältigen Lokale des **Freihausviertels** im 4. Bezirk sowie die gastronomischen ›Grätzln‹ rund um den **Margaretenplatz** (5.), entlang der Floriani- und deren Seitengassen (8.). Bis tief in die Nacht geht bei Livemusik, Electro bis Rock und House bis HipHop, auch in den diversen Lokalen in den **Stadtbahnbögen** (B72, rhiz, Chelsea etc.) sowie im **Flex** am Donaukanal die Post ab.

Musik und Tanz, Konzerte, Lesungen und Performances abseits des Mainstream bieten das selbstverwaltete Werkstätten- und Kulturhaus, kurz: **WUK,** in der Währinger Straße 59 (www.wuk.at), aber auch die Szene Wien und die **Gasometer-Halle** im 11. Bezirk (www.ba-ca-halle.at).

Hinzu kommen eine Menge weiterer über die ganze Stadt verstreuter Veranstaltungsorte wie etwa Reigen, U4, Arena, Planet Music, Titanic, die Stadthalle oder, im 1. Bezirk für Jazzfreaks, das Jazzland und Porgy & Bess.

Infos in Magazinen und im Internet

Umfassende Programminformationen finden sich auf den einschlägigen Seiten der Tageszeitungen sowie in den beiden Programmzeitschriften »Falter« und »City« (www.falter.at, www.city-online.at). Aktuelle Infos über Veranstaltungen, In-Treffs, Szenelokale usw. außerdem unter: www.vienna.at, www.viennahype.at, www.party.at und www.clubwien.at/events.

Ticketservice

Für die vier Bundestheater (Burg, Akademie, Staats- und Volksoper): Tageskasse: 1., Operng. 2 und Kassen in den

Abends und Nachts

jeweiligen Häusern, Mo–Fr 8–18, Sa, So, Fei 9–12, 1. Sa im Monat 9–17 Uhr, Stehplätze jeweils 80 Min. vor Vorstellungsbeginn, Tel. 51 44 40, tel. Kartenvorbestellung per Kreditkarte: 513 15 13, tgl. 10–21 Uhr, www.culturall.com, www.artforart.at.

Für die Musicalbühnen Raimund-Theater und Ronacher: in den jeweiligen Häusern tgl. 10–13, 14–18 Uhr oder im Wien-Ticket Pavillon bei der Oper, tgl. 10–19 Uhr, www.musicalvienna.at, tel. Kartenvorbestellung per Kreditkarte: Tel. 588 85, tgl. 10–19 Uhr.

Ticket Services
Karten für zahlreiche weitere Veranstaltungen (Theater, Musicals, Konzerte etc.) beschafft der **Vienna Ticket Service** (Tel. 534 17-0, Mo–Fr 9–17 Uhr) bzw. – mehr mit Schwerpunkt U-Musik und Mega-Events – der **Österreich Ticket Express** (Tel. 960 96, Mo–Sa 9–21, So erst ab 10 Uhr).

Bars und Kneipen

Stilvoller geht's nicht – **Loos-Bar:** ▶ Karte 2, O 11, 1., Kärntner Str. 10, Tel. 512 32 83, www.loosbar.at, U1, U3 Stephansplatz, Do–Sa 12–5, So–Mi 12–4 Uhr. Design-Juwel im reinen, aufs Essenzielle reduzierten Jugendstil, kreiert 1908 von Master Adolf Loos himself. Das breite Angebot erlesener Cocktails steht freilich in umgekehrt proportionalem Verhältnis zum minimalen Raumangebot.

Für vernetzte Weltbürger – **BarRoom:** ▶ Karte 2, O 11, 1., Plankeng. 2, Ecke Seilerg., Tel. 513 22 75, www.barroom.at, U1, U3 Stephansplatz, Mo–Sa (außer Fei) 12–2 Uhr. Gilt als »modernste Bar Wiens«. Gute Snacks und Drinks. Deckenmonitore übertragen aktuelle Weltnews und Börsenkurse. Schanigarten.

Gemütliche Italianità – **Dino's:** ▶ Karte 2, O 10, 1., Salzgries 19, Tel. 535 72 30, www.dinos.at, U1, U4 Schwedenplatz, Mo–Do 18–3, Fr, Sa bis 4, So 20–3 Uhr. Eine gute Adresse für einen gemütlichen Drink in italienischer Atmosphäre, musikalisch von Mainstream-Jazz oder -Latino vom Band untermalt. Der Barmann mixt über 250 verschiedene Cocktails und kredenzt rare Bourbonsorten. Zu essen gibt's kleine, stets frisch zubereitete Snacks.

Für die schicke Jugend – **Ride Club:** ▶ Karte 1, M 7, 9., Währinger Gürtel, in U-Bahnstation Nußdorfer Str., Tel. 479 88 49, www.rideclub.at, tgl. 20– 4 Uhr. Jüngster Zugang unter den In-Lokalen, die sich in den Stadtbahnbögen angesiedelt haben: hippe Bar mit ansprechendem Musik-Mix, Kristall-Lounge zum Chillen und großer Tanzfläche für hauptsächlich studentisches Publikum.

Wiens Superduperdisco – **Nachtwerk:** ▶ Karte 1, P 17, 23., Dr.-Gonda-Gasse 9, Tel. 616 88 80, Fr, Sa und vor jedem Fei 21–5 Uhr. Denkbar dezentral gelegen, dennoch regelmäßig von Aberhunderten Tanzwütigen aufgesucht. Angeschlossen sind: Café, Pizzeria sowie ein VIP-Club mit eigener Clubkarte und reservierter Tanzfläche.

Cocktailbar mit Stephansdom-Blick – **Skybar:** ▶ Karte 2, O 11, 1., Kärntner Str. 19, Tel. 513 17 12, www.skybar.at, U1, U3 Stephansplatz, Mo–Sa 11.30–3, So 18–2 Uhr. Hier, im 8. Stock des Kaufhauses Steffl, genießt man inmitten eines rundum stimmigen Ambientes einen erbaulichen Blick über die Dächer der Innenstadt, ein klassisches Cocktailangebot und sehr freundliche und kompetente Bedienung. Di und Do

Reiseinfos

Cocktail mit Aussicht – möglich macht's die Skybar

Livemusik, sommers: Terrasse. Zugehörig, im selben Stock: ein schniekes Restaurant.

Discos und Clubbing

Szenig-gestyltes Event-Gesamtkunstwerk – **Phönix-Bar & -Supperclub:** ▶ Karte 1, M 12, 7., Lerchenfelder Str. 35, Tel. 06 60 746 36 49, www.phoenixclub.com, Straßenbahn 46, Do–Sa, Bar ab 19, Supperclub ab 20, Party und Bar ab 23 Uhr bis in den frühen Morgen, Paketpreis p. Pers. 69 €, Reservieren obligat. Trendige Szene-Location im ehemaligen Kino – schickes Erlebnisdinner in schneeweißem, raffiniert illuminiertem Ambiente, mit 5-gängigem, in der Showküche gestylten Gourmetmenü, genossen im Liegen und begleitet von Showacts. Hernach rauschende Party mit internationalen DJs.

Techno-Club mit Kultstatus – **Donau:** ▶ Karte 2, N 12, 7., Karl-Schweighofer-Gasse 10, Tel. 5238105, http://donau.schraeg.org, U2 Museumsquartier, Mo–Do 20–4, Fr, Sa bis 6, So bis 2 Uhr. Mega-Sound in den Gewölben einer ehemaligen Synagoge. Allabendliche DJs Marke HipHop, House und Drum'n Bass sowie Diaprojektionen, Cocktail-Happyhour 20–21 Uhr.

State-of-the-art-Musicclub – **Sass:** ▶ Karte 2, O 13, 1., Karlsplatz 1, Tel. 504 1669, http://sassvienna.com, U1, U2, U4 Karlsplatz, Mi, Fr–So ab 22 Uhr. Neuer, inspirierender Vorzeigeclub mit variantenreichem Musikprogramm (House, Electro, Jazz, Soul, Funk u. v. m.), großem Dancefloor und exzellentem Sounddesign. Ambiente: ein Mix aus Natürlichkeit und Glamour, mit glitzerndem Kristallhimmel über tiefbraunem Eichenparkett, Blattgold

Abends und Nachts

und Leder an den Wänden. Außerdem: Drinks vom Feinsten.

Schwimmen und abtanzen – **Badeschiff:** ▶ Karte 2, Q 10, 1., Donaukanalgelände zwischen Schwedenplatz und Urania, Tel. 06 76 696 90 09, 513 07 44, www.badeschiff.at, Bad: Anfang Mai bis ca. Anfang Okt. tgl. 9–24 Uhr, Laderaum: an Veranstaltungstagen (in der Regel Di–Sa) ab 22 Uhr. Am Oberdeck des auf Schiffen fest verankerten Stadtbads lockt im Sommer der überdachte Pool zum Schwimmen im angenehm temperierten Wasser, 200 m² große Sonnenliege-Holzterrasse am Festland inklusive. Unter Deck, im ehemaligen Laderaum unter der Wasserlinie, wartet ein Dancefloor zum coolen Abtanzen. DJs spielen Musik von Disco bis Minimal, für Live-Acts steht eine Minibühne bereit. In der Laderaum-Bar kredenzt man köstliche Cocktailkreationen.

Schwul und Lesbisch

Sympathisch gemütlich – **Wiener Freiheit:** ▶ Karte 1, N 14, 5., Schönbrunner Str. 25, Tel. 913 91 11, U4 Pilgramgasse, Bar Do 9–2, Fr, Sa 9–5, Disco Fr, Sa ab 22 Uhr. Alteingesessener Treffpunkt für Ihn/Ihn und Sie/Sie. Bar, Café, Disco (gratis) auf drei Etagen, gemischtes Alter, Schanigarten, kleine Speisen, fallweise Shows, günstige Preise.

Schick und en vogue – **Café Berg:** ▶ Karte 1, N 9, 9., Bergg. 8, Tel. 319 57 20, U2 Schottentor, tgl. 10–1 Uhr. Opulente Frühstückskultur, gute, gesundheitsbewusste und preislich moderate Küche, reichlich Zeitschriften, smartes Ambiente und ein ebensolches Publikum. Und gleich nebenan mit dem Löwenherz eine auf homosexuelle Literatur spezialisierte Buchhandlung.

Café und Kleinkunst für Sie – **Frauencafé:** ▶ Karte 1, M 11, 8., Lange Gasse 11, Tel. 406 37 54, www.frauencafe.com (auch Programmauskünfte), U2 Lerchenfelder Straße, Mo–Do 19–24, Fr, Sa bis 2, So 16–22 Uhr (Mi rauchfrei). Hier bleiben männliche Wesen kategorisch ausgesperrt. Kleine Imbisse und gute Drinks; regelmäßig Sozialberatung sowie häufig Lesungen, Jam Sessions, Kinovorführungen u. Ä. im zugehörigen Veranstaltungssaal.

Kinos

Hans Moser, Paula Wessely & Co. – **Bellaria-Kino:** ▶ Karte 2, M 12, 7., Museumstr. 3, Tel. 523 75 91, U2 Volkstheater. Nostalgisches Österreich auf Zelluloid.

Ein Paradies für Filmfreaks – **Filmmuseum:** ▶ Karte 2, O 12, 1., Augustinerstr. 1 (Albertina), Tel. 533 70 54, Betrieb Anfang Sept.–Ende Juni, U1, U2, U4 Karlsplatz, tgl. Vorführungen historischer Filme, Raritäten internationaler Cineastik, spezielle Themen- und Länder-Retrospektiven. 10 000 Filme, 200 000 Programme und 7000 Bücher.

Der Filmkunst gewidmet – **Stadtkino:** ▶ Karte 1, P 13, 3., Schwarzenbergplatz 7, Tel. 712 62 76, U4 Stadtpark. Aktuelle Filmkunst aus aller Welt, oft in Originalfassung mit Untertiteln.

Konzerte, Oper, Tanz und Musical

Legendäre Adresse für E-Musik-Fans – **Musikverein:** ▶ Karte 2, O/P 13, 1., Karlsplatz 6, Tel. 505 81 90, www.musikverein.at, Mo–Fr 9–20, Sa 9–13 Uhr, U1, U2, U4 Karlsplatz. Der dank dem Neujahrskonzert weltweit berühmte

Reiseinfos

Goldene Saal, der deutlich intimere, aber ähnlich prunkvolle Brahms-Saal sowie vier neue, moderne Säle im Souterrain.

Klassisch-modern – **Konzerthaus:** ▶ Karte 2, P 13, 3., Lothringerstr. 20, Tel. 24 20 02, www.konzerthaus.at, Tageskasse: Mo–Fr 9–19.45, Sa 9–13, tel. Bestellung: Mo–Fr 8–18.30, Sa, So, Fei 10–13,16–18.30 Uhr, U4 Stadtpark. Das Jugendstilhaus bietet den Großen Saal (Orchester, große Ensembles, Jazzstars), den Mozart- und den Schubert-Saal (Kammermusik, Solisten etc.).

Zu Unrecht kaum bekannt – **Ehrbar Saal:** ▶ Karte 1, N 13, 4., Mühlg. 30, Tel. 58 50 88, www.stadtinitiative.at (Tickets auch: Tel. 96 0 96, www.oeticket.com), U4 Kettenbrückengasse. Kleiner, geschichtsträchtiger Saal als Geheimtipp für hochkarätig besetzte Lesungen, Liederabende, wienerisch-jazzige Sonderkonzerte u. Ä.

Gemischtes Programm für Feinspitze – **Radio-Kulturhaus:** ▶ Karte 1, O/P 14, 4., Argentinierstr. 30a, Tel. 50 17 03 77, www.radiokulturhaus.orf.at, U1 Taubstummengasse. Konzerte von Kammermusik bis Jazz, Lesungen, Kabarett im Großen Sendesaal des Funkhauses – ein bunter Mix qualitätvoller Veranstaltungen, meist in Kooperation mit dem ORF-Hörfunkprogramm Ö1.

> **Messen, Chor- und Orgelkonzerte**
> … u. a. in der Augustinerkirche (1., Augustinerstr. 3), Lutherischen Stadtkirche (1., Dorotheerg. 18), Schubert-Kirche Lichtenthal (9., Marktg. 40, Tel. 315 26 46), im Stephansdom (1. Stephansplatz, www.st.stephan.at/dommusik) und in der Votivkirche (9., Rooseveltplatz).

Musical – **Ronacher:** ▶ Karte 2, P 12, 1., Seilerstätte 9, Tel. 51 41 10, www.musicalvienna.at, U4 Stadtpark. Stimmungsvoll-plüschige Bühne mit großer Varieté-Tradition; seit der im Sommer 2008 beendeten Generalrenovierung wieder als Musical-Haus genutzt.

Weiheort für Opernliebhaber – **Staatsoper:** ▶ Karte 2, O 12, 1., Opernring 2, Tel. 51 44 40, www.wiener-staatsoper.at, U1, U2, U4 Karlsplatz, s. S. 140.

Innovativ und international – **Tanzquartier Wien:** ▶ Karte 2, N 12, 7., Museumsplatz 1, Tel. 58 13 591, www.tqw.at, U2 Museumsquartier. Neues Zentrum für zeitgenössischen Tanz und Performance im MQ. Mit großer Bühne und Studios für heimische und internationale Produktionen.

Intimes, sehr qualitätvolles Opernhaus – **Theater an der Wien:** ▶ Karte 2, N 13, 6., Linke Wienzeile 6, Karten & Programminfo: Tel. 588 85, www.theaterwien.at, U4 Kettenbrückengasse. Über 200 Jahre altes, durch legendäre Uraufführungen (u. a. von »Fidelio«) berühmtes Haus mit entzückendem Ambiente. Nach Jahrzehnten als Heimstatt für Musical- und Festwochenproduktionen seit Januar 2006 ganzjährig bespieltes Opernhaus.

Hochwertiges Musiktheater – **Volksoper:** ▶ Karte 1, M 8, 9., Währinger Str. 78, Tel. 51 44 40, www.volksoper.at, U6 Währinger Straße-Volksoper. Die leider häufig unterschätzte Zwillingsbühne der ›großen‹ Staatsoper – mit leisem Hang zur leichteren Muse.

Oper im Taschenformat – **Wiener Kammeroper:** ▶ Karte 2, P 11, 1., Fleischmarkt 24, Tel. 512 01 00 77, www.kammeroper.at, U1, U4 Schwedenplatz. Schwungvoll-unkonventionelle Insze-

Abends und Nachts

Rundum-Versorgung auf dem Badeschiff: erst schwimmen und dann abtanzen

nierungen mit jungen, vielversprechenden SängerInnen. Im Sommer alljährlich Übersiedlung ins entzückende Schlosstheater von Schönbrunn.

Livemusik

Alternativ mit anarchischen Wurzeln –
Arena: ▶ Karte 1, U 15, 3., Baumg. 80, Tel. 798 85 95, www.arena.co.at, U 3 Erdberg., im Sommer tgl. ab 14, im Winter ab 16 Uhr, an Wochenenden DJ-Line. Ursprünglich ein Schlachthof, umfasst dieser von Schornsteinen bekrönte Backsteinkomplex zwei Hallen und ein großes Open-Air-Areal. Seit den frühen Siebzigern fanden hier ungezählte Pop-, Punk- und Independent-Acts statt, bei denen Stars von Iggy Pop und Black Flag bis Nirvana und David Bowie gastierten. Fazit: Dies ist einer der wildesten und kreativsten Orte Wiens.

Reiseinfos

Anregender Stilmix – **B72:** ▶ Karte 1, L 10, 8., Hernalser Gürtel/Stadtbahnbögen 72, Tel. 409 21 28, www.b72.at, U 6 Alser Straße, tgl. 20–4 Uhr. Ein besonders scharenweise frequentiertes unter den noch jungen Lokalen, die sich entlang dem Gürtel unter Otto Wagners Stadtbahnbögen eingenistet haben. Indoor spielen Live-Acts und DJs von Gitarrenmusik über Hip Hop bis zu Elektronik. Und Outdoor lädt ein großer Schanigarten zum Verweilen ein.

Electro-Pop – **Chelsea:** ▶ Karte 1, K 11, 8., Lerchenfelder Gürtel/Stadtbahnbögen 29–31, Tel. 407 93 09, www.chelsea.co.at, U6 Thaliastraße, tgl. 18–4 Uhr. Das schicke Lokal bietet im Inneren Livebands (von Rock und House bis Brit- und Indiepop), wechselnde DJ-Lines sowie englischen Fußball auf Großbildleinwand, und vor der Tür einen großen Garten mit Sperrstunde am frühen Morgen.

Avantgardistisch – **rhiz:** ▶ Karte 1, K 11, 8., Lerchenfelder Gürtel/Stadtbahnbögen 37/38, Tel. 409 25 05, www.rhiz.org, U3 Thaliastraße, Mo–Sa 18–4, So 18–2 Uhr. Nur wenige Meter neben dem Chelsea (s. o.) wartet der nächste musikalische Hotspot samt Schanigarten am Gürtel. Tagsüber surft man im Internetcafé, nachts goutiert man exquisite elektronische Musik und experimentelle Klangproduktionen, Film- und Videoprojektionen.

Sprungbrett für Sängerkarrieren – **Roter Engel:** ▶ Karte 2, P 10, 1., Rabensteig 5, Tel. 535 41 05, www.roterengel.at, U1, U4 Schwedenplatz, tgl. 17–4 Uhr. Die vom renommierten Architektenteam COOP Himmelb(l)au gestaltete Wein- und Liederbar gilt als Szenepionier und unter Nachtvögeln als bevorzugte Endstation auf ihrer Lokaltour.

Theaterferien

Im Juli und August halten Staats- und Volksoper, Burg- und Akademietheater sowie das Gros der anderen wichtigen Bühnen leider Sommerpause. Um das Wiener Bühnengeschehen in seiner ganzen Vielfalt zu erleben, empfiehlt es sich deshalb, vor oder nach dem Hochsommer anzureisen. Was nicht heißt, dass nicht auch zur Hauptreisezeit interessante Veranstaltungen wie etwa der Klangbogen, Open-Air-Events und vereinzelte Theater locken. Extrem reichhaltig ist in dieser Zeit übrigens auch das Angebot von Sommerfestivals im Umland von Wien (Info: Niederösterreich-Information, Tel. 536 10 62 00).

Traditional – **Jazzland:** ▶ Karte 2, P 10, 1., Franz-Josefs-Kai 29, Tel. 533 25 75, www.jazzland.at, U1, U4 Schwedenplatz, Mo–Sa 19–2 Uhr, So auf Anfrage. Wiens erste Adresse für musikalische Traditionalisten. Tgl. Live-Jazz von Dixie und Swing bis Big Band und Bebop, dazu werden gute Küche (bis 22.45 Uhr) und Snacks (bis mind. 1.30 Uhr) gereicht.

Jazzvielfalt als Programm – **Porgy & Bess:** ▶ Karte 2, P 11, 1., Riemerg. 11, Tel. 512 88 11 (ab 15 Uhr), www.porgy.at, U3 Stubentor, tgl. ab 19.30 Uhr. Das – noch junge – Zentrum der wienerischen Jazzszene präsentiert sich: Täglich wird ein ambitioniertes Liveprogramm präsentiert, das sich vielerlei Stilrichtungen verpflichtet fühlt. Dazu lassen sich in der angenehmen Clubatmosphäre gute Drinks und Snacks genießen.

Like in New York – **Birdland:** ▶ Karte 2, O 11/12, 3., Am Stadtpark 1 (im Hotel Hilton, Eingang: Landstraßer Hauptstr.

2), Tel. 2196393, Karten Tel. 58885, www.birdland.at, U3, U4 Landstraßer Hauptstraße, Di–Sa 18–2, Konzertbeginn jeweils um 20 Uhr. Neuer, sehr qualitätvoller Jazzclub mit New Yorker Flair, gegründet und geführt unter der Patronage des in Wien geborenen Keyboard-Altmeisters Joe Zawinul († 2007). Mehrtägige Gigs von internationalen Stars, smarte Clubatmosphäre.

Theater, Kabarett und Kleinkunst

Bühnenflaggschiff – **Burgtheater:** ▶ Karte 2, N 11, 1., Dr.-Karl-Lueger-Ring 2, U2 Rathaus oder U3 Herrengasse. Alle weiteren Details, auch zu den Spielstätten Akademietheater, Kasino und Vestibül, s. S. 117, Panorama.

Experimentell – **Schauspielhaus:** ▶ Karte 1, N 9, 9., Porzellang. 19, Tel. 317 01 01, www.schauspielhaus.at, U4 Roßauer Lände. Eine der spannendsten Bühnen für Avantgarde-Theater.

Hort bürgerlicher Bühnenkunst – **Theater in der Josefstadt:** ▶ Karte 1, M 11, 8., Josefstädter Str. 24–26, Tel. 42700, Mo–Fr ab 10, Sa, So, Fei ab 13 Uhr bis zum Beginn der Abendvorstellung, www.josefstadt.org (per Kreditkarte bezahlen: Tel. 427003 00, Mo–Fr 9–19, Sa 9–17 Uhr), U2 Rathaus. Traditionsbühne für Klassiker und gehobenen Boulevard, mit extrem stimmungsvollem Innenraum.

Angelsächsischer Qualitätsimport – **Vienna's English Theatre:** ▶ Karte 1, M 11, 8., Josefsg. 12, Tel. 402126 00, www.englishtheatre.at, U2 Lerchenfelder Straße. Wiens erste Adresse für anglophile Theaterfreunde … und solche, die es werden wollen.

Aufklärerisch – **Volkstheater:** ▶ Karte 2, N 12, 7., Neustiftg. 1, Tel. 521110, www.volkstheater.at, U2, U3 Volkstheater. Auf hohem Niveau wird hier Klassisch-Modernes bis Zeitgenössisches geboten und stets mit sozialkritischem Anspruch. Seit 2005 unter Neo-Direktor M. Schottenberg.

Nettes Entertainment – **Kammerspiele:** ▶ Karte 2, P 11, 1., Rotenturmstr. 20, Tel. & Karten: s. links, Theater in der Josefstadt, U1, U4 Schwedenplatz. Schwungvolle, routiniert in Szene gesetzte Boulevardkomödien.

Vornehmlich (aber nicht nur) Kabarett – **Kulisse:** ▶ Karte 1, J 9, 17., Rosensteing. 39, Tel. 4853870, www.kulisse.at, U6 Alserstraße. Verdienstvolle Kleinkunstbühne aus der Szene-Frühzeit der 1970er Jahre.

Charmante Schmalspur-Oper – **L.E.O.:** ▶ Karte 1, Q 12, 3., Ungarg. 18, Tel. 7121427, www.theaterleo.at, U3, U4 Landstraße Wien Mitte, s. S.260.

Wo die Kleinkunststars reifen – **Niedermair:** ▶ Karte 1, M 11, 8., Lenaug. 1a, Tel. 4084492, www.niedermair.at, U2 Rathaus. Sehr ambitionierte, mittlerweile arrivierte Bühne für die jüngere Kabarettisten-Generation.

»Das Glück ist ein Vogerl«

Riens ne va plus – auch in Wien kann sein Glück suchen, wer möchte. Im **Casino Wien** sind täglich von 15 bis 4 Uhr im Angebot: American & French Roulette, Black Jack, Poker und Punto Banco. Die Slot Machines im Jackpot-Café stehen täglich von 10 bis 1 Uhr zur Verfügung (▶ Karte 2, O 12, 1., Kärntner Str. 41, Tel. 5124836, www.casinos.at, U 1 Kärntner Ring).

Feste und Festivals

Kultur- und Musikfestivals

Das unbestrittene Highlight des Jahreskalenders bilden die **Wiener Festwochen.** Als »kulturelle Visitenkarte der Bundeshauptstadt« und »Forum zum Kennenlernen internationaler Kunstströmungen« bieten sie von Mitte Mai bis Mitte Juni eine Fülle schillernder Gastspiele der weltbesten Ensembles aller Sparten, inbegriffen ein hochkarätig besetztes **Musikfest,** das jährlich alternierend vom Musikverein oder Konzerthaus ausgerichtet wird.

Wiens Veranstaltungskalender ist freilich auch das restliche Jahr über äußerst reich bestückt: Vom **Neujahrskonzert** im Musikverein bis zum **Silvesterpfad,** der sich am letzten Abend des Jahres, von Musikbühnen, Tanzzelten und Punschständen gesäumt, durch die Innenstadt schlängelt, reiht sich ein Festival und Event an das nächste. Freunde alter Musik pilgern schon in der zweiten Januarhälfte zum Festival **Resonanzen** ins Konzerthaus. Parallel schwingt ganz Wien das Tanzbein, denn während des **Faschings** (Anfang Jan.–Ende Feb.) finden in – meist prächtigen – Sälen mehr als 200 Bälle und Gschnase (Kostümfeste) statt. Höhepunkte der kollektiven Walzerorgie: der Philharmonikerball und – am Donnerstag vor Aschermittwoch in der Staatsoper – der **Opernball.**

Apropos ausgelassen feiern: Mitte Juni wogt eine gigantische Street Party über die Ringstraße – die **Regenbogenparade** der Schwulen, Lesben und Bisexuellen mit Dutzenden Lkw-Zügen und über 200 000 Teilnehmern. Fast noch schriller geht's im Mai oder Juni beim **Lifeball** zugunsten der AIDS-Hilfe zu. Am letzten Juniwochenende strömen an die 3 Mio. (!) Menschen zum **Donauinselfest** zwischen Reichs- und Nordbrücke, um bei freiem Eintritt auf rund zwei Dutzend Bühnen Stars aus Musik, Kabarett und Sport zu erleben und sich durch kulinarische Traditionen aus aller Welt zu kosten.

Doch zurück ins Frühjahr: Da findet rund um Ostern im Musikverein das hauptsächlich von den Wiener Philharmonikern bestrittene Klassikfestival **OsterKlang** statt und wenig später, ungefähr von Mitte April bis Anfang Mai, ebendort das – mehr beschwingte denn besinnliche – **Frühlingsfestival.** Am selben Ort bietet im Oktober/November **Wien modern** zeitgenössische E-Musik aus dem In- und Ausland.

Mit einem bunten Mix aus über 100 qualitätvollen Operetten- und Opernaufführungen, Orchester- und Kammermusikkonzerten entschädigt der **Klangbogen** im Hochsommer (Juli/Aug.) die Wiener und ihre Gäste dafür, dass die meisten großen Bühnen Urlaub halten. Ebenfalls im Hochsommer verwandelt das Festival **ImPuls** Wien vier Wochen lang in ein Zentrum des internationalen Tanzgeschehens. Vor dem Rathaus werden von Anfang Juli bis Anfang September allabendlich im Rahmen des **Musikfilm-Festivals** bei freiem Eintritt Konzerte, Opern- und Ballettinszenierungen von Weltstars auf Großleinwand projiziert. Und Anfang Juli geben sich beim **Jazzfest** in der Staatsoper sowie in den einschlägigen Clubs Stars aus aller Herren Länder ein Stelldichein.

Ein Pflichttermin für Cineasten ist im Oktober die **Viennale,** die sich zu einer international viel beachteten Plattform für anspruchsvolles, aktuelles Filmschaffen aus aller Welt und zum veritablen Treffpunkt für Regie- und Schauspielstars gemausert hat.

Feste und Festivals

Messen und Festivals

Zu den einschlägigen Festivals zählt Mitte Mai der **Designpfad.** Unter einem jährlich wechselnden Motto finden im neuen Kreativen-Mekka Neubau, dem 7. Bezirk, Ausstellungen, Installationen und Performances statt. Zu sehen gibt es Mode, Schmuck, Tischkultur, Lampen, Möbel, Keramik, Industrial Design u. v. m. auf höchstem Niveau (Info: Tel. 06 76 757 67 00, www.designpfad.at).

Wenig später geht's mit dem **Festival für Mode und Fotografie** weiter. Im Rahmen des Festivals werden Ende Mai/Anfang Juni Shows, Ausstellungen und Vorträge veranstaltet (Info: Tel. 219 84 99-0, www.unit-f.at).

Ein Messetermin, den es zu merken gilt, sind im Oktober die **Vienna Design Weeks.** Neben einer hochkarätig besetzten Konferenzrunde warten Designpräsentationen und -touren unter Beteiligung zahlreicher Unternehmen, Auktionshäuser, Kunstinstitutionen und Designläden auf Besucher. Den krönenden Abschluss der Veranstaltung bietet eine Messe mit dem schönen Namen **Blickfang** im MAK (Infos: Neigungsgruppe Design, Tel. 913 43 56, www.viennadesignweek.at bzw. www.blickfang.com).

Und edel geht das Jahr seinem Ende entgegen: 60 Aussteller präsentieren im hochnoblen Rahmen der Hofburg Ende November auf der **Luxury, please** ihre Luxuswaren, von A wie Aston

Vor dem ›Ansturm‹: Bälle in der Hofburg sind nach wie vor Highlights des Festjahres

Festkalender

Januar
Neujahrskonzert: am 1. Jan., im Musikverein, Tel. 50565 25 (Achtung: jeweils Anfang Jan. Verlosung von **Gratiskarten**, Infos: www.wienerphilharmoniker.at).
Resonanzen: in der 2. Jan.-Hälfte, Festival alter Musik, Tel. 2420 02, www.konzerthaus.at.
Wiener Eistraum: von Mitte Jan. bis Anfang März, Eislaufen auf dem Rathausplatz.
Fasching/Ballsaison: Mitte Jan. bis Faschingsdienstag, mehr als 200 Bälle und Gschnase. Höhepunkte: Ball der Wiener Philharmoniker, Techniker Cercle, Juristen-, Bonbon-, Ärzte- und – last but not least – Opernball (s. u.).

Februar
Opernball: Donnerstag vor Aschermittwoch, Tel. 51444 2606.
Akkordeonfestival: Ende Feb. bis Ende März, www.akkordeonfestival.at.

März bis Juni
Osterklang: an Ostern, Klassikfestival der Wiener Philharmoniker, Tel. 4000 8410, 588850.
Viennafair: Ende April, Messe für zeitgenössische Kunst, Tel. 7272 0310, www.viennafair.at.
Vienna City Marathon: April oder Mai, Info-Tel. 60695 10.
Wiener Festwochen: Mitte Mai bis Mitte Juni, Gastspiele weltberühmter Theaterensembles, Tel. 5892222, www.festwochen.at.
Lifeball: Mai & Juni, Europas größter Aids-Charity-Event im Rathaus, Tel. 595 5600, www.lifeball.org.
Festival for fashion and photography: Ende Mai/Anfang Juni, www.unit-f.at.
Regenbogenparade: Mitte Juni, Gay-Straßenparty auf dem Ring, Tel. 21666 04, www.hosiwien.at.
Donauinselfest: Ende Juni, Musik, Kabarett und Sport auf vielen Bühnen, Tel. 534 27, www.donauinselfest.at.

Martin und B wie Bösendorfer bis V wie Versace. Dazu gibt's Fashion- und Künstler-Acts, diverse Lounges etc. (Info: Tel. 0699 1884 0880, www.luxuryplease.com).

Kulturevents bei freiem Eintritt

K.u.K. Burgmusik – musikalischer Umzug der Hoch- und Deutschmeister: Ende April–Mitte Okt., Sa 11 Uhr Innerer Burghof.
Volxkino – Openair-Wanderkino in der Vorstadt: Juli oder Aug., www.volxkino.at.
Nightwalk – Live-Kultur am Gürtel: letzter Samstag im Aug., www.guertelnightwalk.at.
Augustinerkirche – musikalische Festmessen: Sept.–Juni, So und kirchliche Fei ab 11 Uhr, www.augustiner.at.
Wiener Sängerknaben – via Leinwand vor der Hufburgkapelle: So früh, außer Tournee-/Ferienzeiten; www.wsk.at.

Sportveranstaltungen

Für Konditionsstarke findet alljährlich im April oder Mai der große **Vienna City Marathon** statt (Info-Tel. 60695 10). Über die halbe Distanz (21km) führen die Ende April und Anfang Oktober abgehaltenen **Donauinselläufe**.

Feste und Festivals

Juli bis September
Jazzfest Wien: Anfang Juli, internationales Stelldichein in der Staatsoper und in zahlreichen Clubs, Tel. 71242 24, www.viennajazz.org.
ImPuls Tanz: Juli & Aug., internationales Tanzfestival, Tel. 5235558, www.tanzwochen.at.
Klangbogen: Juli & Aug., Reigen qualtätsvoller Opern- & Operettenaufführungen, Orchester- & Kammermusikkonzerte, Tel. 40008410, 588850.
Musikfilm-Festival: Anfang Juli bis Anfang Sept., Projizierung von Konzerten, Opern- und Ballettinszenierungen auf Großleinwand, Tel. 40008100, www.wien-event.at.
Rund um die Burg. Die 24 Stunden der Literatur in Wien: zweite Sept.-Hälfte, am Rathausplatz, www.asset-marketing.at.
wean hean: Ende Sept. bis Anfang Okt., Wienerlied-Festival, www.weanhean.at.

Oktober/November
Lange Nacht der Museen: an einem Abend Anfang Okt. Besuch von ca. 90 Museen mit nur 1 Ticket (18–1 Uhr).
Viennale: Okt., Filmfestival, Tel. 526 5947, www.viennale.at.
Vienna Design Weeks: Designparcours in der Wiener City, Okt., www.passionswege.at.
Wien modern: Okt./Nov., Tel. 24 20 02, www.konzerthaus.at.
Wiener Internationale Kunst- und Antiquitätenmesse: Nov., in der Hofburg, http://www.events.at/wiener_internationale_kunst_und_antiquitaeten/.
Blickfang Wien: Designmesse für Möbel, Schmuck & Mode im MAK, Okt., www.blickfang.com.

Dezember
Silversterpfad: an Silvester, Feierlichkeiten in der Innenstadt mit Musikbühnen, Tanzzelt, Punschständen, www.silversterpfad.at.

Wer lieber in der Vertikalen gegen die Stoppuhr sprintet, sollte an den jeweils Ende November anberaumten **Donauturm-Treppenlauf** teilnehmen (für beide: Info-Tel. 263 35 72/5).

Mitte September können Inline-Skater beim **Inline-Marathon** Geschick und Ausdauer beweisen (Info: Tel. 022 36 715 34).

Weinfeste

Was Wien-Besucher immer wieder erstaunt: Weinfeste sind weitaus weniger relevant als zu erwarten, da diese meist in sehr kleinem Rahmen von einzelnen Winzern organisiert werden.

Zwei Feste zum Thema Wein sind erwähnenswert: die **Rebblütenfeste** in diversen Hauerorten (ca. Anfang Juni) und die **Präsentation des frischen Jungweins** (gegen Ende Okt. am Graben in der Wiener City).

Advent- und Christkindlmärkte

Und im Dezember schließlich öffnen zahlreiche Advent- und Christkindlmärkte ihre malerischen Buden, dann herrscht ein buntes, fröhliches Treiben u. a. vor dem Rathaus, der Karlskirche und Schloss Schönbrunn sowie auf der Freyung.

Aktiv sein, Sport, Wellness

Wien verfügt, wie es sich für eine Millionenstadt gehört, über Hunderte von Sportstätten. Ob Klettergärten, Reit- und Fitnessclubs, Tennis- und Golfplätze, Hallen- und Freibäder oder die vielen Parks und Wälder, in denen sich wunderbar joggen lässt – die Möglichkeiten zum Austoben und gesunden Schwitzen sind zahlreich. Und im Winter locken je eine Kunst- und eine Natureisbahn Schlittschuhläufer und sogar ein Schlepplift (auf der künstlich beschneiten Hohe-Wand-Wiese) Skifahrer und Snowboarder.

Baden und Schwimmen

Wer beschaulichere Badeparadiese als die **Donauinsel** bevorzugt, suche die nahegelegene **Alte Donau** auf: Der altehrwürdige und stilvolle Teil der sommerlichen Flusslandschaft bietet Trauerweiden, alte Villen am Wasser, Elektro-, Ruder-, Tret- und Segelbootverleih, schöne Promenaden, Grillrestaurants und alte Wiener Freibäder, die von der ersten Mai- bis zur ersten Septemberhälfte geöffnet halten. Und sollte es doch mal regnen, empfiehlt sich der Besuch folgender, im wunderschönen Jugendstil gestalteter Hallenbäder:

Amalienbad: ▶ Karte 1, P 17, 10., Reumannplatz 23, Tel. 607 47 47, U1 Reumannplatz, Di–So 7/9–18/21 Uhr.
Jörgerbad: ▶ Karte 1, K 9, 17., Jörgerstr. 42–44, Tel. 406 43 05, U6 Alserstraße, Di–So 7/9–18/21.30 Uhr.

Biken

Auf Biker wartet ein rund 1000 km langes Netz von Radwegen, -fahrstreifen und -routen durch verkehrsarme Zonen. Die **schönsten Radrouten**, darun-

Mein Tipp

Outdoorparadies Donauinsel
Am liebsten treiben sich Wiens Bewegungshungrige im Freien herum, und zwar auf der Donauinsel. Denn in welcher anderen Millionenmetropole finden Freizeitsportler ein vergleichbares Eldorado? 200 m breit und über 20 km lang ist Wiens Binnenadria und bietet die Möglichkeit zur Ausübung aller nur erdenklichen Sportarten. Schwimmen, Radfahren, Joggen, Inlineskating und Skateboarding sind sozusagen Standardprogramm und überall möglich. Aber es finden sich auch ein Wasserskilift, Plätze für Streetsoccer, Fuß-, Basket- und Beachvolleyball, weiters ein Sprungtrampolin, diverse Boots- und Fahrradverleihe und natürlich Liegewiesen und Strände so weit das Auge reicht. Und nach Einbruch der Dunkelheit machen Badenixen und Wassermänner in den vielen Discos, Restaurants und Bars der Copa Cagrana die Nacht zum Tage oder feiern bei toller Musik Strandfeten.

Sport und Wellness

ter der Ring-Rund-Radweg um die Altstadt oder der Donaukanal-Radweg, findet man online unter: www.wien.gv.at (Verkehr/Radfahren).

Die **Mitnahme von Rädern** in »Öffis« ist in der U-Bahn Mo–Fr 9–15 und ab 18.30, Sa ab 9 Uhr, So, Fei ganztägig (Halbpreis-Fahrschein um 0,90 €), in der Schnellbahn (Fahrradtageskarte: 2,90 €) generell erlaubt.

Geführte Touren bieten u. a. Pedal Power (www.pedalpower.at) und Bike & Guide (www.bikeandguide.com) an. Routenbeschreibungen, Tipps und News für Mountainbiker unter: www.mbike.at.

Radverleihstellen (in der Regel März–Okt., pro Std. ab ca. 4 €; Ausweis nicht vergessen!): Riebl Sport. 5., Schönbrunner Str. 63, Tel. 544 75 34; Radsport Nussdorf, 19., Donaupromenade, Tel. 370 45 98 (auch Reparaturen); Radverleih Hochschaubahn, 2., Prater 113, Tel. 729 58 88, Donauinsel/Floridsdorfer Brücke, Tel. 278 86 98; Copa Cagrana, 22., Reichsbrücke/Donauinsel, Am Damm 1, Tel. 263 52 42 (auch Skaterverleih); Pedal Power, 2., Ausstellungsstr. 3, Tel. 729 72 34 (Radzustellung ins Hotel, auch geführte Touren, s. o.).

Fußball und Co.

Auch Passivsportler, die lieber anderen beim Aktivsein zusehen, kommen voll auf ihre Kosten: sei es in den zwei großen **Fußballarenen** (dem Hanappi-Stadion in Hüttteldorf und dem Ernst-Happel-Stadion), in der Eishockey-Arena, auf dem Galopprennplatz Freudenau, bei den Trabern in der Krieau, im Ferry-Dusika-Radstadion, in der Mehrzweck-Stadthalle – oder auch bei den zahlreichen internationalen Wettbewerben und Turnieren, die in diversen Sportarten über das Jahr verstreut an zahlreichen Veranstaltungsorten abgehalten werden.

Tickets für Spiele im **Ernst-Happel-Stadion,** Wiens größter Sportarena und einem der Austragungsorte der UEFA EURO 2008, erhält man beim Österreichischen Fußballbund (ÖFB, www.oefb.at, Tel. 96 09 65 55).

Citybike
An 54 öffentlichen Bikestationen, die sich mehrheitlich in der Nähe von U-Bahnstationen befinden, kann man Fahrräder leihen und an jeder anderen beliebigen Station wieder zurückgeben. Anmeldung: im Internet oder direkt am Citybike-Terminal mit Kreditkarte (Anmeldegebühr: 1 €, Leihgebühren: 1. Std. gratis, 2. Std.: 1 €, 3. Std.: 2 €, 4.–120. Std: 4 € pro begonnener Std.). Eine **Citybike Tourist Card** fürs tageweise Ausleihen ist erhältlich bei Royal Tours, 1., Herreng. 1–3, tgl. 9–11.30, 13–18 Uhr, bei Pedal Power (s. links), vielen Hotels und Pensionen. Infos: Tel. 08 10 500 500, kontakt@citybikewien.at, www.citybikewien.at.

Laufen und Skaten

Zu den läuferischen Mega-Events zählen der stets im Mai veranstaltete **Frauenlauf** (Tel. 713 87 86), der **Silvesterlauf** (Tel. 330 34 12) und als Klassiker jeweils im April der **Vienna City Marathon** (Tel. 606 95 10). Über die halbe Distanz (21 km) führen die Ende April und Anfang Oktober abgehaltenen **Donauinselläufe** (Tel. 263 35 72/5).

Im Alltag lässt sich die alte Kaiserstadt laufend wunderschön in den Parks, etwa dem Stadt-, dem Schönbrunner Schloss- und dem Türkenschanzpark (Bus 37A oder 40A) erleben. Ideal fürs **Jogging** bzw. **Nordic**

Reiseinfos

Walking zwischendurch ist auch die Promenade am Donaukanal. Flache, ›schnelle‹ Strecken für sämtliche Trainingsansprüche warten in den Naherholungsgebieten Donauinsel und Prater. Letzterer bietet – u. a. auf der Hauptallee – auch beschilderte Strecken (Start am Stadionparkplatz; U2 Stadion). In der Lobau laden ebene Kies- und Sandwege zum entspannenden Long-Jog. Und dem Bergläufer bieten die Wanderwege der Wienerwaldhügel interessantes Terrain.

Mehr Infos zu **Laufrouten** unter www.runningcheckpoint.at, Infos zu geführten Joggingtouren in Innenstadtnähe: Tel. 276 22 92, info@yours.co.at (Start: Tourist-Info Albertinaplatz, Teilnahmegebühr pro Gruppe: 90 €).

Inlineskater treffen einander im Mai sowie von Juli bis September jeden Freitag um 22 Uhr auf dem Heldenplatz zum gemeinsamen **friday night skating** (gratis). Jeweils Ende April gibt sich alles, was Rollen hat, beim **Austria Skate Marathon** im Prater (www.skatemarathon.at) ein Stelldichein. Ideale, weil ebene Strecken zum Skaten bieten die Prater-Hauptallee und die Donauinsel. Einschlägige Infos: www.oersv.at bzw. www.speedskating.at.

Skaterverleihstellen sind u. a. Copa Cagrana und Pedal Power (s. S. 63, Radverleih). Kurse und die nötige Ausrüstung bietet den ganzen Sommer über auch folgende Adresse:
Skate Factory: ▶ U 8, auf der Donauinsel, Tel. 0664 315 59 00, U1 Donauinsel.

Wandern

Die Wiener Stadtwanderwege verlaufen meist im Wienerwald am Stadtrand oder durch Wiens Naherholungsgebiete. Sie sind bestens beschildert und gut mit öffentlichen Verkehrsmitteln erreichbar. Rast- und Gaststätten sowie Heurige am Wegrand laden ebenso zum Verweilen ein wie Bänke und Tische an besonders schönen Aussichtspunkten oder Waldwiesen.

Ein Klassiker ist der 11 km lange **Stadtwanderweg Nr. 1.** Er führt von der Endstation der Straßenbahnlinie D im Wiener Heurigenort Nussdorf durch Weinberge und Wald zur Stephaniewarte auf dem Kahlenberg (Mai–Okt. Sa 12–18, So, Fei 9–18 Uhr) und zurück. Auf Sportliche wartet der im Jahr 2005 eröffnete, mehr als 120 km lange **Rundumadum-Wanderweg**, der in 24 leicht zu bewältigenden Etappen die Stadt umrundet.

Über die beiden Routen, die acht weiteren Stadtwanderwege sowie die drei anderen Rund-um- bzw. Querdurch-Wien-Wege informieren die Info-Hotlines Tel. 277 550 oder 525 50. Dort erhält man auch einschlägige Broschüren und den Wanderpass. Näheres auch unter: www.wien.gv.at (Umwelt/ Wälder und Landwirtschaft/Wandern).

Wellness

Nach Wien kommt vermutlich kaum jemand in erster Linie, um in die hermetische Welt eines Spa einzutauchen. Ein paar Stunden Entspannung mit Stil zwischendurch können freilich nie schaden. Frönen kann man ihr, auch wenn man nicht dort logiert, u. a. in folgenden Hotels:

The Ring (Spa-Treatment im 7. Stock): 1., Kärntner Ring 8, Tel. 221 22 38 01, www.theringhotel.com, U1, U2, U4 Karlsplatz, Mo–Sa 10–19 Uhr.
Sacher: 1., Philharmonikerstr. 4, Tel. 51 45 68 10, www.sacher.com, U1, U2, U4 Karlsplatz, So–Fr n. V.
Radisson SAS: 1., Parkring 16, Tel. 515 17 88 88, www.vendomespa.at, U4

Sport und Wellness

Fußballstadt Wien: Willkommensgruß zur EM 2008 auf dem Dach des Burgtheaters

Stadtpark, Straßenbahn 2, Mo–Fr 8–21, Sa, So 9–21 Uhr.
Pure Day Spa: 1., Tuchlauben 11, Tel. 532 69 22, www.dayspa.at, U1, U2 Stephansplatz, Mo–Sa 8.30–18.30, Do bis 21 Uhr.
Miracle Beauty Spa: 1., Himmelpfortg. 20, Tel. 512 22 45, www.miraclebeautyspa.at, U1, U2 Stephansplatz, Mo–Fr 9–19, Sa bis 14 Uhr.

Über einen umfangreichen Wellness Park verfügt – neben einem bis 2010 in Umbau befindlichen Thermalbad – auch die **Therme Oberlaa** (11., Kurbadstr. 16, Tel. 680 09 97 00, www.oberlaa.at, U1 Endstation Reumannplatz, ab da Straßenbahn 67, Mo–Fr 7.30–23, Sa, So, Fei bis 22 Uhr).

Willkommen im Hamam
Ein schickes, orientalisches Hamam nennt das Café-Restaurant Aux Gazelles sein eigen (6., Rahlg. 5, Tel. 585 66 45, www.auxgazelles.at, U2 Museumsquartier, Mo–Sa 12–22 Uhr, Aug. geschl., Eintritt ab 39 €).

Museen und Galerien, Gedenkstätten

Große, international bedeutende Kunstmuseen

Spektakuläre Themenschauen zur klassischen Moderne – **Graphische Sammlung Albertina:** ▶ Karte 2, O 12, 1., Augustinerstr. 1, Tel. 534 83, www.albertina.at, U1, U2, U4 Karlsplatz, tgl. 10–18, Mi bis 21 Uhr, 9,50 €, s. S. 141.

Eine der berühmtesten Gemäldegalerien der Gegenwart – **Kunsthistorisches Museum:** ▶ Karte 2, N 12, 1., Burgring 5, Tel. 525 240, www.khm.at, U2 Mariahilfer Straße, Di–So 10–18, Do bis 21 Uhr, 10 €, s. S. 159.

Barocke Erlebniswelt – **Liechtenstein Museum:** ▶ Karte 1, N 8, 9., Fürsteng. 1., Tel. 319 57 6 52, www.liechtensteinmuseum.at, Straßenbahn D, Fr–Di 10–17 Uhr, 10 €, s. S. 228.

Schiele, Klimt & Co. vom Feinsten – **Leopold Museum:** ▶ Karte 2, N 12, im Museumsquartier, Tel. 52 57 00, www.leopoldmuseum.org, U2, U3 Volkstheater, tgl. 10–18, Do bis 21 Uhr, 10 €, s. S. 237.

Wo Bibliophile grenzenlos staunen – **Österreichische Nationalbibliothek/ Prunksaal:** ▶ Karte 2, O 12, 1., Josefspl. 1, Tel. 534 10, U1, U3 Stephansplatz, U3 Herrengasse, Di–So 10–18, Do bis 21 Uhr, 7 €, s. S. 147.

Reichskronen und -insignien – **Weltliche und geistliche Schatzkammer:** ▶ Karte 2, N/O 11, 1., Hofburg, Schweizerhof, Tel. 52 52 40, www.khm.at, U1, U3 Stephansplatz, U3 Herrengasse, Mi–Mo 10–18 Uhr, 10 €, s. S. 153.

Top-Qualität aus den jüngsten Jahrzehnten – **Museum Moderner Kunst/ Stiftung Ludwig:** ▶ Karte 2, N 12, im Museumsquartier, Tel. 525 00, www.mumok.at, U2, U3 Volkstheater, tgl. 10–18, Do bis 21 Uhr, 9 €, s. S. 237.

Weitere Kunstmuseen

Unterschätzte Schatztruhe – **Akademie der bildenden Künste:** ▶ Karte 2, O 12, 1., Schillerpl. 3, Tel. 588160, www.akademiegalerie.at, U1, U2, U4 Karlsplatz, Di–So, Fei 10–18 Uhr, 7 €, s. S. 163.

Erlesene Kunst in barockem Rahmen – **Oberes Belvedere:** ▶ Karte 1, P/Q 14, 3., Prinz-Eugen-Str. 27, Tel. 795 57-0, www.belvedere.at, Straßenbahn D, tgl. 10–18 Uhr, 9,50 €, Kombiticket mit Unterem Belvedere 12 €, s. S. 244.

Gegenwart & Mittelalter – **Unteres Belvedere** (Eingang: Rennweg 6a):▶ Karte 1, P/Q 13, Tel. 795570, Straßenbahn 71, tgl. 10–18, Mi bis 21 Uhr, 9 €, Kombiticket mit Oberem Belvedere 12 €, s. S. 246.

Sakrale Schätze – **Erzbischöfliches Dom- und Diözesanmuseum:** ▶ Karte 2, P 11, 1., Stephanspl. 6, Stg. 1/1, Tel. 515 52 36 89, www.dommuseum.at, U1, U3 Stephansplatz, Di–Sa (außer Fei) 10–17 Uhr, 7 €, s. S. 174.

Sonderschauen zur klassischen Moderne – **Kunstforum:** ▶ Karte 2, O 11,

Museen und Galerien, Gedenkstätten

1., Freyung 8, Tel. 537 33 26, www.kunstforumwien.at, U3 Herrengasse, tgl. 10–19, Fr bis 21 Uhr, 8,70 €, s. S. 155.

Zeitgenössisches mit Biss – **Kunsthalle Wien:** ▶ Karte 2, N 12, im Museumsquartier, Tel. 521 89 0, www.kunsthallewien.at, U2, U3 Volkstheater, tgl. 10–19, Do bis 22 Uhr, Eintritt 8,50 €, s. S. 238.

Hundertwasser & Promikunst aus aller Welt – **KunstHaus Wien:** ▶ R 11, 3., Untere Weißgerberstr. 13, Tel. 712 04 91, www.kunsthauswien.com, Straßenbahn N, tgl. 10–19 Uhr, 9 €, s. S. 251.

Kunstgewerbe meets Aktuelles – **Museum für angewandte Kunst:** ▶ Karte 2, Q 11, 1., Stubenring 5, Tel. 711 36 0, www.mak.at, U3 Stubentor, Mi–So 10–18, Di bis 24 Uhr, 7,90 € (Sa Eintritt frei!), s. S. 187.

Sakrale Kostbarkeiten – **Schatzkammer des Deutschen Ordens:** ▶ Karte 2, P 11, 1., Singerstr. 7, Tel. 512 10 65, U1, U3 Stephansplatz, Di, Do, Sa 10–12, Mi, Fr 15–17 Uhr, 4 €, s. S. 174.

Gegenwartskunst im Jugendstilrahmen – **Secession:** ▶ Karte 2, O 13, 1., Friedrichstr. 12, Tel. 587 53 07, www.secession.at, U1, U2, U4 Karlsplatz, Di–So, Fei 10–18, Do bis 20 Uhr, 6 €, s. S. 200.

(Natur-)Wissenschaftliche Museen

Anatomische Wachspräparate – **Museum des Institutes für Geschichte der Medizin** (Josephinum): ▶ M/N 9, 9., Währinger Str. 25/1, Tel. 427 76 340 1, www.meduniwien.ac.at/josephinum, U2 Schottentor, Mo, Di 9–16, Do–So 10–18 Uhr, 2 €, s. S. 228.

Spannender Themenmix – **Museen in der Neuen Burg:** ▶ Karte 2, N/O 12, 1., Neue Burg, Heldenplatz (Eingang beim Burgring), Tel. 534 30 0, www.khm.at, U2 Museumsquartier; Museum für Völkerkunde (www.ethno-museum.ac.at), Ephesosmuseum, Hofjagd- und Rüstkammer, Sammlung Alter Musikinstrumente, Papyrusmuseum (weltgrößtes seiner Art, Okt.–Juni Mo, Mi–Fr 10–17, Juli–Sept. 10–16 Uhr, www.onb.ac.at), wenn nicht anders angegeben: Mi–Mo 10–18 Uhr, Kombiticket 8 €, s. S. 153.

Leistungsschau der Schöpfung – **Naturhistorisches Museum:** ▶ Karte 2, N 12, 1., Maria-Theresia-Platz (Eingang), Tel. 521 77 0, www.nhm-wien.ac.at, U2, U3 Volkstheater, Do–Mo 9–18.30, Mi bis 21 Uhr, 8 €, s. S. 161.

Skurrilitätenkabinett für Unerschrockene – **Pathologisch-Anatomisches Bundesmuseum:** ▶ Karte 1, M 10, 9., Spitalg. 2 (im ›Narrenturm‹ des Alten AKH), Tel. 406 86 72, www.narrenturm.at, U6 Alserstraße, Mi 15–18, Do 8–11, jeden 1. Sa im Monat 10–13 Uhr, Fei geschl., 3 €, s. S. 108 und S. 229.

Von der Dampflok bis zur Hightech – **Technisches Museum:** ▶ Karte 1, H 14, 14., Mariahilfer Str. 212, Tel. 899 98 600 0, www.tmw.ac.at, U4 Schönbrunn, Mo–Fr, Sa, So, Fei 10–18 Uhr, 8,50 €, s. S. 219.

Stadt- und Landesgeschichtliche Museen

Militaria – **Heeresgeschichtliches Museum:** ▶ Karte 1, Q/R 16, 3., Arsenal, Objekt 18, Tel. 795 61 0, www.hgm.or.at, S-Bahn Südbahnhof, U1 Südtiroler Platz, tgl. 9–17 Uhr, 5,10 €, s. S. 246.

Reiseinfos

Wer sagt da noch, dass Kunst keinen Spaß macht? Auf dem Hauptplatz im MQ

Stadt- und Kulturgeschichtliches im Grünen – **Hermesvilla:** ▶ außerhalb Karte 1, G 17, 13., Lainzer Tiergarten (Zugang: Hermesstr.), Tel. 804 13 24, www.wienmuseum.at, Bus 60B Lainzer Tor, Ende März–Ende Okt. Di–So, Fei 10–18, Nov.–Mitte März Di–So, Fei 10–16.30 Uhr, 6 €. Die Villa von Kaiserin Elisabeth beherbergt Sonderausstellungen des Wien Museums Karlsplatz (s. rechts).

Reminiszenzen an ein großes Kulturerbe – **Jüdisches Museum:** ▶ Karte 2, O 11, im Palais Eskeles, 1., Dorotheerg. 11, Tel. 535 04 31, www.jmw.at, U1, U3 Stephansplatz, So–Fr 10–18 Uhr, 6,50 €, s. S. 186.

Vindobonas Fundamente – **Römermuseum:** ▶ Karte 2, O 12, 1., Hoher Markt 3, Tel. 535 56 06, www.wienmuseum.at, U1, U3 Stephansplatz, U1 Schwedenplatz, Di–So, Fei 9–18 Uhr, 4 €, s. S. 182.

Stadtgeschichte in all ihrer Fülle – **Wien Museum Karlsplatz:** ▶ Karte 2, P 13, 4., Karlsplatz, Tel. 50 58 74 78 40 21, www.wienmuseum.at, U1, U2, U4 Karlsplatz, Di–So, Fei 9–18 Uhr, 6 € (Eintritt So in Dauerausstellung frei!), s. S. 205.

Sondermuseen

Fantastischer Realist in der Wagner-Villa – **Ernst-Fuchs-Privatstiftung:** ▶ Karte 1, westl. von D 13, 14., Hüttelbergstr. 26, Tel. 914 85 75, www.ernstfuchs-zentrum.com, U4 Hütteldorf, dann Bus 148, 152, Führungen Mo–Fr 10–16 Uhr nach telefonischer Vereinbarung, 11 €, s. S. 221.

Museen und Galerien, Gedenkstätten

Wehret den Anfängen! – **Dokumentationsarchiv des österreichischen Widerstands:** ▶ Karte 2, O 10, Altes Rathaus, 1., Wipplingerstr. 8/Stiege 3, Tel. 228 94 69 19, www.doew.at, U1, U3 Stephansplatz, Mo–Mi, Fr 9–17 Uhr, Eintritt frei. In Schauräumen permanent präsentierte Dokumente zum Widerstand 1934–1945, s. S. 186.

Schaufenster für eine Weltsprache – **Esperantomuseum:** ▶ Karte 2, O 11, 1., Herreng. 9, Palais Mollard, Tel. 53 41 07 30, www.onb.ac.at, U1, U3 Stephansplatz, Mo–Mi, Fr, Sa 10–14, Do 15–19 Uhr, 3 €, s. S. 155.

Tatütata zwischen einst und heute – **Feuerwehrmuseum:** ▶ Karte 2, O 10, 1., Am Hof 10 (Zentralfeuerwache), Tel. 53 199, U3 Herrengasse, So, Fei 9–12 Uhr, an Werktagen nach tel. Voranmeldung, Eintritt frei, s. S. 181.

Zerbrechliche Kostbarkeiten – **Glasmuseum** (Lobmeyr): ▶ Karte 2, O 12, 1., Kärntner Str. 26, Tel. 512 05 08, U1, U3 Stephansplatz, zu den üblichen Geschäftszeiten, Eintritt frei, s. S. 194.

Salut an die Vermessenheit der Welt – **Globenmuseum:** ▶ Karte 2, O 11, 1., Herreng. 9, Palais Mollard, Tel. 534 10-710, www.onb.ac.at, U1, U3 Stephansplatz, Mo–Mi, Fr, Sa 10–14, Do 15–19 Uhr, 5 €, s. S.150.

Ohren auf! – **Haus der Musik:** ▶ Karte 2, P 12, 1., Seilerstätte 30, Tel. 51 64 80, www.hdm.at, U1, U2, U4 Karlsplatz, tgl. 20–22 Uhr, 10 €, s. S. 179.

Makaber, aber aufschlussreich – **Museum für Bestattungswesen:** ▶ **Karte 1,** P 15, 4., Goldegg. 19, Tel. 501 95 42 27, www.bestattungswien.at, U1 Südtiroler Platz, Mo–Fr, also werktags, im Rahmen einer Führung nach telefonischer Voranmeldung zugänglich, 4,50 €.

Die ganze Welt ist eine Bühne – **Theatermuseum:** ▶ Karte 2, O 13, 1., Lobkowitzplatz 2, Tel. 51 28 80 00, www.theatermuseum.at, U1, U2, U4 Karlsplatz, Di–So 10–18 Uhr, 4,50 €, s. S. 142.

Wie die Zeit vergeht! – **Uhrenmuseum:** ▶ Karte 2, O 11, 1., Schulhof 2, Tel. 533 22 65, www.wienmuseum.at, U3 Herrengasse, Di–So, Fei 10–18 Uhr, 4 €, s. S. 182.

Historische Kultur Mitteleuropas – **Volkskundemuseum:** ▶ Karte 1, M 10, 8., Laudong. 15–19, Tel. 406 89 05, www.volkskundemuseum.at, Straßenbahn 5, 33, Di–So 10–17 Uhr, 5 €, s. S. 230.

Lernspaß für den Nachwuchs – **ZOOM Kindermuseum:** ▶ Karte 2, N 12, 7. Museumsplatz 1, im Museumsquartier, Tel. 524 79 0, www.kindermuseum.at, variable Anfangszeiten für Programme, nur mit Anmeldung, Eintritt Kinder 5 €, Erw 3,50 €, s. S. 238.

Gedenkstätten

Beethoven-Gedenkstätten – **Pasqualatihaus:** ▶ Karte 2, N 10, 1., Mölker Bastei 8, Tel. 535 89 05, U 2 Schottentor, s. S. 157; **Heiligenstädter-Testament-Haus:** ▶ Karte 1, nördl. N 5, 19., Probusgasse 6, Tel. 37 54 08, U4 Heiligenstadt, beide Di–So 10–13, 14–18 Uhr. Schauräume mit Erinnerungsstücken, Noten und alten Ansichten der Umgebung, s. S. 264; **Eroica-Haus:** ▶ Karte 1, M 5, 19., Döblinger Hauptstr. 92, Tel. 369 14 24, U6 Nußdorfer Straße, U4, U6 Spittelau, Fr 15–18 Uhr und auf Anfrage, Tel. 505 87 47; alle: www.wienmuseum.at, 2 €.

Reiseinfos

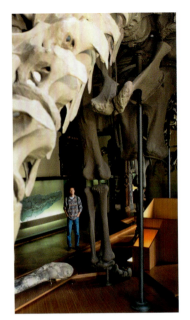

Wo der Mensch ganz klein wird –
Exponate im Naturhistorischen Museum

Dem Schöpfer der Strudlhofstiege –
Heimito-von-Doderer-Gedenkstätte
(im Bezirksmuseum Alsergrund): ▶
Karte 1, M 9, 9., Währinger Str. 43, Tel.
40 03 40 91 27, Straßenbahn 5, 33, Mi
9–11, So 10–12 Uhr, 2 €. Dokumentation
über den Wiener Romancier von
Doderer.

Der Couch auf der Spur – **Sigmund-Freud-Museum:** ▶ Karte 1, N 9, 9.,
Bergg. 19, Tel. 319 15 96, U2 Schottentor,
7 €, mit Führung 8 €, s. S. 109, S. 229.

Zu Ehren der Aufrechten – **Gedenkstätte
für die Opfer des österreichischen Freiheitskampfes:** ▶ Karte 2,
P 10, 1., Salztorg. 6, Tel. 53 43 60 17 75,
U2, U4 Schottenring, Mo 14–17, Do, Fr
9–12, 14–17 Uhr.

Eine klassische Adresse – **Haydn-Museum** (mit Brahms-Gedenkraum):
▶ Karte 1, L 14, 6., Haydng. 19, Tel.
596 13 07, www.wienmuseum.at, U3
Zieglergasse, Di–So 10–13, 14–18 Uhr,
2 €. Wohn- und Sterbehaus Haydns mit
Dokumenten, Noten etc.

Wo Wolfgang Amadeus wohnte – **Mozarthaus:** ▶ Karte 2, P 11, 1., Domg. 5,
Tel. 513 62 94, www.mozarthausvienna.at,
U1, U3 Stephansplatz, tgl. 10–
19 Uhr, 9 €, s. S. 179.

Schubert-Gedenkstätten – **Museum im
Geburtshaus** (mit Adalbert-Stifter-Museum):
▶ Karte 1, M 8, 9., Nußdorfer
Str. 54, Tel. 317 36 01, U6 Währinger
Straße, Di–So 10–13, 14–18 Uhr, s.
S. 228; **Sterbezimmer:** ▶N 13, 4., Kettenbrückeng.
6, Tel. 581 67 30, U4 Kettenbrückengasse,
Fr–So 14–18 Uhr, beide:
www.wienmuseum.at, 2 €, Dokumente
aus Schuberts Leben.

In memoriam Strauß-Schani – **Johann-Strauß-Wohnung:**
▶ Karte 1, Q/R 10, 2.,
Praterstr. 54, Tel. 214 01 21, www.
wienmuseum.at, U1 Nestroyplatz, Di–
Do 14–18, Fr–So 10–13 Uhr, 2 €. Originalmöbel
und -musikinstrumente,
Bildnisse und Autografen des Walzerkönigs.

Sonstige Sehenswürdigkeiten

Aqua- und Terrarium – **Haus des Meeres:**
▶ Karte 1, M 13, 6., Esterházypark,
Tel. 587 14 17, www.haus-des-meeres.
at, U3 Neubaugasse, tgl. 9–18, Do bis
21 Uhr, 10 €. Lebende Meerestiere (u. a.
Hammerhaie in 300 000-l-Becken!) in
einem monumentalen Fliegerbunker.

Kaiserliche Wohnkultur – **Hofburg:**
▶ Karte 2, N/O 11/12, 1., Hofburg–Inne-

Museen und Galerien, Gedenkstätten

rer Burghof, Eingang unter der Michaelerkuppel, Tel. 533 75 70, www.hofburg-wien.at, U1, U3 Stephansplatz, tgl. 9–17, Juli und Aug. tgl. bis 17.30 Uhr, 9,90 €, s. S. 152. Zu sehen: Kaiserappartements (mit einem Hofburg-Modell), Silberkammer und Sisi-Museum.

Wo die Kaiserfamilie zu Gott betete – **Burgkapelle:** ▶ Karte 2, O 12, 1., Hofburg, Schweizerhof, Tel. 533 99 27, www.hofburgkapelle.at, U1, U3 Stephansplatz, Sept.–Juni Mo–Do 11–15, Fr 11–13 Uhr, 1,50 €, s. S. 148.

Ruhestätte der Majestäten – **Kaisergruft** (Kapuzinergruft): ▶ Karte 2, O 12, 1., Neuer Markt, Tel. 512 68 53 12, www.kaisergruft.at, U1, U3 Stephansplatz, tgl. 10–18 Uhr, 4 €, s. S. 174.

Möbelmuseum – **Hofmobiliendepot:** ▶ Karte 1, L 13, 7., Mariahilfer Str. 88 (Zugang Andreasg. 7), Tel. 524 33 570, www.hofmobiliendepot.at, U3 Neubaugasse, Zieglergasse, Di–So 10–18, Führungen Di–So um 15 Uhr, 6,90 €. Auf 6000 m² Fläche demonstrieren Möbel und Einrichtungsgegenstände kaiserliche Wohnkultur (17.–20. Jh.) mit Schwerpunkt auf Biedermeier und Historismus.

Profanes aus der Minnezeit – **Neidhart-Fresken:** ▶ Karte 2, O 11, 1., Tuchlauben 19, Tel. 535 90 65, www.wienmuseum.at, U1 Herrengasse, U1, U3 Stephansplatz, Di–So 10–13, 14–18, Fr–So, Fei 14–18 Uhr, 2 €.

Galerien

Fotogalerien – **Faber:** 4, Brahmspl. 7, Tel. 505 75 18, www.jmcfaber.at; **Westlicht:** 7., Westbahnstr. 40, Tel. 522 66 36, www.westlicht.at.

Nachwuchs im Rampenlicht – **Museum of Young Art** (Moya): 1., Löwelstr. 20, Tel. 535 19 89, www.moya-vienna.at, U2 Schottentor, Di, Mi, Fr 11–18, Do 11–20, Sa 11–16 Uhr, Eintritt frei.

In jüngster Zeit gesammelt – **Museum auf Abruf** (MUSA, Sammlung zeitgenössischer Kunst der Kulturabtlg. der Stadt Wien): 8., Felderstr. 6–8, neben dem Rathaus, Tel. 400 08 400, www.musa.at, U2 Rathaus, Di–So 11–18, Do bis 20 Uhr, Eintritt frei.

Spannend & kontrovers – **Bawag** bzw. **Generali Foundation:** 4., Wiedner Hauptstr. 15, Tel. 504 98 80, www.bawag-foundation.at, http://foundation.generali.at, U6 Volksoper, Di–So, Fei 11–18, Do bis 20 Uhr, Eintritt frei.

Ausstellungslabor der Zukunft – **Kunsthalle Exnergasse im WUK:** 9., Währingerstr. 59, 2. St., 1. Stk., Tel. 401 21 41, http://kunsthalle.wuk.at, Di–Fr 14–19, Sa 10–13 Uhr, Eintritt frei.

Die künstlerische Quintessenz seit 1945 – **Sammlung Essl:** Klosterneuburg, An der Donau-Au 1, Tel. 02243 37 05 0, www.sammlung-essl.at, Di–So 10–18 Uhr, 7 €, Mi ab 18, bei freiem Eintritt bis 21 Uhr, s. S. 277.

Zeitgenössische Kunst
Galerie Chobot: 1, Domg. 6, Tel. 512 53 32; **Heike Curtze:** 1, Seilerstätte 15, Tel. 512 93 75; **Hilger:** 1, Dorotheerg. 5, Tel. 512 53 15; **Hohenlohe:** 1, Bäckerstr. 3, Tel. 512 97 20; **Grita Insam:** 1, An der Hülben 3, Tel. 512 53 30; **Knoll:** 6, Gumpendorfer Str. 18, Tel. 587 50 52; **Krinzinger:** 1, Seilerstätte 16, Tel. 513 30 06; **Nächst St. Stephan:** 1, Grünangerg. 1, Tel. 512 12 66; **Hubert Winter:** 7, Breite Gasse 17, Tel. 524 09 76.

Reiseinfos von A bis Z

Apotheken

Apotheken haben Mo–Fr 8–12, 14–18, Sa 8–12 Uhr geöffnet.
Apotheken-Bereitschaft (für die Beanspruchung des Nacht-, Sonntags- und Feiertagsdienstes werden Gebühren berechnet): Tel. 15 50.

Ärztliche Versorgung

Bei einem Unfall oder einer plötzlichen Erkrankung haben EU-Bürger und Schweizer Anspruch auf öffentliche Gesundheitsversorgung. Hierfür wird die **Europäische Krankenversicherungskarte** benötigt, die von der Krankenkasse zu Hause ausgestellt wird. Bei ihrer Vorlage muss der Patient vor Ort nichts bezahlen. Vielmehr rechnet die Gebietskasse in Wien die angefallenen Kosten mit der jeweiligen heimischen Kasse ab. Dies gilt sowohl für Spitäler als auch für Kassenärzte. Bei beiden ist freilich mit oft erheblichen Wartezeiten zu rechnen, die durch den Besuch bei Privatärzten oder -kliniken meist zu umgehen sind. Doch sind dortige Behandlungen ebenso wie Zahnarztbesuche grundsätzlich direkt vor Ort zu bezahlen. Für Privatbehandlungen ist der Abschluss einer Reisekrankenversicherung ratsam.

Wiens größtes und am besten ausgestattetes Spital ist das **Allgemeine Krankenhaus (AKH),** 9., Währinger Gürtel 18–20, Tel. 40 40 00, www.akhwien.at, U6 Michelbeuern/AKH.
Ärztefunkdienst: Tel. 141 (19–7 bzw. an Feiertagen sowie Wochenenden von Fr 19–Mo 7 Uhr durchgehend besetzt).
Ordination des Ärztefunkdiensts: 1., Börseplatz 6, und 3., Franzosengraben 6 (Sa, So, Fei sowie 24. und 31. Dez. 8–20 Uhr besetzt).

(Unfall-)Krankenhäuser
2. Bezirk: Krankenhaus der Barmherzigen Brüder, Große Mohreng. 9, Tel. 21 12 10, durchgehend geöffnete Ambulanz, Hilfe für jeden, auch ohne Krankenschein, schmerzende Zähne werden nur gezogen.
9. Bezirk: Allgemeines Krankenhaus der Stadt Wien, s. links.
12. Bezirk: Unfallkrankenhaus Meidling, Kundratstr. 37, Tel. 60 15 00.
20. Bezirk: Lorenz-Böhler-Krankenhaus (Unfallkrankenhaus), Donaueschingerstr. 13, Tel. 33 11 00.

Wer im Heimatland eine für seine Weiterreise erforderliche Impfung vergessen hat, kann diese im WHO-Impfzentrum der Flughafenambulanz Wien-Schwechat nachholen lassen, Tel. 700 72 22 45.
Diverse Notrufnummern: s. S. 74.

Diplomatische Vertretungen in Wien

Deutsche Botschaft
3., Metternichg. 3, Tel. 711 54, www.wien.diplo.de.

Schweizerische Botschaft
3., Prinz-Eugen-Str. 7, Tel. 795 05, www.eda.admin.ch/wien.

Feiertage

1. Januar: Neujahr
6. Januar: Heilige Drei Könige
Ostermontag
1. Mai: Tag der Arbeit
Christi Himmelfahrt

Reiseinfos

Pfingstmontag
Fronleichnam
15. August: Mariä Himmelfahrt
26. Oktober: Nationalfeiertag
1. November: Allerheiligen
8. Dezember: Mariä Empfängnis
25., 26. Dezember: Weihnachten

Bis auf wenige Ausnahmen (an Bahnhöfen usw.) haben alle Geschäfte und Institutionen an den gesetzlichen Feiertagen geschlossen.

Fundbüro

Fundamt: Tel. 0900 600 200, www.fundamt.gv.at, Mo–Fr 7–17 Uhr.

Geld

Währung ist der Euro.
Banken und Wechselstuben: Mo–Fr 8–15, Do bis 17.30 Uhr (Filialen 12.30–13.30 Uhr geschl.), tgl. geöffnet: Wechselstuben im Flughafen (Ankunft: tgl. 8–23, Abflug: tgl. 6–22.45 Uhr), am City Air Terminal (Mo–Fr 9–18, Sa 9–17, So 10–16 Uhr), Westbahnhof (7–22 Uhr), Südbahnhof (6.30–22, Nov.–April bis 21 Uhr), Opernpassage (9–19 Uhr).
Geldwechselautomaten: Graben 21, Kärtner Ring 1, Kärtnerstr. 32, 43, 51, Michaelerplatz 3, in der Operng. 8, am Schottenring 1, Schwedenplatz, Stephansplatz 2, Tegethoffstr. 7.
Kreditkarten: Tel. bei Anfragen und Verlust: American Express, Tel. 51 51 10, Diner's Club, Tel. 50 13 50, Mastercard, Tel. 71 70 10, Visa, Tel. 71 11 10.

Kinder

Zentrale Informationsstelle
Xtra-Kinderinfo
Museumsquartier/Hof 2 (Zugang von Mariahilfer Str.), Tel. 400 08 44 00, www.kinderinfowien.at, U2 Museumsquartier, Di–Do 14–19, Fr–So, Fei 10–17 Uhr.

Adressen für Kinder
ZOOM Kindermuseum: im MQ/Hof 2, Tel. 524 79 08, www.kindermuseum.at. Mitmachausstellungen, Atelier und Multimedialabor, für die Allerkleinsten ozeanische Fantasiewelt (Info & Reserv. für diverse Aktivitäten tel., s.o.).
Dschungel Wien: unmittelbar neben ZOOM Kindermuseum, Tel. 522 07 20, www.dschungelwien.at.
Märchenbühne Der Apfelbaum: 7., Kircheng. 41, Tel. 523 17 29, www.maerchenbuehne.at.
Narrenschloss: 11., Guglgasse 12/Gasometer Mall, Tel. 748 50 72.
Puppentheater Lilarum: 3., Göllnerg. 8, Tel. 710 26 66.
Renaissancetheater: 7., Neubaug. 38, Tel. 52 11 00, www.tdj.at.
Urania Puppenspiele: 1., Uraniastr. 1, Tel. 714 36 59.
In Schönbrunn: Marionettentheater, Kindermuseum, Tiergarten (alle Details: s. S. 217).
Haus des Meeres: 6., Flakturm am Esterházypark, Tel. 587 14 17, www.haus-des-meeres.at.
Schmetterlingshaus im Burggarten: Mo–Fr 10–17, Sa, So, Fei bis 18.15, im Winter bis 15.45 Uhr.
Im Prater: Riesenrad, zu dessen Füßen der Wurstelprater, Planetarium (Tel. 729 54 94 0, www.planetarium-wien.at) sowie Kinderkino Cinemagic (Tel. 586 43 03, www.cinemagic.at).
Minopolis: 21., Wagramer Str. 2, Tel. 08 10 97 02 70, www.minopolis.at. 6000 m^2 große Stadt der Kinder für 4- bis 12-Jährige mit über 100 Rollenspielen für Erwachsenenberufe.
Baby-Breakfast im Café Stein, mit Betreuung der Kleinen: 9., Währinger Str. 6–8, Tel. 319 72 41, www.cafe-stein.com.

Seit Ende des 19. Jh. dreht sich das Riesenrad für Gäste

Kinder in Hotels

Für mitreisende Kinder bieten die meisten Übernachtungsbetriebe sogenannte Familienzimmer an. Das sind große, zusätzlich mit einem Gitterbett oder aufklappbaren Sofa bestückte Doppelzimmer, die nur wenig mehr kosten als bei der Benützung durch ein Paar. Ein solches Angebot gilt meist für Kinder bis zwölf; der Nachwuchs unter sechs Jahre übernachtet vielerorts gratis.

Medien

Zeitungen

Als recht bunt erweist sich der örtliche Blätterwald. Da finden sich zwei Qualitätszeitungen – die eher konservative »Presse« und der linksliberale »Standard«. Das andere, boulevardeske Ende des Spektrums decken die Kleinformate »Krone« und »Österreich« ab. Dazwischen behaupten sich u. a. der bürgerliche »Kurier«, die amtliche »Wiener Zeitung« und das »WirtschaftsBlatt«. Drei Magazine – »Profil«, »Format« und »News« – berichten wöchentlich Aktuelles. Dazu kommen monatlich erscheinende Zeitgeist-Postillen wie »Wiener« und »Wienerin«, Wirtschaftsmagazine wie »Trend«, »Option«, »Gewinn«, und zwei erfrischend kritisch-alternative Programmzeitschriften, »Falter« und »City«.

Radio

Der Wiener Radioäther hat sich vor wenigen Jahren endlich auch privaten

Reiseinfos

Sendern geöffnet. Die drei wichtigsten österreichischen Radioprogramme (UKW) sind: Ö1 (87,8 oder 92,0 MHz) – Kultur, Politik und Wissenschaft auf herrlich hohem Niveau; Ö2 (87,9 oder 91,0 MHz) – jeweils spezifische Lokalprogramme für die Bundesländer Wien, Niederösterreich und das Burgenland; Ö 3 (99,9 oder 101,3 MHz) – sendet rund um die Uhr mit stündlich aktuellen Tagesinformationen, ansonsten Sport und viel moderne Musik; FM 4 (103,8 MHz) – Musik für jugendliche Zielgruppen und zuweilen englischsprachige Sendungen. Zusätzlich existieren u. a. folgende Privatsender: 88,6, Antenne Wien, NRJ, Radio Orange-Freies Radio.

Notruf

Feuerwehr: Tel. 122
Polizei: Tel. 133
Rettung: Tel. 144
Euronotruf: 112
Ärztenotdienst (auch Zahnarzt): Tel. 141
Vergiftungs-Informationszentrale: Tel. 406 43 43
Frauen-Notruf: Tel. 717 19
Tierrettung: Tel. 699 24 50
Tierarztzentrale: Tel. 489 79 79
Telefonseelsorge: Tel. 142
Auto-Pannenhilfe: ARBÖ, Tel. 123 (15, Mariahilfer Str. 180, Tel. 89 12 10); ÖAMTC, Tel. 120 (1, Schubertring 1–3, Tel. 71 19 90)

Öffnungszeiten

Geschäfte: Per Gesetz ist eine wöchentliche Gesamtöffnungszeit von max. 72 Stunden erlaubt; und zwar im Zeitrahmen von 6–21 Uhr für Mo–Fr bzw. 6–18 Uhr für Sa. Die Gepflogenheiten sind daher im Einzelnen variabel: In der Regel haben Läden von ca. 8.30/9 bis 18/19 Uhr und an 1–2 Tagen abends länger geöffnet. Ausnahmen von der sonst immer noch generell gültigen Sonntagsruhe gelten u. a. für Lebensmittelgeschäfte (vor allem in Tankstellen) und Verkaufsstellen in Bahnhöfen und Theatern.
Supermärkte: ca. 7–19/20 Uhr.
Shopping Malls: Mo–Fr ca. 9–21, Sa 8–18 Uhr.
Museen: Museen sind mehrheitlich (aber keineswegs durchwegs!) montags geschlossen.

Polizei und Sicherheit

Wien ist zwar keineswegs eine kriminalitätsfreie Zone, aber im Alltag für eine Stadt dieser Größe im europäischen Vergleich ausgesprochen sicher. Schützen sollte man sich im Gedränge, etwa in öffentlichen Verkehrsmitteln zur Stoßzeit, vor Trick- und Taschendieben, indem man Pretiosen tunlichst im Hotelsafe lässt und Geld am Körper trägt. Zu warnen ist auch vor den notorischen Profibettlern, die durch die U-Bahn-Waggons oder Passagen ziehen. In ihrer Gegenwart zückt man besser keine Geldbörse! Steigend ist – u. a. seit der Öffnung des ›Eisernen Vorhangs‹ – die Zahl der Autoeinbrüche. Deshalb: Niemals Taschen oder Wertgegenstände (z. B. Laptops) sichtbar im Wageninneren liegen lassen!

Es gibt in Wien keine eigentlichen No Go-Areas, freilich muss man ja nicht gerade in den Rotlichtvierteln am Gürtel und in der Leopoldstadt um 3 Uhr früh mit Geschmeide behangen oder Geldscheinen winkend umherflanieren.

Für den Schadensfall empfiehlt sich, abgesehen von den üblichen Notrufnummern 112 bzw. 133, ein Anruf bei der zentralen Polizeidirektion (Tel.

Reiseinfos

3131 00), bei der man schnurstracks an die jeweils zuständige Abteilung weitergeleitet wird.

Post

Postämter: Hauptpost, 1., Fleischmarkt 19, Tel. 57 76 77, Mo–Fr 7–22, Sa, So 9–22 Uhr; Postamt am West- bzw. Südbahnhof, Mo–Fr 7–22, Sa, So 9–20 Uhr; am Franz-Josefs-Bahnhof, Mo–Fr 7–20, Sa, So 9–14 Uhr. Alle übrigen: Mo–Fr 8–12, 14–18 Uhr.
Porto: Ansichtskarte/Standardbrief innerhalb Europas kostet 0,65 €.

Rauchen

Im Unterschied zu den meisten anderen Ländern Europas vollzieht der Gesetzgeber in Österreich beim Thema Rauchen seit Jahren einen peinlichen Eiertanz. Zwar ist der Glimmstengel aus Amtsgebäuden und öffentlichen Einrichtungen verbannt. Gastronomen jedoch müssen auch gemäß dem neuen, am 1. Januar 2009 in Kraft tretenden Gesetz ihr Lokal bloß in Raucher- und Nichtraucherbereich trennen. Und auch dies nur, »wenn es baupolizeiliche oder gesetzliche Gründe nicht verunmöglichen«.

Reisende mit Handicap

Beinahe alle Wiener U-Bahn-Stationen wurden in letzter Zeit mit Aufzügen versehen, um beispielsweise Rollstuhlfahrern einen mühelosen Zugang zu ermöglichen. Auch die Fahrt selbst ist dank tiefergelegter Türen und ausreichendem Freiraum in den Waggons kein Problem. Der Straßenbahn-Fuhrpark ist in Umstellung begriffen. Ein Teil besteht aus Niederflurgarnituren, ist ergo für Rollstuhlfahrer gut benutzbar.

In den Bahnhöfen der ÖBB kann man sich an die Informationsschalter bzw. an die Fahrdienstleitung um Auskünfte und eventuelle Begleitung wenden.

Alle neuen Hotels und auf jeden Fall jene der oberen Kategorie verfügen über behindertengerechte Zimmer und Zugänge. Eher selten ist dies bei älteren und preiswerteren Unterkünften der Fall. Das Gleiche gilt für Restaurants. Wobei hier vor allem beim Zugang zu den Toiletten oft Probleme auftreten.

Die meisten größeren Konzert- und Bühnenhäuser besitzen Aufzüge und auch speziell für Rollstuhlfahrer oder Gehbehinderte reservierte Sitze (bei Reservierung oder Kauf Sonderwünsche äußern!).

Informationen über für Behinderte problemlos zugängliche Sehenswürdigkeiten bzw. die rollstuhlgerechte Infrastruktur liefern eigens erstellte Stadtpläne (erhältlich über den Wiener Tourismusverband, Tel. 21 11 42 22). Informationen für »Wien-Gäste mit Handicaps« auch unter www.info.wien.at.

Behindertenberatungszentrum Bizeps: 7., Kaiserstr. 55, Tel. 52 38 92 10.

Telefonieren

Öffentliche Fernsprechautomaten können zum kleineren Teil noch mit Münzen, zum größeren jedoch bereits mit in Postämtern und Trafiken erhältlichen Telefonkarten bedient werden (Letztere sind außen mit einem blauen Karten-Logo speziell gekennzeichnet). Private Münz-Fernsprechautomaten oder mit Zählwerk ausgestattete Telefonapparate in Hotels, Restaurants etc. können auf höhere Gesprächsgebüh-

Reiseinfos

Wien – immer auch Bruch mit alten Klischees: Fiakerfahrer ist nicht gleich Fiakerfahrer

ren eingestellt sein! Zudem kann man in jedem Postamt telefonieren.

Die **internationale Vorwahl** für Österreich aus Deutschland und der Schweiz ist 00 43, danach wird die erste Null der Ortsnetzkennzahl weggelassen, d. h. nach Wien z. B.: 00 43 + 1 + Teilnehmernummer. Um innerhalb Österreichs nach Wien zu telefonieren, wählt man 01. Das Gleiche gilt für Mobilnummern, z. B.: 00 43 + 664 (oder 676, 699 etc.) + Teilnehmernummer. Innerhalb Österreichs und auch Wiens wählt man 06 64, 06 76, 06 99 etc.

Vorwahlnummern ins Ausland: Deutschland: 0049, Schweiz: 0041.

Fernsprech-Auskunft: Inland und Deutschland 11 82 00, übriges Ausland (auch außereuropäisch) 11 82 02 (beide gebührenpflichtig).

Trinkgeld

Im gastronomischen Betrieb werden die Rechnungen, wie auch etwa im Taxi oder beim Friseur um 5–10 % des Rechnungsbetrages aufgerundet. Das Personal im Hotelzimmer erwartet ca. 1–2 €. Andere Dienstleister, etwa Gepäckträger oder Tankwarte, bekommen von 0,50–1,50 €.

Panorama – Daten, Essays, Hintergründe

Glasfenster der Kirche am Steinhof, dem sakralen Hauptwerk des Wiener Jugendstils

Steckbrief Wien

Daten und Fakten
Name: Wien
Fläche: rund 415 km², davon sind 32,4 % bebaut, 49,8 % Grünflächen (18 % Wald, 17 % landwirtschaftlich genutzt), 13,5 % Verkehrsflächen und 4,3 % Gewässer
Einwohnerzahl: 1,67 Mio.
Währung: Euro, Untereinheit Cent
Zeitzone: MEZ, Sommerzeit
Landesvorwahl Österreich: 00 43
Stadtvorwahl: Wiener Festnetznummern beginnen mit 1

Ortsname: Er leitet sich von Vedunia (= Waldbach), der keltischen Bezeichnung des Wienflusses, ab.

Stadtwappen: Es zeigt in einem roten Schild ein weißes Kreuz und tauchte erstmals 1278 auf einem Wiener Pfennig auf. Als Wappen wurde dieser mitraförmige Kreuzschild 1925 festgelegt, kurz nach dem Zweiten Weltkrieg erneuert und 1998 grafisch aktualisiert. Die österreichischen Landesfarben sind Rot-Weiß.

Lage und Größe
Wien liegt östlich der letzten Ausläufer der Ostalpen, beiderseits der Donau. Sein Stadtgebiet erstreckt sich in einer Seehöhe zwischen 151 m (in der Lobau) und 542 m (auf dem Hermannskogel) von den Vorhöhen und dem Flyschbergland des Wienerwalds sowie den Höhen des Wienerbergs und des Laaer Bergs über eiszeitliche, von etlichen Bächen durchschnittene Terrassen und über das Auen- und Schwemmland der Donau bis zum Rand des Wiener Beckens bei Schwechat im Südosten sowie des Marchfelds im (Nord)Osten.

Stadtverwaltung und Politik
Gemäß der Landesverfassung von 1920 ist Wien gleichzeitig Gemeinde, also eine Stadt mit eigenem Statut, und Bundesland. Sein aus 100 Mitgliedern bestehender, alle fünf Jahre neu zu wählender Gemeinderat übt als Landtag zugleich die Landesgesetzgebung aus. Der Bürgermeister ist zugleich Landeshauptmann, der Stadtsenat Landesregierung. Letzterer besteht derzeit aus neun Amtsführenden Stadträten, fünf Stadträten ohne eigenen Geschäftsbereich sowie dem Bürgermeister (seit 1994 Dr. Michael Häupl), zwei Vizebürgermeistern und dem Magistratsdirektor. Das Ergebnis der jüngsten Gemeinderatswahl vom Okt. 2005: Sozialdemokratische Partei (SPÖ): 49,09 % (55 Mandate), Volkspartei (ÖVP): 18,77 % (18), Freiheitliche (FPÖ): 14,83 % (13), Grüne: 14,63 % (14). Die 23 Stadtbezirke sind mehr oder weniger in zwei konzentrischen Kreisen angeordnet, einem inneren (von 2 bis 9) und einem äußeren (von 10 bis 23).

Wirtschaft, Tourismus und Kultur
Die Bundeshauptstadt ist Österreichs größtes Wirtschaftszentrum und erwirtschaftet mit ca. 65 Mrd. € rund 27,5 % des BNP. Den größten Wertschöpfungsfaktor stellen das Kredit-,

Versicherungs-, Realitäten- und Vermietungswesen dar. Einen im Gesamtvergleich mit Österreich überproportionalen Anteil besitzt auch der Handel. Naturgemäß groß ist mit 9,7 Mio. Nächtigungen (2007) auch die Bedeutung des Tourismus. Im selben Jahr fanden in der Stadt 154 internationale Kongresse statt – so viele wie in keiner anderen Stadt der Welt. Insgesamt liegt Wiens Wirtschaftswachstum über dem Landesdurchschnitt. Doch die industrielle Struktur wird lückenhafter: 1973 gab es noch 1830 Industriebetriebe mit 90 000 Arbeitsplätzen, heute sind es nur mehr 1200 mit knapp über 90 000 Jobs. Dafür blüht das Handwerk wie in kaum einer anderen Großstadt: 90 % aller 6000 Betriebe haben weniger als 20 und nur 110 mehr als 500 Arbeitnehmer. In der Landwirtschaft sind gegenwärtig gerade noch 2100 Personen beschäftigt.

An kulturellen Einrichtungen bietet Wien etwa 150 Museen, 100 Theater, 100 Kinosäle, 80 Bibliotheken und 20 Varietés und Kabaretts.

Verkehr

Der Flughafen Wien-Schwechat bildet Österreichs Drehscheibe für den internationalen Luftverkehr. Er verzeichnete 1988 noch weniger als 5 Mio. Fluggäste. 2007 waren es bereits 18,8 Mio., Tendenz weiter stark steigend. Die Stadt verfügt über eine moderne, fünf Linien umfassende U-Bahn, weiters eine S-Bahn, ein dichtes Bus- und Straßenbahnnetz. Sie ist Kernzone eines großen Verkehrsverbundes, der von St. Pölten bis zur slowakischen Grenze reicht. 2007 waren in Wien 657 000 Kfz gemeldet. Im selben Jahr ging – ein Zeichen der Hoffnung! – infolge verstärkten Umstiegs auf Öffis und Fahrrad erstmals in der Geschichte der motorisierte Individualverkehr zurück. Gewachsen ist dank der wirtschaftlichen Öffnung Osteuropas und dem Bau des Rhein-Main-Donau-Kanals die Bedeutung der Flussschifffahrt, ergo des Wiener Hafens.

Bevölkerung, Sprache, Religion

Nach Erreichen ihres historischen Höchststandes von 2,08 Mio. im Jahr 1910 ergab die Volkszählung 1987 – als Folge der massenweisen Übersiedlung in die grüneren Nachbargemeinden in Niederösterreich – mit einer Bevölkerung von 1,485 Mio. den absoluten Tiefststand im 20. Jh. Seither steigt die Einwohnerzahl infolge der Zuwanderung, insbesondere nach Hebung des ›Eisernen Vorhangs‹, wieder merklich an. Aktueller Stand: 1,67 Mio. Knapp 20 % der ansässigen Bevölkerung, das sind 325 000, kommen aus dem Ausland. Stark vertreten sind Türken (39 000) und Polen (24 000). Auf Platz drei liegen mit 22 800 die Deutschen.

Das Idiom der Wiener zählt zu den ostmittelbairischen Dialekten und besitzt einen sehr spezifischen Wortschatz. Typisch für die Sprechweise sind langgezogene Vokale, meist am Satzende. In jüngsten Jahren wurde der örtliche Dialekt zunehmend durch ein Standarddeutsch mit typisch Wiener Akzenten zurückgedrängt.

Knapp die Hälfte der Wiener ist römisch-katholisch, gut ein Viertel ohne Bekenntnis. Rund 8 % sind muslimischen Glaubens. Es folgen mit 6 % die Angehörigen der Orthodoxen und mit 4,7 % die der Evangelischen Kirche. Die Zahl der in Wien wohnhaften Juden beträgt zurzeit 10 000–12 000.

Geschichte im Überblick

Frühgeschichte und Römerzeit

5. Jh. v. Chr. Der keltische Stamm der Boier siedelt auf einem vor Überschwemmungen sicheren Hügel, ungefähr auf dem Gebiet des heutigen Belvederegartens.

15 v. Chr. Die Römer verleiben sich das südlich der Donau gelegene Königreich Noricum ein und errichten das Lager Vindobona.

3. Jh. Die Zivilsiedlung Vindobona erhält das Stadtrecht und wird dadurch Municipium.

Früh- und Hochmittelalter

433 Die Römer treten die Provinz Pannonien per Vertrag an die Hunnen ab. Bereits zuvor wird die Stadt von den durchziehenden Vandalen sowie Ost- und Westgoten niedergebrannt.

791 Karl der Große beginnt einen vernichtenden Feldzug gegen die Awaren.

881 Überliefert wird erstmals der Name Uenia.

907 Die nomadisierenden Magyaren erobern das Gebiet bis zur Enns und sind neue Stadtherren von Wien.

955 Nach dem Sieg Ottos des Großen über die Magyaren und der Rückeroberung der östlichen Gebiete durch bayrische Kolonisten entsteht in Wien eine Art Vorstadt, die Wehrcharakter gen Osten hat.

976 In einer Urkunde Kaiser Ottos II. wird der Babenberger Luitpold erstmals als Markgraf des Ostlandes genannt, das ab 996 Ostarrichi heißen wird.

1135 Die Babenberger erwerben die Stadtherrschaft.

1141 Heinrich II. Jasomirgott wird Markgraf von Österreich. Er verlegt 1155 seine Residenz nach Wien.

1237 Wien erhält nach seiner Münzstätte, dem Stadt- und Stapelrecht erstmals auch die Reichsfreiheit.

1246 Herzog Friedrich II., der Streitbare, fällt in der Schlacht an der Leitha. Mit ihm stirbt die männliche Linie der Babenberger aus.

1251 Ottokar Přemysl, der künftige Erbe der böhmischen Krone, besetzt nach längerem Erbfolgestreit zwischen den Babenberger Fürstinnen Österreich.

1278 Nach der Eroberung Wiens besiegt König Rudolf I. von Habsburg Ottokar. Die fast 650-jährige Regentschaft der Habsburger beginnt.

Die Habsburger: Aufstieg und Glanz

1358 Rudolf IV., der Stifter, legt den Grundstein zu Langhaus und Südturm von St. Stephan, hebt den Zunftzwang auf, überträgt die Gewerbehoheit an den Stadtrat und gründet 1365 die Universität.

1421 Bei der ›Wiener Geserah‹ werden die Juden aus der Stadt vertrieben, über 200 werden öffentlich verbrannt.

1438 Enea Silvio Piccolomini, der spätere Papst Pius II., kommt nach Wien und inspiriert in der Folgezeit den Hof und die Gelehrten der Universität im Geiste des Humanismus.

1485 Die Truppen des ungarischen Königs Matthias Corvinus erobern Wien.

1526 Ferdinand oktroyiert der Stadt eine neue Ordnung auf, die das Bürgertum aller politischen Rechte beraubt und die Ämter der Stadt in landesfürstliche Behörden umwandelt. Im selben Jahr unterliegt der ungarische König Ludwig II. in der Schlacht bei Mohács den Türken. Böhmen und Ungarn kommen an das Haus Habsburg.

1529 Die Türken unter Süleyman II. stehen vor der Stadt. Nur das schlechte Wetter und die schwierige Versorgungslage verhindern die Einnahme.

1577 Rudolf II. verbietet den protestantischen Gottesdienst.

1683 Bei der Zweiten Türkenbelagerung entgeht die Stadt nur knapp der Einnahme durch die Truppen des Großwesirs Kara Mustafa.

1684 Der beispiellose Wiederaufbau Wiens – im barocken Stil – zur glanzvollen Metropole beginnt.

1701 Beginn des Spanischen Erbfolgekriegs, in dessen Verlauf die Habsburger die Spanischen Niederlande und Teile Italiens gewinnen.

1740 Die österreichischen Stände huldigen Erzherzogin Maria Theresia, die durch die ›Pragmatische Sanktion‹ zur Nachfolgerin ihres verstorbenen Vaters Karl VI. bestimmt ist.

1745	Maria Theresias Mann, Franz Stephan von Lothringen, wird in Frankfurt zum deutschen König und römischen Kaiser Franz I. gekrönt.
1765	Maria Theresias Sohn, Joseph II., erhält die Kaiserwürde. Als Mit- und nach 1780 als Alleinregent reformiert er weite Bereiche des öffentlichen Lebens.
1780	Die Kaiserin stirbt in Wien. Im Sinne der katholischen Aufklärung hat sie u. a. die Staatsverwaltung und das Strafrecht reformiert, die Leibeigenschaft gemildert, die Folter verboten und die allgemeine Schulpflicht eingeführt.
1792	Franz, der älteste Sohn Leopolds II., tritt die Regierung an.
1804	Franz proklamiert das alle Erblande umfassende Kaisertum Österreich, um die Ranggleichheit mit seinem großen Gegner Napoleon I. zu wahren.
1805	Napoleons Truppen übernehmen die Stadt kampflos.
1806	Nach der Gründung des Rheinbundes legt Franz die römisch-deutsche Krone nieder.
1814/1815	Auf dem Wiener Kongress wird über die Neuordnung Europas nach den Napoleonischen Kriegen beraten. Vorsitzender ist der neue österreichische Außenminister, Graf Metternich.
1821	Metternich rückt zum Staatskanzler auf und erstickt bis 1848 jegliches nationale oder liberale Gedankengut im Keim.
März 1848	Das Bürgertum Wiens fordert die Teilnahme an der Gesetzgebung, die Beseitigung der Zensur und die Selbstverwaltung der Gemeinden. Die Regierung stellt sich taub. Am 13. des Monats bricht die Revolution aus. Metternich wird gestürzt.
April 1848	Der Kaiser erlässt die zuvor versprochene freiheitliche Verfassung für die österreichischen Erbländer, verwirklicht sie aber nie und nimmt sie im Juni wieder zurück.
Mai 1848	Ein neuerlicher Aufstand erzwingt die Einberufung eines österreichischen Reichstages. Die Kaiserfamilie flieht aus der Stadt.
Okt. 1848	Die kaiserlichen Truppen erobern Wien zurück. Alle Errungenschaften der Revolution sind schlagartig Vergangenheit.

Die Ära Franz Josephs

Dez. 1848 Kaiser Ferdinand tritt zurück. Nachfolger wird sein 18-jähriger Neffe Franz Joseph.

1849 Ministerpräsident Fürst Schwarzenberg löst den Reichstag auf und verfügt eine gesamtstaatliche Verfassung.

1866 Die außenpolitischen Gegensätze zwischen Österreich und Preußen gipfeln im Deutschen Krieg, aus dem Preußen als Sieger hervorgeht.

1867 Die Habsburger suchen die Verständigung mit Ungarn und führen den Ausgleich herbei. Sie begründen damit die österreichisch-ungarische Personal- und Realunion (Doppelmonarchie).

1873 Die erste Hochquellenwasserleitung wird eröffnet, die Weltausstellung veranstaltet. Es kommt zu einer schweren Choleraepidemie und zum Börsenkrach.

1895–1910 Der christlich-soziale Bürgermeister Karl Lueger macht sich um die Modernisierung Wiens verdient. In seine Ära fallen die Kommunalisierung von Wasserleitung, Spitälern und Straßenbahn, ebenso der Bau der zweiten Hochquellenwasserleitung, der Heil- und Pflegeanstalt Am Steinhof, der Gas- und Elektrizitätswerke sowie die Schaffung des Wald- und Wiesengürtels.

1907 In der österreichischen Reichshälfte wird das allgemeine, gleiche, geheime und direkte Wahlrecht eingeführt.

Erster Weltkrieg und Erste Republik

1914 Der bosnische Student Gavrilo Prinčip ermordet am 28. Juni Thronfolger Franz Ferdinand und dessen Gemahlin Sophie. Einen Monat später erklärt die Monarchie Serbien den Krieg. Der Erste Weltkrieg bricht aus.

1916 Am 21. Nov. stirbt Kaiser Franz Joseph. Nachfolger wird Kaiser Karl.

1918 Dem Zusammenbruch der Fronten folgt am 3. Nov. der Waffenstillstand. Am 11. Nov. verzichtet Karl auf die Fortführung der Staatsgeschäfte. Tags darauf wird die Erste Republik ausgerufen.

1919 Bei Nationalrats- und Gemeinderatswahlen siegen die Sozialdemokraten.

1922 Die seit Kriegsende wachsende Inflation erreicht ihren Höhepunkt.

1927	Die bürgerkriegsähnliche Situation zwischen dem ›Roten Wien‹ und der christlich-sozialen Bundesregierung eskaliert. Während einer Arbeiterdemonstration kommt es zum Brand des Justizpalasts.
1933	Im März nutzt der Führer der vaterländischen Front, Engelbert Dollfuß (seit dem Vorjahr Bundeskanzler), eine zufällig eintretende Handlungsunfähigkeit des Nationalrats, ein autoritäres Regierungssystem (Austrofaschismus) zu installieren.
1934	Im Februar lässt Dollfuß einen Arbeiteraufstand blutig niederschlagen, dessen Anführer standrechtlich verurteilen und hängen und SPÖ und Gewerkschaften verbieten. Im Juli wird er bei einem erfolglosen Putschversuch der Nationalsozialisten ermordet.
1938	Am 12. März marschieren deutsche Truppen in Österreich ein. Eine Viertelmillion Wiener bejubelt den neuen obersten Landesherrn Adolf Hitler. Der Anschluss wird durch eine propagandistisch geschickt vorbereitete Volksabstimmung bestätigt. Politische Gegner landen zu Tausenden in Konzentrationslagern. Die Stadt wird durch die Eingemeindung von 97 Orten der Umgebung in den ›Reichsgau Groß-Wien‹ umgewandelt und Hauptstadt der ›Ostmark‹.
1939	Nach der Machtübernahme besetzen die Nationalsozialisten alle wichtigen politischen Positionen, vertreiben bzw. inhaftieren und ermorden die jüdischen Bürger. Nach Kriegsbeginn werden Abertausende Wiener eingezogen.

Zweiter Weltkrieg und Zweite Republik

1944/1945	Ab Herbst 1944 wird Wien, das während der ersten Kriegsjahre von Kampfeinwirkungen weitgehend verschont blieb, von insgesamt 52 massiven Bombardements der westlichen Alliierten getroffen.
1945	Die Rote Armee nimmt die Stadt Mitte April ein. Kurz darauf kommt es zur Bildung einer provisorischen Bundesregierung, gebildet aus der Sozialistischen, der Volks- und der Kommunistischen Partei unter Dr. Karl Renner. Die Zweite Republik wird proklamiert – auf der Basis der Verfassung von 1920 bzw. 1929. Die Volkspartei geht aus den ersten Nationalratswahlen als stärkste Fraktion hervor. Sie wird es bis 1970 bleiben. Bei den Gemeinderatswahlen gewinnen die Sozialisten die absolute Mehrheit, die sie bis heute innehaben. Wien wird in vier Besatzungszonen aufgeteilt.
1955	Am 15. Mai unterzeichnen die Außenminister der Siegermächte im Schloss Belvedere den österreichischen Staatsvertrag. Nachdem die

letzten alliierten Einheiten die Stadt verlassen haben, beschließt der Nationalrat am 26. Okt. die immerwährende Neutralität.

1970 Der Sozialdemokrat Bruno Kreisky beerbt den ÖVP-Kanzler Josef Klaus. Bei den drei nachfolgenden Wahlen (1971, 1975 und 1979) erreicht er die absolute Mehrheit.

1979 In Wien wird die UNO-City eröffnet, der dritte UNO-Hauptsitz.

1990 Wien rückt dank des Verschwindens des ›Eisernen Vorhangs‹ ins Zentrum Mitteleuropas; Wirtschaft, kulturelles und soziales Leben erfahren eine Belebung.

1995 Österreich tritt der EU bei. Michael Häupl löst Helmut Zilk als Bürgermeister ab.

1996 Österreich feiert das 1000-jährige Jubiläum seiner ersten urkundlichen Erwähnung als ›Ostarrichi‹. Die Wiener SPÖ verliert bei den Gemeinderatswahlen nach Jahrzehnten der quasi Alleinregierung die absolute Mehrheit und koaliert mit der bürgerlichen ÖVP.

1998 Am 1. Juli übernimmt Österreich den EU-Vorsitz.

1999 Jörg Haiders von vielen als rechtsextrem gebrandmarkte Freiheitliche Partei (FPÖ) erringt bei den Nationalratswahlen im Herbst 27 %.

2000–2003 Im Februar geht die ÖVP nach langwierigen Verhandlungen mit ihrem bisherigen Regierungspartner SPÖ eine Koalition mit der FPÖ ein. Nach überaus heftigen Protesten im In- und Ausland frieren die EU-Staaten die Kontakte zu Österreich auf Regierungsebene ein. 2002: Erdrutschsieg für die ÖVP bei vorgezogenen Neuwahlen. 2003: Der alte, neue Bundeskanzler Wolfgang Schüssel (ÖVP) führt erneut ein Bündnis von ÖVP und FPÖ an.

2006 Wien steht ganz im Zeichen des 250. Geburtstags Mozarts.

Jan. 2007 Vereidigung Alfred Gusenbauers (SPÖ) als Kanzler einer großen Koalition aus SPÖ und ÖVP.

Juni 2008 Im Wiener Ernst-Happel-Stadion findet das Endspiel der von Österreich und der Schweiz ausgetragenen Fußball-Europameisterschaft statt.

2009 Österreich – und mit ihm Wien – begeht anlässlich des 200. Todestages des Komponisten in festlichem Rahmen ein Haydn-Jahr.

Dornröschenkuss an der Donau

Die ehemalige Kaiserstadt glich nach 1945 jahrzehntelang einer mürrischen, mit altmodischen Kronjuwelen behangenen Rentnerin. Nach einer wundersamen Verjüngungskur präsentiert sie sich heute als fesche, jugendlich-elegante Dame voller Energie und Lebensfreude.

In der Rangliste der bei Touristen beliebtesten europäischen Städte ist Wien mittlerweile mit über 9 Mio. Nächtigungen (2007: 9,675 Mio.) einer der Top-Player in Europa. Dieser Rekord ist der Lohn für eine Art seelischer Verjüngungskur, der sich die Stadt bereits Mitte der 1970er Jahre zu unterziehen begann, die aber erst Ende der 1980er Jahre volle Wirkung zeigte.

Während der ersten Nachkriegsjahrzehnte hatte Wien an der äußersten Peripherie der ›freien Welt‹ vor sich hin gedöst. Die Bevölkerung war voll und ganz mit dem Wiederaufbau beschäftigt, die Politik im Konsensdenken um jeden Preis erstarrt, die Kunst bis auf wenige Ausnahmen im Korsett des Kalten Krieges gefangen, eine Lokal- oder Nachtszene kaum existent.

Erst reichlich verspätet, Mitte der 1970er Jahre, in der Ära Bruno Kreiskys, sollte die Gegenwart in der Stadt Einzug halten: u. a. in Form von Hausbesetzungen, internationalen Terroranschlägen und einer – subventionierten – Alternativkultur, die der arrivierten Hochkultur nicht ohne Erfolg den Kampf ansagte. Zugleich erwachte in den Gässchen der Innenstadt eine respektable Bar- und Beislszene, und ein erstes Teilstück der U-Bahn ging in Betrieb. Den Höhepunkt dieser ersten Verjüngungsphase bildete die Eröffnung der UNO-City.

Die Kunde vom ›Dornröschenkuss an der Donau‹ drang damals rasch in alle Welt, und mit einem Mal galt ein Urlaub in der ehemaligen Residenzstadt der Habsburger als letzter Schrei. Nicht zuletzt dank der Devisen der Fremden konnte sich die Stadt fein herausputzen. Im Zuge der Altstadtsanierung wurden ganze Stadtteile renoviert. Zahlreiche Prunkbauten, allen voran die Hofburg, erhielten ihre Fassaden erneuert und viele Traditionscafés ihr Interieur generalüberholt. Die Stadt – ein Schmuckkästchen für Touristen.

Wien ist wieder die Mitte Zentraleuropas

In dieser Situation hob sich 1989 gänzlich unerwartet der ›Eiserne Vorhang‹, und was auf Symposien, in Politikerzirkeln und im Feuilleton mancher Zeitschriften jahrelang beschworen worden war, wurde plötzlich Wirklichkeit:

Nach der Verjüngungskur, die Wien durchlaufen hat, zieht die Stadt insbesondere auch junge Menschen an

Die alte Kaiserstadt liegt wieder im Mittelpunkt Zentraleuropas. Und ist seither im Modernisierungsfieber: Die Prognostiker erwarten – trotz des traditionellen Geburtendefizits – bis zum Jahr 2015 ein jährliches Bevölkerungswachstum von 30 000 bis 50 000 Menschen. Neue Stadtteile entstehen – 30 000 Wohnungen allein im 22. Bezirk.

Expansion und Modernisierung

Um die durch exzessive Büronutzung und nicht enden wollende Touristenströme bedrängte historische Stadtmitte zu entlasten, lässt man nunmehr vor allem am Nordufer der Donau, rund um die UNO-City und entlang der Wagramer Straße, eine zweite, künstliche City in den Himmel wachsen. Hinzu kommt die Verwirklichung infrastruktureller Großprojekte: der Ausbau des U-Bahnnetzes, die Schaffung großer Büro- und Wohnviertel rund um den Nordbahnhof beim Prater und die im Herbst 2001 endlich abgeschlossene Verwandlung des barocken Messepalastes in ein hypermodernes Museumsquartier. Schließlich möchten die Stadtverantwortlichen nicht, dass Wien mittelfristig von den wieder erwachten Metropolen Budapest und Prag überflügelt wird.

Zum wachsenden Renommee als Städtereiseziel trägt auch die publicityträchtige Vermarktung etwa des 100. Todestages von Kaiserin Elisabeth (›Sisi‹, 1998) oder von Johann Strauß jun. (1999) oder von Mozarts 250. Geburtstag (2006) bei. Zudem mauserte sich die alte Kaiserstadt im Laufe der 1990er Jahre zu einem der international meistgefragten Veranstaltungsorte für Konferenzen. Im Jahr 2007 fanden hier 154 Großkongresse statt – mehr als in irgendeiner anderen Stadt der Welt!

Neue Dynamik dank der EU

Die Metropolisierung Wiens ist auch aus einem anderen Grund unausweichlich: Nachdem rund 60 % der Bevölkerung für den Beitritt zur EU votiert hatten, wurde Österreich zum 1. Januar 1995, zeitgleich mit Schweden und Finnland, Mitglied der Gemeinschaft. Spätestens dadurch und durch die massiven sozialen Umbrüche infolge der Globalisierung ist die lang gehegte Illusion von einer postmonarchistischen Idylle am Fuße der Wienerwaldausläufer endgültig geplatzt.

Was freilich nicht bedeutet, dass die gute alte Kaiserstadt ihre tief in der Vergangenheit verankerten Wurzeln leichtfertig durchtrennt. Im Gegenteil: Wer durch Wiens Straßen schlendert, mag zwar hie und da auf kühne architektonische Konstrukte stoßen, doch bewegt er sich über weite Strecken nach wie vor durch eine k.u.k.-Kulisse. Sieht man über die vereinzelten Fremdkörper aus Glas und Beton wie die zwei Monsterwürfel des Neuen Allgemeinen Krankenhauses, die Wohntürme von Alt-Erlaa, den Milleniumstower oder die Wolkenkratzer am Wienerberg und natürlich die futuristische Skyline rund um die UNO-City hinweg, dominiert weiterhin Kaiserlich-Königliches, erinnert die Silhouette zumindest der Inneren Stadt beinahe an eine Biedermeier-Vedute.

Moderne meets Tradition – Aufgang zum Entrée des Leopold Museums; in der gläsernen Brücke darüber: das Café Leopold

Eine gemütliche Metropole – Wiener (Stadt-)Landschaften

Österreichs Hauptstadt liegt, über Schotterterrassen und das Donautal ausgebreitet, zwischen Marchfeld und Wienerwald. Hier, an den östlichsten Ausläufern der Alpen, siedelten bereits die Römer. Unter den Habsburgern wuchs Wien zu jenem gloriosen Zentrum Mitteleuropas, als das es spätestens seit der EU-Osterweiterung erneut glänzt.

Die österreichische Bundeshauptstadt liegt nicht nur am Schnittpunkt verschiedener Nationalitäten und Kulturen, sondern auch am Schnittpunkt zweier Klimazonen und mehrerer Landschaften. Nirgendwo wird dies dem Besucher deutlicher als beim Blick vom Leopoldsberg, dem nordöstlichsten Ausläufer der Alpen. Bei klarer Sicht sieht man von dort oben nicht nur die Stadt, sondern das gesamte, über 100 km lange Wiener Becken vor sich ausgebreitet. Bis zur slowakischen Grenze im Osten öffnet sich die Ebene des Marchfelds, die ein rund 10 m hoher Steilrand, der Wagram, in eine lehmige, und daher ziemlich feuchte, und eine sandige, eher trockene, Hälfte teilt. Dahinter, weiter nördlich, erahnt man das sanfte Hügelland, aus dessen Innerem ein erklecklicher Anteil des in

Das Zentrum Wiens – auch Innere Stadt genannt, da es innerhalb der Ringstraße liegt

Österreich verbrauchten Erdöls gefördert wird. Weiter südlich ragen aus dem flachen Horizont die Hainburger Berge und das Leithagebirge – beides Überreste jener abgesunkenen Gebirgsteile, die einst Alpen und Karpaten verbanden und nun 2000–3000 m unter der Sohle des Wiener Beckens liegen. Am Südrand der Stadt ist trotz der dichten Bebauung noch der Hügelrücken des Laaer Bergs erkennbar. Er verebbt gen Süden in der sogenannten Wiener Neustädter Bucht, die, wie das gesamte Wiener Becken, einst von einem Meer und nun von dessen Tonablagerungen bedeckt ist. In ihrem feuchten Nordteil, er endet etwa an der Linie Baden–Bruck an der Leitha, entspringen zahlreiche Flüsschen, prägen Teiche und Sumpfwiesen die Landschaft. Rund um Wiener Neustadt hingegen erstreckt sich das föhrenbestandene Steinfeld, dessen Name von jenen enormen Mengen Kalkschotters herrührt, die die Flüsse Schwarza und Piesting während der Eiszeit hier ablagerten. Das Regenwasser versickert an dieser Stelle rasch, staut sich erst in der Tiefe, strömt von dort langsam Richtung Nordosten und bildet, vor allem in der Mitterndorfer Senke, riesige, durch Siedlungen, Industrie und Landwirtschaft freilich längst ziemlich verunreinigte Grundwasserreservoirs. Am Westrand der Bucht treten zahlreiche warme Quellen (Thermen) zutage und immer wieder kleine Erdbeben auf – ein Beweis, dass die Erdkruste entlang dieser Bruchlinie noch in Bewegung ist.

Donautal und Wienerwald

Das prägende Element des Landschaftspanoramas, das man vom Leopoldsberg genießt, ist zweifelsohne die Donau; insbesondere seitdem sie durch die Neue Donau, die einen verbesserten Hochwasserschutz gewährleisten soll, auf über 20 km Länge verdoppelt wurde. Der Strom, der das weitläufige Becken von der Wiener Pforte im Nordwesten bis zu den Kleinen Karpaten im Osten zerschneidet, ist sowohl Schöpfer jener eiszeitlichen Schotterterrassen, auf denen die inneren Stadtbezirke stehen, als auch Lebensspender für den breiten Auengürtel, in dem er unterhalb Wiens – noch! – dahinfließt. Noch, weil seit der Regulierung der Donau (1875) ihre Altarme fast zur Gänze verlandet sind und die Auen aufgrund des sinkenden Grundwasserspiegels auszutrocknen drohen.

Ein weiteres landschaftsbestimmendes Element ist der Wald. Die großen Gebiete wie der Wienerwald im Westen (mit dem 25 km^2 großen, tagsüber zugänglichen Naturschutzgebiet Lainzer Tiergarten), der wieder aufgeforstete Laaer Berg und die beiden Relikte des ehemals riesigen Auwaldes am Fluss, die Lobau und der Prater, umfassen gemeinsam 17,6 % der gesamten Stadtfläche und beeinflussen mildernd das Klima.

Stadtgefüge im Überblick

Das eigentliche Stadtbild ist sehr übersichtlich gegliedert: Die Altstadt alias Innere Stadt oder City ist durch die Ringstraße von den ehemaligen Vorstädten getrennt. Diese wiederum werden durch einen zweiten Wachstumsring, den Gürtel, von den einstigen Vororten separiert. Lose, doch von Jahr zu Jahr dichter bebaut, reihen sich die Randorte um dieses kompakte Stadtgefüge herum in alle Richtungen. All dies ist Ergebnis des Zusammenwirkens von Natur und Kultur, der Nutzung der natürlichen Schutz- und Verkehrslage dieses Raumes durch den Menschen. Freilich wuchs Wien in Anpassung an das sehr verschiedenartige Gelände und Klima im Verlauf seiner geschichtlichen Entwicklung alles andere als gleichmäßig in alle Richtungen. Vielmehr breitete es sich in früherer Zeit vornehmlich nach Nord- und Südwesten aus – am Wiental entlang und in die Täler des Wienerwaldes hinein, wo bis heute die klimatisch privilegierten, gesünderen und daher auch teureren Wohnviertel liegen. Im Südosten und Norden hingegen lagen – zumindest bis vor ein, zwei Jahrzehnten – insbesondere die großen Arbeitersiedlungen und Industrieanlagen.

Vindobona

Den historischen Urkern Wiens bildete das um 100 n. Chr. von den Römern angelegte Legionslager Vindobona. Es umfasste in etwa das heute von Donaukanal und Graben, Rotenturmstraße und Tiefem Graben begrenzte Quadrat. Um 400, nach den Zerstörungen im Markomannenkrieg, wurde das Lager aufgelassen und im Zuge der Völkerwanderungen schließlich verheert. Erst im Mittelalter kam es erneut zu nennenswerter Besiedlung. Stärkeren Zuzug konnte der Ort nach 986, in der Ottonenzeit, verzeichnen. Einen entscheidenden Erweiterungsschub erlebte er in der zweiten Hälfte des 12. Jh., als der Babenberger Heinrich Jasomirgott mit der Gründung des Herzogtums Österreich seine Residenz von Klosterneuburg ins nahe Wien verlegte. In den Folgejahrzehnten entstanden mehrere, noch heute existierende Rechteckplätze, etwa der Hohe und der Neue Markt. Im Lauf des 13. Jh. erhielt die an Bedeutung stetig zunehmende Handels-, Festungs- und Residenzstadt jenen neuen Mauerring, der sie im Wesentlichen die nächsten 600 Jahre umschließen sollte.

Seit 1282 Residenz der Habsburger, seit dem 15. Jh. fast durchgehend Sitz der Kaiser des Hl. Römischen Reiches und mit der Zunahme der habsburgischen Macht mehr und mehr politisches und kulturelles Zentrum Mitteleuropas, wurde Wien zur Stadt des Hofes, des Adels und der Beamten, des Handels und (Dienstleistungs-)Gewerbes.

Wachstum zwischen Barock und Gründerzeit

Als um 1700 die kaiserlichen Truppen mit Prinz Eugen an der Spitze die Osmanen bis weit in den Südosten abdrängten, bauten Kaiserhof, Kirche und der zu Geld gekommene Adel die Stadt zur glanzvollen Barockmetropole aus. Diesseits der Befestigungsmauern schufen die Herren ihre Winterpaläste, jenseits, zwischen den Dörfern, ihre großzügig konzipierten Sommersitze. Die eng mit dem urbanen Leben verknüpften Vorstädte (heute die Bezirke 2–9) wurden durch den Linienwall geschützt, einen Wall- und Grabenring, dessen Verlauf die heutige Gürtelstraße folgt. Im Hochmittelalter hatten innerhalb der Mauern rund 50 000 Menschen gelebt. Um 1800 waren es bereits fast 240 000. Unter Maria Theresia (1740–1780) und deren Sohn Joseph II. (1780–1790) wandelte sich Wien zur bürgerlichen Großstadt mit zahlreichen Manufakturen, aber auch Musik- und Theaterbühnen. Es war schließlich Kaiser Franz Joseph, der 1857 die Demolierung des Mauerrings befahl, nachdem die Raumnot in der Altstadt immer bedrückender geworden war und die Bürger in der Revolution von 1848 die Basteien zum Widerstand gegen die Obrigkeit genutzt hatten. Anstelle des Mauerrings ließ er einen von monumentalen Kunst- und Verwaltungsbauten gesäumten Prachtboulevard anlegen, die Ringstraße. Etwa zeitgleich ermöglichte die Regulierung der Donau die Ausdehnung auf den ehemaligen Auengürtel und das weite Flachland am linken Stromufer. Um 1900 zählte Wien, Hauptstadt eines 50-Mio.-Reichs, nicht zuletzt dank großflächiger Eingemeindungen über 2 Mio. Einwohner.

Hohe Lebensqualität trotz Expansion

In den jüngsten Jahrzehnten hat sich das Stadtbild vor allem an der Peripherie neuerlich stark gewandelt. Während man den innerstädtischen Bereich im Wissen um die Einmaligkeit der weitgehend intakt gebliebenen historischen Bausubstanz von monumentalen Hochbauten geflissentlich verschonte, ist jenseits der Donau, rund um die UNO-City und entlang der Wagramer Straße, eine zweite ›City‹ mit einer imposanten Wolkenkratzer-Skyline entstanden. Parallel erlebte die südliche Peripherie, der Raum von Altmannsdorf und Inzersdorf über Vösendorf bis nach Maria Enzersdorf und Mödling, eine ziemlich ungehemmte Zersiedelung. Gigantische Einkaufszentren, Gewerbe, Industrie und, an den Abhängen des südlichen Wienerwaldes, weitflächige Wohnviertel strapazieren die Verkehrsinfrastruktur immer öfter bis an den Rand des Kollapses – und darüber hinaus. Auch im Südosten, dem alten Arbeiterbezirk Simmering, und noch intensiver in den beiden ›transdanubischen‹, also nord-

Wiens Klima(ta)

Wien liegt an einer Großwetterscheide. In den westlichen Bezirken ist noch der ozeanische Einfluss spürbar. Hier regnen die maritim-feuchten Winde, die fast die Hälfte des Jahres vom Westen kommen, ab. Im Süden und Osten sind Temperaturen und Niederschläge eher vom pannonisch-kontinentalen Klima geprägt, sprich: extremer bzw. niedriger. Die Statistik bestätigt den Gegensatz: Wenn es an den Wienerwaldhügeln viermal regnet (Jahresmittel: 800 mm), regnet es im gleichen Zeitraum in der Donaustadt nicht einmal dreimal (575 mm). Und andersrum: Während das Thermometer am Laaer Berg an durchschnittlich 55 Tagen im Jahr immerhin über 20 °C zeigt, tut es dies 20 km weiter westlich nur mehr an 35 Tagen. Und Schnee liegt in der Simmeringer Heide nur halb so viel wie im Wienerwald.

östlichen Großbezirken Floridsdorf und Donaustadt führten weiträumige Siedlungsprojekte zu einer markanten Zunahme der Einwohnerzahl und Verdichtung der städtischen Infrastruktur. Trotz solch massiver Expansion genießt Wien freilich – zu Recht – bis heute den Ruf einer Großstadt mit menschlichen Dimensionen und einer, was etwa öffentliche Sicherheit, Luft- und Wasserqualität, Verkehrsverbindungen, Verwaltung und soziale Ausgewogenheit betrifft, besonders hohen Lebensqualität. Und mit einer Größe, die sowohl die von vielen geschätzte Anonymität einer Metropole als doch auch die Überschaubarkeit eines ›gemütlichen‹ Gemeinwesens garantiert.

Wien und die Donau – Szenen einer Ehe

Blick auf die neue City am Ostufer der Donau

Zugegeben, lange war das Verhältnis der Wiener zu ihrem Fluss nicht sonderlich innig. Doch neuerdings haben sie ihn richtig ins Herz geschlossen. Sie joggen oder radeln an seinen Ufern entlang, räkeln sich an neuen Stränden in der Sonne. Zudem sind sie der Donau mit hypermodernen Hochhäusern und einem Kraftwerk zu Leibe gerückt.

Johann Strauß, der Walzerkönig, hat der Welt einen Bären aufgebunden. Erstens war seine »schöne blaue Donau« schon 1867, dem Entstehungsjahr dieses Evergreens, trüb und grau. Zweitens lag Wien damals nicht »an«, sondern neben dem Strom. Und als »schön« hatten die Wiener ihren stark verzweigten Fluss und seine 5 km breiten Auen bis dahin wohl auch selten empfunden. Eher als gefährlich.

Hochwassergefahr und -schutz

Seit Menschengedenken hatten verheerende Hochwasser die ufernahen Niederungen überflutet und Siedlungen und Brücken mit sich gerissen. Erst zu Beginn der zweiten Hälfte des 19. Jh. beschlossen die Gemeindeväter, dem Strom in der Au ein künstliches Bett zu graben und so die Hochwassergefahr für immer zu bannen. 1875 war die Donau auf einer Länge von 26 km reguliert und von drei Eisenbahn- und zwei Straßenbrücken überspannt – die längst fällige, leistungsfähige Verbindung der Residenzstadt mit Prag und den mährischen Bergbau- und Industriegebieten war endlich geschaffen. Der stadtnahe Arm, der später im Rahmen der Generalregulierung

ein steinernes Korsett erhalten und fortan Donaukanal heißen sollte (1893–1901), verlor dadurch freilich seine Rolle als Umschlagplatz an die neu gebauten Häfen im Osten der Stadt.

1904 ›übersprang‹ Wien den Fluss: Floridsdorf wurde eingemeindet; 1938 folgte die heutige Donaustadt. ›Transdanubien‹, wie beide Bezirke im Volksmund heißen, litt lange Zeit am Image einer ›Arme-Leute-Gegend‹. Es war vom historischen Stadtzentrum nicht nur durch den 280 m breiten Strom, sondern zusätzlich durch das 450 m breite Inundationsgebiet, eine mehrmals jährlich überschwemmte Ödfläche, getrennt und vorwiegend von Arbeitern und Bauern bewohnt. Noch heute schwingt, wenn die Wiener südlich der Donau über »die drüben« sprechen, leise Geringschätzung mit.

Entdeckung des Freizeitfaktors Fluss

Doch spätestens seit den 1970er Jahren sind solche Meinungen überholte Vorurteile. Denn nachdem man festgestellt hatte, dass der Grundwasserspiegel im Marchfeld, der Gemüsekammer Wiens, dramatisch sank, das Badeparadies Alte Donau sowie die Altarme der Lobau zu verlanden drohten und der Hochwasserschutz außerdem immer noch nicht hundertprozentig war, beschloss man, den Wiener Donauraum neu zu gestalten.

Man grub ein zweites, 21 km langes Flussbett, die Neue Donau. Erreicht der Wasserpegel heute die kritische Marke, werden die Schleusen der Neuen Donau geöffnet und der Hauptstrom ist entlastet.

Dass die Stadt dem Fluss ein wenig näher gekommen ist, verdankt sie ihren Landschaftsplanern. Diese machten aus dem durchschnittlich 200 m breiten Landstreifen ein mitteleuropäisches Rimini, dessen über 40 km lange Badestrände Abertausende von Wienern an heißen Sommerwochenenden heimsuchen. Im Norden der Insel mit ihren Sandbuchten, die man über asphaltierte Wander- und Radwege erreicht, geht's stiller zu. Und der Süden verströmt durch das vor wenigen Jahren fertiggestellte Donaukraftwerk Freudenau nun noch den kühlen Charme des künstlich Geschaffenen (Führungen im Kraftwerk Freudenau: mit Voranmeldung ganzjährig tgl. zwischen 7 und 19 Uhr zu jedem gewünschten Termin, Tel. 50 31 35 02 21, stromhaus@verbund.at; ohne Voranmeldung Feb.–Nov. jeden So und Feiertag um 14 Uhr, Treffpunkt im Stromhaus, beim Kraftwerk, 1020 Wien, Am Praterspitz, Dauer: ca. 90 Min., ein kleiner Unkostenbetrag wird fällig, Preis auf Anfrage).

Doch ist es nur eine Frage der Zeit, bis die Vegetation auch diesen Teil der Insel wieder überwuchert haben wird. Und auch die Parklandschaft auf dem gegenüberliegenden Ufer, die oberhalb der Autobahn nach Prag angelegt wurde, wird ihre Sterilität demnächst endgültig verlieren. Dann nämlich, wenn die im Bau befindliche ›Zweite City‹ vollendet ist.

Standortfaktoren Handel und Elektrizität

Auch zwei andere Projekte tragen ihr Scherflein dazu bei, das Verhältnis der Stadt zur Donau zu intensivieren: Zum einen das oben bereits erwähnte Kraftwerk Freudenau, das den Fluss im Stadtbereich zu einem See aufstaut, zum anderen der Rhein-Main-Donaukanal. Dank dieses 1992 eröffneten Jahrhundertbauwerks, gegen das Ökologen zuvor nicht zu Unrecht Sturm gelaufen waren, verfügt Wien nun über Zugänge zu zwei Meeren. Für seine Zukunft als zentraler Umschlagplatz, wenn Schlepper aus allen Städten zwischen Istanbul und Rotterdam hier anlegen werden, hat es jedenfalls schon vorgesorgt: Die alten Häfen in Albern und der Freudenau sind größtenteils bereits massiv ausgebaut worden.

Avantgarde am Fluss
Am rechten Ufer steht der Milleniumstower, vis-à-vis der Andromedatower, dann fällt der Blick auf die UNO-City und das Austria Center, weiters den Wohnpark Donau-City und das im Entstehen begriffene Technologiezentrum Tech Gate und so weiter. An Wiens »schöner blauer« Lebensader kommen Freunde zeitgenössischer Baukunst aus dem Staunen gar nicht mehr heraus. Und im Herbst 2008 erfolgte hier, an der Wagramer Straße, sogar der Spatenstich für Österreichs künftig höchstes Gebäude, den vom französischen Stararchitekten Dominique Perrault entworfenen, 220 m hohen DC Tower 1.

Wer sich eingehender über moderne Architekturentwicklungen (auch anderswo in der Stadt) informieren oder an einschlägigen Führungen teilnehmen möchte, wende sich an das **Architekturzentrum im Museumsquartier** (tgl. 10–19 Uhr, Tel. 522 31 15-0, www.azw.at).

1683 und die Folgen – Zweite Türkenbelagerung und Barock

Das Ringen zwischen Kaiser und Sultan, Habsburgern und Osmanen, prägte die hohe Politik und den Alltag der Menschen Zentral- und Südosteuropas über Jahrhunderte. Der Triumph der christlichen Heere vor den Toren Wiens bedeutete für die Stadt und für den Kontinent die entscheidende Wende.

Als im September 1983 der aus Polen stammende Papst Johannes Paul II. in Wien weilt, ist ein Fixpunkt in seinem dichten Programm der Besuch der Josefskirche auf dem Kahlenberg. Nicht ohne Grund: Genau 300 Jahre zuvor, am Morgen des 12. September 1683, war von dieser Anhöhe das Entsatzheer unter dem Oberbefehl des Polenkönigs Jan III. Sobieski aufgebrochen, um die Türken, die seit zwei Monaten die Residenzstadt der Habsburger belagerten, in die Flucht zu schlagen. Der Tag ging in die Annalen des Abendlandes ein – als jenes Datum, an dem der viele Jahrzehnte währende Abwehrkampf gegen die Osmanen eine entscheidende, für den Westen günstige Wendung nahm.

Schon einmal, im Frühherbst des Jahres 1529, hatten die Türken vor Wien gestanden. Nach seinem Sieg über die Ungarn bei Mohács 1526 hatte Sultan Süleyman II. beschlossen,

Gilt als schönster Bibliothekssaal der Welt: der Barock-Lesesaal der Hofbibliothek

mit 150 000 Mann den »Goldenen Apfel der Christenheit« zu erobern. Wien war damals nur dürftig befestigt gewesen und zur Verteidigung stand lediglich ein 20 000-köpfiges Heer zur Verfügung. Nur dem schlechten Wetter verdankte Wien seine Rettung.

Die militärische Lage

1683, über 150 Jahre später, sind die Habsburger in einer etwas besseren Situation. Sie haben, dank ihrer absolutistischen Herrschaft zu Geld und Einfluss gelangt, ihre Residenzstadt mittlerweile zu einer Festung ersten Ranges ausgebaut. Und Kaiser Leopold I. hat bereits am 31. März, am selben Tag, an dem die Osmanen gen Westen aufgebrochen sind, ein Bündnis mit dem polnischen König Jan III. Sobieski geschlossen. Trotzdem spitzt sich die militärische Lage bald zu: Das kaiserliche Heer hat sich, zahlenmäßig weit unterlegen, aus Ungarn in die Umgebung von Wien zurückziehen müssen. Kara Mustafa, dem Sultan Mohammed IV. die Durchführung des Kriegszuges überlassen hat, zieht praktisch ungehindert bis vor die Tore Wiens. Als Stadtkommandant Graf Rüdiger Starhemberg am 12. Juli die Vorstädte niederbrennen lässt, um ein freies Schussfeld zu haben, sind der Kaiser und sein Hof und mit ihnen Zehntausende von Bürgern bereits Richtung Westen geflohen. Zwei Tage später beginnen die Türken mit dem Einschluss der Stadt und kurz darauf mit dem Artilleriebeschuss. Noch im Juli explodieren in den Gängen unter den Wällen die ersten Minen. Zwei Wochen darauf brechen erbitterte Kämpfe aus, in deren Verlauf die Belagerer mehrere Vorbefestigungen erobern.

Die Entscheidungsschlacht

Während in der Umgebung Wiens der Anführer des kaiserlichen Heeres, Karl V. von Lothringen, mit etwa 30 000 Mann versucht, die Truppen des aufständischen Kuruzzenführers Graf Tököly an der Vereinigung mit jenen der Osmanen zu hindern, verteidigt Starhemberg mit anfänglich 16 000 Mann – darunter 5000 Bürger und Studenten – die Stadt. Die Lage innerhalb der Mauern wird immer prekärer. Akute Lebensmittelknappheit, Seuchen wie die Rote Ruhr und der wachsende militärische Druck setzen den Belagerten zu. Am 30. August rücken die Türken bis zur Stadtmauer vor. Die Wiener bereiten sich bereits auf den Straßenkampf vor. Doch Anfang September führt der Kaiser ein Entsatzheer von rund 60 000 Mann, vorwiegend Franken, Sachsen, Bayern und Schwaben, bis ins Tullner Feld. König Jan III. Sobieski stößt mit 20 000 gepanzerten Reitern hinzu. Am 11. September wird das Kahlengebirge besetzt, tags darauf folgt der gemeinsame Angriff. Nach schweren Kämpfen ergreifen die Osmanen die Flucht Richtung Osten. Sobieski lässt sich beim Einzug in die Stadt als alleiniger Sieger feiern. Die Bilanz: Tausende sind der Ruhr zum Opfer gefallen, 12 000 Mann fanden während der eintägigen Entscheidungsschlacht den Tod.

Habsburgische Hegemonie

In den Folgejahren erringt die kaiserliche Armee unter Führung Prinz Eugens von Savoyen sukzessive auch im südöstlichen Europa die Vormachtstellung für Habsburg. Wegmarken sind die Siege in den Schlachten bei Zenta (1697), Peterwardein (1716) und Belgrad (1717). Zugleich erlebt Wien eine Phase glorreichen Wiederaufbaus. Der die bildenden Künste prägende Stil ist nun der Barock, eine autoritäre Hofkultur, in der Zurschaustellung alles, Verinnerlichung aber wenig bedeutet: Unmittelbar nach den Kämpfen initiieren Kaiser und Kirche einen beispiellosen Bauboom, den der Hochadel noch verstärkt, indem er in der Innenstadt seine Winter- und in den Vorstädten seine Sommerpalais errichten lässt.

Barocke Architektur und Malerei

Die beiden überragenden Architekten dieser Zeit sind Johann Bernhard Fischer von Erlach (1656–1723) und Johann Lukas von Hildebrandt (1668–1745). Ersterem verdankt Wien u.a. die Palais Trautson, Schönborn und Schwarzenberg, die Böhmische Hofkanzlei, die Hofstallungen und als Hauptwerke Schloss Schönbrunn und die Karlskirche. Seine Bauvorhaben werden teilweise von seinem Sohn Joseph Emanuel fortgeführt, der, in Anlehnung an den französischen Klassizismus allerdings, auch höchst bedeutsame eigene Werke schafft, so den Reichskanzleitrakt der Hofburg oder die Hofreitschule. Auf Lukas von Hildebrandts Werkliste stehen an oberster Stelle Prinz Eugens Oberes und Unteres Belvedere, die Hof- und Staatskanzlei und die Piaristenkirche. Zum barocken Prunk tragen außerdem viele austroitalienische Architekten wie etwa Carlo Canevale, Andrea del Pozzo und Carlo Antonio Carlone bei. Die namhaftesten Bildhauer sind Georg Raphael Donner (der sich u.a. im Andromeda- und Providentia-Brunnen verewigt), Balthasar Ferdinand Moll (Prunksarkophage in der Kaisergruft) und Franz Xaver Messerschmidt (Statuen und Charakterköpfe).

Die Maler konzentrieren sich auf das Fresko. Sie schaffen monumentale Allegorien von Glaube, Liebe, Hoffnung, Krieg und Frieden. Ihre meist weiten Himmelsräume füllen sie mit Wolken und Engeln, Heiligen und Helden. Einen Höhepunkt in der Deckenmalerei bildet der aus Italien stammende Illusionismus. In der Technik, den Übergang von wirklicher zu bloß perspektivisch gemalter Architektur möglichst unmerklich zu gestalten, erlangen bald auch österreichische Künstler Meisterschaft, allen voran Johann Michael Rottmayr, Daniel Gran, Anton Franz Maulbertsch. Ihre Hauptwerke sind heute in Peters-, Karls-, Franziskaner- und Jesuitenkirche sowie in der Hofbibliothek zu finden.

In memoriam 1683
Wer sich für das dramatische Geschehen während des Krisenjahres näher interessiert, findet Waffen und Rüstungen aus dem Wiener Bürgerlichen Zeughaus und vielerlei Objekte aus der sogenannten Türkenbeute im **Wien Museum** am Karlsplatz (Tel. 505 87 47, Di–So, Fei 9–18 Uhr, Fr vorm. und So ganztägig Eintritt frei!). Detailliert dokumentiert findet sich die Entsatzschlacht im **Kahlenbergermuseum** in der St. Josephskirche am Kahlenberg (Tel. 320 30 29, tgl. 10–12, 14–16.30 Uhr). **Buchtipp:** »Wien anno 1683« von Johannes Sachslehner. Eine kenntnisreiche und packende Chronologie der Schlacht (Wien 2006, Pichler).

Die Zeit des Biedermeier – Lust am seichten Amüsement?

Walzer und resche Wäschermädln, der Schubert Franzl und plüschige Wohnkultur: Das Klischee beschreibt den Wiener Vormärz als (klein)bürgerliches Idyll. Doch in Wahrheit war die Ruhe bloß eine vermeintliche, braute sich während der Metternich-Ära ein Polit-Gewitter zusammen, das sich 1848 mit aller Gewalt entlud.

Das Idealbild von der idyllischen Biedermeierzeit lebt von der Vorstellung, damals, in den Jahren 1815 bis 1848, hätte jedermann nichts anderes getan, als wohlgenährt und walzerselig, mit Zylinder und Zigarre bestückt, in einem der Kaffeehäuser, Biergärten oder im eigenen putzig möblierten Wohnzimmer zu sitzen und sonntags beim Walzer mit süßen Wiener Mäderln zu tändeln. Das Dasein der Bürger – ein Ausbund an Harmonie und Geborgenheit.

Natürlich steckt – wie in jedem Wunschbild – auch in diesem ein wahrer Kern: Im Vormärz, dieser europaweit vergleichsweise unkriegerischen Epoche, spielten Privatleben und Häuslichkeit tatsächlich eine ungewohnt wichtige Rolle. Die Wohnkultur etwa erfuhr in Wien eine späte, aber umso grundlegendere Verfeinerung. Das Kunsthandwerk erlebte eine Blütezeit. Auch Unterhaltungsetablissements und Salonmusik im privaten Kreis boomten. Und die sogenannten Sommerfrischen kamen immer mehr in Mode.

Das System Metternich

Im Rückblick erklären Soziologen den Rückzug ins Private und die Lust am seichten Amüsement mit den politischen Zuständen. In den Jahren nach dem Wiener Kongress waren die Innen- und die Außenpolitik nämlich höchst reaktionär. Staatskanzler Clemens Wenzel Fürst von Metternich, der im Deutschen Bund das Sagen hatte, stand im Kampf der europäischen Mächte gegen Demokratisierung und nationale Einigungsbestrebungen an der Spitze. Er perfektionierte das Spitzelsystem, das zur Zeit des Wiener Kongresses zur Überwachung der aberhundert Diplomaten eingerichtet worden war, verhängte rigorose Zensurbestimmungen und verhinderte so auf brutale Weise die von Franz I. so panisch gefürchtete Renaissance der französischen Revolutionsideale. Erst nach der Gründung der Staatskonferenz (1836) und der Regierungsübernahme durch Ferdinand I., der Symbolfigur des Biedersinns, begann Metternichs Stern zu sinken. Doch zuvor war es ihm gelungen, das geistige Klima nachhaltig zu vergiften. Obrigkeitsfurcht und Kleinkrämerei lähmten einen Gutteil der kreativen Kräfte, die Geisteswissenschaften stagnierten.

Besonders einschneidend wirkte sich die rückschrittliche Politik auf die

Literatur aus: Durch die Polizei- und Zensurhofstelle kam es zu teilweise grotesken Verstümmelungen von Bühnenwerken, wobei es den Behörden insbesondere darum ging, Informationen über die grassierende Armut zu unterdrücken. Selbst unumstrittene Dichtergrößen wie Franz Grillparzer oder Adalbert Stifter litten unter der Überwachung. Nur Sprachgenies wie Johann Nepomuk Nestroy und Ferdinand Raimund gelang es, der Spottlust der Wiener ein Ventil zu schaffen: Der eine umging in seinen über 80 Stücken die Zensurvorschriften mit gleichnishaften Parodien, der andere unterlief sie, indem er die Handlungen seiner Texte in märchenhafte Zauberwelten versetzte.

Soziale Misere

Vielerorts herrschten Not und Elend. Staat und Stadt waren nach den Kriegen gegen die Franzosen bankrott, Mieten und Lebensmittelpreise explodierten. Zudem machte die Flut von Billigwaren, die nach der Aufhebung der Kontinentalsperre über Mitteleuropa hereinbrach, den heimischen Firmen zu schaffen. Die Inflationsrate stieg so rasant, wie der Lebensstandard breiter Bevölkerungsschichten sank. Zugleich verschärften sich die Gegensätze zwischen Handwerk und Industrie, zwischen Gewerbetreibenden und Fabrikbesitzern.

Die Krise ließ nicht lange auf sich warten: Mitte der 1840er Jahre waren weite Teile der neu entstandenen Arbeiterschaft verelendet. Zudem trieben Missernten die Lebensmittelpreise exorbitant in die Höhe. Die sozialen Verhältnisse lagen bald derart im Argen, dass eine Explosion unausweichlich war.

Biedermeier erleben
Authentische Atmosphäre aus der Zeit des Vormärz verströmt das **Spittelberg-Viertel,** aber auch manch anderer Straßenzug im 9. (Servitenviertel), 8. (Lenaugasse) oder 7. (Ulrichsplatz) Bezirk. Einblicke in die Wohnkultur des frühen 19. Jh. vermitteln das **Hofmobiliendepot Möbel Museum** (7., Andreasg. 7, U3 Zieglergasse, Tel. 524 33 57-0, Di–So 10–18, Führungen Di–So um 15 Uhr) und das **Museum für angewandte Kunst** (s. S. 67). **Lesetipp:** die Gesammelten Werke von **Johann Nestroy.** Die 80 Possen und ›Sittenstücke‹ des lebensklugen Kenners und unerbittlichen Kritikers der Wiener Seele vermitteln dank ihres genialen Wortwitzes auf höchst unterhaltsame Art auch Nuancenreichtum und Abgründe des Wiener Dialekts (Verlag Deuticke/Zsolnay, Wien).

Nestroy als Sansquartier

Februar-Unruhen in Wien 1934: Soldaten errichten Straßensperren

Das Februar-Trauma

Die Narben des Bürgerkriegs von 1934 wurden in Österreich mittels der These der »geteilten Schuld« jahrzehntelang notdürftig überdeckt. Erst seit den 1980er Jahren ist eine öffentliche Auseinandersetzung über die Ursachen und Folgen dieses in Mitteleuropa einzigartigen Versuchs, dem Faschismus mit Waffen Einhalt zu gebieten, ernsthaft möglich.

Die Geschehnisse vom Februar 1934 lösen in Österreich – zumindest bei der älteren Generation – noch heute Emotionen aus wie kaum ein anderes Ereignis der Zeitgeschichte. Für die Gewaltherrschaft der Nationalsozialisten 1938–1945 gibt ein Teil der Bevölkerung nach wie vor dem NS-Regime die alleinige Schuld und leugnet damit jede Mitverantwortung. Im Rückblick auf 1934 hingegen versagt dieser Verdrängungsmechanismus, denn damals herrschte Bürgerkrieg, standen Opposition und Herrschende einander im eigenen Land feindlich gegenüber, war jeder politisch Denkende unweigerlich betroffen und nahm Partei.

Das ›Rote Wien‹

Die Wurzeln dieses Konflikts reichen bis weit in die Monarchie zurück, in jene Zeit vor 1900, als sich – nach der Lockerung des Wahlzensus – die Massenparteien der Christlichsozialen, der Deutschnationalen und der Sozialdemokraten bilden und die Macht der Liberalen gleichzeitig zersplittert. Die Polarisierung, die damals einsetzt, nimmt 1918, nach Zusammenbruch des

Vielvölkerstaates, dramatische Ausmaße an: Während die Arbeiterbewegung einen beispiellosen sozialen Aufstieg erlebt, ist die bürgerliche, ›alte‹ Gesellschaft durch den weitgehenden Verlust ihres Einflusses zutiefst verunsichert. In diesen ersten Jahren der jungen Republik liefern die selbstbewussten ›Roten‹ dem katholisch-konservativen Bürgertum und den Bauern, den ›Schwarzen‹, einen Kulturkampf, der eine Reform der Sozialpolitik, des Schulsystems, des Eherechts und der Betriebsdemokratie ebenso umfasst wie die Bereiche Kunst, Mode und Sport. Zugleich rüsten die Kontrahenten ihre bewaffneten Verbände, den ›austromarxistischen‹ Republikanischen Schutzbund und die ›austrofaschistische‹ Heimwehr, massiv auf. Die rapide wachsenden Gegensätze werden durch die Dauerkrise der österreichischen Industrie, die ihre Absatzmärkte und Rohstoffquellen in den ehemaligen Kronländern eingebüßt hat, noch verschärft.

Im Juli 1927 kommt es zur ersten blutigen Konfrontation: Sozialistische Arbeiter, die gegen den politisch motivierten Freispruch dreier Mitglieder einer rechten paramilitärischen Organisation beim sogenannten Schattendorfer Prozess demonstrieren, stecken den Justizpalast in Brand. Die Polizei eröffnet das Feuer. Bilanz: 89 Tote und Hunderte von Verwundeten.

Drei Tage des nationalen Ausnahmezustandes

In den nächsten Jahren verbraucht sich eine bürgerliche Regierung nach der anderen. Als im Mai 1932 Engelbert Dollfuß das Amt des Bundeskanzlers übernimmt, haben die Nationalsozialisten bei Landtagswahlen bereits erste Überraschungserfolge zu verzeichnen. Die Wirtschaft des Landes liegt darnieder, nicht zuletzt wegen des Zusammenbruchs seiner größten Bank, der Creditanstalt. Am 4. März 1933 nutzt Dollfuß eine zufällig eingetretene Handlungsunfähigkeit des Parlaments zu dessen Auflösung. In der Folge erlässt er Hunderte von Notverordnungen: Die Kommunistische Partei, aber auch die der Nationalsozialisten wird verboten, das Versammlungs- und Demonstrationsrecht sowie die Unabhängigkeit der Gerichte werden stark eingeschränkt, Zensur, Todesstrafe und Standgerichtsbarkeit wieder eingeführt und Polizei sowie Bundesheer unter volle politische Kontrolle der Regierung gestellt. Zugleich wird die regierungstreue Vaterländische Front gegründet.

Die Arbeiterorganisationen verhalten sich währenddessen mehr oder weniger passiv. Zu Beginn des Jahres 1934 erhöht die Regierung ihren Druck: Sie lässt die Waffen des Schutzbundes beschlagnahmen und seine Führung verhaften. Am Morgen des 12. Februars eröffnen Linzer Schutzbündler bei einer Durchsuchung ihres Parteilokals durch die Polizei das Feuer. Noch am selben Tag kommt es in vielen Städten zu bewaffneten Aufständen. Drei Tage lang liefern einander in ganz Österreich an die 20 000 durch die vorhergegangene Verhaftungswelle führerlose Arbeiter und rund 60 000 Gendarmen, Polizisten, Soldaten und ›Heimwehrler‹ heftige Kämpfe. Diese werden schließlich durch den Einsatz von Artillerie gegen die in Gemeindebauten und Betrieben verschanzten Schutzbündler entschieden. In nur drei Tagen haben auf Regierungsseite nach offiziellen Angaben 102, auf der Seite der Arbeiterschaft geschätzte 1500 bis 2000 Menschen, darunter zahllose Frauen und Kinder, ihr Leben gelassen.

Stein gewordenes Sinnbild für eine selbstbewusste Arbeiterschaft: der Karl-Marx-Hof

Kommunaler Wohnungsbau im ›Roten Wien‹

Nachdem die Sozialdemokraten im Mai 1919 die absolute Mehrheit im Wiener Gemeinderat errungen hatten, kurbelten sie ein gewaltiges Bauprogramm an. Binnen 15 Jahren entstanden 357 Wohnanlagen mit über 63 000 Wohnungen. Als prototypischer ›Volkswohnpalast‹ wurde 1926 der Reumann-Hof (5., Margaretengürtel 100) eingeweiht. Es folgten weitere Riesenkomplexe wie der Karl-Seitz-, der Goethe-, der Sandleitenhof und der berühmte, über 1000 m lange Karl-Marx-Hof. Die Anlagen mit ihren 38 bis 48 m² großen Wohnungseinheiten umfassten erstmal großzügige Grünflächen, zudem Kindergärten, Schulen, Sportstätten, Mütterberatungsstellen und Leihbibliotheken. Neben einem menschenwürdigen Lebensraum verschafften die Stadtväter ihren Wählern so auch ein nie zuvor gekanntes Selbstbewusstsein.

Medizin und Psychoanalyse – Wien therapeutisch

Wien war seit den Tagen Gerard van Swietens, Leibarzt Kaiserin Maria Theresias, ein Mekka der medizinischen Ausbildung und Forschung – und spätestens seit Sigmund Freud auch eines der Seelenkunde. Den Spuren der prominenten Wohltäter begegnet man vor allem rund um das Alte und Neue Allgemeine Krankenhaus auf Schritt und Tritt.

Den Anfang machte, wie bei so vielem, die kaiserliche Urmutter Maria Theresia. Die große Reformatorin bestellte im Jahr 1744 Gerard van Swieten (1700–1772) zu ihrem Leibarzt und zum obersten Medizinalverwalter von Wien. Der Niederländer krempelte das gesamte Medizinwesen tüchtig um, holte andere berühmte Ärzte nach Wien, organisierte den Unterricht neu und begründete damit die Erste Wiener Medizinische Schule.

Zuvor waren die Behandlungspraktiken eher archaisch gewesen. Die anerkannten Therapien hatten Aderlass, Brech- und Abführmittel, Opium und Chinin geheißen, die Sanitätseinrichtungen sich vorwiegend der Bekämpfung der Lepra-, Syphilis-, Pest- und Tuberkulose-Epidemien gewidmet. Wer einem Arzt in die Hände fiel, starb oft noch rascher als ohne Behandlung. Und dies, obwohl die hiesige Universität bereits 1365 gegründet worden war und 25 Jahre später bereits der regelmäßige Studienbetrieb an der Medizinischen Fakultät begonnen hatte.

Erste und Zweite Medizinische Schule

Die Erste Schule brachte einige Pioniere hervor, die – noch im 18. Jh. – bahnbrechende Neuerungen entwickelten. Etwa Anton de Haen (1704–1776), ein Landsmann van Swietens, der erstmals am Krankenbett statt im Lehrsaal unterrichtete; oder Leopold Auenbrugger (1722–1809), der als erster Diagnosen erstellte, indem er die Brust der Patienten abklopfte. Einen Meilenstein in der Modernisierung des Gesundheitswesens setzte Joseph II. 1784 mit der Gründung des Allgemeinen Krankenhauses.

Im Biedermeier galt Wien erneut als Mekka der Medizin. Begründer der Zweiten Medizinischen Schule waren der Anatom Karl Rokitansky (1804–1878) und der Internist Joseph Skoda (1805–1881). Sie forschten systematischer als ihre Vorgänger. Ihre Zeitgenossen erfanden zahlreiche neue Instrumente wie z. B. den Kehlkopfspiegel, das Gastroskop und – später – das Blutdruckmessgerät und schufen die Basis für eine wissenschaftlich fundierte Medizin.

Der neue Forscherdrang brachte auch beim Kindbettfieber den Durchbruch: Ignaz Philipp Semmelweis (1818–1865) hatte die wahre Ursache für das Massensterben Gebärender entdeckt und die Geburtshelfer fortan dazu angehalten, sich vor der Arbeit die Hände zu desinfizieren. Theodor Billroth (1829–1894) revolutionierte die Magen- und Kehlkopfchirurgie, Karl Landsteiner (1868–1943) entdeckte die Blutgruppen und den Rhesusfaktor, und der Psychiater Julius Wagner-Jauregg (1857–1940) führte im Jahr 1917 mit der Malariaimpfung ein wirksames Heilmittel gegen die progressive Paralyse ein. Zehn Jahre später erhielt er dafür den Nobelpreis für Medizin.

Nach der Jahrhundertwende erhielt Wien das damals modernste Versorgungshaus der Welt: das Altersheim Lainz (1904). Wenig später schuf der Sozialreformator Julius Tandler (1869–1936) ein ›geschlossenes‹ Fürsorgesystem: 1907 wurde an den Hängen des Wienerwaldes, im 14. Bezirk, die Heil- und Pflegeanstalt Am Steinhof eröffnet. Die riesige, von Otto Wagner entworfene Anlage wird noch heute größtenteils als Psychiatrisches Krankenhaus genutzt.

An der Wiege der Psychoanalyse

Auch in der Seelenkunde brachte Wien mehrere Pioniere hervor, allen voran den revolutionären Außenseiter Sigmund Freud (1856–1939), den Begründer der Psychoanalyse. Er stellte als erster eine eigene Theorie über die Entstehung von Neurosen auf und arbeitete mit dem Begriff des Unbewussten. Freuds Schüler Alfred Adler (1870–1937) begründete in Wien die Individualpsychologie, Victor Frankl (1905–1997) die Existenzanalyse und die sogenannte Logotherapie. Heute weist Wien eine gute psychosoziale Versorgung auf, die unnötige Aufenthalte in geschlossenen Anstalten verhindern helfen soll.

Der erzwungene Exodus jüdischer Ärzte und Intellektueller 1938 traf die Wiener Medizin empfindlich. Heute, da theoretische und experimentelle Forschung im Mittelpunkt stehen, liegt Österreich nur mehr in Teilbereichen (etwa bei Transplantationen) im internationalen Spitzenfeld. Die Ärzteschaft beklagt, zu wenig Zeit in die Wissenschaft investieren zu können. Weithin sichtbares Symbol für die zwiespältige Situation des Gesundheitswesens ist das Neue Allgemeine Krankenhaus. Der Gebäudekomplex mit den zwei Bettentürmen, an denen seit 1956 fast 40 Jahre lang gebaut wurde, verfügt zwar über modernste medizintechnische Einrichtungen und einen Spitzenkomfort, aber auch über alle Nachteile eines überdimensionierten Zentralbaus.

Martina Salomon

Einschlägige Museen
Josephinum: Museum des Instituts für Geschichte der Medizin, 9., Währinger Str. 25/1, Tel. 427 76 34 01, www.meduniwien.ac.at/josephinum, U2 Schottentor, Mo, Di 9–16, Do–So 10–18 Uhr, 2 €
Sigmund-Freud-Museum: Bergg. 19, Tel. 319 15 96, U2 Schottentor, Eintritt 7 €, mit Führung 8 €
Pathologisch-Anatomisches Bundesmuseum: 9., Spitalg. 2 (im ›Narrenturm‹ des Alten AKH), Tel. 406 86 72, www.narrenturm.at, U6 Alserstraße, Mi 15–18, Do 8–11, jeden 1. Sa im Monat 10–13 Uhr, Fei geschl., 3 €
Museum für Verhütung und Schwangerschaftsabbruch: 15., Mariahilfer Gürtel 37/1. Stk., Tel. 06 99 178 178 06, U3, U6 Westbahnhof, Mi–So 14–18 Uhr, 8 €

Sigmund Freud als Hampelmann. Ob das dem Begründer der modernen Psychoanalyse gefallen hätte?

Denkmäler und Gedenkstätten (eine Auswahl)

An **Freud** erinnern (neben dem Museum in seiner ehemaligen Ordination, Bergg. 19, s. links) eine Stele im nach ihm benannten Park vor der Votivkirche, eine Büste im Arkadenhof der Hauptuni und, an der Stelle des ehemaligen Kurhotels Bellevue, in dem er erstmals einen eigenen Traum vollständig analysierte (19., auf der Wiese am Ende der Himmelstraße), eine Bronzetafel auf einer Marmorstele.

Weiters erinnern je ein Gedenkraum an **Rokitansky** (im Pathologisch-Anatomischen Museum, s. links) und **Semmelweis** (Frauenklinik, 18., Bastieng. 36–38). **Van Swieten** sitzt zu Füßen Maria Theresias auf deren Denkmal zwischen den beiden Museen, auf **Wagner-Jauregg** trifft man vor der Psychiatrischen Klinik der AKH.

Nach Julius Tandler und Wagner-Jauregg sind je ein Gemeindebau, nach Auenbrugger, Billroth, de Haen, Rokitansky, Van Swieten und Skoda je eine Straße benannt.

An der medizinischen Fakultät wurde im März 2008, 70 Jahre nach Hitlers ›Anschluss‹, ein Denkmal für die in der Nazi-Zeit von jenem Institut vertriebenen Juden enthüllt. 1938 hatten die Hälfte der an dieser Fakultät Lehrenden sowie zwei Drittel der Wiener Ärzte mit einem Schlag ihre Stelle verloren.

Es gilt, ähnlich dem Heurigen, längst in aller Welt als Synonym für wienerische Gemütlichkeit. Nach einer Existenzkrise in der (Nach-)Kriegszeit feiert das Wiener Café heute in vielfältiger Form – begrenzt sogar als Hort kreativer Geistigkeit – wieder fröhliche Urständ.

Die Gründungslegende

Zum Fixinventar jedes Wien-Feuilletons gehört eine Würdigung des Wiener Kaffeehauses. Seine Tradition, sein Zauber und seine Bedeutung als Brennpunkt des Geisteslebens seien einmalig, heißt es in den einschlägigen Texten, die längst Bibliotheken füllen. Dass zu der Zeit, als an der Donau die ersten Kaffeesieder vom Kaiser ihr Privileg erhielten, »daß türkische Getränk, als Caffé, The und Scherbet zu praeparieren«, in den Städten Italiens und Frankreichs noble Cafés bereits gang und gäbe waren, verschweigen die Feuilletonisten – und auch die Texter der Tourismusbroschüren – geflissentlich. (1714 gab es etwa in Wien ganze 40 Kaffeehäuser, in Paris dagegen an die 300.)

Und auch die Legende um die Gründung des ersten Kaffeehauses in Wien wurde von den Chronisten stets nur halbherzig als solche enttarnt und lebt deshalb munter weiter. Nach ihr soll ein gewisser Georg Franz Kolschitzky, ein vermutlich aus Polen stammender Armenier, während der Türkenbelagerung 1683 als kaiserlicher Kundschafter wagemutig das feindliche Lager durchquert und die Verbindung zwischen eingekesselter Stadt und Ersatzarmee hergestellt haben. Zum Lohn habe er die Erlaubnis zur Gründung eines Kaffeehauses erhalten. Freilich war Kolschitzky weder der einzige derartige Kurier – er war nur der propagandistisch Geschickteste –, noch war er der Vater aller Cafetiers. Der Pionierruhm gebührt vielmehr Johannes Diodato und Isaak de Luca, zwei Armeniern, die 1697 zur folgenreichen Tat schritten.

Treffpunkte der Intellektuellen

Zentrum der städtischen Intelligenzija wurde das Kaffeehaus in Wien spätestens in der Zeit des Biedermeier. Legendär war das Silberne Kaffeehaus des Ignaz Neuner, in dem sich Größen wie Franz Grillparzer, Moritz von Schwind, Nikolaus Lenau oder Ferdinand Raimund fast täglich ein Stelldichein gaben. Genau zu dieser Zeit feierten übrigens die Walzergötter Lanner und

Wieder en vogue: das Kaffeehaus

Renommiercafé am Ring: das Sacher

Kleines Kaffee-ABC
Vielfältig sind die Arten, auf die man in Wien Kaffee kredenzt: Am gängigsten sind der **Kleine** oder der **Große Schwarze** (= Mokka) oder der **Braune** (mit etwas Milch angereichert). Ähnlich gängig ist die **Melange,** ein stark mit aufgeschäumter Milch versetzter, einem Häubchen Schlagobers (= Sahne) bekrönter und einer Prise Zimt oder Kakao bestäubter Kaffee. Daneben gibt es u. a. die mit Eidotter vermengte **Kaisermelange**, den mit Wasser gestreckten **Verlängerten**, den **Fiaker** (Mokka, im Glas serviert), den **Einspänner** (= Fiaker plus Schlagobers), den **Kapuziner** (mit flüssiger Sahne), den **Verkehrten** (Milchkaffee mit mehr Teilen Milch als Kaffee) und den **Türkischen** (mit Zucker in einem Kupferkännchen gekocht und sehr heiß mit Sud serviert). Zu den weniger gebräuchlichen Zubereitungsarten zählen so exotische wie der **Mazzagran** (kalter Kaffee mit Eisstückchen und einem Schuss Rum) oder der **Margiloman** (Mokka mit Cognac).

Strauß in den eben erfundenen Konzertcafés ihre ersten Triumphe.

Um 1900 und auch noch zwischen den beiden Weltkriegen hießen die Treffs des geistigen Wien Herrenhof, Griensteidl und Central. An den Marmortischchen dieser Cafés wurde die Zukunft der Weltliteratur und -politik, der Musik und der Seelenkunde maßgeblich vorausbestimmt. Hofmannsthal, Werfel und Roth verfeinerten hier ihren Schreibstil, Kisch, Kraus und Kuh kreuzten die Federn, Lueger und Adler feilten an ihren Parteiprogrammen, Brecht und Trotzki disputierten schachspielend die künftige Lage der Welt. Und selbst Sigmund Freud schlürfte hier regelmäßig seinen Milchkaffee, während er das Verhalten seiner Mitmenschen beobachtete und analysierte.

Unwiderbringlicher Aderlass

Von solch geballter Schöpferkraft kann am Ende des 20. Jh. keine Rede mehr sein. Hauptgrund für das Fehlen des kreativen Potenzials ist das Verschwinden des jüdischen Publikums. Die Vertreibung und Vernichtung der 200 000 Juden Wiens durch die Nationalsozialisten hinterließ auch in den Kaffeehäusern ein unauffüllbares geistiges Vakuum. Die devisenträchtige Behauptung, das Wiener Kaffeehaus hätte den Krieg und die ersten Jahre danach, als die Etablissements vielerorts in Bankfilialen und Autosalons umgewandelt wurden, überlebt, ist deshalb schlichtweg falsch. Sie basiert nicht auf Tatsachen, sondern auf einer Verdrängung. Das Kaffeehaus, mit dem die Stadt heute so gerne wirbt, ist mit jenem der Zeit vor 1939 nicht identisch, höchstens verwandt.

Neue Blüte

Wahr freilich ist die Behauptung, dass die Nachkriegsversion des ›öffentlichen Wohnzimmers‹, von dem Alfred Polgar sagte, es sei für Leute da, »die allein sein wollen, aber dazu Gesellschaft brauchen«, wieder en vogue ist. Wobei mehr denn je unterschieden werden muss: En vogue sind – vor allem bei Touristen – wieder die Renommiercafés am Ring und rund um die Hofburg, die Sachers, Demels, Mozarts und Centrals. Sie alle wurden in jüngerer Vergangenheit auf das Entschlossenste revitalisiert. Ihr Preisniveau ist durchwegs hoch.

En vogue ist allerdings auch jene Art von Großcafé, das Politikern, Journalisten und Businessleuten zugleich als Geschäftslokal, Parteiaußenstelle und Informationszentrale dient. Sein Kennzeichen: ein großes Zeitschriftensortiment, gehobener Lärmpegel und ebensolche Preise.

Und en vogue sind auch all die anderen Varianten der insgesamt über 500 Cafés: die der Künstler, die sich durch überlange Öffnungszeiten und – noch – durch überdurchschnittlich hohe Rauchkonzentration auszeichnen; die der älteren Damen, die sich, plüschig und äußerst dackelfreundlich, so gut für ein Tratscherl, ein kurzes Gespräch von Frau zu Frau, eignen; und die stillen, in denen ältere Herren nachmittagelang Schach, Bridge oder Billard spielen und Liebespärchen einander umfangen.

Inventar und Personal

Herübergerettet aus fernen Tagen hat sich in den meisten dieser Lokalitäten auch das lebende Mobiliar: der soignierte Ober mit schwarzer Frackweste, Schleife und Geldtasche an der Hüfte. Der Stammgast, der – mehr um die Zeit totzuschlagen als zwecks Information – endlos in den in- und ausländischen Zeitungen blättert. Und der Pensionist, der, wie der Literat Ludwig Hirschfeld es nannte, »schweigend und regungslos, in einer Art stumpfsinnigen Nachdenklichkeit« die Stunden verdöst.

Nur die vollbusige Sitzkassiererin nahe dem Eingang, die über Registrierkasse und Kuchenvitrine zu herrschen pflegte, und der Piccolo, jener halbwüchsige Assistent des Obers, der die Tische abzuräumen, die Zeitungen zu ordnen und die Gläser mit Gratis-Trinkwasser aufzufüllen hatte, sind Vergangenheit. Ihre Sisyphusarbeit hat heute der Ober (für 10 % Trinkgeld!) selbst zu besorgen.

Das Café Central, eines der heiß geliebten ›öffentlichen Wohnzimmer‹

Wien literarisch: von Grillparzer bis Jelinek

Die literarische Tour d'horizon durch die Jahrhunderte offenbart eine immense Vielfalt an Autoren und Traditionen. Vor allem um 1900, als Wien den geistigen Meltingpot der Monarchie bildete, kochte die Kreativität der hiesigen Dichter geradezu über.

Der Minnesang eines Walther von der Vogelweide und die derb-witzigen Predigten eines Abraham a Sancta Clara, das barocke Sprechtheater der Jesuiten und die Possen und Zauberstücke eines Joseph Anton Stranitzky, Begründer des Volkstheaters im Biedermeier … Die Wurzeln der spezifisch wienerischen Literatur lassen sich weit in die Geschichte zurückverfolgen. Ihre wirklich reiche Entfaltung erfährt die Dichtkunst freilich erst ab der ersten Hälfte des 19. Jh. Unter den damaligen Dramatikern ragen Franz Grillparzer, in dessen Werk (»Die Ahnfrau«, »Das goldene Vließ« und »König Ottokars Glück und Ende«) sich bereits der spätere psychologische Realismus ankündigt, und die beiden genialen Volksdichter Johann Nestroy und Ferdinand Raimund hervor. Zu den bedeutsamsten Erzählern gehören Adalbert Stifter, Ferdinand von Saar und Maria von Ebner-Eschenbach. In der Lyrik sind insbesondere der wichtigste Mundartdichter des Landes, Franz Stelzhamer, die gegen Gewalt und Krieg anschreibende Trägerin des Friedensnobelpreises Bertha von Suttner, Ada Christen, die für die Beseitigung der Unterdrückung der Frau eintritt, sowie Nikolaus Lenau und Anastasius Grün zu erwähnen.

Blütezeit um 1900

War schon das 19. Jh. reich an literarischen Persönlichkeiten, so bringt die Wende zum 20. Jh. eine beispiellose Blüte. Wien wird endgültig zum kulturellen Schmelztiegel der Monarchie, ja ganz Europas. Literaten und Journalisten bevölkern die Kaffeehäuser, die neben den Salons zum zentralen Ort für die geistvoll-ironische Auseinandersetzung mit den Problemen der Zeit avancieren. Sprachkünstler wie Egon Erwin Kisch, Egon Friedell, Alfred Polgar, Friedrich Torberg, Anton Kuh, Franz Molnar und natürlich Karl Kraus sind Synonyme für das Geistesleben im Fin de Siècle. Die Vielzahl an Begriffen, mit denen die Literaturwissenschaft versucht hat, einen gemeinsamen Nenner für diese Epoche zu finden (Symbolismus, Impressionismus, Neoromantik, Jugendstil), spiegelt die Vielfalt ihrer Vertreter und Ambitionen wider.

Knapp vor 1900 konstituiert sich rund um Hermann Bahr die Vereinigung Jung-Wien, eine Gruppe von Schriftstellern und Kritikern, die sich bewusst vom Naturalismus abwendet. Diesem Kreis gehören u. a. Hugo von Hofmannsthal, Arthur Schnitzler, Felix Salten, Richard Beer-Hofmann, Stefan Zweig und Peter Altenberg an. Karl

Kraus, anfänglich ebenfalls Mitglied, kehrt ihm bald den Rücken. Jung-Wien hat kein eigentliches Programm. Gemeinsam ist allen Vertretern das Wissen um das zwar verzögerbare, aber letztlich unabwendbare Ende der Habsburgermonarchie. Als Reaktion darauf rücken sie das Seelenleben des Menschen ins Blickfeld. In ihren Werken verschmelzen häufig Wirklichkeit und Traumwelt, trifft man oft auf das Todesmotiv.

Eine Ausnahmeerscheinung unter den Wiener Literaten ist der Wortvirtuose Karl Kraus. Der unbarmherzige Kritiker der Journalistensprache gibt zwischen 1899 und 1936 ganze 922 Nummern seiner satirisch-kritischen Zeitschrift »Die Fackel« heraus und schreibt von 1915 bis 1919 sein 800 Seiten umfassendes Antikriegs-Drama »Die letzten Tage der Menschheit«.

In den letzten Jahren vor dem Ersten Weltkrieg etabliert sich eine neue literarische Bewegung, der Expressionismus. Seine wichtigsten inländischen Vertreter sind die Dramatiker Oskar Kokoschka, Anton Wildgans und Franz Theodor Csokor sowie die Erzähler Alfred Kubin und Albert Paris Gütersloh. Eine weitere Gruppe innerhalb dieser Literatengeneration entstammt dem neoromantisch orientierten Prager Dichterkreis. Ihre Mitglieder: Rainer Maria Rilke, Max Brod, Gustav Meyrink, Leo Perutz, Franz Werfel und Franz Kafka.

Musil, Roth und Doderer

Auch die großen Romanciers Robert Musil, Hermann Broch, Joseph Roth und Heimito von Doderer gehören noch der Generation der vor 1900 Geborenen an. Roths Romane, etwa »Radetzkymarsch« (1932) und »Die Ka-

Literatur und Lesungen

Im **Literarischen Quartier Alte Schmiede** (1., Schönlaterngasse 9, Tel. 512 83 29-0, www.alte-schmiede.at) finden abends regelmäßig Lesungen mit Gegenwartsautoren statt. Ein dichtes Programm einschlägiger Symposien, Buchpräsentationen, Ausstellungen etc. organisiert auch das **Literaturhaus** (7., Seideng. 13, Tel. 526 20 44-0, www.literaturhaus.at). Jedes Jahr Mitte September gibt's in einem Zelt neben dem Burgtheater 24 Stunden lang, von 16 bis 16 Uhr, Literatur pur zu genießen. Österreichische Autoren – Prominenz und Nachwuchs – lesen bei diesem Festival namens **Rund um die Burg** im Halbstundentakt aus ihren Werken (Eintritt frei, Programm-Hotline: Tel. 205 501-52).

Wortvirtuose Karl Kraus

puzinergruft« (1938), beschreiben den Zerfall des Vielvölkerstaates und die Zwischenkriegszeit eher wehmutsvoll und elegisch. Musil geht in seinem unvollendet gebliebenen Roman »Der Mann ohne Eigenschaften« (1930–1943) bei der Beschreibung ›Kakaniens‹ vor dem großen Krieg weit analytischer vor. Doderers »Strudlhofstiege« (1951) und »Die Dämonen« (1956) haben die Zeit von 1923 bis zum Brand des Justizpalastes im Juli 1927 zum Thema. Fritz von Herzmanovsky-Orlando betrachtet die jüngste Zeitgeschichte eher durch eine Brille, die sie ins Skurrile verzerrt.

Nach der Inflationszeit der 1920er Jahre hat die Volksdichtung einen Aufschwung zu verzeichnen. Etwa durch Josef Weinheber, der das Wiener Alltagsleben mit Mundartgedichten illustriert. Ödön von Horvath und Jura Soyfer setzen auf höchst kritische Weise die Tradition des Volksdramas fort.

Die Wiener Gruppe

Ab 1938 zwingt der Nationalsozialismus viele Literaten zur Emigration. Die in der Folgezeit entstehende Exilliteratur wird nach dem Krieg sträflich lange in ihrem Wert unterschätzt. Einen ersten Meilenstein zu Beginn der Zweiten Republik stellt Ilse Aichingers 1948 in Wien erschienener Roman »Die größere Hoffnung« dar. In diesen Jahren beginnt auch Ingeborg Bachmann ihre schriftstellerische Tätigkeit. Zwischen 1952 und 1955 schließen sich H. C. Artmann, Konrad Bayer, Gerhard Rühm, Oswald Wiener und Friedrich Achleitner zur Wiener Gruppe zusammen. Diese neue Avantgarde (sie orientiert sich teilweise an Dadaismus und Surrealismus) versteht sich als Opposition gegen die Erstarrung des literarischen Lebens, Konzept ist die Provokation. Die Ausdrucksformen ihrer Teamarbeit sind die Montage, vor allem aber Gedichte, in denen akustisch und visuell der Wiener Dialekt verwendet wird (H. C. Artmann: »med ana schwoazzn dintn«, 1958), und auch literarische Kabaretts. Nach Bayers Tod löst sich die Gruppe auf. In eine ähnliche Richtung wie die Wiener Gruppe zielen auch Friederike Mayröcker und Ernst Jandl, der verstärkt phonetische Komponenten in seine Gedichte verwebt.

Handke, Bernhard, Jelinek

Jüngere Autoren wie Peter Handke, Gert Jonke, Peter Rosei und Julian Schutting sind stark von Ludwig Wittgenstein beeinflusst. Seit den 1970er Jahren treten auch vermehrt Autoren an die Öffentlichkeit, die dem damals viel diskutierten Realismusbegriff verpflichtet sind und in ihren Werken deutlich Sozialkritik üben. Zu ihnen zählen u. a. Franz Innerhofer, Michael Scharang, Gernot Wolfgruber, Gustav Ernst. Die Gattung Drama wird von Wolfgang Bauer († 2005), Peter Turrini und dem neben Handke herausragendsten Autor der österreichischen Gegenwartsliteratur, Thomas Bernhard († 1989), dominiert. Eine Sonderstellung nimmt Elfriede Jelinek ein, die für ihre provokativen und auch formal sehr innovativen, oft von (sexual)tabubrechender Schärfe geprägten Romane und Theaterstücke 2004 sogar den Nobelpreis erhielt. Aus der Vielzahl gegenwärtiger Autoren seien Josef Haslinger, Peter Henisch, Robert Schindel, Erich Hackl, Christoph Ransmayr, Robert Menasse, Michael Köhlmeier, Franz Schuh, Wolf Haas, Thomas Glavinic und Franzobel genannt.

Das Burgtheater, ein Mythos

Nationalheiligtum Burgtheater – die Burg zehrt noch heute von dem legendären Ruf, den sie seit Ende des 19. Jh. genießt

Die Burg gilt als Hort hehrer Sprachkunst und vielen Theaterfans bis heute als beste Bühne im deutschsprachigen Raum. Ihre Vergangenheit wirkt geradezu mythologisiert, ihre Architektur antiquiert, wenngleich ungemein prachtvoll. Ensemble, Programm und Publikum jedoch präsentieren sich seit geraumer Zeit schon erfrischend modern.

Als das Burgtheater 1888 als einer der letzten großen Ringstraßenbauten eröffnet wurde, rief es, wie wenige Jahre zuvor auch die Oper, alles andere als enthusiastische Reaktionen hervor. Über ein Jahrhundert lang waren Schauspieler und Publikum einander in der intimen Atmosphäre des alten, von Joseph II. gegründeten Nationaltheaters auf dem Michaelerplatz begegnet.

In dem neuen, 1300 Menschen fassenden Kaiserlichen Hoftheater am Lueger-Ring saßen die Zuschauer vom Bühnengeschehen weit entrückt. Die Schauspieler mussten lauthals deklamieren und ihre Körpersprache vergröbern. Zudem waren Optik und Akustik miserabel.

Doch während sich die Aufführungspraxis durch die neuen, ungewohnten Dimensionen radikal änderte, blieb die kulturpolitische Aufgabe haargenau dieselbe. Es galt, im Sinne von Kaiser und Kirche, das klassische Repertoire und den gehobenen Boulevard zu pflegen. Selbst wenn – selten genug – Zeitgenössisches auf dem Spielplan stand, war nur gewünscht (und geduldet), was der ›guten Sitte‹, also der ästhetischen und inhaltlichen Tradition entsprach.

Hinter den Kulissen
Deutschsprachige Führungen versprechen spezielle Einblicke in die Architektur, Kunst, Organisation und Geschichte des Hauses. So bekommt man etwa die Feststiegen mit den berühmten Deckengemälden der Brüder Klimt und Franz Matsch sowie die Neue Porträtgalerie im ersten Pausenfoyer mit Schauspielerporträts heimischer Gegenwartskünstler zu Gesicht (10. Sept.–30. Juni tgl. 15 Uhr, Dauer ca. 50 Min., Infos im Servicecenter, Tel. 514 44-41 40).
Weitere Spielstätten: Akademietheater, 1911–1913 von den Architekten Fellner & Helmer sowie Ludwig Baumann errichtet und als deutlich intimerer Rahmen für Kammerstücke verwendet (3., Lisztstr. 1, Tel. 514 44-47 40); **Kasino am Schwarzenbergplatz,** in einem Neorenaissace-Palais von Heinrich von Ferstel beheimatet und als Spielstätte für Gegenwartsstücke, Spezialprojekte und -reihen genutzt (1., Schwarzenbergplatz 1, Tel. 514 44 48 30); **Vestibül,** die für ungewöhnliche Theaterprojekte reservierte Studiobühne im Haupthaus am Dr.-Karl-Lueger-Ring (Eingang Ringstr. an der Seite des Café Landtmann, Tel. 514 44 44 40). Näheres, auch zu den aktuellen Spielplänen, unter: Tel. 514 44-0 oder www.burgtheater.at.
Österreichisches Theatermuseum, das weltweit größte seiner Art, im Palais Lobkowitz (1., Lobkowitzplatz 2, Tel. 525 24 34 60, U1. U2, U4 Karlsplatz, www.theatermuseum.at, Eintritt 4,50 €).

Guckkasten, Logen und Starkult

Die Architektur des neuen Hauses nahm auf diese alte Denkweise Rücksicht. Carl Hasenauer, der ältere des beauftragten Architektenduos, hatte sich gegen seinen Kollegen Gottfried Semper, der für die demokratische Form des antiken Amphitheaters plädierte, rasch durchgesetzt und den schönen Schein über die praktischen Bedürfnisse gestellt. Wieder war die Bühne ein Guckkasten. Im Zuschauerraum herrschte noch immer die alte Hierarchie von Logen und Rängen. Und die Feststiegen und Foyers waren mit – allerdings ganz hervorragenden – Fresken (u. a. von Gustav Klimt und Franz Matsch) und Büsten überladen.

Dass in solch konservativem Rahmen das Wie mehr galt – und z. T. noch gilt – als das Was, dass die Schauspielkunst über der literarischen Auseinandersetzung stand, darf nicht verwundern. Noch vor Beginn des 20. Jh. hatte sich um die Burgschauspieler ein Starkult entwickelt, den auch Wiener, die das Theater nie betreten hatten, mitbetrieben. Gallionsfiguren wie Charlotte Wolter oder Adolf von Sonnenthal waren Idole. Ihre Kollegin Katharina Schratt brachte es sogar zur jahrzehntelangen Geliebten des Kaisers. Damals erhielt Wien seinen Ruf als ›Schauspielerverehrerstadt‹ und das Burgtheater seinen Mythos als Hort hehrer Sprachkunst und als Symbol unverfälschten Österreichertums.

Sanfte Modernisierung

Der Zweite Weltkrieg schien vorerst eine Zäsur in der Geschichte der Burg zu bilden. Bomben hatten den Zuschauerraum weitgehend zerstört. Das

Ensemble war auf eine Behelfsbühne im Ronacher ausgewichen. Doch schon die glänzende Wiedereröffnung des Hauses am 15. Oktober 1955 mit Grillparzers Habsburger-Drama »König Ottokars Glück und Ende« signalisierte: Die Republik, der ja das Theater seit dem Ende der Monarchie gehörte, knüpfte an die große Vergangenheit an und betonte zugleich die Kontinuität einer speziell österreichischen Kunst. Der Dramatiker Franz Theodor Csokor stellte laipdar fest: »Die Welt geriet zwischen 1918 und 1945 zweimal aus den Fugen. Das Burgtheater – nicht!«

In der Folge wurden von Direktionsseite nur höchst behutsam zeitgemäße Akzente gesetzt: Immerhin gewann man von Zeit zu Zeit Ikonen der Moderne wie Fritz Wotruba oder Oskar Kokoschka als Bühnenbildner. Die in Vergessenheit geratene Idee, mehrere inhaltlich verwandte Stücke als Zyklus zu inszenieren, wurde wieder aufgegriffen. Unter Ernst Haeussermann unternahm das endlich verjüngte Ensemble eine richtige Welttournee. In den 1970er und 1980er Jahren zeigte die Direktion dann auch politisch Flagge: An der Burg wurden etliche Stücke Vaclav Havels uraufgeführt. Und 1983 vollzog der damalige Chef, Achim Benning, sogar einen geradezu revolutionären Akt: Er hob das Vorhangverbot auf, jene in der Theaterwelt wohl einzigartige Verfügung, die es den Künstlern untersagte, nach Vorstellungsende den Applaus auf der Bühne entgegenzunehmen.

Der Mythos auf dem Prüfstand

Dem unergründlichen Mythos, der das Nationalheiligtum Burgtheater seit jeher umgab, konnte seither nichts wirklich etwas anhaben. Er hatte im 19. Jh. schon die Gründung von bürgerlichen Konkurrenzbühnen wie dem Volks-, dem Raimund- und dem Stadttheater auf der Seilerstätte überdauert, und er überdauerte auch das Kreuzfeuer alternativer Kulturkritiker nach 1968, die an den hohen Subventionen (mehrere Millionen Euro pro Jahr) und dem elitären Charakter der Bühne Anstoß nahmen. In mehr als 215 Jahren – bei insgesamt 85000 Aufführungen und 4600 Inszenierungen – wurde er nicht verschlissen.

Selbst Ex-Direktor Claus Peymann, den die örtliche Presse, als er 1986 sein Amt antrat, in ihrer üblichen hämischen Art prophylaktisch der »Entweihung« zieh, dürfte dem traditionsreichen Mythos auch Gutes abgewonnen haben. Wo sonst hätte er etwa ein Publikum gefunden, das auf seine brillanten Inszenierungen mit ähnlich hysterischer Anteilnahme reagiert? Wo eine Bühne, über die ein Dichter wie Thomas Bernhard, der beinahe ihr Direktor geworden wäre, ähnlich publikumswirksam seinen Hass ergießen konnte?

Untrüglichstes Zeichen für den Frieden, den das Wiener Publikum mit dem – seit 1999 von Direktor Klaus Bachler geführten – Ensemble mittlerweile längst wieder geschlossen hat: Auch den seinerzeit neuen, aus bundesdeutschen Landen stammenden Stars, allen voran Gert Voss, aber auch Ignaz Kirchner, Martin Schwab oder Kirsten Dene, hat es inzwischen den Adelstitel hiesiger Schauspielkunst verliehen, den die Pluhar und die Jesserer, der Brandauer oder der Heltau seit Jahren tragen: Man spricht von ihnen bevorzugt mittels bestimmtem Artikel. Und macht sie damit zum integralen Bestandteil des Burg-Mythos.

Brillante Bissigkeit – kleine Kabarettgeschichte

Das Wiener Kabarett erlebte vor und nach dem Ersten Weltkrieg goldene Zeiten. Nach der Totenstarre und dem geistigen Aderlass der Nazizeit verhalfen ihm Bronner, Qualtinger & Co. ab den 1950er Jahren zu neuen politisch-literarischen Höhenflügen, die jüngere Nachfolger bis heute mit Erfolg fortsetzen.

Die Geschichte des Wiener Kabaretts beginnt mit dem 20. Jh. – und sie beginnt mit mehreren Flops. Erst mit Marc Henry, dem Ex-Chef der legendären Münchner Scharfrichter, wendete sich das Blatt. 1908 übernahm er die Leitung des Cabaret Fledermaus, eines Etablissements in der Kärntner Straße, das Sprechkunst und bildende Kunst auf höchstem Niveau vereinen sollte. Ein Meilenstein in der Chronik der Wiener Kleinkunst war gesetzt. Unter den Hausautoren: Peter Altenberg, Alfred Polgar und Egon Friedell, unter den Ausstattern: Josef Hoffmann und Oskar Kokoschka. Weniger anspruchsvoll, aber ebenso unterhaltsam waren die Conferencier-Programme, die etwa Fritz Grünbaum in der Hölle oder Heinrich Eisenbach gemeinsam mit Armin Berg und Hans Moser im Budapester Orpheum auf die Bretter brachten.

Vor und nach 1938

Ab den späten 1920er Jahren wuchsen, mit steigender Bürgerkriegsgefahr, die politischen Kabaretts wie Pilze aus dem Boden. Zugleich erreichte die literarische Qualität auf mehreren Bühnen lichte Höhen, etwa im Lieben Augustin, im ABC, im Kellerlokal Literatur.

1938, das Anschlussjahr, bedeutete auch in der Kleinkunst eine dramatische Zensur. Ein Großteil der Kabarettisten emigrierte oder kam in den KZs um, eine Minderheit überdauerte im intellektuellen Untergrund. Nach Kriegsende brachte eine neue Generation frischen Wind auf die Bühnen. Sie prägte bald zweierlei Genres – die virtuose, aber recht harmlose Kabarettunterhaltung und die weit schärfere Satire. Erstere hatte ihr Zentrum in den Räumlichkeiten vom Simpl in der Wollzeile. Dort bewahrte in den 1950er und 1960er Jahren der legendäre Karl Farkas, gemeinsam mit Ernst Waldbrunn, Hugo Wiener, Maxi Böhm und Cissy Kraner, die jüdisch-wienerische Conferencier-Tradition.

Im Geiste des ›Herrn Karl‹

Die Wiener Satire war im Intimen Theater bzw. im Neuen Theater am Kärntnertor zu Hause, wo unter der – auch musikalisch qualitätvollen – Leitung Gerhard Bronners der Zeitgeist im Allgemeinen und das Wienertum im Speziellen brillant unter die Lupe

Plakatentwurf für das Cabaret Fledermaus (1907)

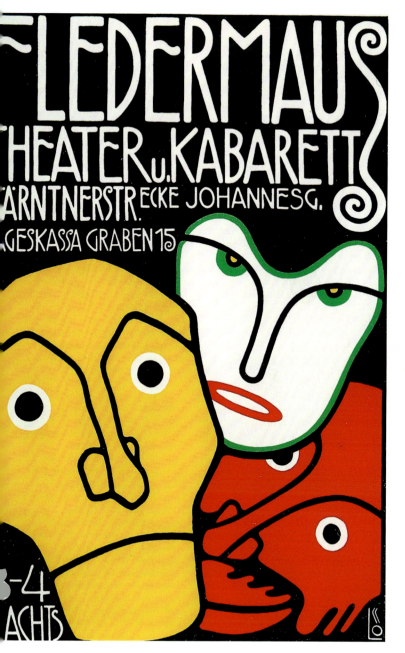

oder besser aufs Korn genommen wurden. Herausragende Erscheinung dieses Genres war Helmut Qualtinger. Dessen bösartig kleinbürgerliche, der Wirklichkeit seiner Heimatstadt abgeschaute Figuren wie der Urtyp des wienerischen Opportunisten und Querulanten schlechthin, der ›Herr Karl‹, sind Legende. Qualtingers kongeniale Partner waren Georg Kreisler, Peter Wehle und der Miterfinder des ›Herrn Karl‹, Carl Merz.

Im Schatten dieser mittlerweile mehrheitlich verstorbenen Übervärter konnten sich in den Folgejahren kaum Ensembles profilieren. Die Szene lebte, abgesehen von den Veteranen, von wenigen Einzelpersonen – von Topsy Küppers, Werner Schneyder (mit Dieter Hildebrandt) und, am Rande, von Peter Lodynski und Marianne Mendt.

Frischer Wind

Erst in den späten 70ern ist im Zuge der allgemeinen Seelenverjüngung Wiens wieder eine quicklebendige Kabarettlandschaft entstanden. Orte dieser Renaissance waren einerseits alte Vorstadt-Wirtshäuser, die zu Bühnen mit Beisl umgebaut wurden (Kulisse oder Metropol), andererseits neu eröffnete Kleinbühnen wie etwa das Spektakel oder das Kabarett Niedermair in der Josefstadt. Parallel zur Zahl der Aufführungsorte ist nicht nur das Publikum gewachsen, sondern auch das Fähnlein der aufrechten Kabarettisten. Zuvorderst zu nennen: Lukas Resetarits, Pionier mit deutlich zur Schau getragener proletarischer Tradition, der – vor chronisch ausverkauftem Haus – wie kein anderer soziales Gewissen zeigt, indem er die Probleme der Flüchtlinge, Gastarbeiter und ›kleinen Leute von der Straße‹ thematisiert. In derselben ersten Qualitätskategorie sind auch der geschmeidigere Erwin Steinhauer und der spöttische, begnadet abgründige Geschichten erzählende und Akkordeon spielende Josef Hader zu Hause.

Daneben versprühen auch zahllose jüngere Wortjongleure Geist, Witz – und Spott. Einige Namen: Andreas Vitasek, ein Pantomime mit Hang zum Slapstick, Alexander Bisenz, der gekonnt Prominente imitiert, die Polit-Kritiker Leo Lukas, I Stangl und Thomas Maurer, das Frauen-Ensemble Chin und Chilla, der für seine »Anleitung zur sexuellen Unzufriedenheit« bekannte Bernhard Ludwig, der eher wortdeftige Roland Düringer, aber auch relative Newcomer wie Ferdinand Kratzl, Christian Paal, Heilbutt & Rosen, Stermann & Grissemann u. v. m. Sie alle gemeinsam haben bewirkt, dass heute nicht mehr wie in den 1970er Jahren kritische Kellertheater, sondern wieder gut besuchte Kabarettlokale die Alternative zu den großen Staatsbühnen bilden.

Hörtipps

Das gesamte Œuvre des genialen Helmut Qualtinger, u. a. der legendäre ›Herr Karl‹, das Kabarettprogramm »Brettl vor'm Kopf« oder die in Personalunion komplett von ihm gelesenen »Letzten Tage der Menschheit« von Karl Kraus, ist – überwiegend auch für Nicht-Wiener verständlich – bei Preiser Records auf CD erschienen. Beim selben Label erhältlich: diverse Höhepunkte aus Wiener Kabarett und Mundartdichtung, von Artmann, Bronner, Waldbrunn und Wiener bis Hader, Steinhauer und Resetarits (www.preiserrecords.at).

Wien, Welthauptstadt der Musik?

Weltberühmte Komponisten, Bühnen und Orchester, Instrumentenbauer, Hochschulen und eine ganz spezielle Klangkultur: Die Bedeutung Wiens für das internationale Musikleben kann kaum überschätzt werden. Doch der Glanz droht zu verblassen. Meinen zumindest manch pessimistische Auguren.

»Wien ist eine Großstadt, und wie in jeder anderen Großstadt hat es Musiker hier gegeben, aber Wien ist immer eher musikfeindlich gewesen und hat alles getan, um ernstzunehmende Musiker abzuschrecken.« Was der Wiener Kabarettist Georg Kreisler in einer seiner Satiren einen Musikwissenschaftler hämisch über die Stadt behaupten lässt, ist durchaus nicht aus der Luft gegriffen. Webern, Schönberg und Berg – um nur die namhaftesten Beispiele zu nennen – litten hier tatsächlich unter konsequenter Nichtbeachtung, Hugo Wolf hungerte, Anton Bruckner wurde bloß als Lehrer und Organist, nicht aber als Komponist geschätzt, der Jude Gustav Mahler musste sich, um Operndirektor werden zu können, taufen lassen. Und Mozart, Haydn, Beethoven und Gluck sind, um mit Kreisler fortzufahren, »nicht einmal in Wien geboren«.

Dennoch wäre es grotesk, Wiens Bedeutung als Schauplatz der musikalischen Weltgeschichte zu leugnen. Denn zweimal, zur Zeit der Klassik und gegen Ende des 19. Jh., wirkten hier mehr wegweisende Musiker als in irgendeiner anderen Metropole.

Bösendorfer und Opernball

Ihren Ruf als Welthauptstadt der Musik verdankt die Stadt indes nicht nur dem klassischen Dreigestirn Haydn, Mozart und Beethoven und dem faszinierenden Nebeneinander von Bruckner und Brahms, Strauß, Mahler, Wolf und Zeitgenossen, sondern ebenso seinen Ausbildungs- und Aufführungsstätten, seinen Orchestern und Instrumentenbauern. Der Goldene Saal des Musikvereins, die Flügel der Klavierfabrik Bösendorfer, die Interpretationen der Philharmoniker … Sie alle sind Synonyme für erlesene Klangkultur. Das Repertoire der Staatsoper ist weltweit konkurrenzlos. Ein Studium am hiesigen Konservatorium oder an der Hochschule gilt – seit Längerem auch in Fernost – als Garant für eine profunde Ausbildung. Sängerknaben, Opernball und Neujahrskonzert zementieren, als perfekt vertriebene Exportartikel, das allseits bekannte Klischee von Walzer- und Melodienseligkeit.

Gefährdete Traditionen

Doch hinter der devisenträchtig glänzenden Fassade steht längst nicht mehr alles zum Besten: Die gemessen an der Einwohnerzahl überdurchschnittlich zahlreichen Orchester leiden an akutem Nachwuchsmangel. Die Gründe: Das amateurhafte (Kammer-)Musizieren, dem Wiens Bürgertum in der Freizeit einst besonders eifrig frönte, ist aus der Mode gekommen. Und die Töchter aus gutem Hause schwitzen statt vor dem Klavierlehrer lieber in der Disco. Der früher äußerst fruchtbare Nährboden für die Gilde der Profimusiker droht solcherart auszutrocknen. Zudem konzentrieren sich immer mehr Hochschüler statt auf eine Orchester- auf eine Solistenkarriere.

Sogar die Philharmoniker klagen: Sie sehen den legendären ›Wiener Klang‹, den sie als letztes Ensemble lupenrein kultivieren, gefährdet. Vor allem die Spezies jener unbezahlbaren Streicher und Bläser, die die charakteristische vibratoarme bzw. Grundton bezogene Klangfarbe noch zu erzeugen verstehen, sei, hört man, am Aussterben.

Cerha, Schwertsik und Co.

In der zeitgenössischen Komposition hatte Wien nach 1945 seine Vorrangstellung an Paris und London, aber auch an Städte wie Köln und Darmstadt verloren. Berg und Webern waren tot, Eisler, Krenek und Schönberg, deren Rehabilitierung (und mögliche Rückkehr) reaktionäre Kreise kurz nach dem Krieg vereitelt hatten, in der Emigration. Den Kontakt mit neuer Musik verdankt das Wiener Nachkriegspublikum wesentlich den Pionieren Friedrich Cerha und Kurt Schwertsik. Die beiden Wiener brachten mit ihrem Ensemble eine Reihe aktueller Strömungen wie die serielle Musik oder die Aleatorik an die Donau und verhinderten damit das völlige Absinken Wiens in musikalische Provinzialität. Gleichzeitig machten sie sich, gemeinsam mit einer Handvoll Kollegen wie Otto M. Zykan, Erich Urbanner, Heinz Karl Gruber oder – später – Thomas Pernes, Franz Koglmann und Olga Neuwirth, als Komponisten einen Namen. Neue Impulse erhielt das örtliche Musikleben erst im Lauf der 1980er Jahre – mit Veranstaltungsreihen wie »Wien modern« (im Konzerthaus) oder »Töne & Gegentöne« (in der Secession).

Was Wien in der E-Musik nur zögerlich gelang, nämlich europaweit eine gewisse Geltung wiederzuerlangen, schaffte es in anderen musikalischen Bereichen erstaunlich rasch: Liedermacher wie Wolfgang Ambros, Reinhard Fendrich, Ludwig Hirsch oder Georg Danzer († 2007) eroberten von Wien aus in den 1970er Jahren die deutschsprachige Popszene. Der 1998 tödlich verunglückte Sänger Falco war mit seinen millionenfach verkauften Disco-Rap-Funk-Mischungen sogar einmal an der Spitze der US-Charts.

Im Bereich Musical genießt Wien, dank Publikumshits wie »Cats«, »Phantom der Oper«, »Elisabeth«, »Mozart« oder »Wake up«, seit Mitte der 1980er Jahre den Rang einer Weltmetropole.

Und selbst dem urwienerischen Genre der Schrammelmusik, dem wegen der Dialekttexte internationale Verbreitung versagt bleibt, ist neues Leben eingehaucht worden – von Vollblutmusikern wie Karl Hodina, Eduard Reiser oder Roland Neuwirth, die – abseits jenes zum Gaudium trunkener Touristen in Heurigenlokalen praktizierten Singsangs gleichen Namens – auf die Tradition der Ur-Schrammeln zurückgreifen, um sie teilweise mit Rock- und Jazzelementen anzureichern.

Wiener Jugendstil – die Geschichte einer Idee

Ein bedeutendes Beispiel für die Wiener Jugendstilarchitektur um die Jahrhundertwende sind die Wienzeilenhäuser von Otto Wagner

Hoffmann, Moser, Olbrich, Wagner und Klimt waren die Protagonisten jener beispiellosen ästhetischen Revolte, die Wien um 1900 erfasste. Was sie zur Secession bewog? Die Saturiertheit und die verkrusteten Verhältnisse innerhalb des Künstler-Establishments.

»Der Zeit ihre Kunst, der Kunst ihre Freiheit«

Wie es sich für ein Wahrzeichen gehört, versteckt die 1898 von Otto-Wagner-Schüler Joseph Maria Olbrich erbaute Secession ihren Charme nicht. Wie eine Kaiserkrone funkelnd, strahlt die goldene Lorbeerkuppel dem Besucher von Weitem entgegen. Der Schriftsteller Hermann Bahr, der gemeinsam mit dem Feuilletonisten und Kritiker Ludwig Hevesi den Wiener Modernisten die wirksamste publizistische Schützenhilfe gab, nannte den Kunsttempel »eine leuchtende Insel, eine selige Insel im Tumult der Stadt, zur Zuflucht aus der täglichen Not in die ewige Kunst«. Der typische Wiener freilich dachte über Olbrichs in nur sechs Monaten fertiggestelltes Gebäude ganz anders. Dieser kam aus dem Granteln gar nicht mehr heraus und nannte es »Grab des Mahdi«, »Kreuzung zwischen Glashaus und Hochofen« oder »assyrischer Anstandsort«. Hevesis Worte »Der Zeit ihre Kunst, der Kunst ihre Freiheit« prangen leitmotivisch in goldenen Lettern auf dem »weißen Haus an der Wien«.

Von den Wienern auch gern ›Krautkopf‹ tituliert: die Secession

Belebung der Wiener Kunstverhältnisse

In seiner Gründungsphase war der Jugendstil eine Art Jugendrevolte. Ein Generationenkonflikt war unter Wiens bildenden Künstlern ausgebrochen. Gustav Klimt und seine Gesinnungsfreunde verließen unter Getöse die Genossenschaft, die Vereinigung bildender Künstler, und schlossen sich im Juli 1897 zur Secessionistischen Vereinigung bildender Künstler zusammen. Josef Hoffmann, Joseph Maria Olbrich, Koloman Moser, Gustav Klimt und Otto Wagner, der erst später der Vereinigung beitrat, – sie alle hatten ein Ziel: Dem saturierten Provinzialismus, der Beschränkung auf den kleinen Radius sollte der Kampf angesagt, die stagnierenden Kunstverhältnisse in Wien sollten neu belebt werden.

Zu den Ikonen des Wiener Jugendstils gehörte die nach einer Gedichtzeile Ludwig Uhlands benannte Kunstzeitschrift »Ver Sacrum«. Die namhaftesten Autoren publizierten in dem exklusiven, bis 1903, also nur fünf Jahre lang erscheinenden Heft: Hugo von Hofmannsthal, Hermann Bahr, Rainer Maria Rilke, Peter Altenberg, Knut Hamsun. In diese Zeit fiel die Auseinandersetzung um Gustav Klimts »Philosophie«, das Deckenbild für den Festsaal der Wiener Universität. Die Affäre geriet zum größten Kunstskandal in der Geschichte Wiens. »Mangelnde Ernsthaftigkeit«, zu wenig »dekorative Wirkung« warfen die Kritiker dem Meister mit dem Rauschebart und dem weißen Kittel vor. Dessen Parteigänger wiederum monierten, die Freiheit der Kunst sei gefährdet.

Mythos Jugendstil

Mittlerweile hatten sich auch unter den Secessionisten zwei Fraktionen gebildet. Die Raumkünstler, Architekten und Kunstgewerbler gehörten der Klimt-Gruppe an, die sich 1905 von der Malergruppe, die das Projekt Secession in ein kommerzielles Spektakel ausufern sah, im Streit trennte. Der Mythos Jugendstil war damals allerdings längst geboren. Die Wege trennten sich. Olbrich hatte Wien schon längst in Richtung Darmstadt verlassen und leitete dort den Bau der Künstlerkolonie auf der Mathildenhöhe. Josef Hoffmann baute gemeinsam mit Otto Wagner einige Privathäuser auf der Hohen Warte in Wien, vor allem aber das berühmte Sanatorium Purkersdorf. In der Secession stellten jetzt Künstler wie Egon Schiele, Albert Paris Gütersloh oder Alfred Kubin ihre Kunst aus.

Die Wertschätzung des Jugendstils war freilich nicht immer so selbstverständlich, wie das heute den Anschein haben mag. Noch in den 1960er Jahren ließen rücksichtslose Architekturtechnokraten Otto Wagners Stadtbahnstationen niederreißen. Mitte der 1980er galt Jugendstil dann plötzlich als *chic-as-chic-can*. Fin de Siècle war ein Zauberwort für Geschäftemacher. Halb Europa war plötzlich süchtig nach Klimts Bildern, Hoffmanns Möbeln und den Reformkleidern der Wiener Werkstätte.

Die Schau »Traum und Wirklichkeit« wurde in mehreren Weltmetropolen gezeigt und erzielte Besucherrekorde. Die Jahrhundertwende-Euphorie trieb die Kommerzialisierung des Jugendstils hemmungslos voran. Was freilich aus heutiger Sicht schon wieder ziemlich nostalgisch erscheint.

Andrea Hurton

Den Jugendstil entdecken

Themenspezifische Rundgänge unter kundiger Führung bietet das ganze Jahr über der Verein Wiener Spaziergänge (Tel. 774 89 01, www.wienguide.at) an. Aus dem Programm: Jugendstil in der Innenstadt, Auf den Spuren von Gustav Klimt, Blühender Jugendstil zwischen Stadtpark und Hietzing, Jugendstil und Jahrhundertwende – vom Looshaus zur Postsparkasse, Jugendstil und Art Déco in Döbling, Die Kirche am Zentralfriedhof, Visionen eines Genies: Otto Wagner und Steinhof etc. Einschlägige Touren veranstaltet regelmäßig auch das Architekturzentrum Wien (Info: Marion Kuzmany, Tel. 522 31 15 12, kuzmany@azw.at, www.azw.at).

Siehe auch: **Entdeckungstouren** »Highlights des Wiener Kunsthandwerks«, S. 192, und »Stationen des Wiener Jugendstils«, S. 230.

Begleitbücher: Inge Podbrecky: Wiener Jugendstil. Gehen und Sehen. Vier Routen – von Hoffmann bis Wagner, von Postsparkasse bis Secession, Falter Verlag, 2001.
Christian Nebehay: Wien – Architektur und Malerei um 1900, Brandstätter, 1983 (antiquarisch).

Zeitgenössische Malerei

Vom Aktionismus und Otto Mauers Galerie nächst St. Stephan über die Neue Malerei der 1970er Jahre und Art brut aus Gugging bis zur quirligen Nachwuchsszene von heute spannt sich ein weiter Bogen. Wer sich für Gegenwartskunst interessiert, findet in Wien ein lohnendes Erkundungsfeld.

Der Beginn der modernen Malerei ist in Wien genau genommen bereits mit 1897 zu datieren, dem Jahr der Gründung der Secessionistischen Vereinigung bildender Künstler (s. S. 126). Ein Wiederbeginn nach dem Zweiten Weltkrieg, gleichsam die Rückkehr radikaler Innovation, erfolgt Anfang der 1960er Jahre, als Künstler wie Adolf Frohner, Hermann Nitsch, Günter Brus und der spätere Friedrichshofpatriarch Otto Mühl mit zu dieser Zeit äußerst provokanten Mal-, Selbstverstümmelungs- und Schlachtungsaktionen beginnen. Sie begründen damit den Wiener Aktionismus, den einzigen -*ismus* der österreichischen Kunstgeschichte. In der Wiener Kunstszene prallen als-

Eines der großen Kunstmuseen der Stadt: das MUMOK (Museum moderner Kunst)

bald verschiedene Positionen aufeinander. Alfred Hrdlicka, dessen umstrittenes Anti-Faschismus-Denkmal bei der Albertina heute fixer Bestandteil im Touristenprogramm ist, schwimmt gegen die Strömung, indem er ausgerechnet in der Zeit des radikalen Aufbruchs realistische Bilder zeigt. Die 1959 gegründete Wiener Schule der fantastischen Realisten, der u. a. Arik Brauer, Ernst Fuchs, Rudolf Hausner und Wolfgang Hutter angehörten, verzeichnet erste kommerzielle Erfolge.

Rainer, Lassnig und Attersee

Künstlerisch radikaler und kompromissloser sind die Leute um die Galerie nächst St. Stephan. Die Mitte der 1950er Jahre vom katholischen Akademikerverband gegründete Galerie wird unter Monsignore Otto Mauer zum wichtigsten Forum für die künstlerische Avantgarde. In den 1960er Jahren zeigen dort Walter Pichler und Hans Hollein ihre utopische Architektur. Eine ganze Reihe heutiger Stars präsentiert sich dort erstmals einer größeren Öffentlichkeit: Arnulf Rainer, den »Liebe und Vervollkommnungsdrang« sowie das Bedürfnis, die »schwachen Stellen« eines Bildes zu überdecken, zu seinen berühmten Übermalungen geführt haben; der Südtiroler Oswald Oberhuber, dessen Stil die »permanente Veränderung« ist; Christian Ludwig Attersee, der Schönling, Surrealist, Austro-Dada-Provokateur und Erotomane; Maria Lassnig, die mit ihrem »body aware painting«, ihren Introspektionen in Pastell, nach Jahren der Ignoranz Anfang der 1980er Jahre mit einer Biennale-Nominierung und einer Professur an der Hochschule für Angewandte Kunst betraut werden sollte.

NeoGeo und Nitsch

Mitte der 1970er Jahre, als dann Minimal Art, Konzept- und Performance-Kunst hoch im Kurs stehen, taucht das Schlagwort Neue Malerei auf. Hubert Schmalix, Siegfried Anzinger, Alois Mosbacher oder Gunter Damisch wagen sich wieder zum Kolorismus, zum Figurativen vor. Eilfertig bemühen Kunstkritiker die Tradition und spannen den Bogen von Kokoschka bis Lassnig und Anzinger.

In den 1980ern wird die Galerie nächst St. Stephan zur Hochburg des kühlen NeoGeo, der Neuen Geometrie, der sich u. a. Gerwald Rockenschaub oder der in Wien lebende Schweizer Helmut Federle verschrieben haben.

Eine der erfolgreichsten österreichischen Künstlerinnen des 20. Jh.: Maria Lassnig

Adressen für Kunstfreunde

Zu zwei Epizentren der Gegenwartskunst haben sich Schleifmühl- und Eschenbachgasse entwickelt. In Ersterer sind die Galerien Christine König (Nr. 1A, www.christine koeniggalerie.com), Georg Kargl (Nr. 5, www.georgkargl.com), Kerstin Engholm (Nr. 3, www.kerstinengholm.com) und Gabriele Senn (Nr. 1A, www.gabrielesenn.at) daheim; in Zweiterer, im gleichnamigen Palais, die Galerien Krobath Wimmer (Nr. 9, www.krobathwimmer.at) und Meyer Kainer (www.meyerkainer.at) sowie, ein Haus weiter, Martin Janda (Nr. 11, www.martinjanda.at).

Gegenwartskunst im Internet:
Umfassende Informationen über Galerien, Ausstellungen, Auktionen und Kunsthändler unter: www.kunstnet.at bzw. www.artmagazine.cc.
Viennafair: Internationale Messe für Gegenwartskunst, jeweils Ende April, Messe Wien (www.viennafair.at).

Die Aufbruchstimmung in der Wiener Kunstszene hat sich inzwischen wieder etwas gelegt. Besucher, junge Wilde aus Deutschland und Konzeptkünstler aus Amerika, die sich das in Mode gekommene Wien in den 1980er Jahren anschauten, sind abgereist.

Auch der sogenannte Neue Dilettantismus eines Andreas Karner oder Werner Poschauko ist nicht immer wirklich neu. Und Hermann Nitsch hat zu Pfingsten 2008 sein legendäres Orgien-Mysterien-Theater in Prinzendorf zum bereits 125. Mal inszeniert und mittlerweile auch am Burgtheater und in der Staatsoper seine Blutbilder schütten dürfen.

Die Szene lebt

Doch die Galerieszene wächst weiter. Vor allem die Seilerstätte, die Grünangergasse und das Palais Eschenbach (alle 1. Bezirk) sowie die Schleifmühlgasse (4. Bezirk) sind zu Revieren innovativer Galeristen geworden. Dort sind die etablierten unter den heimischen Jungkünstlern wie Heimo Zobernig, Herbert Brandl und Markus Geiger ebenso zu Hause wie Shootingstars à la Manfred Schu, Elke Kristufek oder die Zwillinge Hohenbüchler. Deren Vernissagen verwandeln die Galerie häufig in ein Szenelokal.

Aufsehen erregt haben in den letzten Jahren aber auch Einzelgänger, die sich keiner Schule so recht zuordnen lassen: der durch Leo Navratil entdeckte psychisch kranke August Walla († 2001), der junge Martin Walde mit fragilen Installationen aus Drahtgerüsten und Fahnen und seiner Flugmotivik oder Franz West, den ein Kritiker einmal das »letzte Wiener Original« genannt hat.

Wien, Hauptstadt der Diplomatie

Völkerverständigung wird an der Donau seit den Zeiten, da man hier das postnapoleonische Europa neu ordnete, großgeschrieben. Heute ist Wien Amtssitz der Vereinten Nationen und die beliebteste Kongressstadt der Welt. Kein Wunder, dass die Stadt echt kosmopolitisches Flair verströmt.

Die Rolle Wiens als Ort der Begegnung ist eine alte und verdienstvolle. Schon im 19. Jh. war die Donaumetropole, damals noch Hauptstadt der habsburgischen Monarchie, Inbegriff eines geistigen und ethnischen Schmelztiegels. Hier vermengten sich die Kulturen Zentral- und Osteuropas und schufen jene dichte, schöpferische Atmosphäre, die als Wiener Fin de Siècle in die europäische Geistesgeschichte einging. Hier fanden aber seit dem Wiener Kongress (1814/1815), bei dem das postnapoleonische Europa neu geordnet wurde, auch immer wieder weltbewegende politische Konferenzen und Gipfeltreffen statt.

Diese Tradition, die während der Ersten Republik und des Dritten Reiches unterbrochen war, setzte sich nach dem Zweiten Weltkrieg fort – genauer: nach 1955, als Österreich wieder seine volle Souveränität erlangt hatte. Die Fortführung der Tradition wurde nun, in der Zeit des Kalten Krieges, als Ost und West dringend einen unbelasteten Ort der Verständigung benötigten, durch die geografische Lage Wiens – direkt am ›Eisernen Vorhang‹ – und durch den Neutralitätsstatus des Landes Österreich begünstigt.

Öffnung in der Nachkriegszeit

Unmittelbar nach 1945 war Wien bereits heimliche Hauptstadt der Spionage und des Schmuggels geworden. In der Folgezeit entwickelte sich die Stadt nach und nach auch wieder zu einer Metropole der internationalen Organisationen und der Diplomatie. Den Anfang machte 1957 die Internationale Atomenergiebehörde (IAEA). In den 1960er Jahren gesellte sich die UNIDO, die Abteilung der Vereinten Nationen für industrielle Entwicklung und Nord-/Süd-Zusammenarbeit, hinzu und wenig später eine Reihe anderer, im sozialen und humanitären Bereich tätige UN-Unterorganisationen wie etwa die UNHCR, die das Schicksal der Flüchtlinge in aller Welt zu lindern bemüht ist, oder die UNPA, die zuständig für das internationale Postwesen ist. In jenen Jahren errichtete auch die Organisation Erdöl exportierender Länder (OPEC) ihr Hauptquartier an der Wiener Ringstraße.

Im Jahr 1961 begann die lange Serie der internationalen Konferenzen und Gipfeltreffen mit dem Treffen John F. Kennedys mit Nikita Chruschtschow. Weniger glamouröse, aber kaum minder wichtige Meetings folgten: Shimon

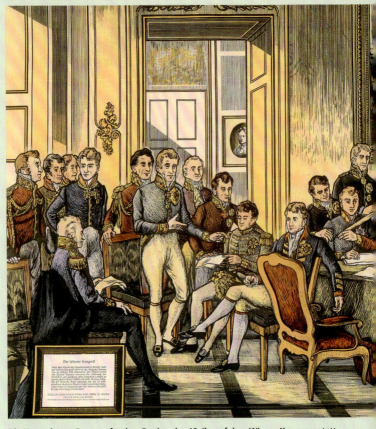

Die Neuordnung Europas fand zu Beginn des 19. Jh. auf dem Wiener Kongress statt

Peres etwa traf Anwar As Sadat, US-Vizepräsident Walter Mondale Südafrikas Staatspräsidenten Pieter Botha. Im Juni 1979 unterzeichneten Jimmy Carter und Leonid Breschnew den Abrüstungsvertrag SALT 2, nachdem wesentliche Teile des ersten Vertrags in Wien ausgehandelt worden waren. Und im Jänner 1989 setzten sich gleich 35 Außenminister in der Wiener Hofburg an den grünen Tisch, um die Ergebnisse der Wiener KSZE-Nachfolgekonferenz durch ihre Unterschrift zu bestätigen.

Ritterschlag zur UNO-City

Ein Jahrzehnt zuvor, im Sommer 1979, hatte sich am Ufer der Donau ein alter Traum erfüllt: Die UNO-City – und mit

(UNODC), die Organisationen zur Überwachung des Atomtestverbots (CTBTO) und die zur Vereinheitlichung des internationalen Handelsrechts (UNCITRAL) gehören, mehr als 4000 Angestellte aus über 100 Ländern beschäftigt.

Massiver Internationalisierungsschub

Seit Ende der 1970er/Anfang der 1980er Jahre ist nicht nur die Zahl der Konferenzen ins Unzählbare gestiegen, sondern Wien auch um vieles kosmopolitischer geworden. Wie in alten Zeiten ist in den Straßen, Läden und Kaffeehäusern wieder ein babylonisches Sprachengewirr zu hören. Das Angebot an fremdsprachigen Schulen, aber auch Theater-, Kino- und Radioprogrammen ist enorm gewachsen.

Wobei diese Internationalisierung natürlich maßgeblicher noch dem Fall des ›Eisernen Vorhangs‹, dem Anfang 1995 erfolgten Beitritt Österreichs zur Europäischen Union sowie deren im Mai des Jahres 2004 vollzogenen Osterweiterung zu verdanken ist.

ihr das angrenzende Austria Center Vienna, dem man übrigens im Frühjahr des Jahres 2008 ein weiteres großes Konferenzzentrum angefügt hat – wurde eingeweiht und Wien somit neben New York und Genf dritte UNO-Stadt. Heute sind bei den in Wien ansässigen UN-Organisationen, zu denen neben den oben erwähnten mittlerweile u. a. auch das Büro zur Drogenkontrolle und Verbrechensverhütung

Auf Stippvisite: die UNO-City von innen

In der UNO-City am Ufer der Donau werden mehrmals täglich **Führungen** veranstaltet, die recht gute Informationen über die Vereinten Nationen im Allgemeinen und ihre in Wien ansässigen Organisationen im Besonderen bieten (Informationen: Tel. 260 60 33 28 oder tours@unvienna.org bzw. www.unvienna.org).

Zwei ungleiche Brüder: Österreicher und Deutsche

Das Verhältnis Österreich – Deutschland ist aus Wiener Sicht eher zwiespältig. Historisch betrachtet, lässt sich eine, gelinde gesagt, gewisse Belastung nicht leugnen. In der jüngeren Vergangenheit und Gegenwart jedoch erweist es sich als absolut entspannt und freundschaftlich.

Wenn zwei Wiener, die miteinander Deutsch sprechen, heute im fremdsprachigen Ausland gefragt werden: »Are you German?«, wird die überwältigende Mehrheit unter ihnen, nämlich 87 %, antworten: »No, we are Austrians.« Nur sechs von 100 werden zustimmen, und drei werden ergänzen: »Germans from Austria!« Dieses Resultat einer Umfrage, mit der kurz vor dem Gedenkjahr 1988 (50 Jahre nach dem Anschluss an Hitler-Deutschland) das Österreichbewusstsein untersucht wurde, mag der heutigen Generation als selbstverständlich erscheinen. Ältere Semester werden es jedoch als durchaus bemerkenswertes Ergebnis eines mühsamen Emanzipationsprozesses empfinden, denn sie haben die großen Identitätskrisen der Nation während der ersten Jahrhunderthälfte noch gut in Erinnerung.

Wechselbad der Gefühle

Das Verhältnis der Österreicher zu ihren Nachbarn ist von altersher von einem Wechselbad der Gefühle bestimmt. 1848 etwa schwärmte man auch an der Donau für ein gemeinsames deutsches Reich, für die Ideale der Paulskirche, die Revolutionsfarben Schwarz-Rot-Gold. Doch spätestens im Bruderkrieg von 1866 gegen Preußen erkannte man mit Verbitterung, dass Bismarck eine kleindeutsche Lösung anstrebte. Die Niederlage bei Königgrätz und der Ausgleich mit Ungarn 1867 nagten am Selbstbewusstsein der deutschsprachigen Österreicher. Und je mehr ihre Macht schrumpfte und jene Bismarcks wuchs, desto stärker wurde die Sehnsucht nach Anbindung an den jungen wilhelminischen Staat.

Vom Zweibund zum Anschluss

Außenpolitisch besiegeln die Habsburger 1879 mit dem Zweibund ihre Abhängigkeit vom Deutschen Reich, die bis zum Ersten Weltkrieg stetig wachsen sollte. Als die Monarchie schließlich zusammenbricht, hält niemand den winzigen Reststaat für lebensfähig: Die provisorische Nationalversammlung proklamiert im November 1918 den neuen Staat als Bestandteil der Deutschen Republik und nennt ihn folgerichtig Deutschösterreich – ein Name, der erst 1919 auf Verlangen der Siegermächte in Österreich geändert wird.

Die Weimarer Republik zeigt dem anschlusswilligen Nachbarn die kalte

Schulter. Erst Adolf Hitler erklärt die Integration Österreichs zum politischen Ziel. Der gebürtige Braunauer hat freilich weniger die traditionelle ethnischkulturelle Einheit vor Augen als die Bodenschätze, Industrieanlagen und Goldreserven seiner Heimat – allesamt nützliche Bausteine für sein Aufrüstungsprogramm. Er degradiert das Land – mit Mussolinis Hilfe – nach und nach zum Satelliten Deutschlands und »holt« es am 12. März 1938 »heim ins Reich«.

Die leidenschaftliche Liebe zu Deutschland erfährt ein jähes Ende. Österreich wird in die ›Reichsgaue des Donau- und Alpenlandes‹ zerschlagen. Während der folgenden siebenjährigen Nacht erwacht – zuerst in den Emigranten, Widerstandskämpfern und KZ-Insassen aller politischer Couleur, allmählich aber in sämtlichen Schichten der ernüchterten Bevölkerung – ein neues Österreich-Bewusstsein. Dessen tragende Fundamente sind der Glaube an die Kleinstaatlichkeit und an das demokratische Prinzip. In den Nachkriegsjahren orientiert man sich in Wien vorwiegend an der Schweiz, fördert per Verfassung die föderalistischen Strukturen und über die Sozialpartnerschaft den politischen Interessenausgleich und bekennt sich – nach dem Staatsvertrag von 1955 – zur immerwährenden Neutralität.

Nachbarschaft auf gleicher Augenhöhe

Seither ist das Selbstvertrauen der Österreicher stetig gewachsen. Parolen wie »Deutschland, einig Vaterland« oder »Wir sind ein Volk« aus der Bundesrepublik Deutschland und der DDR knapp vor der Wiedervereinigung weckten bei kaum jemandem mehr zwiespältige Gefühle. Und die gelegentlichen Versuche einzelner Vertreter von Jörg Haiders Freiheitlicher Partei – der für kurze Zeit zweiten Kraft des Landes –, die Deutschland-Frage aufzuwärmen, wecken in den 1990er Jahren nur bei einer kleinen Randgruppe Hoffnungen.

Stirnrunzeln verursacht bei aufmerksamen Beobachtern höchstens die enge Wirtschaftsverflechtung beider Länder. Denn Österreich betreibt über ein Drittel seines Außenhandels mit Deutschland. Zudem sind einige Schlüsselbranchen wie etwa die Wiener Medien größtenteils in deutscher Hand. Aber seit Österreich der EU angehört, haben solche bilateralen Abhängigkeiten wohl nur mehr untergeordnete Bedeutung.

Nachbarschaftslektüre
Österreich für Deutsche. Einblicke in ein fremdes Land – von Norbert Mappes-Niediek (Ch. Links Verlag)
Gebrauchsanweisung für Österreich – von Heinrich Steinfest (Serie Piper)
Wörterbuch Österreichisch-Deutsch – von Astrid Wintersberger, beratende Mitarbeit: H. C. Artmann (Residenz)
Darum nerven Österreicher – von Walter Lendl (Eichborn)
Der richtige Umgang mit einem Österreicher – von Thomas Rhomberg (Orac)
Österreichs populäre Irrtümer – von Walter Mückstein (Ueberreuter)
Die Piefke-Saga – von Felix Mitterer (Haymon, auch als DVD/ARD-Video)

Unterwegs in Wien

Blick über den Kohlmarkt auf die Michaelerkuppel der Hofburg

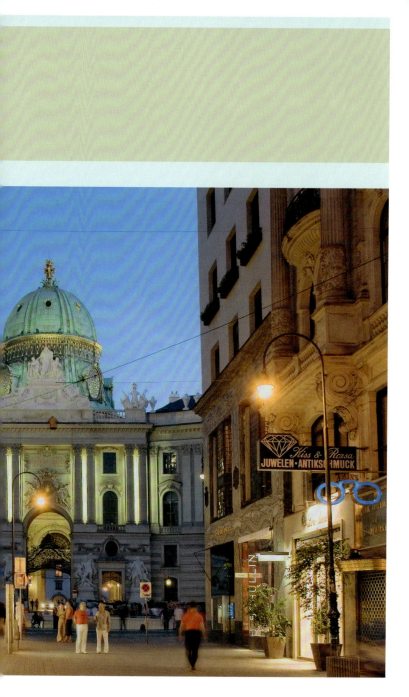

Das Beste auf einen Blick

Westliche Innenstadt und Ringstraße

Highlights!

Hofburg: Die Residenz der Habsburger, steingewordenes Abbild österreichischer Geschichte, verdient mehrere Stunden Besichtigung. S. 146

Westliche Ringstraße: Der Spaziergang entlang der Prachtstraße offenbart eine kaum zu überbietende architektonische Grandeur. Dazwischen laden wunderschöne Parkanlagen zur genüsslichen Rast. S. 153

Kunsthistorisches Museum: Eine der kostbarsten Gemäldesammlungen der Welt, dazu eine hochkarätige ägyptisch-orientalische, eine Plastik-, Kunstgewerbe- und Antikensammlung. 25 S. 159

Auf Entdeckungstour

Dorotheum: Das älteste Auktionshaus der Welt bietet in noblen Schauräumen von Büchern, Briefmarken, Möbeln und Münzen bis Porzellan, Schmuck und Teppichen, für jeden Geschmack das Richtige. 1 S. 144

Die Museen in der Hofburg: Kaiserappartements, Hofjagd- und Rüstkammer, Ephesos-, Sisi-Museum, Musikinstrumentensammlung und das ›Allerheiligste‹ – die Schatzkammer mit den Krönungsinsignien. 9 S. 148

Kultur & Sehenswertes

Lipizzaner und Sängerknaben: Die berühmten weißen Pferde und ›goldenen Kehlen‹ live zu erleben, gehört zu den klassischen Vergnügungen eines Wien-Besuchs. 7 8 S. 151, S. 152

Parlament: Das Meisterwerk von Theophil Hansen ist der edelste aller Ringstraßenbauten. Nicht versäumen: eine Führung durch die Innenräume! 24 S. 159

Akademie der bildenden Künste: Die sträflich vernachlässigte Gemäldegalerie bietet einen hervorragenden Querschnitt durch 600 Jahre abendländische Malerei. 29 S. 163

Aktiv & Kreativ

Wien ›erfahren‹: Mit dem Fahrrad Wien entdecken – Mietfahrräder gibt es an mehr als 50 Leihstationen. S. 165

Genießen & Atmosphäre

Buffet-Dinner im Naturhistorischen: In der Kuppelhalle des kolossalen Museums lässt sich stilvoll tafeln. Als Dreingabe: Spezialführungen, u. a. auf das Gebäudedach. 26 S. 162

Café Landtmann: Als Treff für Medienleute, Politiker und Burgtheater-Schauspieler Inbegriff eines eleganten Ringstraßen-Cafés. 9 S. 164

Abends & Nachts

Staatsoper: Augen- und Ohrenschmaus der Extraklasse allabendlich mit den Wiener Philharmonikern. Und danach in die Champagner-Opernbar La Divina 1 1 S. 140, S. 165

Musikfilmfestival vor dem Rathaus: Opulente Operninszenierungen, Tanz- und Konzertstars auf Großleinwand bei freiem Eintritt und in den Pausen Kulinarisches aus aller Welt. 20 S. 158

Imperialer Prunk pur zwischen Hofburg und westlichem Ring

Ein Besuch in Wien, ohne wenigstens einmal über die Ringstraße gelustwandelt zu sein, ist wie eine Tour durch Paris ohne Champs-Élysées oder durch London ohne Trafalgar Square. Der Spaziergang vor allem über den westlichen Abschnitt jenes weltberühmten Boulevards zählt zu den absoluten Höhepunkten der Stadterkundung. In neun Abschnitte gegliedert, umschließt der fast 4,5 km lange und über 60 m breite Ring das historische Herz der Stadt: Börse, Universität, Rathaus, Burgtheater, Parlament, Kunst- und Naturhistorisches Museum ... Nirgendwo sonst finden sich Geist und Macht des liberalen Bürgertums und der Republik so symbolträchtig und imposant repräsentiert.

Als nicht minder beeindruckend erweist sich die Erkundung der Hofburg, die am Beginn dieses Rundgangs steht: Der einstige Nabel des Habsburgerreiches birgt mit der Schatzkammer und dem Prunksaal der Nationalbibliothek zwei Ikonen imperialer Pracht. Sängerknaben und Lipizzaner treten innerhalb der Burgmauern auf. Etliche kleinere Museen komplettieren das reichhaltige Besichtigungsprogramm, an dessen Ende man im Volks- oder im Burggarten inmitten makellos gepflegten Grüns Atem holen und sich laben kann.

Infobox

Reisekarte: ▶ N/O 11/12

Ersteindruck per Straßenbahn
Einen ersten Eindruck von der Einzigartigkeit der Ringstraße vermittelt die Fahrt mit der Straßenbahn. An Bord einer Tram der Linien 1, 2 oder D (die jeweils in beide Richtungen weite Teile des Rings und des Franz-Josefs-Kais befahren) sieht man die ganze Pracht wie in *cinemascope* an sich vorbeiziehen. Unterwegs gibt's jede Menge Stopps, an denen man nach Belieben unterbrechen kann. Ein Tipp: Bequemer, weil mit Sicherheit von einem Sitzplatz aus, genießt man das Panorama außerhalb der Rushhour, die sich in Wien für gewöhnlich auf die Stunden zwischen ca. 7.30 und 9 sowie 16.30 und 18 Uhr beschränkt.

Informationen
Praktisch für unterwegs: Nahe dem Ausgangspunkt für diesen Rundgang, am Albertinaplatz unmittelbar hinter der Oper, hat die Tourist-Information ihren Hauptsitz. Hier erhält man gratis Stadtpläne sowie alle Arten von Broschüren und Auskünften (Adresse siehe S. 15).

Von der Staatsoper zur Hofburg

Staatsoper 1

Infos zu Führungen, die fast tgl. stattfinden, etc. unter Tel. 514 44-0, www.wiener-staatsoper.at
Die Staatsoper eignet sich dank ihrer zentralen Lage an der Ecke Kärntner Straße/Opernring ideal als Ausgangspunkt für einen Rundgang durch den Ersten Bezirk, die sog. Innere Stadt.

Das Gebäude, das boshafte Kritiker – wohl wegen seiner romantisch-historisierenden Formen sowie der metallenen Dachkonstruktion – gerne mit einem Bahnhof vergleichen, ist wie kaum ein anderer Bau Symbol für die Stadt: In den Jahren 1861–1869 nach Plänen der Architekten Eduard van der Nüll und August von Siccardsburg als k.u.k.-Hofoper errichtet, war die Oper der erste Monumentalbau der Ringstraßenzone.

Sinnbild der Musikmetropole
Die glanzvolle Wiedereröffnung der Oper im Jahr 1955 – zehn Jahre, nachdem sie infolge eines Fliegerangriffs fast vollständig ausgebrannt war – empfanden die Wiener als inoffiziellen Festakt der kurz zuvor wiedergewonnenen Souveränität ihres Landes. Vor allem aber versinnbildlicht das ›Haus am Ring‹ Wiens Ruf als Musikmetropole: Die Liste ihrer bisherigen Direktoren umfasst so illustre Namen wie Gustav Mahler, Richard Strauss, Wilhelm Furtwängler, Karl Böhm und Herbert von Karajan. Als Hausorchester spielen allabendlich die Wiener Philharmoniker. Auf dem Programm steht von September bis Juni beinahe täglich eine andere Oper. Anfang Juli pflegen hier seit einigen Jahren im Rahmen des Jazzfestes Stars der internationalen Jazzszene aufzutreten. Und jährlich einmal werden Zuschauerraum und Bühne auf eine Ebene gebracht: für den Opernball am Faschingsdonnerstag, das glanzvollste Ereignis der Wiener Ballsaison.

Die Oper von innen
Die Räumlichkeiten der Staatsoper, u. a. die opulent verzierte Feststiege, Teesalon, Loggia und Schwindfoyer, aber natürlich auch Zuschauerraum und Bühne, können im Rahmen von Führungen besichtigt werden.

Verschnaufen kann man im erst zwei, drei Jahre alten gemütlichen **Café Oper Wien** 1 an der Ostseite der Oper (tgl. 8–24 Uhr).

Staatsopernmuseum
Eingang Goetheg. 1, Tel. 514 44-21 00, Di–So 10–18 Uhr, Eintritt 3 €, Kombiticket mit Staatsopernführung 6,50 €
Seit Ende 2005 informiert zudem das neue Staatsopernmuseum im Hanuschhof anhand von Fotos, Kostümen, Bühnenbildmodellen, Abendzetteln etc. ausführlich über Geschichte und Gegenwart des Hauses. Hier können Opernfreaks auch an drei Info-Terminals digital die Besetzungen zu sämtlichen Vorstellungen sowie Fotos nahezu aller Bühnenbilder seit der Wiedereröffnung 1955 abrufen.

Augustinerstraße

Hrdlicka-Denkmal 2
Gleich hinter der Oper erinnert ein Denkmal des Bildhauers Alfred Hrdlicka an eines der dunkelsten Kapitel in der Geschichte Wiens: die Vertreibung und Vernichtung ihrer Juden (1938–1945). Das eigenwillige, aus drei behauenen Marmorblöcken und einer Bronze bestehende Monument sorgte bei seiner Einweihung im Gedenkjahr 1988, 50 Jahre nach Hitlers Machtergreifung in Österreich, für hitzige öffentliche Debatten.

Unmittelbar daneben erinnert ein **Gedenkstein** an jene Hunderte von Zivilisten, die 1945 bei einem Bombardement an dieser Stelle in einem Luftschutzkeller den Tod fanden.

Albertina 3
*www.albertina.at,
tgl. 10–18, Mi bis 21 Uhr*
Schräg gegenüber, dort, wo sich heute unter einem Aluminiumflügel die schi-

Westliche Innenstadt und Ringstraße

Sehenswert
1. Staatsoper
2. Hrdlicka-Denkmal
3. Albertina
4. Theatermuseum
5. Augustinerkirche
6. Nationalbibliothek
7. Winterreitschule
8. Burgkapelle
9. Neue Burg
10. Looshaus
11. Stallburg
12. Globenmuseum
13. Schottenkirche
14. Börse
15. Ringturm
16. Universität
17. Votivkirche
18. Pasqualatihaus
19. Dreimäderlhaus
20. Neues Rathaus
21. Burgtheater
22. Minoritenkirche
23. Theseus-Tempel
24. Parlament
25. Kunsthistorisches Museum
26. Naturhistorisches Museum
27. Maria-Theresia-Denkmal
28. Äußeres Burgtor
29. Akademie der Bildenden Künste

Essen & Trinken
1. Café Oper Wien
2. Bitzingers Vinothek
3. Soho
4. Zum Alten Hofkeller
5. Café Griensteidl
6. Café Central
7. Bei Max
8. Hansen
9. Café Landtmann
10. Lebenbauer
11. Café Palmenhaus

Einkaufen
1. Dorotheum
2. Wolfrum
3. Maria Stransky
4. Loden Plankl
5. Tostmann
6. Ludwig Reiter

Abends & Nachts
1. La Divina
2. Café Stein
3. Livingstone
4. Flex
5. Passage

---

cke **Bitzingers Vinothek** 2 befindet, führte einst ein Tor in das Innere der Augustinerbastei. Heimliche Besucher der Kaiserfamilie, Kronprinz Rudolfs Mätresse Maria Vetschera etwa, die von ihrem Geliebten später in Mayerling erschossen werden sollte, gelangten von hier ungesehen durch einen Geheimgang bis in die Burg.

Das angrenzende, nach seinem Erbauer Herzog Albert von Sachsen-Teschen benannte Palais Albertina beherbergt die weltweit größte grafische Sammlung: 44000 Zeichnungen und Aquarelle sowie rund 1,5 Mio. Druckgrafik-Blätter. Sie vereint fast lückenlos alle Künstler vom Beginn des 15. Jh. bis in die Gegenwart, darunter Dürer, Leonardo, Raffael, Michelangelo, Rubens, Rembrandt und Schiele, außerdem Meisterwerke der Fotografie.

Im Jahr 2003 nach langjähriger Renovierung wieder eröffnet, hat sie seither dank der in den drei neuen Ausstellungsbereichen regelmäßig inszenierten, spektakulären Sonderschauen (vornehmlich Kunst des 20. Jh.) eine Metamorphose zu einem viel frequentierten modernen Museum durchlebt. Doch allein die in schwelgerischem Glanz erstrahlenden Prunkräume lohnen den Besuch.

Theatermuseum 4
www.theatermuseum.at,
Di–So 10–18 Uhr, Führungen n. V.
Vis-à-vis auf dem Lobkowitzplatz steht das größte Theatermuseum der Welt. Das imposante Palais birgt über 1,5 Mio. Exponate und bietet neben einer kleinen Dauerschau regelmäßig Sonderausstellungen.

Augustinerkirche 5
Eingang um die Ecke, am Josefsplatz
Keine 200 m weiter erhebt sich die Augustinerkirche, erbaut ab 1330, seit Mitte des 17. Jh. Hofpfarrkirche, in der zahlreiche Habsburger getauft und verheiratet wurden.

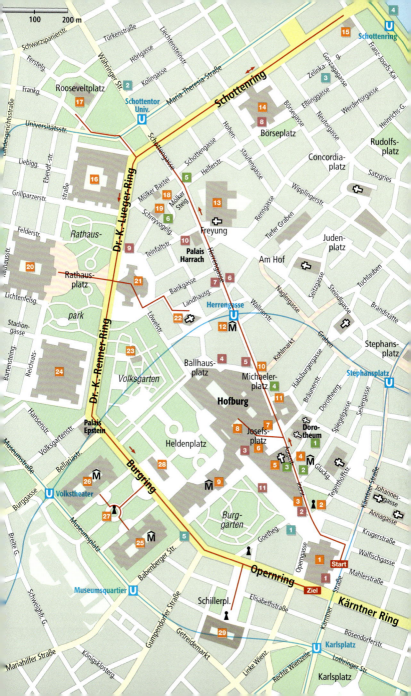

Auf Entdeckungstour

Mal anders shoppen: im Dorotheum

Im Hauptsitz dieses weltweit ältesten der großen Auktionshäuser, einem eleganten Palais, lässt sich ein Schaufenster- oder Einkaufsbummel der ganz besonderen Art unternehmen.

Zeit: Beliebig – eine Stunde bis etliche Stunden.

Planung: Mo–Fr 10–18, Sa 9–17 Uhr.

Der Kundendienst des Dorotheum [1] versendet gerne Auktionskataloge und anderes Infomaterial, Anruf (Tel. 515 60-20 00) genügt. Auf Wunsch vermittelt Vienna Guides Führungen (Buchung unter Tel. 0228 2-602 55). www.dorotheum.com.

Ort: Palais Dorotheum, 1., Dorotheergasse 17.

Vor über 300 Jahren gegründet

Wenn die Wiener hemmungslose Kauflust befällt, lassen sie sich von ihr nicht nur auf die Einkaufsstraßen und Flohmärkte treiben, sondern mit Vorliebe auch in einen Konsumtempel, der weltweit einzigartig ist: das **Dorotheum**, das staatliche Pfand- und Auktionshaus, vom Volksmund auch liebevoll ›'s Pfandl‹ genannt.

'S Pfandl zählt zu den ältesten Institutionen der Stadt. Es wurde 1707 unter Joseph I. als Versatzt- und Frag-Ambt gegründet, um, wie in der Gründungsurkunde festgeschrieben steht, »nöthig und bedörfftigen Partheyen auff jedmahliges Verlangen mit einem Darlehen würcklich zu hülfen« und sie aus der Abhängigkeit von Wucherern zu befreien. Mittlerweile ist die ursprünglichste Geschäftssparte, das Pfandkreditwesen, in den Hintergrund getreten. Als modernes Auktionshaus, das in der Konkurrenz mit den österreichischen Ablegern der Branchenriesen Christie's und Sotheby's glänzend besteht, betreibt es im In- und Ausland, zwischen Prag und Brüssel, Tel Aviv und Tokyo, fast vier Dutzend Filialen sowie Uhren- und Juwelierläden, erzielt mit mehr als 600 Auktionen einen Jahresumsatz von über 120 Mio. €.

Auktionen & Freiverkauf

In der heutigen Firmenzentrale, einem dreistöckigen Labyrinth von stuckverzierten Schauräumen, findet der Sammler alter Schätze sein Paradies. Möbel, Teppiche, Porzellan, Münzen, Bücher, Briefmarken, Waffen, Schmuck, Spielzeug und beispiellose Kuriositäten – kaum etwas, was hier nicht zu entdecken wäre. In einigen Sälen des ehrwürdigen Hauses glaubt man sich in eine Art zentraleuropäischen Basar versetzt. In anderen Räumen hingegen geht es höchst vornehm zu. Von bewaffneten Sicherheitsbeamten bewacht, harren dort hinter dickem Vitrinenglas Pretiosen und erlesene Antiquitäten ihrer betuchten Käufer. Eine Sonderstellung hat im Dorotheum seit jeher die bildende Kunst. In themenbezogenen Auktionen werden regelmäßig Alte Meister, Bilder des 19. und 20. Jh., Meisterzeichnungen, Aquarelle und Antiquitäten angeboten. Dabei kommen zwar keine Van Goghs unter den Hammer, aber Tagesumsätze von mehreren Millionen Euro sind keine Seltenheit.

Will man im Dorotheum etwas erstehen, hat man dazu mehrere Möglichkeiten. Die einfachste ist, im Bereich »Freier Verkauf« direkt, wie in einem Geschäft, zu kaufen. Bei Weitem charakteristischer für den Ort und vermutlich auch lustvoller ist allerdings der Einkauf bei einer Auktion. Die zur Versteigerung vorgesehenen Objekte werden vorher eine Woche lang ausgestellt, wobei Schildchen den von einem der rund 100 hauseigenen Schätzmeister zuvor festgelegten Rufpreis (exkl. Mehrwertsteuer und Käufergebühr) angeben. Über das meist hochwertigere Sortiment der regelmäßig stattfindenden Sonderauktionen informieren außerdem auch opulent bebilderte Begleitkataloge. Touristen, die am Auktionstag längst wieder über alle Berge sind, können entweder einen sog. Schriftlichen Kaufauftrag erteilen (der Auktionsleiter steigert dann in ihrem Namen bis zu einem vereinbarten Limit mit) oder sie beauftragen einen Sensal, einen jener selbstständigen Experten, die im Dorotheum ihre Büros betreiben.

Um einen Gegenstand zu verkaufen, muss man dessen Preis von einem Schätzmeister bewerten lassen. Er kommt meist innerhalb weniger Wochen zur Versteigerung.

Westliche Innenstadt und Ringstraße

Innen sind das von dem Klassizisten Antonio Canova gestaltete **Marmorgrab der Erzherzogin Maria Christine,** einer Tochter Maria Theresias, sowie das **Herzgrüfterl** hinter der Georgskapelle, in dem 54 Urnen mit den Herzen der Habsburger aufbewahrt werden, beachtenswert.

Die Hofburg!

Eine kurze Baugeschichte

Im Norden grenzt an die Augustinerkirche die berühmte Hofburg. Bevor man diesen riesigen Komplex staunend durchwandert, lohnt ein eingehender Blick auf seine faszinierende Baugeschichte: Die Burg zu Wien war mit kurzen Unterbrechungen über 600 Jahre lang – von 1276, als Rudolf I. mit den österreichischen Ländern belehnt wurde, bis zum Rücktritt Kaiser Karls 1918 – Residenz der Habsburger. Trakt für Trakt haben die Herrscher über die Jahrhunderte hinzugefügt und so ein riesiges, in sich verschachteltes und unübersichtliches Gebäudelabyrinth geschaffen, in dem ein verwirrender Stilmischmasch herrscht. Urkundlich erstmals eindeutig nannte Rudolf von Habsburg 1279 das *castro Wienennsi*. Aus dieser gotischen Frühzeit ist lediglich die Burgkapelle sichtbar erhalten geblieben, deren heutiger Zustand aber Ergebnis eines radikalen Umbaus im 15. Jh. ist.

Zweitältester Bauteil ist die sog. Stallburg (1558–1565), die Kaiser Ferdinand I. für seinen aus Spanien heimkehrenden Sohn Maximilian errichtete. Ungefähr zur selben Zeit entstand – im äußersten Westen der Anlage – die Amalienburg. In den Jahren 1660–1666 schuf Leopold I. dann mit dem Leopoldinischen Trakt die Verbindung zwischen Amalienburg und Schweizerhof. Die bis dahin umfangreichsten Zubauten verfügte aber – nach dem glorreichen Sieg über die Türken – Karl VI. in der ersten Hälfte des 18. Jh.: Es entstanden der Reichskanzleitrakt, die Hofbibliothek sowie die Winterreitschule, in deren grandiosem Saal in der Folge immer wieder und insbesondere während des Wiener Kongresses glänzende Hoffeste stattfanden und man auch die spanische Reitkunst pflegte.

Zu Beginn des 19. Jh. ließ Franz II./I. den Zeremoniensaal und den Heldenplatz anlegen, den die Armee jahrzehntelang zum Paradieren und Exerzieren nutzte. Die letzte Erweiterung befahl schließlich Kaiser Franz Joseph. Auf sein Geheiß entstanden der Michaelertrakt mit der gleichnamigen Kuppel und vor allem die Neue Burg mit ihrer monumentalen halbkreisförmigen Hauptfassade. Letztere ist freilich nur Teil eines wesentlich größeren, jedoch unverwirklicht gebliebenen Projektes: des Kaiserforums. Dieses sollte einen Mittelbau und zwei Flügel (deren einer die Neue Burg ist) umfassen, die durch Bögen mit den Hofmuseen verbunden sein sollten. Wäre dieser gigantomanische Plan nicht der Geschichte zum Opfer gefallen, der fantastische weite Blick vom Hauptportal der Neuen Burg über den Heldenplatz bis zum Kahlenberg wäre uns Spätergeborenen verstellt.

In republikanischen Zeiten
Seit dem Ende des Ersten Weltkriegs ist die Burg ihrer Funktion als Herrschersitz beraubt. Statt des Monarchen, seiner Familie und seiner zuletzt etwa 1000-köpfigen Dienerschaft beherbergt sie heute den Bundespräsidenten (im Leopoldinischen Trakt), Diplomaten und Konferenzteilnehmer, Pferde (in der Stallburg) und, nicht zu

Hofburg

Markant: 50 m lang ist das schwebende Dach über dem Entrée zur ›neuen‹ Albertina

vergessen, ungefähr 80 Privatmieter. Zum überwiegenden Teil beheimatet die Hofburg jedoch, auf etliche Sammlungen verteilt, museale Schaustücke von unschätzbarem Wert (s. S. 149).

Der geheime Gang übrigens, der einst kilometerweit von der Hofburg bis ins Schloss Schönbrunn führte, wurde inzwischen teilweise verschüttet.

Besichtigung der Hofburg

Die Umwanderung der Hofburg und der Gang durch ihre Höfe beginnt wenige Schritte nördlich der Augustinerkirche, auf dem **Josefsplatz**. Dieses in einheitlich spätbarockem Stil umbaute und daher besonders prachtvolle Geviert wird im Osten von den Palais Pálffy und Pallavicini begrenzt. In seiner Mitte thront hoch zu Ross, um 1800 von Franz Anton Zauner aus Bronze gegossen, der Reformkaiser Joseph II.

Nationalbibliothek 6
Eingang gleich neben dem Kirchentor, Di–So 10–18, Do bis 21 Uhr
Die Westfront des Josefsplatzes nimmt jener Trakt der Hofburg ein, in dem die über 3 Mio. Druckschriften umfassende Nationalbibliothek untergebracht ist. Deren Prunksaal, von Vater und Sohn Fischer von Erlach 1723–1737 erbaut, mit einem Deckengemälde von Daniel Gran ausgestattet und 78 x 14 x 20 m groß, gilt nicht zu Unrecht als schönster Bibliotheksraum der Welt.

Winterreitschule 7
Ebenfalls am Josefsplatz liegt der Eingang zu den im November 1992 teilweise ausgebrannten, inzwischen auf-

Auf Entdeckungstour

Die Museen in der Hofburg

Der weitläufige Gebäudekomplex zwischen Josefs-, Helden- und Michaelerplatz birgt museale Schätze ohne Zahl: Kaiserappartements, Hofjagd- und Rüstkammer, Ephesos-, Sisi-Museum, Musikinstrumentensammlung und das ›Allerheiligste‹ – die Schatzkammer mit den Krönungsinsignien.

Zeit: Je nach Zahl der besuchten Museen, mind. 2–3 Std.

Öffnungszeiten: Schatzkammern: Mi–Mo 10–18 Uhr, www.khm.at; Kaiserappartements: tgl. 9–17, Juli/Aug. bis 17.30 Uhr, Kombi-Tickets erhältlich, www.hofburg-wien.at; Museen in der Neuen Burg: wenn nicht anders angegeben: Mi–Mo 10–18 Uhr; www.khm.at.

Start: Die Reihenfolge kann beliebig gewählt werden.

Insignien der Macht von unschätzbarem Wert

Gewiss, den Lipizzanern und Sängerknaben kann sie, was den Bekanntheitsgrad jenseits von Österreichs Grenzen betrifft, nicht das Wasser reichen. Dabei steht die **Weltliche Schatzkammer** der Habsburger in dem Ruf, die bedeutendste derartige Sammlung der Welt zu sein. In ihren knapp zwei Dutzend Räumen beherbergt sie Krönungs- und Ordensinsignien, Hoheitszeichen, Schmuck und Erinnerungsstücke von unschätzbarem historischen, künstlerischen und materiellen Wert. Höhepunkte bilden die Reichskleinodien und Reliquien des Heiligen Römischen Reiches Deutscher Nation, zu welchen die um 962 gefertigte – ergo weltweit älteste – Reichskrone, Reichsapfel und -kreuz, Lehensschwert, Zepter und jene Heilige Lanze zählen, mit der angeblich die Seite des gekreuzigten Jesus durchstochen wurde.

Von kaum minderem Wert sind der Schatz des 1430 gegründeten Ordens vom Goldenen Vlies und die Pretiosen, die Maria von Burgund 1477 in die Ehe mit dem späteren Kaiser Maximilian I. als Erbe einbrachte. Ebenfalls zu bestaunen gibt es u. a. den für Normannenkönig Roger II. gefertigten Krönungsmantel (1. Hälfte 12. Jh.), die Kaiserkrone Rudolfs II. (um 1600) und, ursprünglich aus der Kunstkammer Ferdinands I. stammend, die beiden unveräußerlichen Erbstücke der Habsburger – eine antike Achatschale und das Ainkhürn, ein 243 cm langes Narwalhorn.

Reliquien & liturgisches Gerät

In den fünf Räumen der **Geistlichen Schatzkammer** werden Gebetbücher, Altäre, Messkelche, Ornate, Kruzifixe und eine Kreuzreliquie zur Schau gestellt.

Die Kaiserappartements – der Legende auf der Spur

Unter der **Michaelerkuppel** befindet sich der Aufgang zu den **Kaiserappartements.** Sie vermitteln intime Einblicke in die größtenteils original eingerichteten Wohn- und Arbeitsräume Kaiser Franz Josephs. Auch die Gemächer seiner Frau (**Sisi-Museum** mit Möbeln, Kleidern, persönlichen Utensilien und der Totenmaske der Kaiserin) und jene, die Zar Alexander während seines Aufenthalts beim Wiener Kongress bewohnte, kann man besichtigen; weiters die Räume für die Offiziere des kaiserlichen Stabes, den großen Audienzsaal und das Konferenzzimmer, in dem Minister- und Kronrat tagten. Im Entree ist ein Modell des nie verwirklichten Kaiserforums zu sehen.

Fest- und Alltagsgeschirr des kaiserlichen Hofes

In der zugehörigen **Silberkammer** ist das Fest- und Alltagsgeschirr des Hofes ausgestellt, darunter der fast 30 m lange Mailänder Tafelaufsatz, das silberne Vermeilservice für 140 Gäste, Porzellan aus Meißen, Sèvres, Wien und Ostasien sowie jenes ungemein prunkvolle Galagedeck aus dem späteren 19. Jh., das noch heute bei Staatsempfängen verwendet wird. Übrigens: Bis Ende des 18. Jh. benutzte der Hof bei Tisch ausschließlich Silbergeschirr, Porzellan war nur Tischschmuck.

Ein Reigen bedeutender Museen

Eine reiche Auswahl an hochinteressanten Spezialmuseen birgt auch die sog. **Neue Burg** [9] – jener halbrunde Trakt, der den Heldenplatz zum Südosten hin begrenzt. Das **Ephesos Museum** z. B. präsentiert antike Funde (darunter einen 40 m langen Reliefteil des Partherdenkmals), die österreichische Archäologen in über 100 Jahren

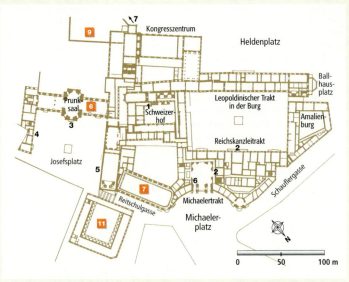

1 Eingang zu Schatzkammer und Burgkapelle
2 Eingänge zu Kaiserappartements, Silberkammer
3 Eingang zu Nationalbibliothek/Punksaal
4 Augustinerkirche
5 Spanische Reitschule
6 Tickets für Span. Reitschule
7 Zu den Museen der Neuen Burg

in der kleinasiatischen Ruinenstätte zutage förderten.

Kostbare Harnische & Instrumente

Nahezu alle westeuropäischen Herrscherhäuser sind in der **Hofjagd- und Rüstkammer** mit kunstvoll verzierten Harnischen, Sätteln, Feuer- und Prunkwaffen aus dem 15. bis ins frühe 20. Jh. vertreten. Höhepunkte: der Degen Maximilians II. und der Brustpanzer König Ferdinands von Aragon.

Die **Sammlung alter Musikinstrumente** umfasst u. a. Klaviere aus dem persönlichen Nachlass von Brahms, Schumann und Mahler, solche auf denen Beethoven und Chopin spielten, aber auch Streich-, Blas- und Tasteninstrumente aus der Renaissancezeit von höchster künstlerischer Perfektion.

Interessantes aus Ägypten und Südostasien

Den Lesesälen der Nationalbibliothek direkt benachbart ist das **Papyrusmuseum,** übrigens die weltgrößte Sammlung dieser Art, deren Exponate den altägyptischen Alltag aus drei Jahrtausenden dokumentieren (Okt.–Juni Mo, Mi–Fr 10–17, Juli–Sept. 10–16 Uhr; www.onb.ac.at).

Seit dem Herbst 2008 ist nach mehrjähriger Komplettrenovierung, zumindest teilweise, auch das **Museum für Völkerkunde** wieder zugänglich – nämlich seine Südostasien-Abteilung. Auch finden in dem renommierten Haus nunmehr wieder regelmäßig einschlägige Sonderausstellungen statt (www.ethno-museum.ac.at, Tel. 52 52 40).

Hofburg

wendig restaurierten und von dem Maler Josef Mikl (+ 2008) mit farbensprühenden Fresken versehenen Konferenzsälen. An derselben, nordwestlichen Seite des Platzes betritt man die **Winterreitschule,** wo man die legendären Lipizzaner regelmäßig bei ihren Kapriolen, Levaden und Courbetten beobachten kann (s. S. 147).

In der rechten hinteren Ecke des Josefsplatzes führt ein Durchgang in den **Schweizerhof,** ein mehr oder weniger regelmäßiges Geviert, das seinen Namen der zu Maria Theresias Zeiten hier wachhabenden Schweizergarde verdankt. Der ihn umgebende älteste Teil der weitläufigen Burg besaß ursprünglich vier Ecktürme, einen Wassergraben und eine Zugbrücke. Seine Entstehung ist nicht restlos geklärt. Möglicherweise diente er bereits den späten Babenbergerherzögen, mit hoher Wahrscheinlichkeit aber dem Premysliden Ottokar als Sitz.

Burgkapelle 8 und Schatzkammer

Burgkapelle: Jan.–Mitte Juni, Mitte Sept.–Jahresende Mo–Do 11–15, Fr 11–13 Uhr

Vom Schweizerhof gelangt man in die **Burgkapelle,** ein der Sainte-Chapelle in Paris nachempfundenes Gotteshaus, das als einziges sichtbares Bauelement aus der gotischen Frühzeit erhalten blieb, in seinem heutigen Zustand aber das Ergebnis eines radikalen Umbaus im 15. Jh. ist. Ebenfalls vom Schweizerhof ausgehend führt ein kleiner Eingang zur **Schatzkammer** (s. S. 150).

Schweizertor und Neue Burg 9

Durch das **Schweizertor,** dessen rotschwarz-goldene Fassade Mitte des 16. Jahrhunderts entstand, erreicht man den früher als Richtstätte, Fest- und Turnierplatz genutzten **Inneren Burghof** und links durch die kurze ›Passage‹ das weitläufige Geviert des Heldenplatzes. Hier schlägt das weite Panorama den Betrachter in seinen Bann: Der Blick geht über die Baumwipfel der umliegenden Parks hinweg auf die prächtigen Türme und Kuppeln der westlichen Ringstraße. In dem imposanten Trakt zur Linken, der **Neuen Burg,** sind weiterhin mehrere äußerst sehenswerte Museen untergebracht (s. S.149).

Mein Tipp

Wiens ›goldene Kehlen‹

Dem Gesang der Wiener Sängerknaben kann man (außer im Sommer) an Sonn- und Feiertagen jeweils um 9.15 Uhr bei der Hl. Messe in der Burgkapelle lauschen. Kartenbestellungen sind mind. acht Wochen im Voraus an die Hofmusikkapelle, Hofburg, A-1010 Wien oder Tel. 0043 1 533 99 27, Fax 0043 1 533 99 75 oder hmk@chello.at zu richten. Alternativ: online direkt über www.wsk.at. Verkauf von Restplätzen auch direkt an der Tageskasse bei der Burgkapelle, Mo–Fr 10–13, 15–17, So ab 8.15 Uhr. Im Musikverein, Brahmssaal, sind die ›goldenen Kehlen‹ von April bis Juni sowie Sept./Okt. jeden Fr um 16 Uhr zu hören. Tickets: Tel. 588 04 173 oder www.mondial.at.

Michaelerplatz

Zurück in den Inneren Burghof und geradeaus weiter unter die Michaelerkuppel: Dort findet man den Aufgang zur **Silberkammer** und zu den Schauräumen in den **Kaiserappartements** (s. S. 149). Auf dem angrenzenden Michaelerplatz selbst steht rechter Hand, neben dem kürzlich freigelegten Fundament einer römischen Hausanlage, das aufwendig renovierte **Looshaus** 10, dessen ornamentlose Fassade die Architektur revolutionierte und noch vor seiner Vollendung 1911 heftige Kontroversen hervorrief. Ihm gegenüber lädt das vor ein paar Jahren wiedereröffnete **Café Griensteidl** 5 zu einer Pause bei Kipferl und Melange ein. Es war im 19. Jh. geistiger Mittelpunkt Wiens, in dem sich Politiker, Journalisten, Schauspieler und Dichter ein Stelldichein gaben.

Stallburg 11

Vom Michaelerplatz sollte man kurz durch die enge Reitschulgasse zurück zur **Stallburg** gehen, dem bedeutendsten Renaissancebauwerk der Stadt, das hinter den prachtvollen dreistöckigen Arkadengängen seines Innenhofs den Lipizzanern Winterquartier bietet. Die Stallburg beherbergt auch das **Lipizzaner Museum**, das sich ausschließlich diesen legendären Pferden widmet (tgl. 9–18 Uhr). Eine Überraschung bietet der Durchgang, der neben dem Geschäft **Loden Plankl** 4 vom Michaelerplatz zur Habsburgergasse führt: die Reliefdarstellung eines Ölbergmotivs aus dem 15. Jh.

Herren- und Schottengasse

Über die verlängerte Augustinerstraße, sie heißt hier Herrengasse, führt der Weg vom Michaelerplatz vorbei an dem ersten, beachtliche 14 Stockwerke hohen Hochhaus der Stadt (Nr. 6–8; erbaut 1931/1932 von den Architekten Theiss und Jaksch). Am Ende einer langen Reihe von Palais, die so klingende Namen wie Kinsky, Trauttmansdorf, Porcia, Wilczek tragen, zweigt man rechts in die Einkaufspassage des Palais Ferstel ab und betritt die Freyung.

Palais Mollard

Mo–Mi, Fr, Sa 10–14, Do 15–19 Uhr
Zuvor freilich sollte man unbedingt diesen im Jahr 2005 nach umfangreicher Sanierung wiedereröffneten,

---

Zu Gast in der Spanischen Hofreitschule
Die grazilen Lipizzaner lassen sich – außer an den häufigen Schließtagen – sowohl bei der zweistündigen Morgenarbeit (in der Regel 10–12 Uhr, saisonabhängig Di–Fr/Sa p. P. 12 €) als auch im Rahmen diverser, 80- oder 100-minütiger Vorführungen (saisonabhängig Sa, So 11 bzw. Fr 19 Uhr) beobachten. Nachmittags (14, 15, 16 Uhr, tel. Reserv. erbeten) sind einstündige geführte Rundgänge durch verschiedene Räumlichkeiten möglich. Karten generell: im Besucherzentrum, Michaelerplatz 1, unter der Kuppel, Di–Sa 9–16 sowie an Tagen mit Morgenarbeit jeweils 9–12 Uhr am Josefsplatz, Tor 2. Für Sitzplätze bei den Vorführungen sollten die Karten im Voraus bestellt werden: **Spanische Reitschule**, Michaelerplatz 1, 1010 Wien, Tel. 00 43 1 533 90 32, Fax 00 43 1 533 90 40, online unter: www.srs.at.

ehemaligen Adelssitz besuchen, denn er beherbergt zwei weltweit einzigartige Sammlungen: das **Globenmuseum** 12, unter dessen 250 Exponaten sich viele überaus kostbare Erd- und Himmelsgloben, aber auch verwandte Instrumente wie Armillarsphären, Tellurien und Planetarien aus dem 16. bis mittleren 19. Jh. finden (s. S. 154), und das Internationale **Esperantomuseum**, das eingehend über alle nur erdenklichen Aspekte diverser Plan- und Hilfssprachen informiert. Bevor nun endgültig die Freyung erreicht ist, sollte man zumindest einen Blick ins prächtige **Café Central** 6 geworfen haben.

Freyung und Hof

Der dreieckige Platz, einst Tummelplatz für Gaukler und Marktschreier, hat sich in jüngster Zeit zu einem der Brennpunkte der zeitgenössischen Kunstszene gemausert: und zwar dank des **Kunstforums** (Hausnr. 8, tgl. 10–19, Fr 10–21 Uhr), dessen Eingang zwei dem Jugendstil nachempfundene Säulen und eine goldene Kugel zieren, und das regelmäßig hochkarätige Ausstellungen organisiert. Junge Künstler können ihre Werke neuerdings im **Kunst Raum NÖ** präsentieren – einer 300 m² großen Ausstellungsfläche im kürzlich komplett renovierten Palais Niederösterreich (Herrengasse 13, Di, Mi, Fr 11–19, Do bis 20, Sa bis 15 Uhr, Tel. 904 21 11, www.kunstraum.net).

Schottenkirche 13
Gemäldesammlung des Stiftes:
Do–Sa 10–17, So 12–17 Uhr

Zentrale Gebäude sind auf der Freyung die **Schottenkirche** und das benachbarte gleichnamige **Stift**. Wiens obere Zehntausend rühmen das darin untergebrachte Elitegymnasium, in dem sie seit beinahe zwei Jahrhunderten ihre Söhne erziehen lassen. Kunsthistoriker hingegen heben die Bildersammlung samt einem Biedermeierzimmer sowie den dreijochigen barocken Saal der Kirche hervor (zu der irische, vom Babenbergerherzog Jasomirgott nach Wien berufene und fälschlich als ›Schotten‹ bezeichnete Mönche vor über 800 Jahren den Grundstein legten) und die Hochaltartafel »Flucht aus Ägypten«, deren Hintergrund die älteste Ansicht Wiens bildet. Sie vermittelt, topografisch einigermaßen exakt, wie die Stadt im 15. Jahrhundert aussah.

Westliche Ringstraße!

Durch die Schottengasse, die verlängerte Herrengasse, erreicht man das Schottentor, einen der großen Knotenpunkte des Straßen- und U-Bahnnetzes, und damit erneut die **Ringstraße.** Der Spaziergang über jenes steingewordene Symbol imperialer Grandeur, das Kaiser Franz Joseph in den 60er und 70er Jahren des 19. Jh. auf dem Gelände der unmittelbar zuvor geschleiften Befestigungsanlage erbauen ließ, führt an etlichen der wichtigsten Repräsentationsbauten des liberalen Bürgertums vorbei – eindrucksvollen Zeugnissen sowohl der Macht, die der dritte Stand in der zweiten Hälfte des 19. Jh. erlangt hatte, als auch des Historismus, dem die Architekten in dieser ›Gründerzeit‹ hemmungslos frönten.

Schottenring

Börse 14
Eingehendere Betrachtung verdient in diesem Bereich nur die Börse. Der Bau mit seiner charakteristisch ziegelroten

Lieblingsort

Paradies für Weltenbummler

Die weite Welt, verdichtet in einem weltweit einzigartigen Museum: Wer es liebt, über Globen gebeugt, virtuell auf Reisen zu gehen und dabei über die ›Vermessenheit‹ unseres Planeten zu sinnieren, findet seit Kurzem in dem sorgsam restaurierten Palais Mollard in der Herrengasse sein Paradies. Mehr als 200 Mond- und Planeten-, Himmels- und vor allem Erdgloben, aber auch allerlei Modelle des Sonnensystems und Firmaments finden sich hier im **Globenmuseum** 12 versammelt – allesamt eindrückliche Beweise nicht bloß für höchstes kunsthandwerkliches Geschick, sondern auch dafür, wie die karto- und kosmografischen Kenntnisse der Menschheit über die Jahrhunderte wuchsen (Herrengasse 9, Mo–Mi, Fr, Sa 10–14, Do 15–19 Uhr, Eintritt 5 €).

Westliche Innenstadt und Ringstraße

Durch das Michaelertor gelangt man zu den Aufgängen von Silberkammer und Kaiserappartements

Fassade thront unübersehbar auf der rechten Seite der Straße. Er ist ein Werk Theophil Hansens und beherbergt die Wiener Börse seit 1877. Davor war dieses Institut seit seiner Gründung durch Maria Theresia (1771) in verschiedenen Innenstadthäusern untergebracht, so auch im Palais Ferstel in der Herrengasse.

Ringturm 15
Das letzte Gebäude der Ringstraße ist ein eher atypisches: der Ringturm. Nach Plänen von Erich Boltenstern in den Jahren 1953–1955 erbaut, zeugen seine 23 Stockwerke vom Stolz der Nachkriegszeit auf die Errungenschaft eines Hochhauses. Auf dem Dach des Versicherungsgebäudes ist ein 20 m hoher Wetterleuchtturm angebracht, der mit Hilfe farbiger Lichtsignale das Wetter für den jeweils kommenden Tag anzeigt.

Universität und Votivkirche

Universität 16
Als ungleich grandioser entpuppt sich, was den Stadtflaneur erwartet, wenn er den Ring vom Schottentor südwärts, also gegen den Uhrzeigersinn, entlangflaniert: Gleich an der Ecke zum Dr. Karl-Lueger-Ring z. B. erhebt sich die Universität. Erste Pläne für den Hochschulbau, vorgelegt von den Opernarchitekten van der Nüll und Siccardsburg, schlugen die Errichtung von fünf miteinander verbundenen Blöcken vor. Sie sollten einen Bogen hinter der benachbarten Votivkirche bilden. Doch schließlich fiel der Entschluss zu Beginn der 70er Jahre des 19. Jh. zugunsten des Zentralgebäudes von Heinrich Ferstel im Stil der Neorenaissance. Der wuchtige Block (161 x

133 m) beherbergt mehrere Fakultäten der 1365 gegründeten und damit heute ältesten deutschsprachigen Universität.

Votivkirche [17]

Wer sich hinter der Universität nach links wendet, glaubt beim flüchtigen Hinsehen vor einer gotischen Kathedrale aus dem Frankreich des 13. Jh. zu stehen. Doch bei näherer Betrachtung entpuppt sich das filigrane Bauwerk als junge Nachahmung. Erzherzog Maximilian, der spätere Kaiser von Mexiko, hatte, nachdem sein Bruder, Kaiser Franz Joseph, im Februar 1853 ein Attentat überlebt hatte, zum Bau einer Dank- und Sühnekirche aufgerufen. Drei Jahre später wurde am Nordende des ehemaligen Paradeplatzes der Grundstein für die Votivkirche gelegt. Den Auftrag für diesen einzigen Sakralbau an der Ringstraße hatte der erst 27-jährige Heinrich Ferstel erhalten.

In der folgenden 23-jährigen Bauzeit (die Weihe fand zur Silberhochzeit des Kaiserpaares am 24. April 1879 statt) entstand eines der Hauptwerke des strengen Historismus, eine dreischiffige Basilika mit 99 m hohen Doppeltürmen und einer mit Plastiken und Fensterrose geschmückten Fassade mit drei Portalen.

Im Inneren bietet der Bau vergleichsweise wenig Bedeutsames. Bemerkenswert sind vor allem die aus über 3700 Pfeifen bestehende Orgel, der sog. **Antwerpener Altar,** ein Hauptwerk flämischer Schnitzkunst aus dem 15. Jh., das über 400 Jahre alte Hochgrab des Grafen Niklas Salm, des Kommandanten der Wiener Truppen während der Ersten Türkenbelagerung, und die **Barbarakerze,** eine 264 kg schwere, 4 m hohe und aus 1660 Fäden bestehende Kerze, deren Brenndauer angeblich 100 Jahre beträgt.

Mölker Bastei

Pasqualatihaus [18]
Di–So 10–13, 14–18 Uhr

Schräg gegenüber der Universität, auf der sog. Mölker Bastei, einem der wenigen erhaltenen Reste der Befestigungsanlagen, befindet sich eine der berühmten Beethoven-Gedenkstätten, das Pasqualatihaus (Nr. 8). Hier schuf der Komponist u. a. die Oper »Fidelio«, das Klavierkonzert in G-Dur und das Violinkonzert, die 4., 5. und 7. Symphonie und die dritte Leonoren-Ouvertüre. In zwei Gedenkräumen werden Bildnisse des Sterbehauses und des Meisters selbst gezeigt.

Dreimäderlhaus [19]
Schreyvogelgasse 10

Um die Ecke findet man das sog. Dreimäderlhaus, bekannt durch die gleichnamige Operette, die Franz Schuberts angebliche Romanze mit drei hier wohnhaften Mäderln zum Thema hat. Die Romanze ist frei erfunden, die hübsche Biedermeierfassade aber einen näheren Blick wert.

Rathauspark

Wer Lust auf eine Pause im Grünen verspürt, lasse sich auf der Südseite der Ringstraße nieder. In dem sorgfältig angelegten und gepflegten Geviert spenden uralte, teils exotische Bäume Schatten – u. a. eine Linde, die 1898 zum 50-jährigen Regierungsjubiläum des Kaisers gepflanzt wurde, und auch eine Eiche, die, 1906 gesetzt, an Bürgermeister Lueger erinnern soll. Dazwischen steht eine Unzahl von Denkmälern. Unter den Verewigten: Ferdinand Georg Waldmüller, Johann Strauß Vater, Josef Lanner, der Physiker Ernst Mach, der Sozialphilosoph Hugo Popper-Lynkeus und die Politiker Karl Seitz, Theodor Körner und Dr. Karl Renner.

Westliche Innenstadt und Ringstraße

Neues Rathaus [20]

Schmidt- und Volkshalle, Feststiegen und Arkadenhof sind frei zugänglich, Gratisführungen im Gemeinderatssitzungs-, Stadtsenats- und Festsaal Mo, Mi, Fr um 13 Uhr, außer an Sitzungs- und Feiertagen

Hinter dem Park ragt, unübersehbar mit seiner prachtvollen neogotischen Fassade, das Neue Rathaus empor. Sein Bau konnte erst 1870, nachdem die Armee gegen eine hohe Entschädigungssumme aus dem Stadterweiterungsfonds ihren Paradeplatz geräumt hatte, in Angriff genommen werden. Aus der öffentlichen Bauausschreibung ging Friedrich Schmidt (er war u. a. Dombaumeister zu St. Stephan) als Sieger hervor. Sein Entwurf, verwirklicht in den Jahren 1872–1883, enthält alle Elemente, die zu einem neogotischen Prunkbau gehören: offene Arkaden, Loggien, Balkone, Spitzbogenfenster und überreichen plastischen Schmuck. Der **Festsaal** mit den Ausmaßen von 71 x 20 x 17 m ist der größte in ganz Österreich. Der nicht minder monumentale **Arkadenhof**, eine Art profaner Kreuzgang, ist heute beliebter Aufführungsort für Konzerte im Rahmen des KlangBogen Wien (Juli, Aug.). Auf der Spitze des 98 m hohen Hauptturms wacht als eines der Wahrzeichen der Stadt der **Rathausmann**. Er ist aus Kupfer getrieben, 1,8 t schwer und das Geschenk eines Schlossermeisters namens Wilhelm Ludwig an die Kommune.

Auf dem Platz vor dem Rathaus versammeln sich alljährlich am 1. Mai ganz im Geiste Viktor Adlers, der die Tradition des Ringaufmarsches im Jahr 1889 begründete, Wiens fackelbewehrte Sozialdemokraten. Ungefähr eine Woche später pflegt hier das große Spektakel der Festwocheneröffnung zu steigen.

Burgtheater und Minoritenkirche

Vis-à-vis dem Rathaus erhebt sich *die Sprechbühne des Landes*, wenn nicht gar des deutschsprachigen Raumes schlechthin, das **Burgtheater** [21] (s. S. 117). Von hier sollte man einen Abstecher zum Minoritenplatz mit der gleichnamigen Kirche machen. Die Ursprünge der **Minoritenkirche** [22] – sie ist heute italienische Nationalkirche – reichen bis ins 13. Jh. zurück. Sie beherbergt zahlreiche wertvolle Kunstwerke, u. a. zwei Gemälde von Daniel Gran und ein aus Abertausenden Mosaiksteinen zusammengesetztes Bildnis des Letzten Abendmahls.

Der **Minoritenplatz** ist von Palais dicht gesäumt. An ihm wohnten namhafte Adelsfamilien: die Liechtensteins, die Dietrichsteins und auch die Starhembergs. Ihr Palais ist heute Sitz

Musikfilmfestival & Food-Meile

Einer der Hot Spots der Musikstadt Wien ist an lauen, regenlosen Sommerabenden der Rathausplatz. Denn dort werden von ca. Mitte Juli bis Ende August bei freiem Eintritt Filme opulenter Operninszenierungen, Konzerte und Ballettereignisse auf Großleinwand projiziert. Und dazu gibt's an über 20 Marktständen – allerdings entgeltlich – kulinarische Spezialitäten aus aller Welt, von Sushi und Tapas bis Kebap und Kaiserschmarren. Programminfos: in den Tageszeitungen und jeweils am Tag an den Aushängen vis-à-vis vom Burgtheater.

Kunsthistorisches Museum

des Unterrichtsministeriums. An der Stelle des 1902 abgetragenen Minoritenklosters erhebt sich das österreichische Haus-, Hof- und Staatsarchiv.

Theseus-Tempel 23
Durch den im Osten an das Burgtheater grenzenden Rosengarten gelangt man in den Volksgarten, wo ein weiteres, wenn auch unscheinbares historisches Bauwerk steht: der Theseus-Tempel. In der Nordecke des Parks, der an der Stelle der von Napoleon teilweise zerstörten Burgbastei bereits 1821–1823 angelegt und 1862, als man den Stadtgraben auffüllte, erweitert wurde, erinnert das **Elisabeth-Denkmal** an die 1898 in Genf ermordete Frau Kaiser Franz Josephs.

Parlament 24

Gratisinfo zur Republikgeschichte im neuen Besucherzentrum, Zugang unter der Rampe; www.parlament.gv.at, Führungen außer an Sitzungstagen Sa 10–13 stdl., Mitte Sept.–Mitte Juli Mo–Fr 10, 11, 14, 15, 16, Mi, Do auch 17, Fr auch 13, sonst Mo–Fr 10, 11, 13, 14, 15, 16 Uhr
Gegenüber, an der stadtauswärtigen Seite des Dr.-Karl-Renner-Rings gelegen, wird das Parlament wegen seiner edlen Klarheit häufig als der schönste und künstlerisch wertvollste Ringstraßenbau bezeichnet. Er ist ein Werk Theophil Hansens. Der Meisterarchitekt löste die Aufgabe, ein Gebäude für beide Kammern des damaligen Reichstages, das Abgeordneten- und das Herrenhaus, zu bauen, klassisch, indem er ein Peristyl, eine von 24 Marmorsäulen bestandene zentrale Halle, schuf und an deren Längsseiten je einen würfelförmigen Saalbau angliederte. In ihnen tagen heute National- und Bundesrat. Der zweigschossigen Frontfassade setzte er eine elegant geschwungene Rampe vor, das Erdgeschoss verschalte er mit Granitplatten.

Einen zusätzlichen Eindruck von Erhabenheit bewirkt der überreiche Figurenschmuck: Die Auffahrtsrampe wird von bronzenen ›Rossebändigern‹ bewacht und ist mit acht Statuen antiker Geschichtsschreiber dekoriert. Die Attiken tragen Dutzende von Marmorfiguren und Reliefs, die Ecksockel der Saalbauten gewaltige Viergespanne, und im Giebelfeld des Mittelportikus verleiht Kaiser Franz Joseph den 17 Kronländern die Verfassung.

Palais Epstein und Pallas-Athene-Brunnen
www.epstein.at, Führungen: Fr 14, 15, 16, Sa 10, 11, 12 Uhr
Im benachbarten, ebenfalls von Hansen geplanten **Palais Epstein**, das seit 2005 für Parlamentszwecke genutzt wird, informiert eine kleine Dauerausstellung über die wechselvolle Geschichte der Erbauerfamilie und den Beitrag der jüdischen Mitbürger zu Wiens Architektur um 1900.

Der **Pallas-Athene-Brunnen** vor dem Gebäude entstand, obwohl von Hansen entworfen, erst zwischen 1898 und 1902. Sein Sockel trägt allegorische Darstellungen der wichtigsten Flüsse der Monarchie – Donau und Inn (vorne), Elbe und Moldau (hinten). Weiter oben sitzen zwei Frauenfiguren: die gesetzgebende und die vollziehende Gewalt. Auf der fantasievoll verzierten Säule wacht die Göttin selbst.

Kunsthistorisches Museum ! 25

www.khm.at, Di–So 10–18, Do Abendöffnung bis 21 Uhr
Der Burgring, wie der Bereich nach der nächsten Knickstelle, also zwischen

Westliche Innenstadt und Ringstraße

Bellaria- und Babenbergerstraße, bezeichnet ist, wird von zwei Museen, dem Kunst- und dem Naturhistorischen, beherrscht. Die beiden Gebäude, von dem gebürtigen Hamburger Gottfried Semper und dem Wiener Carl von Hasenauer erbaut, stimmen äußerlich vollkommen überein, was selbst bei Kennern zu gelegentlicher Verwechslung führt. Wie so vieles entlang der Ringstraße der Renaissance nachempfunden, verfügen sie jeweils über vier Geschosse, zwei Innenhöfe, einen großen achteckigen Kuppelturm und vier kleinere offene Nebenkuppeln. Eines der wenigen Unterscheidungsmerkmale sind die Statuen auf den zentralen Kuppeln: Das ›Kunsthistorische‹, vom Ring aus betrachtet links, trägt an seiner Spitze Pallas Athene, die Schutzherrin von Kunst und Wissenschaft, sein Gegenüber den Sonnengott Helios.

Treppenhaus

Schon das äußerst prunkvolle Treppenhaus des Kunsthistorischen Museums mit der Marmorgruppe des Theseus von Antonio Canova, den Deckengemälden von Michael Munkáczy, Lünettenbildern von Hans Makart und Zwickelbildern von Ernst und Gustav Klimt sowie Franz Matsch gibt dem Besucher einen Vorgeschmack auf die Qualität, die ihn in den Schauräumen erwartet.

Kunstkammer

Den ersten Schwerpunkt bildet dann im Hochparterre des Ostflügels die – vorübergehend geschlossene – **Kunstkammer,** früher Sammlung für Plastik und Kunstgewerbe genannt. Sie enthält einmalige Kunstwerke, die größtenteils aus dem Habsburgerschatz, den Kunstkammern Erzherzog Ferdinands II. von Tirol in Schloss Ambras bei Innsbruck (16. Jh.), Rudolfs II. in Prag und aus Leopold Wilhelms Sammlung (beide 17. Jh.) stammen: Goldschmiedearbeiten, Prunkgefäße aus Bergkristallen und Halbedelsteinen, Steinschneide- und Elfenbeinarbeiten, künstliche Automaten, astrologische Geräte, Uhren und vieles mehr. Besonders hervorzuheben sind der Himmelsglobus von Georg Roll, die Krumauer Madonna und Jan Vermeyens Narwal-Horn.

Antikensammlung

Im Westflügel verschafft die erst kürzlich wunderschön neu gestaltete **Antikensammlung** einen ausgezeichneten Überblick über die Geschichte der griechischen und römischen Kultur.

Gemäldegalerie

Absoluter Höhepunkt der Sammlungen des Kunsthistorischen Museums ist die **Gemäldegalerie** im ersten Stock, die viertgrößte ihrer Art in der Welt. Seit dem späten 17. Jahrhundert von den Habsburgern zusammengetragen, hat sie bis heute den Charakter einer Privatkollektion bewahrt, deren Bestände hauptsächlich von der Kunst jener Länder beeinflusst sind, über die ihre einstigen Besitzer regierten. Im Ostflügel findet man die Werke niederländischer, flämischer, altdeutscher und einiger englischer Maler – unter ihnen insbesondere Rubens, van Dyck, Ruisdael, Rembrandt, Cranach, Altdorfer, Holbein, Dürer und natürlich Pieter Brueghel der Ältere, von dem nirgendwo in der Welt mehr Bilder hängen als hier (»Turmbau zu Babel«, »Bauernhochzeit«, »Bauerntanz« u. v. m.).

Im Westflügel sind die Gemälde italienischer, spanischer und französischer Maler – u. a. Tizian, dessen Werke einen ganzen Saal füllen, Velasquez, Tintoretto, Veronese, Caravaggio, Raffael und Parmigianino – gruppiert. Im kleinen Mitteltrakt stößt

Naturhistorisches Museum

Prächtiger könnte das Umfeld für einen Kaffee kaum sein: Relaxen im Kuppelsaal des Kunsthistorischen Museums

man auf Werke von Hieronymus Bosch und Jan van Eyck.

Im 2. Stock sind die Sammlung von Münzen, Medaillen und Geldzeichen, die Ambraser Porträtsammlung sowie die Sekundärgalerie der Gemäldegalerie untergebracht.

Naturhistorisches Museum 26

www.nhm-wien.ac.at,
Do–Mo 9–18.30, Mi bis 21 Uhr
Das ›Naturhistorische‹ zählt, obzwar es eine der größten naturwissenschaftlichen Sammlungen Europas beherbergt, nicht zu den allerersten Anlaufpunkten für Wien-Urlauber. Vielleicht liegt es am naturgemäß eher geringen Interesse der Touristen an Meteoriten, Fossilien, Skeletten und zeitgenössischen Tier- und Pflanzenarten. Was freilich sehr schade ist, denn auch hier lagern unermessliche und hochinteressante Schätze. Beispiele gefällig? Etwa die altsteinzeitliche Venus von Willendorf (Wachau/Niederösterreich), eine der ältesten Plastiken der Welt, oder das 13 000-bändige »Wiener Herbarium« mit seinen rund 2,5 Mio. botanischen Exemplaren.

Maria-Theresia-Denkmal 27

Zwischen den beiden Museen thront die absolutistische Urmutter des Wiener Barock, Maria Theresia. Auf ihrem kolossalen, von Kaspar Zumbusch nach Plänen Carl Hasenauers 1874–1888 er-

Westliche Innenstadt und Ringstraße

> ### *Mein Tipp*
>
> **Kulinarium und Führungen**
> In der **Kuppelhalle des Naturhistorischen Museums** 26 lässt sich wunderbar dinieren. Von Ende Sept. bis Mitte April kredenzt man dort jeden Mi ab 19 Uhr ein delikates Muschelbuffet, in der warmen Jahreszeit gibt's alles rund um Spargel (Preis: 41 € plus Getränke und Museumseintritt, Reservierung & Infos: Tel. 260 69 24 73, www.e-catering.at). Ergänzend werden Mi um 17/18 bzw. So um 14/16 Uhr Dachführungen und einmal pro Monat außerdem Nachtführungen angeboten. Start für Letztere: 22 Uhr am Seiteneingang, Burgring 7, Dauer: 90 Min., Infos: Tel. 52 17 75 12. In der **Kuppelhalle des Kunsthistorischen Museums** 25 kann man ebenfalls den kulinarischen Freuden frönen: Jeden Do von 18.30 bis 22 Uhr wartet dort ein ausgezeichnetes **Buffet** auf Museumsgäste (48 € inkl. Eintritt exkl. Getränke, Reservierung und Infos: Tel. 526 13 61, www.gerstner.at). Außerdem Kunstbrunch am Sonntag (47 €).

richteten Denkmal sieht man – natürlich zu Füßen der Kaiserin – jene Männer, die in ihrem Gefolge Bedeutung erlangten: hoch zu Pferd die Feldherren Laudon, Daun, Khevenhüller und Traun, darunter frei stehend die Fürsten Kaunitz und Liechtenstein, General Haugwitz und den Leibarzt van Swieten, und auf den 16 Hochreliefs in den Bogenfeldern entdeckt man auch Mozart, Haydn und Gluck.

Äußeres Burgtor 28

Gegenüber dieses 44 t schweren Bronze-Ungetüms, jenseits des Ringes, steht das Äußere Burgtor und bildet die bauliche Abgrenzung zum Heldenplatz. Der festungsartige Bau mit seinen dorischen Säulen – 1824 von Pietro Nobile vollendet – war ursprünglich ein Denkmal für die Völkerschlacht bei Leipzig (1813). 1933/1934 widmete ihn die austrofaschistische Regierung Dollfuß in ein Heldendenkmal für die Gefallenen des Ersten Weltkriegs um. Der Ostteil dient heute als Mahnmal für die 1939–1945 getöteten österreichischen Widerstandskämpfer.

Burggarten

Schmetterlingshaus:
April–Okt. 10–16.45, Sa, So, Fei bis 18.15, Nov.–März 10–15.45 Uhr
Ein Stück weiter lockt links ein von Schmiedeeisen umrahmter Eingang zum erholsamen Verschnaufen inmitten einer grünen Oase. Der Burggarten – er hieß bis 1919 Kaisergarten und war nur Mitgliedern der Habsburgerfamilie zugänglich – gilt als eine der schönsten Parkanlagen der Stadt. Im Schatten der monumentalen Neuen Burg stehen dort die Kaiser Franz I. und Franz Joseph I. sowie Meister Mozart in Bronze, Blei oder Marmor. Im östlichen Palmenhaus ist ein **Schmetterlingshaus** untergebracht, im westlichen Teil findet man das vor allem im Sommer äußerst stimmungsvolle **Café Palmenhaus** 11.

Akademie der Bildenden Künste 29

www.akbild.ac.at,
Di–So, Fei 10–18 Uhr
Auf der gegenüberliegenden Seite befindet sich, einen Häuserblock zurückversetzt, ein weiteres Werk des dänischen Architekten Theophil Hansen: die Akademie der Bildenden Künste. Der im Stil der italienischen Hochrenaissance errichtete Bau ist reich geschmückt: an der Fassade u. a. mit sehenswerten Terrakottafiguren in den Nischen zwischen den Bogenfenstern, an der Rückfront mit den frisch restaurierten Fresken von August Eisenmenger. Im Inneren verdient vor allem die Aula mit ihrer Sammlung von Gipsabgüssen und den eindrucksvollen Deckenbildern von Anselm Feuerbach Beachtung.

Sammlungen

Weltgeltung hat die »Akademie am Schillerplatz«, wie das Gebäude in der Umgangssprache heißt, in erster Linie dank ihrer **Gemäldegalerie**, in der Meisterwerke der italienischen, deutschen, niederländischen und heimischen Malerei aus fünf Jahrhunderten hängen, namentlich Bosch, Baldung Grien, Cranach, Rubens, Tizian, Murillo, van Dyck, Ruisdael und Rembrandt.

Auch das sog. **Kupferstichkabinett** im Akademiehof (nur auf Anfrage, Tel. 5813040), eine der Bibliothek angeschlossene Sammlung von Grafiken und Zeichnungen, enthält höchst beachtliche Exponate: mittelalterliche Architekturzeichnungen aus der Bauhütte von St. Stephan zum Beispiel, über 400 Blumenaquarelle des Biedermeiermalers Moritz Michael Daffinger, Landschaftsstudien Friedrich Gauermanns, Dürerstiche und Aquarelle von Rudolf von Alt.

Opernringhof

Der Rundgang endet, wo er begann: vor der **Staatsoper**. Ihr gegenüber erhebt sich heute der **Opernringhof**, ein stilistisch nichtssagendes Nachkriegskonstrukt, an dessen Straßenfront, im Erdgeschoss, in jüngster Zeit allerdings mehrere empfehlenswerte Restaurants ihre Pforten geöffnet haben.

Essen & Trinken

Gut (nicht nur) für die Opernpause –
Café Oper Wien 1: Opernring 2, Tel. 5133957, www.cafeoperwien.at, U1, U2, U4 Karlsplatz, Straßenbahn 1, 2, D, J, 62, 65, Mo–Sa 8–24, So 9.30–24 Uhr, kleine Küche ab 7 €, Frühstück ab 7,50 €, Brötchen ab 1,90 €, s. S. 141.

Labung in der Albertina – **Bitzingers Vinothek** 2: Augustinerstr. 1, Tel. 533 1026, www.bitzinger.at, U1, U2, U4 Karlsplatz, Straßenbahn 1, 2, 62, 65, J, D, tgl. 11–24 Uhr, ab 20 €. Kombination aus Bar-Café und Restaurant, aus altem Ziegelmauerwerk und modernem Design Marke Hans Hollein; ideal für ein ausgedehntes Frühstück, die Stärkung nach dem Albertina-Besuch oder für einen Schlummertrunk; klassisch-wienerisches Essen gibt's übrigens tgl. 11–24 Uhr auch nebenan, im zugehörigen Heurigen **Augustinerkeller**.

Preiswerte Mittagskantine mit Stil –
Soho 3: Am Josefsplatz 1/Neue Hofburg (Zugang vom Burggarten neben Schmetterlingshaus oder hinter der Burgkapelle, Türe links), Tel. 0676309 5161, U3 Herrengasse, Mo–Fr 9–16, Menü ab 11.30 Uhr, ab 5 € (!). Wo Beamte zu Mittag speisen: Designerlokal mit ebenso guter wie günstiger Bistroküche. Täglich zur Auswahl: zwei frischgekochte Menüs und diverse Snacks.

Westliche Innenstadt und Ringstraße

Billig und gut – **Zum Alten Hofkeller** 4: Schauflerg. 2 (schräg vis-à-vis dem Bundeskanzleramt), Tel. 531 15 25/47, U3 Herrengasse, Mo–Fr 11–13.30 Uhr, ab 3,45 € (!). Ein Geheimtipp selbst für die meisten Wiener: Schnell und gut zu Mittag essen in schlichtem, aber komfortablem Ambiente unter historischen Backsteingewölben zu extrem günstigen Preisen; Selfservice, tgl. drei Menüs und ein Vitalteller zur Auswahl.

Remake einer legendären Adresse – **Café Grienstiedl** 5: Michaelerplatz 2, Tel. 535 26 92, U3 Herrengasse; tgl. 8–23.30 Uhr, ab 18 €, s. S. 152. In das berühmte Vorgängercafé gleichen Namens kamen sie alle: die Geistesgrößen des Wien um 1900, denen ihr Stammlokal als literarisches Wohnzimmer diente. Der Nachfolger atmet zwar nicht mehr den gleichen intellektuellen Geist. Aber das Publikum ist erneut recht illuster, die Küche mehr als ordentlich, Ambiente und Zeitungssortiment gediegen. Pluspunkt und unter Wiens Cafés bisher eine Ausnahme: im Lokal herrscht striktes Rauchverbot.

Das prunkvollste Café Wiens – **Central** 6: Herreng. 14, Ecke Strauchg., Tel. 533 37 64 24/26, U3 Herrengasse, Mo–Sa 7.30–22, So 10–18, Fei bis 22 Uhr, ab 24 €. Dieses mit seinen stilvollen Säulen und dem dekorierten Gewölbe vermutlich repräsentativste Wiener Kaffeehaus – in dem man auch vorzüglich essen kann – wurde vor einigen Jahren aufwendig restauriert. Der Dichter Peter Altenberg empfängt, aus Pappmaschee gestaltet, am Eingang die Gäste und erinnert an die Blüte des Central als Literatentreff im Fin de Siècle.

Kärntner Spezialitäten – **Bei Max** 7: Landhausg. 2, Tel. 533 73 59, U3 Herrengasse. Mo–Fr 11–24 Uhr, ab 15 €. Das Ambiente ist nett, aber unspektakulär, die Küche freilich genussversprechend. Spezialität des Kärnter Kochtraditionen verpflichteten Lokals sind die in allerlei Variationen kredenzten Kasnudeln.

Brunch und Lunch inmitten üppigen Grüns – **Hansen** 8: Wipplingerstr. 34, Tel. 532 05 42, www.hansen.co.at, U2, U4 Schottentor, Straßenbahn D, 1, Mo–Fr 9–21, Sa bis 17 Uhr (warme Küche bis 20/15 Uhr), ab ca. 16 €. Luftighelles Lokal im Souterrain der Börse, das direkt an Wiens schönstes Pflanzengeschäft grenzt. Moderne, leichte Küche, reiche Frühstückskarte.

Ringstraßencafé par excellence – **Café Landtmann** 9: Dr.-Karl-Lueger-Ring 4, Tel. 241 00, U2 Schottentor, tgl. 8–24 Uhr, Mittagstisch 10,90 €, Frühstück ab 7 €. Vor 125 Jahren als eleganteste »Café-Localität« eröffnet, wird dieses von Politikern, Schauspielern des Burgtheaters und Journalisten viel frequentierte Lokal seinem Ruf als Zentrum der Städtischen Gesellschaft nicht zuletzt dank seiner guten Küche bis heute gerecht (mitunter Klaviermusik live).

Vollwertig & vegetarisch – **Lebenbauer** 10: Teinfaltstr. 3, Tel. 533 55 56, U2 Schottentor, Mo–Fr 11–15, 17.30–22.30 Uhr, ab ca. 15 €. Vollwertige und vegetarische Gerichte stehen in diesem sympathischen Haubenlokal auf der Speisekarte; dazu feine Weine.

Zwischenstopp mit Blick ins Grüne – **Café Palmenhaus** 11: Burggarten/Eingang Albertina, Tel. 533 10 33, www.palmenhaus.at, U 2, U 4 Karlsplatz, U1, U3 Stephansplatz, tgl. 10–2, warme Küche 12–24 Uhr, ab 22 €. Bausubstanz und der Blick von der riesigen Terrasse in den Park sind grandios, Möblierung und Geräuschkulisse weniger. Sei's drum – der Platz ist jedenfalls einer der schönsten für Drinks & nette Speisen.

Einkaufen

Schatztruhe für (fast) alles – **Dorotheum** 1: s. S. 44 und S. 144.

Für bibliophile Kunstfans – **Wolfrum** 2: Augustinerstr. 10. Eine der allerersten Adressen für Kunstbücher und -drucke, alte Grafiken und Stiche.

Petit Point – **Maria Stransky** 3: Hofburg-Passage 2. Wienerischer geht's kaum – feinst gestickte bunte Muster auf Handtaschen, Polstern und im Bilderrahmen.

Austrian Look – **Loden Plankl** 4: Michaelerplatz 6, www.loden-plankl.at. Wiens ältestes Fachgeschäft für Loden; zudem Hochwertiges aus Cashmere, (Baum)Wolle oder Leinen.

Traditionelle Trachten – **Tostmann** 5: Schotteng. 3a, www.tostmann.at. Klassische Alltagsdirndln, Festtrachten, repräsentative Anzüge.

Schicke Schuhe – **Ludwig Reiter** 6: Mölkersteig 1. Elegante Maßarbeit, vom klassischen Budapester bis zum Freizeittreter aus Rauleder.

Aktiv & Kreativ

Fahrräder spontan geliehen – **Citybike:** An mehr als 50 Leihstationen kann man Fahrräder mieten. Mit der Citybike Tourist Card (2 €, 24 Std. lang gültig), aber auch mit der Citybike Card, Visa oder Mastercard kostet die 1. Std. nichts, die Rückgabe ist an jeder Station möglich. Die Karte ist erhältlich: in vielen Hotels und Pensionen, bei Royal Tours, 1., Herreng. 1–3, tgl. 9–11.30, 13–18 Uhr, bei Pedal Power, 2., Ausstellungsstr. 3, Tel. 729 72 34, tgl. 9–19 Uhr, www.citybikewien.at.

Abends & Nachts

Late-Night-Drink für Opernfans – **La Divina** 1: Hanuschg. 3, Tel. 613 43 19, www.ladivina.at, So–Do 16–2, Fr, Sa bis 4 Uhr. Mit der nachgestalteten Loge der Wiener Staatsoper, einem Flügel, verspiegelten Gewölbewänden und einer Bar in Geigenform wirkt das Lokal wie ein modernes Bühnenbild. Opern-Liebhaberin und Szene-Gastronomin Marianne Kohn setzt mit dieser Bar der großen Maria Callas ein Denkmal. Der Flatscreen zeigt tgl. live die Aufführung auf der Bühne der Staatsoper vis-à-vis, während das ›Publikum‹ Antipasti, Wein, Champagner oder Cocktails genießt; jeden Do 22–1 Uhr Livepiano.

Szenetreff mit Extra-Service – **Café Stein** 2: Währinger Str. 6–8, Tel. 319 72 41, www.cafe-stein.com, U2 Schottentor, Mo–Fr 7–1, Sa, So, Fei 9–1, Frühstück tgl. bis 20 Uhr. Beliebter Treffpunkt für stilbewusste Studenten und junge, schöne Menschen aus der Werbe-, Kunst- & Medienwelt. Tadellose Speisen, Internet-Terminals, Fotoausstellungen, literarische Veranstaltungen, philosophische Debatten; So professionelle Kinderbetreuung. Um die Ecke, im **Stein's Diner,** kredenzt man – zeitweise zu DJ-Sound – kreative Kost aus aller Welt (Mo–Sa 19–2 Uhr).

Fusion-Küche in Tropenambiente – **Livingstone** 3: Zelinkag. 4, Tel. 533 33 93, www.livingstone.at, U4 Schottenring, tgl. 17–4 Uhr. Asiatisch-kalifornische Küche im von Edelhölzern geprägten Kolonialstil. Und die zugehörige, überaus eindrucksvoll gestaltete **Planter's Bar** (gleiche Öffnungszeiten) lohnt ebenfalls den Besuch.

Hardcore-Musik im U-Bahn-Stollen – **Flex** 4: s. S. 50.

Ultraschicker Tanztempel – **Passage** 5: Babenbergerpassage/Burgring, www.sunshine.at, U2 Museumsquartier, Di–Sa 20/22 Uhr bis frühmorgens. Die ehemalige Fußgängerunterführung unter der Ringstraße beherbergt seit gut drei Jahren Wiens schicksten Disco-Club. Musik: House, Dancefloor, R'n'B.

Musikdrama auf Weltniveau – **Staatsoper** 1: s. S. 54 und S. 140.

Das Beste auf einen Blick

Östliche Innenstadt und Ringstraße

Highlights!

Stephansdom: Das Wahrzeichen und spirituelle Herz der Stadt – ein Juwel der Gotik voller erlesener Ausstattungsstücke. Äußerst lohnend: der Blick von der Türmerstube im Südturm. 1 S. 168

Kapuzinergruft: Im Kellergewölbe unter der Kapuzinerkirche fanden ein Dutzend Kaiser, 17 Kaiserinnen und mehr als 100 weitere Habsburger ihre letzte Ruhe. Die z. T. prachtvollen Sarkophage bergen u. a. die sterblichen Überreste von Maria Theresia, Österreichs letzter Kaiserin Zita sowie Franz Joseph I. und seiner Sisi. 6 S. 174

Auf Entdeckungstour

Musikstadt Wien: Auf Tuchfühlung mit dem *Genius loci* – im rundum renovierten Mozarthaus und beim interaktiven Experimentieren im Haus der Musik. S. 178

Jüdisches Wien: Synagogen, Ausgrabungen und Museen, wehmütige Erinnerung und hoffnungsvoller Neuanfang – auf den Spuren einer großen Geistesgeschichte. S. 184

Highlights des Wiener Kunsthandwerks: Thonet, Lobmeyr, Bösendorfer und Backhausen – willkommen in den Verkaufsräumen und Schausalons einiger besonders traditionsreicher Renommierbetriebe. S. 192

Kultur & Sehenswertes

Postsparkassenamt: Otto Wagners ästhetischer und technologischer Meilenstein moderner Architektur. 19 S.183

Museum für angewandte Kunst: Kunstgewerbliche Objekte und Design aus Europa, Ostasien und dem Orient vom Mittelalter bis in die Gegenwart – zeitgemäß präsentiert. 22 S. 187

Aktiv & Kreativ

Fiakerfahrt: In der Zweispänner-Kutsche über den Ring und durch die Altstadtgassen zu rollen, gehört zu den klassischen Vergnügungen. 1 S. 173

Vergnügliches auf dem Badeschiff: Auf dem Oberdeck schwimmen, im Laderaum abtanzen – und das am Donaukanal direkt in der City. 1 S. 191

Genießen & Atmosphäre

Onyx-Bar: Ideal für einen Cocktail nach dem Shoppen – und das nicht nur wegen des traumhaften Ausblicks auf den Stephansdom, sondern auch wegen der Lage im Marmor- und Glastempel des Haas-Hauses. 1 S. 173, S. 195

Café Prückel: Eines der wenigen verbliebenen Ringstraßen-Cafés. 1950er-Jahre-Ambiente, stets halten hier Künstler, Studenten und Kosmopoliten Hof … Nicht versäumen: die guten Mehlspeisen. 24 S. 190

Abends & Nachts

›Bermuda-Dreieck‹: Trinken, schlemmen und schwatzen an der Wiege der neuen Wiener Beisl- und Barkultur, in einem der vielen Szenelokale rund um Ruprechts- und Rudolfsplatz. S. 183

Rund um den Stephansdom: das mittelalterliche Wien

Das weithin sichtbare Wahrzeichen Wiens, von den Einheimischen liebevoll ›Steffl‹ getauft, beherrscht dank eines auf Traditionen bedachten Bebauungsplans bis heute die Silhouette der City. Ihm zu Füßen wogt, von störendem Autoverkehr weitgehend befreit, das pralle Großstadtleben. Der Rundgang führt zunächst, mit kurzen Abstechern, über die eleganten Shoppingmeilen Kärntner Straße, Graben und Kohlmarkt, hernach in weitem Bogen mäandrierend über einige der ältesten Plätze und durch mittelalterliche Gässchen. Gleichsam die ›Zielgerade‹ bildet der östliche Teil der Ringstraße, zwischen Urania und Staatsoper.

Stephansdom ! 1

Wiens wichtigstes Gotteshaus besticht allein schon durch seine monumentalen Ausmaße: Seine Gesamtlänge beträgt 107,2 m, die Höhe des Langhauses 38,9 m. Und der Südturm ist mit 136,7 m der dritthöchste Kirchturm Europas – überragt wird er nur von den Gotteshäusern in Ulm und Köln.

Baugeschichte

Die Entstehung dieses Wunderwerks aus 20 000 m³ Sandstein nimmt 1147 ihren Anfang, als ein Bischof aus Passau hier die erste romanische Kirche weiht. Mitte des 13. Jh. folgt über demselben Grundriss ein fast völlig neuer romanischer Bau, dessen Reste, das Riesentor mit den Heidentürmen, noch die Westfassade des heutigen Doms bilden. Von 1304 bis 1340 wird das Langhaus um den bereits hochgotischen Albertinischen Chor erweitert. 1359 gibt Herzog Rudolf IV. der Stifter, den Startschuss für den vollständigen Umbau im gotischen Stil. Das Langhaus mit seinem gewaltigen, mit farbig glasierten Ziegeln gedecktem Satteldach sowie der Südturm werden errichtet, die romanischen Bauteile größtenteils abgerissen. Die Arbeit am Nordturm, den der berühmte Baumeister Hans Puchsbaum als gleich hohes Gegenstück zum Südturm geplant hat, wird 1523 in halber Höhe eingestellt. Der ›Unvollendete‹ bekommt erst in der Renaissance Haube samt Glockenhelm.

Außenrundgang

An der Außenhaut des Doms lässt sich noch an vielen Stellen sein Schicksal bzw. das der Stadt ablesen: Das neben dem Riesentor eingeritzte ›O5‹ etwa erinnert an die Existenz der österreichischen Widerstandsbewegung während des Zweiten Weltkriegs, deren Mitgliedern das Kürzel als geheimes Symbol und Verständigungszeichen diente.

Aufmerksame Betrachter werden in den gotischen Fassaden Bereiche entdecken, die heller sind als die übrigen. Diese zeugen von der umfassenden Restaurierung in den Jahren 1945– 1952, die infolge eines verheerenden Brandes, der im April 1945 große Teile des Langhauses in Schutt und Asche legte, notwendig wurde. Auch die schlichten farbigen Scheiben in den Fenstern der Seitenschiffe sind neuzeitlicher Ersatz. Immerhin kann man im Mittelchor noch vier original **goti-**

Stephansdom

sche **Glasfenster** bewundern. Sie blieben als einzige vom Feuer verschont. Gänzlich vernichtet wurde in den letzten Weltkriegstagen hingegen der frühere Dachstuhl aus Holz, eine Glanzleistung gotischer Zimmermannskunst. An seiner statt stützt seither eine über 600 t schwere Stahlkonstruktion das Dach. Auch der Südturm besteht zu einem Großteil aus neuzeitlicher Substanz: Er musste wegen schwerer Schäden durch Blitzschlag und Erdbeben Mitte des 20. Jh. bis auf 80 m Höhe abgetragen und neu errichtet werden.

An die weltpolitische Lage im 15. Jh. erinnert, zumindest indirekt, die **Kapistrankanzel** an der Nordostecke des Doms. Von ihr soll der Franziskaner Johannes Capistranus, ein berühmt-berüchtigter fanatischer Prediger, 1451 angeblich zum Kampf Europas gegen die bereits östlich von Ungarn stehenden Osmanen aufgerufen haben.

Gegen einen viel hartnäckigeren Feind als die Türken kämpfen heute die Mitglieder der Dombauhütte, die in einem 1950er-Jahre-Anbau an der Nordfassade einquartiert sind: gegen das Schwefeldioxyd. Sie versuchen in einer wahren Sisyphus-Arbeit, aber dennoch mit nur beschränktem Erfolg, zumindest die ärgsten Wunden zu heilen, die das ätzende Umweltgift von Jahr zu Jahr tiefer in den weichen Sandstein frisst. Immerhin verhindern sie, indem sie regelmäßig Gipskrusten, Salzblüten, Flechten und Moose abschlagen und brüchige Bauteile erneuern, chronische Steinschlaggefahr auf dem Stephansplatz.

Im Inneren des Doms

Im Kirchenraum ist von solch profanen Problemen freilich wenig zu spüren. Dort herrscht jene mystische Atmosphäre, die der hohen Kunst und der

Infobox

Reisekarte: ▶P/Q 10–13

City-Busse
Die Innenstadt lässt sich eindeutig am besten zu Fuß erkunden. Für längere Distanzen bieten sich, neben den üblichen Öffis, nämlich Bussen, Straßen- und U-Bahnen, die kleinen, wendigen Citybusse an. Deren Linie 1A verkehrt zwischen Schotten- und Stubentor, 2A zwischen Neubaugasse (7. Bez.), Helden-, Stephans- und Schwedenplatz, 3A zwischen Schottenring und Schwarzenbergplatz via Graben und Hoher Markt.

Dombesichtigung
Innenraum: Mo–Sa 6–22, So, Fei 7–22 Uhr; Hochamt So, Fei 10.15, Juli/Aug. 9.30 Uhr; ca. 30-Min.-Führungen Mo–Sa 10.30, 15, So, Fei 15 Uhr (4,50 €/Kinder 1,50 €); Abendführungen mit Dachrundgang (ca. 90 Min., 10 €/4 €) Juni–Sept. Sa 19 Uhr; Katakomben (nur mit Führung) Mo–Sa 10–11.30, 13.30–16.30 Uhr jeweils halb- oder viertelstdl. (So, Fei nur nachmittags; 4,50 €/1,50 €); Pummerin im Nordturm (Aufzug) April–Okt. 8.30–17.30, winters nur bis 17, Juli/Aug. 8.30–18 Uhr, (4,50 €/1,50 €); Turmbesteigung (Südturm) tgl. 9–17.30 Uhr (3,50 €/1 €). **Weitere Informationen:** Tel. 51552 3526, www.stephansdom.at.

tiefen Religiosität gotischer Baumeister und Bildhauer zu verdanken ist und die das Architekturgenie Adolf Loos behaupten ließ, das Innere des Stephansdoms sei »der weihevollste Kirchenraum der Welt«. Wie bei vielen spirituellen Orten ist auch hier der Besuch am frühen Morgen oder späten

Östliche Innenstadt & Ringstraße

Essen & Trinken
1. Café Frauenhuber
2. Danieli
3. Drei Husaren
4. Zum Weissen Rauchfangkehrer
5. Cantino
6. Café Sacher
7. Café Bräunerhof
8. Trzesniewski
9. Demel
10. Yohm
11. Julius Meinl am Graben
12. Zum Schwarzen Kameel
13. Esterházykeller
14. Gösser Bierklinik
15. Wrenkh
16. Eissalon Am Schwedenplatz
17. Griechenbeisl
18. Zwölf-Apostel-Keller
19. Figlmüller
20. Diglas
21. Gulaschmuseum
22. Inigo
23. Pfudl
24. Café Prückel
25. Österreicher im MAK (Museum für angewandte Kunst)
26. Korso

Einkaufen
1. Manner Shop
2. Michaela Frey
3. Wein & Co.
4. Kaufhaus Steffl
5. Doblinger
6. Robert Horn
7. Altmann & Kühne
8. Kober
9. @punkt
10. Schönbichler
11. Hartmann
12. Cuisinarium
13. Artup
14. Ringstraßengalerien
15. Backhausen & Wiener Werkstätte-Museum
16. Thonet
17. Klavierfabrik Bösendorfer & Geigenwerkstatt Ramsaier-Gorbach im Musikvereinsgebäude
18. Josef Zahn & Co.
19. Firma Lobmeyr & Glasmuseum
20. Karolinsky

Aktiv & Kreativ
1. Badeschiff mit Open-Air-Swimmingpool & Diskothek
2. Haus der Musik

Abends & Nachts
1. Onyx-Bar (mit Restaurant Do & Co im Do & Co Hotel Vienna des Haas-Hauses)
2. Skybar
3. Loos-Bar
4. BarRoom
5. Jazzland
6. Dino's
7. Ma Pitom
8. Krah-Krah
9. Roter Engel
10. Peters Operncafé
11. Porgy & Bess
12. Birdland
13. Martinjak

21. Urania
22. Museum für angewandte Kunst (MAK)
23. Hochschule für angewandte Kunst
24. Palais Coburg
25. Hotel Imperial
26. Jüdisches Museum

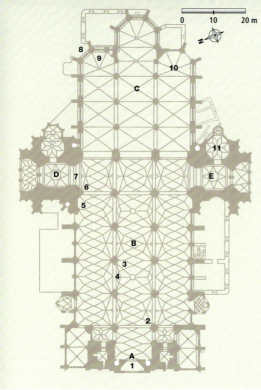

Stephansdom

Grundriss
A Romanisches Westwerk
B Langhaus
C Albertinischer Chor
D Nordturm mit Pummerin
E Südturm mit Türmerstube

1 Riesentor
2 Riesenorgel
3 Pilgram-Kanzel
4 Dienstbotenmadonna
5 Aufzug zur Pummerin
6 Orgelfuß von Meister Pilgram
7 Abgang zu den Gruftanlagen
8 Kapistrankanzel
9 Wiener Neustädter Altar
10 Hochgrab Friedrichs III.
11 Katharinenkapelle

Abend zu empfehlen. Denn erst wenn die Touristenheere abgezogen sind, verströmt die Kirche ihr besonderes Flair, entfalten die Kunstwerke ihre sakrale Wirkung.

Kunstwerke von unschätzbarem Wert

Den bleibendsten Eindruck von allen Kunstschätzen im Langhaus des Doms hinterlässt ohne Zweifel die **Kanzel von Anton Pilgram,** eine aus sieben Sandsteinblöcken zusammengesetzte, unglaublich filigrane Steinmetzarbeit. Sie zeigt neben den – übrigens ziemlich karikierenden – Büsten der vier Kirchenfürsten Augustinus, Papst Gregors des Großen, Hieronymus und Ambrosius (von links nach rechts) in Bodennähe auch den Meister persönlich. Pilgrams Selbstporträt, der »Fenstergucker«, markiert auf beispielhafte Weise den Übergang von der Gotik zur Renaissance: Der Künstler bleibt nicht wie bisher anonym, sondern unterzeichnet sein Werk mit dem eigenen Namen.

Aus der Unzahl von Kapellen, Altären und Skulpturen sind wegen ihrer künstlerischen Bedeutung der spätgotische, ebenfalls von Anton Pilgram geschaffene **Orgelfuß,** die 650 Jahre alte **Dienstbotenmadonna,** die architektonisch kostbare achteckige **Katharinenkapelle** und die **Riesenorgel** mit ihren 9000 Pfeifen hervorzuheben; zudem der **Wiener Neustädter Altar** mit seinen 72 auf die Innen- und Außenflügel gemalten Heiligengestalten sowie schließlich das überreich mit Statuetten und Reliefs geschmückte **Hochgrab Kaiser Friedrichs III.** aus rotem Marmor (fertiggestellt 1513), das als großartigstes Kaisergrab des ganzen Mittelalters gilt.

Grüfte und Türme

Ergänzend zum Rundgang sollte man noch in die – fälschlich als »Katakomben« bezeichneten – **Gruftanlagen** hinabsteigen, wo neben Eingeweide-Urnen und Sarkophagen der Habsburger auch die exhumierten Gebeine aus dem einstigen, rund um den Dom gelegenen Stephansfriedhof lagern (nur mit Führung).

Und unbedingt ist auch einer der beiden Türme des Doms zu erklimmen; wobei konditionsschwache Besucher sich mit der Aufzugsfahrt auf den Nordturm begnügen sollten. Die **Pummerin,** die dort hängt und alljährlich zu Silvester um Mitternacht erklingt, ist ein 21 t schweres, noch dazu frei schwingendes Prachtstück von Glocke.

Weit anstrengender, aber natürlich auch lohnender ist der Aufstieg im Südturm, der über 343 Stufen zur **Türmerstube** führt (Eingang neben dem Mesnerhaus). Das Panorama der Dachlandschaft und des gesamten Wiener Beckens von dort oben ist unvergesslich.

Rund um den Dom

Der ideale Rastplatz nach solch intensiver Besichtigungstour ist die **Onyx-Bar** 1 des Do & Co Hotel Vienna im **Haas-Haus** an der Ecke von Stock-im-Eisenplatz. Zum einen lohnt sich die Ruhepause hier wegen des einmaligen Blickes auf Kärntner Straße, Graben und den zum Greifen nahen Dom. Zum anderen, weil man so diesen postmodernen, neuerdings fast zur Gänze von einer spanischen Modekette in Beschlag genommenen Konsumtempel aus Marmor und Glas, eines der umstrittensten, jedoch auch reizvollsten zeitgenössischen Gebäude der Stadt, von innen zu Gesicht bekommt.

Mein Tipp

Fiakerfahrt
Eine Fahrt durchs Zentrum im Pferdegespann gehört nicht nur zu den vielbesungenen Wien-Klischees, sondern tatsächlich zu den ›Musts‹. Mit etwas Glück hat man sogar einen Herren auf dem Kutschbock sitzen, der, die charakteristische Melone auf dem Kopf, nicht nur grantig dreinschauend die Zügel hält, sondern im Vorbeirollen auch mehr oder weniger kundig und freundlich die diversen Sehenswürdigkeiten erläutert. Die Standplätze befinden sich auf dem Heldenplatz, vor der Albertina und neben dem Riesentor des Stephansdoms 1. Gebühr: je nach Fahrtlänge ungefähr zwischen 40 und 55 €; Sonderfahrten auch buchbar unter www.fiaker.at.

Östliche Innenstadt und Ringstraße

Museen am Dom

Dom- und Diözesanmuseum: Eingang Stephansplatz 6 im Hof, Di–Sa (außer Fei) 10–17 Uhr; Schatzkammer: Mo, Do, Sa 10–12, Mi, Fr, Sa 15–17 Uhr

So gestärkt, knöpft man sich drei weitere sehenswerte Museen vor: das **Dom- und Diözesanmuseum** 2 im Erzbischöflichen Palais, aus dessen mittelalterlichen Schätzen im Besonderen das Porträt Rudolfs IV. (1365) hervorsticht – eines der frühesten Einzelbildnisse der abendländischen Kunst überhaupt; das **Mozarthaus** 3 in der Domgasse (s. S. 179) und die reich gefüllte **Schatzkammer des Deutschen Ordens** 4, jener im späten 12. Jh. von norddeutschen Kaufleuten gegründeten, zunächst ausschließlich karitativen Vereinigung, die wenig später, in einen geistlichen Ritterorden verwandelt, das spätere Ostpreußen unterwarf und schließlich, nach ihrer Aufhebung in Deutschland durch Napoleon, ihren Hauptsitz nach Wien verlegte.

Bummel über die Kärntner Straße

Nachdem man einige Blicke auf die Fassaden und in die Stiegenhäuser der prachtvollen Stadthäuser rund um den Stock-im-Eisen-Platz geworfen hat, ist ein Bummel über die Kärntner Straße, die namhafteste Einkaufsstraße Wiens, angesagt. Hier haben viele einheimische Firmen mit Weltruf ihre Geschäfte, darunter die **Porzellanmanufaktur Augarten** (Ecke Stock-imEisen-Platz) und der Kristallluster- und Gläserproduzent **Lobmeyr** 19 (Nr. 26, s. S. 194).

Franziskanerkirche 5
Ein kurzer Abstecher führt nach links durch die Weihburggasse zum **Franziskanerplatz** mit der gleichnamigen Kirche im Stil der deutschen Renaissance, deren Hochaltar in Form eines Triumphbogens mit illusionistischer Architektur (von Andrea Pozzo im Jahr 1707 geschaffen) kunstsinnige Stadtflaneure begeistert.

Kapuzinergruft ! 6

Eingang neben der Kapuzinerkirche auf dem Neuen Markt, tgl. 10–18 Uhr

Eine ebenso kuriose wie viel besuchte Sehenswürdigkeit ist die als Kapuzinergruft bekannte **Kaisergruft.** In den unterirdischen Räumen wurden seit dem frühen 17. Jh. in insgesamt 138 Metallsärgen die habsburgischen Herrscher sowie ihre nächsten Angehörigen bestattet.

Maria Theresia liegt hier gemeinsam mit Franz Stephan von Lothringen, ihrem Mann (der nach Art des Rokoko mit lebensgroßen Figuren üppig verzierte Doppelsarkophag steht im Zentrum der weitläufigen Anlage); ebenso der Reformkaiser Joseph II. (er ruht seinem Wesen gemäß in einem schlichten Kupfersarg). Auch Franz Joseph I. hat hier seine letzte Ruhestatt gefunden und mit ihm seine ›Sisi‹, sein Sohn Rudolf, sein in Mexiko ermordeter Bruder Maximilian und – 1989 erst – Österreichs letzte Kaiserin: Zita.

Graben und Kohlmarkt

Statt vom Neuen Markt durch die Kärntner Straße erneut den Stephansdom anzusteuern, sollte man sich noch ein Stündchen Zeit nehmen, um im sogenannten ›Antiquitätenviertel‹, der Gegend zwischen Seiler-, Habsburger und Augustinerstraße, umherzu-

Ungewöhnlicher Blick auf den ›Steffl‹

Lieblingsort

»Habe die Ehre!«

Willkommen, gnädige Frau, gnädiger Herr – in Wiens ältestem Kaffeehaus! Dieses vom früheren Leibkoch Kaiserin Maria Theresias gegründete **Café Frauenhuber** [1] empfängt Gäste mit der intimen Behaglichkeit eines wienerischen Großbürgersalons: samtrote Sitzbänke, Kristalllüster, Perserteppiche, Marmortischchen; dazu, wie sich's gehört, tadellose Frisch-, Fertig- und Mehlspeisen und – als Fenster in die weite Welt – ein gut sortiertes Zeitungssortiment. Zum Stephansdom sind's keine zwei Gehminuten. Und schräg gegenüber stand Mozarts Sterbehaus. Apropos: Dass Maestrissimo Wolfgang Amadeus in diesem Etablissement gemeinsam mit einem auch nicht ganz unbekannten jungen Kollegen namens Ludwig van Beethoven dem Publikum persönlich zur Tafel aufspielte, so geschehen im Herbst 1788, ist der Aura des Ortes wohl auch nicht gerade abträglich (Himmelpfortgasse 6, Mo–Sa 8–24 Uhr).

Auf Entdeckungstour

Mozart und die Musikstadt Wien

Auf den Spuren des Wahlwieners Mozart und seiner prominenten Komponistenkollegen wandelnd lernt man neben mehreren Brennpunkten der örtlichen Musikgeschichte auch so manchen malerischen Altstadtwinkel kennen. Ein Highlight ist dabei das Haus der Musik.

Zeit: 3–4 Std.

Planung: Haus der Musik, Seilerstätte 30/Ecke Annagasse, www.hdm.at, tgl. 10–22 Uhr; Mozarthaus, Domgasse 5, www.mozarthausvienna.at, tgl. 10–19 Uhr; Haus des Deutschen Ordens, Singerstr. 7, Mo, Do, Sa 10–12, Mi, Fr, Sa 15–17 Uhr.

Die Welt der Musik

Hööööreinspaziert zu einer Reise durch die Zauberwelt der Musik. Im **Haus der Musik** [2], einem Prachtpalais, wo vor über 150 Jahren die Wiener Philharmoniker gegründet wurden, lädt dieses auf mehrere Etagen verteilte Hightechmuseum zur multimedialen Erkundung des Klangkosmos. Hier kann man die Evolution der Töne, von primitiven Lauten bis zur abendländischen Polyphonie, nacherleben. Auch Aufbau und Funktion des menschlichen Ohres bekommt man erläutert. Do-it-yourself-Experimente mit Future Sounds sorgen für lehrreiche Kurzweil. Ja, man kann via Computersimulation sogar vor einer Leinwand die Wiener Philharmoniker dirigieren.

Einen Kernbereich bilden die jeweils großen Komponisten gewidmeten Räume, wo biografische Tafeln, Originaldokumente und Hörbeispiele dem Besucher Leben und Werk von Haydn, Mozart, Beethoven, Strauß, Mahler & Co. näherbringen.

Zuhause bei Mozart

Eine zentrale Gedenkstätte der örtlichen Musikgeschichte ist das **Mozarthaus** [3], jenes fünfgeschossige Haus, in dem, glaubt man den Biografen, Wiens posthum bestvermarkteter Bewohner die glücklichsten Jahre seines Lebens (1784–1887) verbrachte und »Figaros Hochzeit« komponierte. Die Beletage, bestehend aus vier Zimmern, zwei Kabinetten und einer Küche, ist die einzige in der Stadt erhaltene Mozartwohnung. Bilder, Dokumente, Videos und Modelle sowie Gegenstände und Möbel aus dem späten 18. Jh. vermitteln den *Genius loci* und biografische Fakten. Im 2. Stock schließt man mit Mozarts Musiker- und Komponistenkollegen Bekanntschaft, erfährt mittels multimedialer Installationen Näheres über die drei großen Da-Ponte-Opern, die Zauberflöte und das Requiem. Der 3. Stock dient vornehmlich Mozarts persönlicher und gesellschaftlicher Verortung in der Stadt, informiert über Wohn- und Wirkstätten und seine Verbindung mit der Gedankenwelt der Freimaurer. Empfehlenswert: der exzellente Audioguide.

Weitere Mozartstätten

An der Stelle des **Kaufhauses Steffl** [4] (Rauhensteing. 8) stand jenes Haus, in dem Mozart am 5. Dezember 1791 starb. Im obersten Stock erinnert eine bescheidene Gedenkstätte an das denkwürdige Ereignis. Über die Kärntner Straße und vorbei an der **Staatsoper** (s. S. 140), in deren Repertoire die Opern des Salzburgers naturgemäß einen Ehrenplatz einnehmen, gelangt man in den Burggarten, wo das anlässlich des 150. Geburtstages, 1896, von Viktor Tilgner geschaffene **Mozart-Denkmal** steht. In der **Michaelerkirche** am gleichnamigen Platz wurde, fünf Tage nach seinem Tod, für Mozart ein Seelenamt abgehalten. Dabei erklangen erstmals Teile seines Requiems.

Am **Palais Collalto** (Am Hof 13) erinnert eine Tafel daran, dass hier der sechsjährige Wolfgang und seine Schwester Nannerl erstmals als Wunderkinder in der Wiener Öffentlichkeit konzertierten. – »In diesem Hause wohnte Mozart im Jahre 1781, und componirte hier seine ›Entführung aus dem Serail‹.«

Bis 1897 stand anstelle des großen Gründerzeitblocks, neben dessen Haustor in der **Milchgasse 1** (an der **Peterskirche** [8]) diese Gedächtnistafel hängt, das Wohnhaus Zum Auge Gottes. Darin logierte der soeben in die Freiberuflichkeit entlassene 25-Jährige als Untermieter Cäcilia Webers und

Auf den Spuren Mozarts ...

begann, sich in deren Tochter Constanze zu verlieben. Im **Haus des Deutschen Ritterordens** 4 wohnte Mozart, eine Tafel im Durchgang erinnert daran, im Frühjahr 1781. Und im **Stephansdom** 1 führte er seine Constanze 1782 zum Traualtar; hier wurde gut neun Jahre später aber auch sein Leichnam eingesegnet.

Musik Meile Wien

Apropos Stephansdom: Hier endet bzw. beginnt jener musikalische Pfad, den die Stadtväter im Jahr 2001 aus Anlass des 200. Geburtstags des Theaters an der Wien einrichten ließen. 70 im Boden eingelassene Marmorsterne mit Namen von Weltgrößen der Musik, die zu Wien in enger Beziehung standen, markieren einen **Walk of Fame**. Wer ihn abschreitet, nimmt Komponisten von Haydn und Mozart über Lanner, Liszt, Wagner und Offenbach bis Strauß, Tschaikowskij und Mahler, aber auch Dirigenten- und Sängerstars von Furtwängler bis Bernstein die Parade ab (Audioguides und eine Broschüre mit Basisdaten zu Leben und Werk der Künstler sind im Theater an der Wien und im Wien-Ticket-Pavillon bei der Oper erhältlich).

Wer übrigens in- und ausländischen Stars der sogenannten U-Musik, also aus Pop, Rock, Punk, Jazz, Blues, Folk, Schlager und Volksmusik, die Reverenz erweisen will: Sie finden sich, ganz im Stil von Hollywood, mit Hand- und Fußabdrücken entlang dem **Walk of Stars** im Boden der Shopping Mall des architektonisch viel gepriesenen Gasometers im 11. Bezirk verewigt (U3 Gasometer, www.walk-of-stars.com). Zu den bis dato über 70 Geehrten finden sich: Deep Purple, Suzi Quatro, Alice Cooper, Randy Crawford, James Last und Roger Whittaker, aber etwa auch Konstantin Wecker, Kurt Ostbahn, Wolfgang Muthspiel und Joe Zawinul.

schlendern und dabei die Zeit zu vergessen. Wer hier wider Erwarten keinen Schatz gehoben hat, kann sich ja immer noch im nahen Café Sacher 6 in der Philharmonikerstraße mit einem Stück der legendären Schokoladentorte oder im Café Bräunerhof 7 (Stallburgg. 2) mit dem vom früheren Stammgast Thomas Bernhard geprägten Genius loci für die zusätzliche Strapaze belohnen.

Irgendwann landet man dann unweigerlich am Graben, jenem ehemaligen Wehrgraben des Römerlagers, der den Wienern das gesamte Mittelalter hindurch als Mehl- und Gemüsemarkt und später dem Hof als Schauplatz glanzvoller Feste diente. Hier, wo heute sommers schmucke Straßencafés zur Einkehr laden, verströmen einige Läden noch das verstaubt-aristokratische, aber äußerst elegante Flair der k.u.k.-Zeit. Um die Ecke, am Kohlmarkt, indes haben sich etliche Multis der internationalen Mode- und Accessoiresbranche – von Armani, Bulgari, Cartier und Chanel bis Tommy Hilfiger, Tiffany und Louis Vuitton – mit Filialen niedergelassen. Besonders bemerkenswert: die zwei modernen Geschäftsportale aus Metall, die Wiens Paradearchitekt Hans Hollein den Häusern Kohlmarkt 7 und 10 verpasste.

Pestsäule 7

In der Mitte des Grabens steht seit dem Jahr 1693 eine Dreifaltigkeitssäule, die Pestsäule. Während der verheerenden Epidemien von 1679, die rund 100 000 Opfer forderten, hatte Kaiser Leopold I. gelobt, nach dem Ende der Pestwelle eine Gedenksäule errichten zu lassen. Was unter der Leitung Lodovico Burnacinis dann in elfjähriger Bauzeit entstand, geriet zu einem überreich verzierten Hymnus aus Stein, der in ganz Österreich zum Vorbild für viele ähnliche Säulen wurde.

Am Hof

Nahe dem westlichen Ende des Grabens sollte man einen Abstecher zur **Peterskirche** 8, einem Paradebeispiel österreichischen Hochbarocks, unternehmen. Hernach schlendert man durch die schmale Nagler- oder die Bognergasse zum Hof, wo es die **Kirche Zu den neun Chören der Engel** 9 (ehemalige Jesuitenkirche) zu besichtigen gilt. Von ihrer Terrasse tat Franz II. 1806 die Absicht kund, die Krone des Heiligen Römischen Reiches niederzulegen. Im angrenzenden **Palais Collalto** (s. S. 179) absolvierte das Wunderkind Mozart sechsjährig seinen ersten öffentlichen Auftritt in Wien.

Spezialmuseen

Feuerwehrmuseum: So, Fei 9–12 Uhr, werktags nur n. V., Tel. 531 99; Uhrenmuseum: Di–So, Fei 10–18 Uhr

Mein Tipp

Ein Muss für alle Süßzähne mit Sinn fürs Schöne

Bei **Altmann & Kühne** 7 fabriziert man das angeblich winzigste Schokoladenkonfekt der Welt, und zwar von Hand. Verpackt werden die plusminus 1 cm großen Miniaturen, die herrlich zart auf der Zunge zergehen, in fantasievollen Behältnissen. Zur Auswahl stehen verschiedene Formate und Formen, von der Hutschachtel bis zum Schubladenkästchen, vom Schächtelchen namens ›Das kleine Rendezvous‹ bis zum großen, mit Konfekt prall gepackten Reisekoffer (Am Graben 30, Tel. 533 09 27, www.feinspitz.com, Mo–Fr 9–18.30, Sa 10–17 Uhr).

Östliche Innenstadt und Ringstraße

Auf der gegenüberliegenden Seite lohnt der Besuch des **Feuerwehrmuseums** 10. Es ist im Bürgerlichen Zeughaus untergebracht.

Vom Hof zweigt man rechts in die Parisergasse ab, die direkt auf den Schulhof zum schön renovierten **Uhrenmuseum** 11 führt. In der angrenzenden Steindlgasse (Hausnr. 4) lockt die **Gösser Bierklinik** 14 zur Einkehr. Das urige Lokal mit Balkendecke und Butzenscheiben zählt zu den ältesten Beisln Wiens (frühes 16. Jh.).

Rund um den Judenplatz

Oder man wandert vom Hof durch ein enges Verbindungsgässchen direkt zum Judenplatz, dem geistigen Zentrum des Jüdischen Viertels (s. S. 184). Weiter durch das Labyrinth aus kopfsteingepflasterten Plätzen und Gässchen stößt man auf die **Böhmische Hofkanzlei** (Wipplingerstr. 7), ein besonders stattliches unter den zahllosen Werken Johann B. Fischer von Erlachs, auf das **Alte Rathaus** 12 und schließlich am Passauer Platz auf die **Kirche Maria am Gestade** 13, einen gotischen Bau mit seltsam geknicktem, schmalem Grundriss und bemerkenswertem zierlichen, siebenseitigen Turmhelm. In der Kirche ist der hl. Clemens Maria Hofbauer, der erste deutsche Redemptorist und Stadtpatron Wiens, begraben, der von hier aus die Prinzipien seiner Ordensgemeinschaft in die ganze Welt trug.

Hoher Markt

Römermuseum: Abgang bei Hausnr. 3, Di–So, Fei 9–18 Uhr
Durch die Salvatorgasse erreicht man den Hohen Markt, Wiens ältesten Platz, auf dem bereits der Palast des römischen Lagerkommandanten von Vindobona und im Mittelalter Gerichtsgebäude, Narrenkotter (ein Verlies), Pranger und der erste öffentliche Brunnen standen. Die Ruinen der antiken Siedlung, in der vor fast 2000 Jahren über 30 000 Menschen lebten, können im soeben rundum erneuerten **Römermuseum** 14, das auch Alltag und Architektur zur Blütezeit Vindobonas illustriert, besichtigt werden.

Wer kurz vor 12 Uhr mittags in dieser Gegend unterwegs ist, sollte sich unbedingt zu jenen Touristen gesellen, die sich in der Ostecke des Platzes vor der **Ankeruhr** 15 drängen, einer 1911 nach Plänen des Malers Franz von Matsch auf einem Schwebebogen zwischen den Häusern 10 und 11 erbauten Kunstuhr. Für das Warten wird man mit einem kuriosen Erlebnis belohnt – der Figurenparade: In einem Fenster der Jugendstil-Mosaikwand aus Glas, Metall und Marmor ziehen zwölf aus Kupfer getriebene Figuren vorbei, die allesamt für die Stadtgeschichte bedeutsame Persönlichkeiten darstellen – Kaiser Marc Aurel, Karl der Große, Herzog Leopold VI., Walther von der Vogelweide, König Rudolf I., Dombaumeister Puchsbaum, Maximilian I., Bürgermeister Liebenberg, der Türkenbezwinger Graf Starhemberg, Prinz Eugen, Maria Theresia samt Gemahl und Joseph Haydn. Dazu erklingen zur jeweiligen Zeit passende Orgelstücke.

Vom Ruprechtsviertel zum Dr.-Ignaz-Seipel-Platz

Musik gänzlich anderer Art liegt, vor allem an lauen Sommerabenden, im Viertel nördlich des Hohen Markts in der Luft: Dort haben findige Werbeleute, Adabeis und Gastronomen Ende der 1970er Jahre einige Bars und Beisln aufgemacht und damit den Beginn für eine seelische Verjüngungskur gesetzt, der sich in der Folge die ganze Stadt unterzog. Mittlerweile gibt es rund um den **Ruprechtsplatz** Dutzende Lokale – allesamt quirlige Treffpunkte für Schwärme schicker Nachtvögel. Und die Gegend hat längst ihren Namen weg: ›**Bermuda-Dreieck**‹ …

Die Gassen zwischen Rotenturmstraße, Marc-Aurel-Straße und Franz-Josefs-Kai sind indes nicht nur Szene-Revier, sondern auch Kernzone der mittelalterlichen Stadt. Hier steht die **Ruprechtskirche** 16 aus dem 13. Jh., Wiens ältestes Gotteshaus, und in der Salzgasse, nahe der Schiffsanlegestelle am Donaukanal, hatten die Salzhändler einst ihren Sitz. Auch die Israelitische Kultusgemeinde hat heute hier, in der Seitenstettengasse, ihr Zentrum (s. S. 184).

Am Fleischmarkt

Hier sticht die backsteinfarbene, byzantinisch wirkende Fassade der **Griechischen Nichtunierten Kirche** 17 ins Auge. Im angrenzenden **Griechenbeisl** 17, dem vermutlich ältesten Restaurant der Stadt (ca. 1490), finden Grafologen ein einmaliges Betätigungsfeld: Die Decke eines riesigen Gewölbes, auf der sich seit Jahrhunderten prominente Gäste verewigen. Das Gemäuer trägt neben unzähligen anderen Schriftzügen jene von Mozart und Beethoven, aber auch von Einstein und Gina Lollobrigida.

Heiligenkreuzer-Hof

Von der Köllnerhofgasse biegt man links in den Heiligenkreuzer-Hof ab, ein weitläufiges, besonders malerisches Geviert, das nach wie vor den Zisterziensern der berühmten Abtei im südlichen Wienerwald gehört und teilweise noch aus Bauteilen des 13. Jh. besteht. Um die Ecke, in der Schönlaterngasse, steht das Wohnhaus **Zum Basilisken** (Hausnr. 7), wo, einer Sage zufolge, ein Bäckermeister im Jahre 1212 in seinem Brunnen einen giftigen Basilisken entdeckte. In einer Nische der Fassade erinnert ein verwittertes Sandsteingebilde an die vermutlich von übelriechenden Erdgasen herrührende Bedrohung. Um die Ecke, am Fleischmarkt Nr. 24, ist die für ihre qualitätsvollen Inszenierungen von Raritäten bekannte **Kammeroper** beheimatet (www.wienerkammeroper.at).

Dr.-Ignaz-Seipel-Platz

Keine 100 Schritte weiter stößt man auf den **Dr.-Ignaz-Seipel-Platz**. Er wird von den Fassaden der Alten Universität, der Akademie der Wissenschaften und der **Jesuitenkirche** 18 eingerahmt und gehört zweifelsohne zu den eindrucksvollsten Plätzen der Stadt. Vor allem abends, wenn Scheinwerfer das frühbarocke Ensemble in helles, gelbliches Licht tauchen, glaubt man sich hier in längst vergangene Jahrhunderte versetzt. Doch nicht nur der Gesamteindruck ist überwältigend. Auch manche Details im Inneren der Gebäude verdienen Beachtung, etwa die illusionistische Malerei von Andrea Pozzo im Hauptschiff der Kirche oder im Inneren der Akademie die Deckenfresken von Franz Anton Maulbertsch sowie die üppigen Rokokodekorationen.

Postsparkassenamt 19

Mo–Fr 8.30–12.30, 13.30–15,
Do bis 17.30 Uhr

Das Postsparkassenamt von Otto Wagner, jener sachliche Bau mit seiner charakteristischen schlichten Fassade aus Marmorplatten, die mit Aluminiumbolzen vernietet sind, ist ein Meilenstein moderner Architekturgeschichte. Er wurde in den Jahren 1904–1906 an

Auf Entdeckungstour

Durch das jüdische Wien

Es gibt nur wenige Metropolen in Europa, deren Werdegang so eng mit der jüdischen Geschichte verbunden ist wie Wien. Ein Spaziergang durch das jüdische Wien stimmt melancholisch, aber auch hoffnungsfroh.

Zeit: 3–4 Std.

Planung: Misrachi-Haus, Judenplatz 8, So–Do 10–18, Fr 10–14 Uhr; DÖW, Wipplingerstr. 6–8, Mo–Do 9–17 Uhr, Gratis-Führungen auf Anfrage, Tel. 228 94 69-319; Gedenkstätte im Vorraum des Stadttempels: Seitenstetteng. 4, Besichtigung nur mit Führung, Mo–Do (außer Fei) um 11.30, 14 Uhr; Jüdisches Museum: Dorotheerg. 11, www.jmw.at, So–Fr 10–18 Uhr.

Infos vorab: Jewish Welcome Service, Stephansplatz 10, Tel. 533 27 30, www.jewish-welcome.at, Mo–Fr 9–17 Uhr. Ein nützlicher Wegweiser ist die dort erhältliche Broschüre »Jüdisches Wien – Erbe und Auftrag«.

Zentrum der älteren Judenstadt

Nicht nur aus chronologischen Gründen empfiehlt sich für die Erkundung von Wiens jüdischem Erbe als Ausgangspunkt der **Judenplatz**. Hier beging im Herbst 1420, am blutigen Höhepunkt der sog. Geserah (Verfolgung), eine Gruppe Juden, die sich in der örtlichen Synagoge eingeschlossen hatte, um der Zwangstaufe zu entgehen, kollektiven Selbstmord. Die 200 Überlebenden wurden kurz darauf am Stadtrand auf dem Scheiterhaufen verbrannt.

Namenlose Buchrücken

Im Jahr 2000 wurde auf dem Judenplatz das von der Engländerin Rachel Whiteread entworfene **Schoah-Mahnmal** enthüllt – ein Kubus in Form einer steinernen Bibliothek, die Wände voll von namenlosen Buchrücken, das symbolische Tor für immer verschlossen, im Boden davor die Namen von 41 Konzentrations- und Anhaltelagern.

1938, vor dem deutschen Einmarsch, zählte die jüdische Gemeinde – sie galt als reichste Europas – 183 000 Mitglieder, sieben Jahre später nicht einmal mehr 1500. Mehr als ein Drittel war in den KZs der Nazis umgekommen, der Rest – gerade noch rechtzeitig – vor Kriegsausbruch emigriert. Während seit 1945 über 1,5 Mio. Juden, vornehmlich aus Polen, Russland und dem Baltikum, über österreichische Flüchtlingslager in alle Welt auswanderten, vor allem in die USA und nach Israel, wuchs die Zahl der Zuwanderer im Land nur minimal. Erst in den 1970er und 1980er Jahren kamen ungefähr 5000 Sowjetjuden nach Wien.

Insgesamt wird die Zahl der in Wien ansässigen Juden heute auf 10 000 bis 12 000 geschätzt. An die 8000 von ihnen sind in der jüdischen Gemeinde registriert.

Gedenken und Mahnen

Im an das Mahnmahl angrenzenden **Misrachi-Haus** (Judenplatz Nr. 8) veranschaulicht eine Ausstellung die Lebensumstände der Juden vor 1420, werden Namen und Schicksale der österreichischen Holocaust-Opfer archiviert. Die Geschichte der jüdischen Gemeinde in Wien reicht, wie die des Antisemitismus auch, extrem weit zurück. Schon aus dem frühen 13. Jh. ist die Existenz eines jüdischen Viertels überliefert, und aus dem späten 12. die Ermordung von 16 einheimischen Juden. In der Folge wechselten einander Pogrome, die mit altbekannten, irrationalen Vorwürfen wie Hostienschändung oder Brunnenvergiftung gerechtfertigt wurden, und Wiederansiedlungen ab, weil man auf Geld oder Fertigkeiten der Juden angewiesen war.

Erst nach der Revolution von 1848 begann eine Epoche der Toleranz und damit der starke Zuzug. 1857 lebten in Wien rund 6000 Juden, 1869, nach der verfassungsrechtlichen Gleichsetzung mit den anderen Konfessionen, bereits über 40 000. 1923 schließlich war der historische Höchststand von 201 500 erreicht. Die Juden stellten damals über 10 % der Bevölkerung Wiens. Der Anteil jüdischer Intellektueller am Geistesleben der Stadt und am Weltruhm der Wiener Kultur war noch ungleich höher.

Dass es immer auch Menschen gab, die halfen, tröstet ein wenig. Auf der 2001 enthüllten **Gedenktafel** am Misrachi-Haus heißt es in hebräischer und deutscher Sprache: »Dank und Anerkennung den Gerechten unter den Völkern, welche in den Jahren der Schoah unter Einsatz ihres Lebens Juden geholfen haben, den Nachstellungen der Nazischergen zu entgehen und so zu überleben.« Gezeichnet: die

Jüdischen Gemeinden Österreichs, Wien, im Monat April 2001.

Ebenfalls im Misrachi-Haus zu sehen sind **archäologische Funde:** Im Jahr 1995 wurden unter dem Judenplatz die Grundmauern einer der größten mittelalterlichen Synagogen Europas entdeckt und freigelegt.

Zeichen der Hoffnung

Im krassen Kontrast zum **Lessing-Denkmal**, das eben jenem Dichter der Aufklärung und Prediger für Toleranz gewidmet ist, steht das spätgotische Wappenrelief an der Fassade des **Hauses Zum großen Jordan** (Nr. 2). Es zeigt das Motiv der Taufe Jesu samt dem drachentötenden Georg und einer antisemitischen Inschrift aus dem 15. Jh., die den Judenmord auf Lateinisch als »Reinigung von Schmutz und Übel« bejubelt.

Als späte Antwort auf den unflätigen Antisemitismus liest sich die schräg gegenüber, am Haus Nr. 6, im Jahr 1998 von Wiens Kardinal enthüllte **Gedenktafel**.

Allein ein Bethaus blieb zurück

Nur wenige Schritte sind es zum **Dokumentationsarchiv des Österreichischen Widerstands** (DÖW) im **Alten Rathaus** 12, wo eine Dauerausstellung über Widerstand und Verfolgung zur Zeit des Nationalsozialismus informiert. Zwei, drei Gehminuten entfernt, in der Seitenstettengasse, steht, von Polizisten rund um die Uhr streng bewacht, der **Stadttempel:** Er wurde 1823–1826 vom berühmten Biedermeier-Architekten Josef Kornhäusel errichtet. Und zwar im Hof, da eine im Vormärz geltende Bauvorschrift »die Errichtung nicht-katholischer Gotteshäuser unmittelbar an der Straße« untersagte. Immerhin: Weil das Bethaus so eng mit den Nachbargebäuden verbunden war, wurde es 1938, während der ›Kristallnacht‹, als einziges in Wien nicht vernichtet. Apropos: In direkter Nachbarschaft, am **Morzinplatz**, hatte, ein **Mahnmal** zeugt davon, die Gestapo von 1938 bis 1945 ihr Hauptquartier.

Im alten Ghetto

Es folgt der Spaziergang über den Donaukanal und durch die **Leopoldstadt**. Das dortige Gassenlabyrinth, rechts und links der Taborstraße, war jahrhundertelang Ghetto und hieß, weil bis 1938 vorwiegend von Juden bewohnt, im Volksmund »Mazzesinsel«. Im 1000-jährigen Reich entvölkert und ›arisiert‹, besitzt es inzwischen wieder eine recht dichte jüdische Infrastruktur. Es gibt rund ein Dutzend Synagogen und Bethäuser, koschere Läden und Restaurants, weiters Sozialeinrichtungen und Sportvereine. Und auch das jüdische Schulsystem ist, vom Kindergarten bis zur Talmud-Thora-Schule und Rabbiner-Akademie, wieder komplett.

Brennpunkt jüdischer Geistigkeit

Das **Jüdische Museum** 26 im Palais Eskeles, das man per pedes über Rotenturmstraße und Graben erreicht, eröffnete im Jahr 1993. Es präsentiert zum einen eine Dauerschau zu jüdischer Geschichte und Religion, deren Exponate maßgeblich aus der Sammlung Max Berger, einer der bedeutendsten Judaica-Sammlungen der Welt, stammen; zum anderen veranstaltet es regelmäßig hochkarätige Wechselausstellungen zu diversen kulturhistorischen Themen.

Pause macht man – eventuell mit einem echten Bagel oder einem Glas koscheren Wein? – im angeschlossenen **Café Teitelbaum** oder/und der gut sortierten **Museumsbuchhandlung**.

der Stelle der 1898 abgerissenen Franz-Josef-Kaserne errichtet. Man sollte unbedingt einen Blick in den großen Kassensaal werfen, dessen großzügige Gestaltung – trotz späterer, teilweise umstrittener Umbauten – deutlich klarmacht, was sein Schöpfer unter der von ihm oft postulierten »Einheit von Zweck, Konstruktion und Schönheit« verstand.

Stuben- und Parkring

Regierungsgebäude

Gegenüber, direkt an der Ringstraße, thront das **Regierungsgebäude** [20], ein mächtiger neobarocker Komplex, der heute mehrere Ministerien beherbergt, in den Jahren 1909–1913 aber als Reichskriegsministerium erbaut wurde. Die allegorischen Reliefdarstellungen von Kampf und Sieg in den Giebeln, auf dem Dach der bronzene Doppeladler mit einer Flügelspannweite von 16 m und die zahlreichen Trophäen in seinen Klauen unterstreichen die einstige Funktion des Hauses. Sie haben in dem **Reiterstandbild** vor dem Haupttor ihre geistige Entsprechung: Es zeigt den Helden im Kampf gegen die Italiener, Feldmarschall Radetzky, im Kreise seiner Generäle und umjubelt von Soldaten.

Urania [21]

Ein paar Schritte weiter nördlich, am Schnittpunkt von Franz-Josefs-Kai und Ring, wo der Wienfluss in den Donaukanal mündet, steht mit der Urania ein weiteres architektonisch bemerkenswertes Gebäude. 1909 nach Plänen des Architekten Max Fabiani gebaut, erfüllt es mit seiner **Sternwarte** und den **Vortrags-** und **Kinosälen** noch heute seinen ursprünglichen Zweck als universelles Volksbildungshaus.

Museum für angewandte Kunst [22]

www.mak.at, Mi–So 10–18, Di 10–24 Uhr, Sa freier Eintritt!
Etwa 200 m weiter in die andere, also in die südliche Richtung, stößt man auf die **Hochschule für angewandte Kunst** [23], die in den Jahren 1875–1877 dem benachbarten gleichnamigen Museum (1866–1871) zugebaut wurde. Heinrich von Ferstel, der Architekt beider Gebäude, der sich der italienischen Renaissance verpflichtet fühlte, ließ die Fassade des streng gegliederten Rohziegelbaus farbenreich verzieren, u. a. mit Sgraffitomalereien sowie mit Majolikamedaillons, die verschiedene Porträts berühmter Künstler zeigen.

Das **Österreichische Museum für angewandte Kunst (MAK)** ist – neben seiner kunstgewerblichen Dauerschau – auch stets für den Besuch in einer anregenden Sonderausstellung gut. Das Motto seines Direktors Peter Noever: die Werke hochkarätiger zeitgenössischer Künstler aus dem In- und Ausland in exquisitem Rahmen zu präsentieren. – Mit der Ausgestaltung der elf Ausstellungsräume des Museums beauftragte man übrigens zeitgenössische Künstler – ein gelungenes Konzept, wie man sich überzeugen kann.

Österreicher im MAK [25]
Nach dem Kunstgenuss empfiehlt sich die Einkehr im Österreicher im MAK, einem trendigen, von einem der Wiener Top-Köche, Helmuth Österreicher, bekochten Gasthaus samt Bar und schönem Garten.

Östliche Innenstadt und Ringstraße

Zurück zur Oper

Am dezent renovierten **Café Prückel** 24 und dem **Denkmal Karl Luegers,** des christlich-sozialen Bürgermeisters und Vaters des gründerzeitlichen Ausbaus Wiens, vorbei wandert man auf dem Parkring den **Stadtpark** entlang. An der Stelle des postmodern-geschmäcklerischen Hotel Marriott, das hier Mitte der 1980er Jahre errichtet wurde, stand früher das Gartengebäude, in dessen Konzert- und Ballsälen sich die feine Gesellschaft ihr Stelldichein gab. Dahinter steht einer der prächtigsten Profanbauten der Innenstadt: das auf den Resten der alten Bastei stehende, kürzlich in ein Luxushotel verwandelte **Palais Coburg** 24.

Schwarzenbergplatz und Kärntner Ring

Wo der Ring Richtung Westen abknickt, erblickt man linker Hand den **Schwarzenbergplatz** mit dem **Denkmal** des gleichnamigen Oberbefehlshabers der österreichischen Truppen in der Völkerschlacht gegen Napoleons Armee bei Leipzig. Das imposante Gebäude an der Ecke von Ring und Platz ist Wiens erste Adresse für Staatsmänner, Aristokraten und andere Prominenz: das 1862–1865 vom Herzog von Württemberg als Palais erbaute **Hotel Imperial** 25.

Der **Kärntner Ring,** der hier beginnt, diente der ›guten Gesellschaft‹ seit seiner Eröffnung als Flaniermeile. Dieser ›Korso‹ wird noch heute von einigen der luxuriösesten Hotels flankiert: dem Imperial, dem Bristol und dem 1994 wieder eröffneten Grandhotel. An seinem östlichen Ende erreicht man erneut den Ausgangspunkt des vorigen Rundgangs, die Staatsoper.

Essen & Trinken

Wiens ältestes Kaffeehaus – **Café Frauenhuber** 1: S. 176.
Osteria, Ristorante, Pescheria – **Danieli** 2: Himmelpfortg. 3, S. 42.
Wiener Küche vom Allerfeinsten – **Drei Husaren** 3: Weihburgg. 4, S. 36.
Neuwiener Küche im schicken Rustikalstil – **Zum Weissen Rauchfangkehrer** 4: Weihburgg. 4, S. 36.
Zeitgemäß mit Panorama – **Cantino** 5: Seilerstätte 30, Tel. 512 54 46, www.cantino.at, U1, U2, U4 Karlsplatz, Mo–Fr 12–15, 18–23 Uhr, Sa nur abends, Mittagsmenüs 9 €/12 €, Abendmenüs 37 €/41 €. Sowohl wegen seiner vorzüglichen Küche als auch des schönen Blicks über die Dächer Wiens viel gepriesenes Restaurant im Obergeschoss des Hauses der Musik. Jeden So (12–15 Uhr, 30 €) Tapas-Brunch. Im Erdgeschoss lädt, unmittelbar an den überdachten Innenhof angrenzend, eine schmucke **Café-Bar** zur Rast (tgl. 10–18 Uhr).

Mein Tipp

Ringstraßengalerien 14
Ideal für den Indoor-Schaufensterbummel, speziell bei Regenwetter: zwei elegante Passagen eine Gehminute östlich der Oper, mit Dutzenden Edelläden – von Delikatessen bis Schuhe und Schmuck – und natürlich jeder Menge Auswahl für Modebewusste. Dazu laden etliche kulinarische Rastplätze, von Café bis Frucht-, Sushi- und Tapas-Bar, zur Stärkung mit Stil (Kärntner Ring 5–7, www.ringstrassen galerien.at, Mo–Fr 10–19, Sa 10–18 Uhr).

Adressen

Berühmt nicht nur für die Schokotorte
– **Café Sacher** [6]: S. 43 und S. 181.

Dezente Wohnzimmeratmosphäre –
Café Bräunerhof [7]: Stallburgg. 2, Tel. 5123893, www.braeunerhof.at, U1, U3 Stephansplatz, Mo–Fr 8–21, Sa 8–19, So, Fei 10–19 Uhr, S. 181. Grau melierte Ober bedienen Sie stilvoll, an Wochenendnachmittagen gibt's Live-Kammermusik (15–18 Uhr), ein exzellentes Sortiment internationaler Zeitungen ist vorhanden. Selbst der ewig grantelnde Thomas Bernhard fühlte sich hier zu Hause.

Legendäre Aufstrich-Brötchen – **Trzesniewski** [8]: Dorotheerg. 1, Tel. 5123291, www.trzesniewski.at, U1, U3 Stephansplatz. Mo–Fr 8.30–19.30, Sa 9–18 Uhr. Kein Gourmettreff und schon gar kein Rastplatz für ein gemütliches Beisammensein. Doch die mit verschiedenen Pasteten und Aufstrichen versehenen Brötchen dieser klassischen Wiener Imbissstube stillen immer noch verlässlich jeden Hunger zwischendurch. Fazit: Originelle Haltestelle auf der innerstädtischen Besichtigungs- oder Shoppingtour. **Filialen:** 6., Mariahilfer Str. 95, 18., Währingerstr. 108 u. a.

Parade-Konditorei mit hohem Promifaktor – **Demel** [9]: Kohlmarkt 14, Tel. 5351717 39, www.demel.at, U3 Herrengasse, tgl. 10–19 Uhr. Die ehemalige k.u.k-Hofzuckerbäckerei ist nach wie vor das Mekka des süßen Wien. Natürlich nicht preisgünstig, aber überaus gediegen und schmackhaft. Schaubackstube inklusive.

Fernöstliches für Feinspitze – **Yohm** [10]: Petersplatz 3, S. 41.

Gourmet-Adresse mit klangvollem Namen – **Julius Meinl am Graben** [11]: Am Graben 19, S. 36.

Elite-Treff mit erstklassiger Küche – **Zum Schwarzen Kameel** [12]: Bognerg. 5, S. 39.

Herzhafte Heurigenkost – **Esterházykeller** [13]: 1., Haarhof 1, Tel. 5333482, www.esterhazykeller.at, U3 Herrengasse, Mo–Fr 11–23, Sa, So 16–23 Uhr, Mittagsmenüs ab 5 €. Ein Stadtheuriger im Gewölbe aus dem 15. h., unter dem sich schon 1683 zur Zeit der Türkenbelagerung die Verteidiger der Stadt stärkten. Klassisches Buffet.

Wiens älteste Gaststätte – **Gösser Bierklinik** [14]: Steindlg. 4, Tel. 5337598 12, www.goesser-bierklinik.at, U3 Herrengasse, Mo–Sa außer Fei 10–23.30 Uhr, ab 18 €, Tagesteller ab 7 €, S. 182. Über 300 Jahre alte gastronomische Institution in mehr als 600 Jahre altem Gemäuer, etliche gemütliche Extra-Zimmer und Stüberl, klassische Wiener Hausmannskost mit – nomen est omen – großem Bier-Sortiment.

Raffiniert vegetarisch – **Wrenkh** [15]: Bauernmarkt 10, S. 37.

Spitzen-Eis am Donaukanal – **Eissalon Am Schwedenplatz** [16]: Franz-Josefs-Kai 17, S. 43.

Wo es schon Mark Twain mundete – **Griechenbeisl** [17]: Griecheng. 9, Tel. 5331977, www.griechenbeisl.at, U1, U4 Schwedenplatz, tgl. 11–1 Uhr, Gerichte 15–30 €, S. 183.

Urige Original-Tradition – **Zwölf-Apostel-Keller** [18]: Sonnenfelsg. 3, S. 39.

Größtes Schnitzel Wiens – **Figlmüller** [19]: Wollzeile 5 (im Durchgang), Tel. 5126177, www.figlmueller.at, U1, U3 Stephansplatz, tgl. 11–22.30 Uhr, Schnitzel ab 12 €. Nein, allein ist man in dieser Miniaturausgabe eines Stadtheurigen nie. Im Gegenteil: Es herrscht emsiges Kommen und Gehen. Der Grund: die legendären Riesenschnitzel – angeblich die größten der Stadt. Wen also Massenspeisung nicht stört, der kann hier seinen Hunger auf die panierte Spezialität bestens stillen.

Wienerische Behaglichkeit – **Diglas** [20]: Wollzeile 10, Tel. 5125 76 50, U1, U2, U3 Stephansplatz, tgl. 7–24 Uhr, Menüs ab 11,50 €. Ein ›verlängertes Wohnzimmer‹ wie es sein soll: gemüt-

Östliche Innenstadt und Ringstraße

lich, elegant und fast immer geöffnet. Dazu feine, sehr qualitäts- und gesundheitsbewusste Wiener Küche und tablettweise sündhaft süße Köstlichkeiten aus der hauseigenen Konditorei. Ein Wermutstropfen: die großen Videoscreens an den Wänden.

Magyarisch-Pikantes – **Gulaschmuseum** 21: Schulerstr. 20, Tel. 512 10 17, www.gulasch.at, U1, U2, U4 Stephansplatz, Mo 7.30–24, Di–Fr ab 9, So, Fei ab 10 Uhr (Küche: tgl. 11–23 Uhr), ab 13 €. Das Gulasch – ein vor Jahrhunderten von den Ungarn nach Wien importiertes Traditionsgericht. Hier serviert man gleich 20 Varianten dieser pikanten Paprika-Fleisch-Speise. Ein Museum der anderen Art nahe dem Stephansdom.

Engagiert und gut – **Inigo** 22: Bäckerstr. 8, Tel. 512 74 51, U3 Stubentor, Mo–Sa 9.30–24, So, Fei 10–16 Uhr, 2-Gang-Menü ab 5,50 €. In diesem netten, unprätentiösen Lokal isst sich's angenehm und schmackhaft. Im Sommer genießt man vom Schanigarten einen herrlichen Blick auf Universitätsplatz und Kirche. Und mit jedem Verzehr unterstützt man Arbeitslose, deren Vereinigung das Inigo betreibt.

Gehobene Hausmannskost – **Pfudl** 23: Bäckerstr. 22, S. 37.

Kosmopolitisch im Retro-Look – **Café Prückel** 24: Stubenring 24, Tel. 512 61 15, www.prueckel.at, U3 Stubentor, tgl. 8.30–22 Uhr, Einzelgerichte ab 7 €. Klassisches Ringstraßen-Café vis-à-vis dem Stadtpark und dem MAK. Hell und mondän, ein Treffpunkt der Künstler & Kosmopoliten, die 1950er-Jahre-Ambiente und internationale Zeitungen ebenso schätzen wie hausgemachte Mehlspeisen.

Gestyltes Gourmet-Erlebnis – **Österreicher im MAK** 25: Stubenring 3–5, S. 40 und S. 187.

Ein Rolls-Royce der Gastronomie – **Korso** 26: Mahlerstr. 2 (Hotel Bristol), S. 36.

Einkaufen

Süßer Kult – **Manner Shop** 1: Stephansplatz 7. Flagship Store des Herstellers der weltbekannten, rosarot verpackten, mit dem Steffl-Logo versehenen Nougatwaffel.

Fashionabler Emailleschmuck – **Michaela Frey** 2: Stephansplatz 5, www.m-frey.com. Diese zwischen London, Dubai und Tokyo längst in aller Welt präsente Schmuckmanufaktur stellt elegant dekorierte (Ohr)Ringe, Broschen, Colliers, Uhrarmbänder u. v. m. aus Emaille, gefasst in Gold oder Silber, her. **Filiale:** Albertina-/Lobkowitzplatz.

Ein Gläschen zwischendurch – **Wein & Co.** 3: Jasomirgottstr. 3–5. Weinfachmarkt mit Bar-Betrieb; großes Angebot in- und ausländischer Kreszenzen, monatliche Schwerpunkte, gute Beratung. **Filialen:** Dr.-Karl-Lueger-Ring 12 (Schottentor) und Getreidemarkt 1 (Ecke Naschmarkt).

Edel-Kaufhaus – **Kaufhaus Steffl** 4: Kärntner Str. 19. Kürzlich auf Hochglanz gebrachter Modetempel mit Niederlassungen Dutzender Luxuserzeuger auf sieben Stockwerken.

Schatztruhe für (Hobby-)Musiker – **Doblinger** 5: Dorotheerg. 10, S. 45.

Fundgrube für Lederfetischisten – **Robert Horn** 6: Bräunerstr. 7. Handgefertigte Luxuslederwaren: u. a. klassische Taschen, Mappen und Etuis.

Miniaturkonfekt aus Meisterhand – **Altmann & Kühne** 7: S. 46 und S. 181.

Spielerisches für Jung und Alt – **Kober** 8: Graben 14–15, S. 47.

Wiens feinster Delikatessenladen – **Meinl am Graben** 11: Graben 19, S. 46, s. auch S. 36.

Buchladen für Connoisseure – **@punkt** 9: Fischerstiege 1–7. Klein, aber extrem fein. Ethnologie, Philosophie, Multikulturelles in Bild und Wort. Und eine Beratung wie aus dem (Buchhändler-)Bilderbuch.

Adressen

»Wiener Küche im zeitgemäßen Kontext« – das verspricht der Österreicher im MAK

Top-Adresse für Tee-Fetischisten – **Schönbichler** 10: Wollzeile 10, S. 46.
Vision Care Center für Ästheten – **Hartmann** 11: Singerstr. 8. Originell designtes Atelier für Designer-Brillen, handfabrizierte Accessoires aus edelstem Horn und Schmuck aus Muranoglas.
Feine Tisch- & Küchenkultur – **Cuisinarium** 12: Singerstr.14, S. 47.
Galerie-Shop für Gegenwartsdesign – **Artup** 13: Bauernmarkt 8, S. 47.
Zum Flanieren bei Schlechtwetter – **Ringstraßengalerien** 14: Kärntner Ring 7–9. Edel-Passage mit über 40 Shops und Gastro-Lokalen.
Edle Jugendstiltextilien – **Backhausen und Wiener Werkstätte-Museum** 15: S. 193.
Erlesenes Möbelsortiment – **Thonet** 16: S. 193.
Musikinstrumente – **Klavierfabrik Bösendorfer** & **Geigenwerkstatt Ramsaier-Gorbach** 17 im Musikvereinsgebäude: S. 193.

Mehr als 200 Jahre Lüstermanufaktur – **Josef Zahn & Co.** 18: S. 194.
Edelste Lüster und Lampen – **Firma Lobmeyr** 19: S. 194.
Designer- und Jugendstillampen – **Karolinsky** 20: S. 194.

Aktiv & Kreativ

Schwimmen und abtanzen – **Badeschiff** 1: Donaukanallände zwischen Schwedenplatz und Urania, Tel. 0676 6969009 oder 5130744, www.badeschiff.at, Bad: Anfang Mai bis ca. Anfang Okt. tgl. 9–24 Uhr; Laderaum: an Veranstaltungstagen (in der Regel Di–Sa) ab 22 Uhr, S. 53. Am Oberdeck des auf zwei Schiffen fest verankerten Stadtbades lockt bei warmen Temperaturen der Pool zum Schwimmen im angenehm temperierten Wasser, 200 m² große Sonnenliege-Holzterrasse am Festland inklusive. Unter Deck,

Auf Entdeckungstour

Highlights des Wiener Kunsthandwerks

Willkommen in den Verkaufsräumen und Schausalons der renommiertesten Hersteller von Textilien und Möbeln, Gläsern, Lampen, Geigen und Klavieren.

Zeit: ca. 2 Std.

Planung: Die genannten Adressen liegen alle in einem eng umgrenzten Gebiet, im Südosten der City – zwischen Kärntner Straße, Karlsplatz und Stadtpark. Wegen der Öffnungszeiten macht der Rundgang nur werktags Sinn.

Infos: www.backhausen.at, www.thonet-vienna.com, www.boesendorfer.com, www.geigenbauatelier.at, www.lobmeyr.at, www.woka.at.

Doppeltes ›W‹ mit Weltruhm

Thonet, Lobmeyr, Backhausen – in manchen Sparten genießt Wiener Kunstgewerbe Weltruhm, und das bereits seit vielen Generationen. Die Tradition des an der Donau zur Perfektion gebrachten Schnitzens von Meerschaumpfeifenköpfen z. B. reicht bis in die Zeit der Türkenbelagerungen zurück, die der Porzellanerzeugung im Augarten (s. S. 174) bis ins frühe 18. Jh.; und der Beginn von Michael Thonets legendärer Bugholzmöbelfabrikation datiert immerhin im Biedermeier.

Ihren absoluten Höhepunkt erreicht die Symbiose aus Handwerker- und Künstlertum in Wien allerdings erst zu Beginn des 20. Jh., genauer 1903, als Josef Hoffmann, Kolo Moser und der Fabrikant Fritz Waerndorfer in Anlehnung an die englische Arts-and-Crafts-Bewegung die Wiener Werkstätte gründen, um »als Antwort auf die Formenvielfalt und Üppigkeit der Ringstraßenkunst« ein neues ästhetisches, von Schlichtheit und geometrischen Formen geprägtes Vorbild zu schaffen. Stücke, die das von Hoffmann entworfene Signet, ein doppeltes ›W‹, tragen, werden heute als Manifestationen kunstgewerblicher Meisterschaft zu hohen Preisen gehandelt.

k.u.k.-Hoflieferant aus Köln

Als Gründungsmitglied aufs Engste mit der Marke ›WW‹ verbunden – und somit als Ausgangspunkt dieser kleinen kunsthandwerklichen Exkursion bestens geeignet – ist das Textilunternehmen **Backhausen** [15]: Bereits im Jahr 1810 war der Webergeselle Franz Backhausen von Köln nach Wien übergesiedelt und hatte hier die Meisterprüfung abgelegt. Seine Söhne Karl und Johann gründeten 1849 eine Firma, die 1888 den Titel k.u.k.-Hoflieferant verliehen bekam und für die textile Ausstattung der meisten Repräsentationsbauten – Parlament, Staatsoper, Burgtheater, Musikverein u. a. – sorgte.

Seit ein paar Jahren hat das heute bereits in sechster und siebter Generation geführte Familienunternehmen, das seine im Waldviertel produzierten Stoffe weltweit in 40 Länder exportiert, die Verkaufszentrale im ersten Bezirk. Dort kann man nicht nur das aktuelle Sortiment an exquisiten Möbel- und Dekostoffen, Wohnaccessoires und Designermöbeln begutachten, sondern, im Untergeschoss, das frei zugängliche **Wiener Werkstätte-Museum** besichtigen. Ausgestellt findet sich eine Auswahl aus 3500 Entwürfen des Firmenarchivs mit Schwerpunkt auf Historismus und Jugendstil (Schwarzenbergstr. 10, Tel. 514 04, Mo–Fr 9.30–18.30, Sa bis 17 Uhr).

Ausstatter unzähliger Cafés

Untrennbar mit dem Möbelstil des Wiener Biedermeier ist der Name Michael **Thonet** [16] verbunden. Der gebürtige Rheinländer, der 1842 auf Betreiben Fürst Metternichs nach Wien gezogen war, erwirkte hier die Patentierung seines Holzbiegeverfahrens und schuf mithilfe seiner Bugholzmöbel in wenigen Jahrzehnten ein weltweit agierendes Unternehmen. Sein Klassiker, Sessel Nummer 14 mit dem charakteristischen Rundholz und Rohrgeflecht, wurde 45 Mio. Mal exportiert und ist aus vielen Kaffeehäusern nicht wegzudenken. Thonets direkte Nachfahren erzeugen noch heute ein erlesenes Sortiment von Möbeln aus gebogenem Holz.

Im eine Gehminute von Backhausen entfernten Schauraum bekommt man nicht nur das heutige Angebot zu Gesicht, sondern anhand von historischen Einzelstücken und Katalogen auch Ein-

blicke in die glorreiche Firmentradition vermittelt (Hegelg. 11, Tel. 310 20 02-0, Mo–Fr 10–18 Uhr).

Instrumentenbauer & Co.
Wien gälte nicht als Welthauptstadt der Musik, gäbe es nicht auch unter seinen Instrumentenbauern geniale Meister. Aus der Fülle einschlägiger Firmen ragen zwei hervor: die Klavierfabrik **Bösendorfer** und die Geigenwerkstatt von Wilfried **Ramsaier-Gorbach**. Während Erstere seit über 160 Jahren Flügel baut und in alle Welt verschickt, denen Kenner einen unüberbietbar warmen und weichen Klang attestieren, vertrauen Letzterem die Streicher der Wiener Philharmoniker, vom Violinisten bis zum Kontrabassisten, ihre reparaturbedürftigen heiligen Werkzeuge an.

Sowohl der Klaviersalon als auch das Geigenbauatelier sind im **Musikvereinsgebäude** [17] (Canovag. 4, Tel. Bösendorfer: Tel. 505 35 18, Mo–Fr 10–13, 14–18 Uhr; Ramsaier-Gorbach: Tel. 504 22 69, Mo–Fr 9–13, 14.30–18 Uhr) zu Hause.

Licht für den Kreml
Im Bereich der Lüster- und Lampenerzeugung wartet Wien gleich mit mehreren Renommierbetrieben auf: Zuvorderst zu nennen ist die Firma Lobmeyr und die ebenfalls im Besitz der Lobmeyr-Dynastie befindliche, über 200 Jahre alte Lustererzeugung **Josef Zahn & Co.** [18], in deren Verkaufsräumen (Salesianerg. 9, Tel. 713 21 26, Mo–Fr 9–12, 13–18, Sa 9–12 Uhr) sämtliche Stilrichtungen von Gotik bis Art déco in Holz-, Metall- oder Glasausführung von der Decke hängen.

Die Firma **Lobmeyr** [19], die sich, 1823 gegründet und schon bald danach mit dem Titel k.u.k.-Hoflieferant bedacht, nach dem Zweiten Weltkrieg zur weltweit ersten Adresse für Kristallbeleuchtung entwickelte, sorgte u. a. in der Wiener Staatsoper, der New Yorker Met und im Moskauer Kreml für Helligkeit. Die ungeheure Vielfalt an Kreationen, die inzwischen sechs Künstlergenerationen für den Familienbetrieb anfertigt haben, ist im firmeneigenen **Glasmuseum** im Obergeschoss des Stammhauses zu bewundern (während der Geschäftszeiten ist das Museum gratis zugänglich; Kärntner Str. 26, Tel. 512 05 08, Mo–Fr 10–19, Sa 10–18 Uhr).

Auf die Herstellung von Designer- und Jugendstillampen hat sich Wolfgang **Karolinsky** [20] spezialisiert, wobei er manche seiner leuchtenden Modelle nach Originalentwürfen von Adolf Loos und Josef Hoffmann, aber auch von Gegenwartskünstlern wie Hans Hollein und C.L. Attersee erzeugt (Schauraum: im Palais Breuner Singerstr. 16, Tel. 513 29 12, Mo–Fr 10–18, Sa bis 17 Uhr).

Adressen

im ehemaligen Laderaum unter der Wasserlinie, wartet ein Dancefloor zum coolen Abtanzen. DJs spielen Musik von Disco bis Minimal, für Live Acts steht eine Minibühne bereit. In der Laderaum-Bar kredenzt man köstliche Cocktailkreationen.

Reise durch die Zauberwelt der Musik – **Haus der Musik** 2 : S. 179.

Abends & Nachts

Hotelbar als Szene-Hotspot – **Onyx-Bar** 1 : Stephansplatz 12 (im Do & Co Hotel Vienna), Tel. 53 53 95 94 29, tgl. 9–2 Uhr. Einzigartige Lage mit Panoramablick auf die gotische Fassade des Stephansdoms; postmodernes Ambiente, hervorragendes Barsortiment, Lounge-Musik (s. S. 173). Im selben Haus: das hervorragende **Do & Co** Restaurant mit Gourmetküche und ebenfalls fantastischem Ausblick (s. S. 36).

Cocktail-Bar mit Stephansdom-Blick – **Skybar** 2 : Kärtner Str. 19, S. 51.

Stilvoller geht's nicht – **Loos-Bar** 3 : Kärtner Str. 10, S. 51.

Für vernetzte Weltbürger – **BarRoom** 4 : Plankeng. 2/Ecke Seilerg., S. 51.

Verdienstvolle Traditionsadresse – **Jazzland** 5 : Franz-Josefs-Kai 29, S. 56.

Gemütliche Italianità – **Dino's** 6 : Salzgries 19, S. 51.

Szenetreff der ersten Stunde – **Ma Pitom** 7 : Seitenstetteng. 5, Tel. 535 43 13, www.mapitom.at, U1, U4 Schwedenplatz, Mo–Do, So 17–3 (warme Küche bis 1 Uhr), Fr, Sa 17–4 Uhr (warme Küche bis 2 Uhr), Einzelgerichte: 5,50 € bis 19 €. Gleich gegenüber der Hauptsynagoge gelegen, zählt diese Kombination aus Innenstadt-Bar und Pizzeria zu den verdienstvollen Erstgründungen im Bermuda-Dreieck. Die Speisenpalette ist groß, die Stimmung urban und turbulent. Im Sommer mit Schanigarten!

Bier-Paradies – **Krah-Krah** 8 : Rabensteig 8, Tel. 533 81 93, U1, U4 Schwedenplatz, Mo–Sa 11–2, So, Fei 11–1 Uhr. Das Eldorado für alle Freunde des Gerstensaftes. Über 70 Sorten werden hier im Zentrum des Bermuda-Dreiecks ausgeschenkt. Dementsprechend herrscht an der langen Theke vor den mit Plakaten übersäten Wänden schon am frühen Abend akute Platznot und eine ausgelassene Gesellschaft.

Szene-Pionier mit Bühne – **Roter Engel** 9 : Rabensteig 5, S. 56.

Höhepunkte klassischer Sangeskunst – **Peters Operncafé** 10 : Riemerg. 9, Tel. 512 89 81, www.petersoperncafe.at, U3 Stubentor, Di–Sa 18–2 Uhr, ab 12 €. Ein liebenswerter und zugleich kurioser Ort nicht nur für Opernfreaks: Patron ›Peter‹ serviert in seinem – leider recht verrauchten – Jugendstilcafé vegetarische und Wiener Küche und dazu Höhepunkte der klassischen Sangeskunst. Die Wände sind tapeziert mit Programmzetteln und – häufig handsignierten – Schwarz-Weiß-Porträts jener Stars, die im Laufe des 20. Jh. auf der Bühne der fußläufig erreichbaren Staatsoper brillierten.

Treff der innovativen Jazzszene – **Porgy & Bess** 11 : Riemerg. 11, S. 56.

Zeitgemäßer Jazz – **Birdland** 12 : Am Stadtpark 1 (im Hotel Hilton, Eingang: Landstraßer Hauptstr. 2), S. 56.

Brettljaus'n vis-à-vis der Oper – **Martinjak** 13 : Opernring 11, www.martinjak.com, tgl. 11–1 Uhr. *Alpin goes urban:* Das Designkonzept ›stuben 21‹ bringt behagliches Berghüttenflair an die Ringstraße, mit rustikalem Zirbenholz für Tische und Bänke, aus der Küche regionale Klassiker, sog. Spezereyen, und die Kellner gewandet mit schwarzen T-Shirts, auf denen aufgestickte Edelweiß prangen. Fazit: originell und schmackhaft.

Schwimmen und abtanzen – **Badeschiff** 1 : S. 53 und S. 191.

Das Beste auf einen Blick

Das Wiental

Auf Entdeckungstour

Auf den Spuren des »Dritten Mannes«: Carol Reeds düsteres Leinwandepos um den Penicillinschieber Harry Lime ist ein Meilenstein des europäischen Nachkriegskinos und setzte Wien ein filmisches Denkmal. Ein Besuch des Dritte Mann Museums und der ober- und unterirdischen Drehorte offenbart auf sehr authentische Weise die Schattenseiten der Stadt im Kalten Krieg. **7**
6 S. 204

Kultur & Sehenswertes

Wien Museum: Außen pfui, innen hui: die umfassende Sammlung zum Werdegang Wiens von der Keltenzeit bis zur Gegenwart. 9 S. 203

Musikverein: Der Prachtbau von Theophil Hansen ist die Heimat der Philharmoniker, sein Goldener Saal (Neujahrskonzert!) ein Ohren- und Augenschmaus ohnegleichen. 12 S. 206

Aktiv & Kreativ

Haus des Meeres: Aqua Terra Zoo im Flakturm mit See- und Süßwasserabteilung, Terrarien und Tropenhaus auf insgesamt 3500 m². Außen eine 34 m hohe Kletterwand. 1 S. 210

Schlittschuhlaufen: Wiens zentrale Adresse für jene, die im Winter ihre Runden oder Pirouetten drehen wollen, ist der zwischen Konzerthaus und Hotel Inter-Continental gelegene Wiener Eislaufverein. 3 S. 211

Genießen & Atmosphäre

Gastro-Meile am Naschmarkt: Neben den traditionellen Lebensmittelständen hat in jüngster Zeit eine ganze Reihe von Esslokalen eröffnet. Japaner, Türken, Wiener, Iraner, Chinesen und manche mehr kredenzen – im Sommer unter freiem Himmel – gute und äußerst preiswerte Kost. 4 S. 198

Würstelstände: Kulinarische Institutionen sind die bis frühmorgens geöffneten Kioske für den kleinen Hunger zwischendurch. S. 207

Abends & Nachts

Café Drechsler: Kürzlich von Sir Terence Conran renoviertes Lokal mit absolut unorthodoxen Öffnungszeiten, guter Küche und Live-Acts. 2 S. 211

Kunsthalle-Café: Einer der Szene-Treffs von Wien: mit großem Garten und guter Küche. Tagsüber sehr kinderfreundlich, am Abend legt ein DJ auf. 4 S. 211

Zwischen Naschmarkt und Stadtpark

Wo der Wienfluss der Donau entgegenfließt, verläuft die – neben der Ringstraße – zweite kulturelle Hauptachse der Stadt. Denn der teilweise überwölbte Unterlauf jenes unscheinbaren Gewässers, mit dem die ehemalige Kaisermetropole ihren Namen teilt, ist von zahlreichen Kunsttempeln und architektonischen Juwelen gesäumt. Im Theater an der Wien, im Musikverein und im Konzerthaus versammeln sich die Musen allabendlich zu einem Gipfeltreffen. Otto Wagners Jugendstilfassaden, die Secession und die barocke Karlskirche machen auch tagsüber die Erkundung der Gegend zum Kunstgenuss. Und beim Gang durch den Naschmarkt, den ›Bauch von Wien‹, kann man die Reize der seit alters multikulturellen Stadt mit allen Sinnen auskosten.

An der Wienzeile

Otto Wagners Jugendstilhäuser

Der erste Höhepunkt wartet gleich zu Beginn: das Gebäude der **Station Kettenbrückengasse** 1. Es stammt von Otto Wagner und wurde, wie alle übrigen Wagnerschen Bauten der ehemaligen Stadtbahn, vor wenigen Jahren komplett renoviert.

Keine 100 m stadteinwärts, auf der Linken Wienzeile, stehen zwei weitere Werke des weltberühmten Architekten: das **Majolikahaus** 2, so genannt wegen seiner mit floralen Ornamenten verzierten Fassade aus Fliesen (Nr. 40), und das mit Medaillons von Kolo

---

Mein Tipp

Flohmarkt und Naschmarkt-Gastromeile
Auf dem riesigen Parkplatz neben der U-Bahn-Station Kettenbrückengasse findet ganzjährig samstags (vor allem vormittags!) ein großer **Flohmarkt** statt. Die Preise sind hoch, die Chancen, rare Schätze zu heben, gering, aber das Sortiment ist groß und das Typenstudium sehr vergnüglich. Neuerdings werden an rund einem Dutzend Stände auch Secondhand- und antiquarische Bücher angeboten. Im Anschluss lockt ein Bummel über den **Naschmarkt** 4. Der Gang zwischen den Obst- und Gemüsepyramiden, Wurst- und Käsetürmen erweist sich als appetitanregende Wallfahrt der Sinne. Die Einkehr in einem jener kleinen Esslokale lohnt, die neuerdings entlang der Linken Wienzeile eine regelrechte **Gastromeile** bilden. Ihre Köche aus Japan oder China, Wien, dem Iran oder der Türkei bieten durchwegs gute und preiswerte Kost. Zwei von vielen empfehlenswerten Adressen für Snacks, Sandwiches, Salate: **Café Do-An**, Stand 412 (Mo–Sa 8–24 Uhr) und **Naschmarkt Deli**, Stand 421–426 (Mo–Sa 7–24 Uhr).

Moser und anderem Goldschmuck überreich versehene **Eckhaus zur Köstlergasse** 3 (Nr. 38). Beide Mietshäuser entstanden 1898/99, in Wagners secessionistischen Jahren, und sind von allergrößter Pracht (nicht von innen zu besichtigen).

Naschmarkt 4

Auf ein Panoptikum von Originalen trifft man auf dem benachbarten Naschmarkt. Viele der Händler, die dort ihre Waren lauthals preisen, haben ihre Wurzeln in den ehemaligen balkanischen Kronländern der Monarchie. Sie verleihen diesem über 500 m langen Lebensmittelmarkt, der sich vor dem Bau der Stadtbahn und der Einwölbung des Wienflusses (1894–1900) übrigens weiter östlich, auf dem Karlsplatz, befand, die heiter-sinnliche Atmosphäre eines Basars.

Theater an der Wien 5

www.theater-wien.at, hier auch Infos zu Führungen (häufig, aber unregelmäßig; 7 €), s. S. 54
Linker Hand, an der Ecke Linke Wienzeile/Millöckergasse, steht das Theater an der Wien, eines der traditionsreichsten Bühnenhäuser der Stadt. 1798–1801 von Emanuel Schikaneder, dem Librettisten von Mozarts »Zauberflöte«, erbaut, war es im 19. Jh. der Ort zahlloser Uraufführungen: Beethovens Violinkonzert erklang hier zum ersten Mal, viele Stücke des genialen Satirikers Johann Nestroy, aber auch Operetten von Johann Strauß (etwa die Fledermaus, 1874), Karl Millöcker, Karl Zeller und, nach der Jahrhundertwende, von Franz Lehár, Emmerich Kálmán und Leo Fall wurden hier erstmals inszeniert. Die Volksschauspieler

Infobox

Ausgangspunkt
Der hier vorgeschlagene Rundgang beginnt an der Station Kettenbrückengasse der U-Bahn-Linie 4 und folgt über Tag dem hier unterirdischen Verlauf des Wienflusses Richtung Osten. Charakteristisch für diese Route ist, neben der Häufung an Kulturdenkmälern und Kunsttempeln, die **hohe Dichte an gastronomischen Angeboten.** Der Naschmarkt selbst und die beiderseits angrenzenden Gassen, aber auch die Grätzln rund um den Margaretenplatz und die Schloßgasse bzw. das **Freihausviertel** fungieren als starke Magneten für hungrige und durstige Stadtflaneure und Nachtschwärmer.

Zeitrahmen
Für die rund 2 km lange Fußstrecke sind – Einkehr und gründliche Besichtigung des Wien Museums nicht eingerechnet – etwa 2–3 Std. einzuplanen. Wer mag kann auch gegen Ende dieser Tour, vom Schwarzenbergplatz aus, den **Abstecher zum Belvedere** unternehmen. Die Bewunderung dieser hochbarocken Anlage nimmt, inkl. dem Gang durch die Sammlungen, nochmals etwa 2 Std. in Anspruch.

Therese Krones und Alexander Girardi, später auch Zarah Leander, feierten legendäre Erfolge.

Musicalbühne
Zwischen 1945 und 1955 war das Theater Ausweichbühne für die bombenbeschädigte Staatsoper, danach wurde es nach schier endlosen Diskussionen über seinen Bestand renoviert und 1962 als Wiener Festspielhaus wiedereröffnet. In den 1980er Jahren avan-

Sehenswert
1 Stadtbahn-Station Kettenbrückengasse
2 Majolikahaus
3 Otto-Wagner-Haus Linke Wienzeile/ Ecke Köstlergasse
4 Naschmarkt
5 Theater an der Wien

cierte es zur Musicalbühne von europäischem Format. Seit 2006 ein Stagione-Opernhaus, hat es sich binnen Kurzem einen hervorragenden Namen für qualitätvolle Inszenierungen von Barockopern und solchen des 20. Jh. gemacht. Während der **Wiener Festwochen** gastieren hier alljährlich internationale Ensembles.

Architektonisch ist, nach dem Abbruch des Vorderhauses im Jahr 1902, vor allem das **Papagenotor** in der Millöckergasse, ein klassizistisches Seitenportal aus der ursprünglichen Bauzeit, von Interesse.

Am Karlsplatz

An dieser Stelle sollte man sich die Geschichte dieses Platzes, des Gebiets vor dem ehemaligen Kärntnertor, wo seit jeher die Fernhandelsstraße nach Süden begann, in Erinnerung rufen: Es wurde als Vorstadt Wieden schon am Anfang des 13. Jh. urkundlich erwähnt. Damals lagen hier vor der Ringmauer, an den Ufern mehrerer Weiher des Wienflusses, Gärten, standen Weinschenken, Handwerkerhäuser und zwei Spitäler. Nach der Ersten Türken-

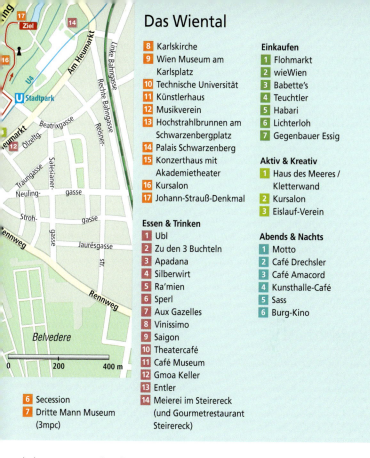

Das Wiental

8 Karlskirche
9 Wien Museum am Karlsplatz
10 Technische Universität
11 Künstlerhaus
12 Musikverein
13 Hochstrahlbrunnen am Schwarzenbergplatz
14 Palais Schwarzenberg
15 Konzerthaus mit Akademietheater
16 Kursalon
17 Johann-Strauß-Denkmal

Essen & Trinken
1 Ubl
2 Zu den 3 Buchteln
3 Apadana
4 Silberwirt
5 Ra'mien
6 Sperl
7 Aux Gazelles
8 Vinissimo
9 Saigon
10 Theatercafé
11 Café Museum
12 Gmoa Keller
13 Entler
14 Meierei im Steirereck (und Gourmetrestaurant Steirereck)

Einkaufen
1 Flohmarkt
2 wieWien
3 Babette's
4 Teuchtler
5 Habari
6 Lichterloh
7 Gegenbauer Essig

Aktiv & Kreativ
1 Haus des Meeres / Kletterwand
2 Kursalon
3 Eislauf-Verein

Abends & Nachts
1 Motto
2 Café Drechsler
3 Café Amacord
4 Kunsthalle-Café
5 Sass
6 Burg-Kino

6 Secession
7 Dritte Mann Museum (3mpc)

belagerung wurde die Karlsplatz-gegend geräumt und als freies Schussfeld (Glacis) hergerichtet. Spätestens seit der endgültigen Regulierung und Überwölbung der Wien und dem Bau der Stadtbahn (um 1900) ist die weite Fläche ein chronisches Problemgebiet für die Städteplaner.

Secession 6

www.secession.at, Di–So, Fei 10–18, Do bis 20 Uhr
Wo die Wienzeile in den Karlsplatz mündet, steht – einem gläsernen Container (der Dependance der MQ-Kunsthalle namens project space) gegenüber – zur Linken der streng kubistische, von einer im Volksmund als »Krautkopf« bezeichneten Haube aus goldenen Lorbeerblättern und Beeren bekrönte Bau der Secession. 1897/1898 von Joseph Maria Olbrich entworfen, diente dieses wesentliche Werk des Jugendstils der Vereinigung bildender Künstler Österreichs Secession lange als Ausstellungs- und Clubgebäude.

Heute zeigt es regelmäßig Ausstellungen zur Gegenwartskunst. Beson-

Das Wiental

ders beachtenswert: die Metalltüren und, im Inneren, der **Beethoven-Fries** von Gustav Klimt, dem führenden Maler der Secession.

Stadtbahn-Pavillons

Das Wien Museum zeigt eine Dokumentation über den Architekten Otto Wagner im gleichnamigen Pavillon, Tel. 50587 47-8517, April–Okt. Di–So, Fei 9–18 Uhr, Eintritt 2 €, So frei.

Durch eine U-Bahn-Passage erreicht man die **Stadtbahn-Pavillons** von Otto Wagner, in den 1970er Jahren demontierte und später wieder errichtete Unikate in der Reihe der Stadtbahnstationen, bei denen das Eisenskelett sichtbar und mit Marmorplatten ausgefacht ist.

Karlskirche 8

www.karlskirche.at, Mo–Sa 9–12.30, 13–18, So, Fei 12–17.45 Uhr, Eintritt inkl. Panoramalift 6 €

Auch heute ist der Platz, über den verstreut zahlreiche Geistesgrößen des Landes (u. a. der Erfinder der Schiffsschraube, Joseph Ressel, und Joseph Madersperger, der Erbauer der ersten Nähmaschine) ihr Denkmal haben, nur recht und schlecht gegliedert, zerschnitten von dicht befahrenen Straßen und zu einem großen Teil zubetoniert. Aber immerhin wird er nach wie vor von der Karlskirche dominiert, dem barocken Wunderwerk der Fischer von Erlachs. Wenngleich die einstige Sichtachse zwischen Kirche und Innerer Stadt, die Verlängerung des Straßenzuges Herrengasse–Augustinerstraße, längst verbaut ist.

Seit den umfassenden U-Bahn-Bauarbeiten in den 1970er Jahren wird die imperiale Wirkung der Kirche sogar durch einen vorgelagerten Teich unterstrichen – wohl ganz im Sinne Kaiser Karls VI., der 1713, als in Wien eine Pestepidemie wütete, dem Pestheiligen Karl Borromäus eine einzigartige Kirche gelobt hatte. Johann Bernhard Fischer von Erlach gewann die Ausschreibung. Er, und, nach seinem Tod 1723, sein Sohn Joseph Emanuel schufen damals an dem von Auwäldchen bestandenen Ufer des noch unregulierten Wienflusses tatsächlich Einzigartiges: einen Bau, der die klassischen Formen der griechischen, römischen und byzantinischen Architektur auf großartige Weise vereint und den universellen Anspruch von Kirche und Kaisertum höchst eindrucksvoll manifestiert.

Dem zentralen, von einer patinagrünen Kuppel bekrönten Bau ist eine Halle in Form eines griechischen Tempelportikus vorgelagert. Dessen Giebelrelief schmücken Szenen aus Wien im Jahr der Pest. Darüber, auf der Attika, stehen der hl. Borromäus und Allegorien der vier Tugenden, der Bußfertigkeit, Barmherzigkeit, des Gebetseifers und der Religion – allesamt Werke von Lorenzo Mattielli. Auf beiden Seiten des Portikus ragt jeweils eine mit Spiralreliefs verzierte Triumphsäule beinahe bis zur Höhe der Kuppel. Den seitlichen Abschluss bilden zwei Glockentürme, die Freitreppe wird von zwei mächtigen Engelsfiguren (von Franz Caspar) flankiert.

Innenraum

Das farbenreiche Kircheninnere, dank des ovalen Hauptraumes mit seiner hohen Kuppel ohnehin schon von erhabener Größe, wirkt aufgrund der perspektivisch gemalten Scheinarchitektur am unteren Kuppelrand (Gaetano Fanti) noch größer. Das **Kuppelfresko** von Johann Michael Rottmayr (1725–1730), das man – ein ganz tolles Erlebnis! –

Karlskirche, Wien Museum am Karlsplatz

Die Karlskirche: der bedeutendste barocke Sakralbau Wiens

per **Panoramalift** aus unmittelbarer Nähe bewundern kann, aber auch Rottmayrs kleinere Bilder, etwa im Chorbogen, in den Kapellen und über der Orgel, sowie die überreichen Stukkaturen von Albert Camesina verstärken die grandiose Wirkung. Nicht zu vergessen der von Johann Bernhard Fischer von Erlach konzipierte **Hochaltar** mit seiner plastischen Wolkendekoration.

Wieder im Freien, sollte man der mitten im Teich aufgestellten **Plastik von Henry Moore** Aufmerksamkeit schenken. Ihre kühne Schlichtheit läutert die Augen nach all der barocken Üppigkeit.

Wien Museum am Karlsplatz 9

www.wienmuseum.at, Di–So, Fei 9–18 Uhr, Eintritt 6 €, So frei
Westlich der Karlskirche steht die früher Polytechnikum genannte **Techni-**

Auf Entdeckungstour

Auf den Spuren des »Dritten Mannes«

Carol Reeds düsteres Leinwandepos um den Penizillinschieber Harry Lime gilt als ein Meilenstein des europäischen Nachkriegskinos und bis heute als filmisches Denkmal für Wien schlechthin. Ein Besuch des Dritter Mann Museums und der ober- und unterirdischen Drehorte offenbart authentisch die Schattenseiten der Stadt im Kalten Krieg.

Zeit: jeweils ca. 2 Std. für Museum, Spaziergang und Kanaltour.

Dritter Mann Museum 7: Pressg. 25, Tel. 586 48 72, www.3mpc.net, Sa. 14–18, auf Anfrage auch Di 18–20 Uhr, für Gruppen jederzeit n. V., Eintritt 6 € bzw. 4 €.

Burg-Kino 6: Opernring 19, Tel. 587 84 06, www.burgkino.at, Di und So nachmittags sowie Fr spätabends, z. T. andere Termine.

Angebot: verbilligte Kombikarten für Museum, Kino und Führung!

Liebevoll zusammengetragen

Kurz zusammengefasst: amerikanischer Penizillinschieber flüchtet im Nachkriegswien des Jahres 1947 vor der britischen Militärpolizei ins unterirdische Kanalsystem der Stadt.

Der Plot jenes Filmklassikers zog den Fremdenführer Gerhard Strassgschwandtner und seine Frau Karin Höfler so in seinen Bann, dass sie im Herbst 2005 nach Jahren leidenschaftlichen Sammelns als Hommage an Regisseur Carol Reed, Drehbuchautor Graham Greene sowie die Hauptdarsteller Joseph Cotten, Orson Welles, Alida Valli, Trevor Howard, Paul Hörbiger … und natürlich Anton Karas ein eigenes Privatmuseum eröffneten: das **Dritte Mann Museum**. Die äußerst liebevoll zusammengetragene »third man private collection« (3mpc) illustriert den internationalen Erfolg des Kultstreifens anhand von mehr als 1000 Exponaten: Plakaten und Programmen aus 20 Ländern, nahezu 400 Ton- und Filmversionen, vom Schellack bis zur DVD und 80 verschiedenen Buchausgaben von Greenes gleichnamigem Roman. Im Zentrum der Sammlung: die originale Zither, mit der Karas die Filmmusik komponierte, sowie dessen private Fotosammlung. Daneben beleuchten Memorabilien und Dokumente den zeitgeschichtlichen Hintergrund – die von Spionen und alliierten Besatzern, Schwarzhändlern und zerbombten Häusern geprägten Lebensumstände im Nachkriegswien. Zudem bekommt man mittels historischer Kinoprojektoren (Marke Ernemann 7b) eine Schlüsselszene des Films vorgeführt.

Thematische Rundgänge und eine Kanaltour

Wer auf den Spuren Harry Limes die Drehorte kennenlernen will, schließt sich am besten einem der zweimal wöchentlich abgehaltenen Themen-Rundgänge an. Sie führen auf gewundenen Pfaden durch die Altstadt zu seinerzeitigen Locations wie dem Café Mozart und dem Josephsplatz, zum Hof und auf die Mölkerbastei. Wobei man – auch mittels Musikbeispielen und reichem Bildmaterial – vielerlei Interessantes über die Entstehungszeit und -geschichte des Films erzählt bekommt (ganzjährig ohne Anmeldung bei jedem Wetter, Mo, Fr 16 Uhr, Tel. 7748901, www.derdrittemann.at bzw. www.viennawalks.com, Treffpunkt: U4 Stadtpark, Ausgang Johannesgasse, vis-à-vis Hotel Intercontinental, 1 7 €/diverse Ermäßigungen).

Als Ergänzung empfiehlt sich all jenen, die enge Gänge und Stiegen mit feucht-rutschigem Boden sowie herbe Gerüche nicht scheuen, die **Kanaltour**. Veranstaltet von der für Wiens öffentliches Kanalnetz verantwortlichen Magistratsabteilung (MA 30), führt sie hinab zu den düsteren Schauplätzen der legendären Verfolgungsjagd, u. a. an den 7 m unter Straßenniveau verlaufenden Wienfluss-Sammelkanal. Dabei erstehen vor dem geistigen Auge die spektakulären Szenen der Flucht.

Zugleich geht man den Geheimnissen von Wiens Abwassersystem, seiner langen Geschichte und der heutigen technologischen Komplexität dieser ›Stadt unter der Stadt‹ auf den Grund (www.drittemanntour.at, Tel. 40 00 30 33, in allen Hartlauer-Filialen, vielen Trafiken, Karten- und Reisebüros oder vor Ort beim Einstieg, Karlsplatz-Esperantopark vis-à-vis Friedrichstr. 6, 7 €; festes Schuhwerk und strapazierfähige Kleidung nicht vergessen!).

Der Film im Original

Bis heute wird der Film in der Originalversion mehrmals wöchentlich im **Burg-Kino** gezeigt – ein Erlebnis.

Das Wiental

Zum rundum Wohlfühlen
Maghrebinische Freuden für Leib und Seele – zwei Gehminuten vom Museumsquartier entfernt: Café & Deli (11–2 Uhr), Brasserie (18–24 Uhr), Kaviar- und Austernbar (Do–Sa 22–4 Uhr), ein Basar und, allem voran, ein marokkanischer Hamam (Dampfbad) mit Salon de thé (12–22 Uhr) machen das Wohlfühlzentrum **Aux Gazelles** 7 zu einem der schicksten und entspannendsten Treffs der Stadt (Rahlg. 5, Tel. 585 66 45, www.auxgazelles.at, 3-Gänge-Menü in der Brasserie: ab ca. 25 €).

sche Universität 10 mit einer für ihre Entstehungszeit (1816–1618) typischen klassizistischen Fassade, östlich das Wien Museum am Karlsplatz, eine architektonische Scheußlichkeit aus den späten 50er Jahren des 20. Jh. Doch so geschmacklos der dreigeschossige Stahlskelettbau mit seiner glatten Fassade auch ist, so interessant sind seine Sammlungen. Sie dokumentieren den Werdegang Wiens von der Keltenzeit bis in die Gegenwart. Ob Funde aus der Römerzeit, romanische und gotische Bauteile von Sankt Stephan, mittelalterliche Stadtpläne, Dokumente aus der Zeit der Türkenbelagerungen, der ersten industriellen oder der 1848er-Revolution, ob Veduten oder Aktzeichnungen von Schiele, kunsthandwerkliche Gegenstände aus dem Biedermeier oder aus der Wiener Werkstätte – das Museum ist äußerst reich an Exponaten.

Und als museale Besonderheit verschafft – nicht nur für Kinder lehrreich und amüsant – im ersten Stock ein riesiges hölzernes **Modell der Stadt** eine Vorstellung davon, wie Wien um 1850 aussah.

Künstlerhaus und Musikverein

Künstlerhaus 11
www.k-haus.at
Gegenüber der Karlskirche, jenseits des breiten, stetig fließenden Verkehrsstroms, haben zwei altgediente Kunstvereinigungen ihre Heimat. Linker Hand steht die 1861 konstituierte Genossenschaft der bildenden Künstler Wiens. Deren Ausstellungs- und Versammlungsgebäude, das Künstlerhaus (1865–1868), ist der Ringstraßenära gemäß in italienischer Renaissance erbaut und an seiner Frontfassade mit acht Marmorstatuen versehen, die Dürer, Michelangelo, Raffael, Rubens, Leonardo da Vinci, Velázquez, Bramante und Tizian darstellen.

Das Künstlerhaus beherbergte während der 1980er Jahre mehrere **repräsentative Großausstellungen,** u. a. die Schau »Die Türken vor Wien« zum 200. Jahrestag der Zweiten Belagerung Wiens; die später auch in New York und Tokyo gezeigte, von Hans Hollein gestaltete Jahrhundertwende-Ausstellung »Traum und Wirklichkeit« und die große Biedermeier-Schau »Bürgersinn und Aufbegehren«. Bis heute gibt es immer wieder interessante Themenausstellungen zu sehen.

Musikverein 12
www.musikverein.at, Führungen nahezu tgl. um 13.45 Uhr, 5 €
Das rechte Gebäude, der Musikverein, gehört der bereits 1814 gegründeten Gesellschaft der Musikfreunde. Der antikisierende Bau mit seinen charakteristischen rötlichen Fassaden wurde 1867–1869 vom Ringstraßenarchitek-

ten Theophil von Hansen erbaut und dank seines **Goldenen Saales** und dessen einmaliger Akustik weltberühmt. In diesem prunkvoll dekorierten Konzertsaal mit seinen 16 vergoldeten Karyatiden und den Deckengemälden von August Eisenmenger, aber auch in dem kleineren **Brahmssaal** musizierten seit seiner Eröffnung neben den Wiener Philharmonikern als Hausensemble so gut wie alle Starorchester, -solisten und Stardirigenten der Welt.

Im Musikvereinsgebäude sind aber auch die Verkaufsräume der renommierten Klavierfabrik Bösendorfer und seit Kurzem im Kellergeschoss vier kleinere, hypermoderne, regelmäßig mit spannenden Programmen bespielte Konzertsäle untergebracht. Alljährlich am Vormittag des 1. Januar nehmen 100 Mio. Erdenbürger indirekt an einer Veranstaltung im Musikverein teil, wenn die Philharmoniker hier Wiener Walzer, Polonaisen und Polkas spielen.

Palais Schwarzenberg [14]

In diesem fast 300 Jahre alten Palais domiziliert in einem Seitentrakt nach wie vor Karl Schwarzenberg, ein direkter Sproß der hochadeligen Familie, der nach der Wende in Prag als Berater Václav Havels und Außenminister wirkte ... Hinter dem barocken Palais steht das aus halbkreisförmigen Balustraden und einer Soldatenfigur auf hohem Sockel bestehende **Befreiungsdenkmal,** das im Sommer 1945 zur Erinnerung an die Befreiung Wiens durch die Rote Armee der Sowjets und zu Ehren der vielen im Kampf um die Stadt gefallenen Rotarmisten errichtet wurde.

An der Lothringerstraße

Konzerthaus [15]
Programm & Kartenverkauf unter Tel. 24 20 02, www.konzerthaus.at

Am Schwarzenbergplatz

Am südlichen Ende des Schwarzenbergplatzes erinnert seit 1873 der **Hochstrahlbrunnen** [13] an die Vollendung der Ersten Wiener Hochquellenwasserleitung. Seine Anordnung bezeugt das Interesse seines Erbauers für Astronomie: Am Beckenrand symbolisieren 365 kleine Springbrunnen die Tage, die Insel mit den sechs darum gruppierten Springbrunnen die Wochentage mit dem Sonntag. Zwölf hohe Strahlen versinnbildlichen die Monate, 24 niedere die Stunden des Tages, und mit den 30 Strahlen auf der mittleren Insel sind die Monatstage gemeint. In den Sommermonaten ist die Anlage in farbiges Licht getaucht.

Mein Tipp

Würstelstände
Eine sehr wienerische kulinarische Institution sind die häufig bis frühmorgens geöffneten Kioske, an denen nicht selten Theaterbesucher, Büro-Workoholics, Taxifahrer und Prostituierte in trauter Gemeinsamkeit Schmäh führend – also scherzhaft schwatzend – ihren kleinen Hunger zwischendurch stillen. **Beliebte Standplätze** entlang dieser Route befinden sich u. a. an der U4-Station Kettenbrückengasse, Am Naschmarkt/Ecke Getreidemarkt und am Schwarzenbergplatz/Ecke Lothringerstraße.

Der Hochstrahlbrunnen ist im Sommer – zur Freude des Publikums – farbig beleuchtet

Dieser prächtige, in den Jahren 1912/ 1913 nach Plänen von Ferdinand Fellner und Hermann Helmer errichtete Jugendstilbau ist, neben dem Musikverein, Wiens zweiter wichtiger Ort für Konzertveranstaltungen. Das frisch renovierte Haus mit einem großen und zwei kleineren Sälen hat international seit jeher (und verstärkt in den letzten Jahren) vor allem als Aufführungsort für die moderne E-Musik, aber auch für Jazz einen hervorragenden Namen.

In seinem westlichen Trakt logieren mehrere Abteilungen der Hochschule für Musik und darstellende Kunst sowie das **Akademietheater.** Letzteres, eine Dependance des Burgtheaters, hat zehn Monate im Jahr allabendlich Stücke auf seinem Spielplan, die einen intimeren, kammerspielartigeren Rahmen erfordern, als die Hauptbühne am Ring bietet. Sein Ensemble rekrutiert sich aus den Schauspielern der Burg.

Stadtpark

Wer den auf den Gründen des ehemaligen Wasserglacis nach Plänen des Landschaftsmalers Josef Selleny und des Stadtgartendirektors Rudolf Sieböck im englischen Landschaftsstil angelegten Park durch den Eingang links von der Stadtbahnstation betritt, sollte

Adressen

nicht versäumen, einen Blick hinab in das Bett des Wienflusses zu werfen. Das **Jugendstilportal,** durch das der auf einer Strecke von 2 km überbaute Fluss wieder das Freie erreicht, ist ebenso sehenswert wie auch die flankierenden Pavillons, Mauern, Freitreppen und Uferpromenaden.

Kursalon 16

Auf der linken Seite, in der Nähe der Ringstraße, steht der Kursalon. Auf seiner Terrasse versammeln sich den ganzen Sommer über tagtäglich Touristenscharen, die hier – freilich eher im Akkord denn mit Muße – Kaffee und Kuchen konsumieren und gelegentlich auch das Tanzbein schwingen. Beim Schlendern entlang der mäandrierenden Spazierwege des Parks wird der Flaneur nicht nur mehreren Pfauen begegnen, sondern auch zahlreiche Denkmäler entdecken, deren unbestritten meist fotografiertes jenes aus Marmor und vergoldeter Bronze für den Walzerkönig **Johann Strauß Sohn** 17 ist.

Essen & Trinken

Klassisch altwienerisch – **Ubl** 1: Pressg. 26, Tel. 587 64 37, U4 Kettenbrückengasse, Bus 59A, tgl. 11.30–15, 18–22.30 Uhr, ab 10 €. Für Nostalgiker: Holzböden und -täfelungen, der Kanonenofen und die Schank sind von anno dazumal. Serviert wird, im Sommer auch draußen, schmackhafte Hausmannskost, Marke Tafelspitz, Schinkenfleckerl, Zwiebelrostbraten.
Altböhmisch wie im Bilderbuch – **Zu den 3 Buchteln** 2: Wehrg. 9, S. 43.
Echt iranisch – **Apadana** 3: Wehrg. 31/Ecke Hamburger Str., S. 42.
Altwiener Tafelfreuden in Vorstadtidylle – **Silberwirt** 4: Schloßg. 21, S. 37.
Trendy Dining à la Fernost – **Ra'mien** 5: Gumpendorfer Str. 9, Tel. 585 47 98, www.ramien.at, Bus 57A, U2 Museumsquartier, Restaurant: Di–So 11–24, Bar: Di, Mi, So 20–2, Do-Sa 20-4 Uhr, Gerichte 6–11 €. Asiatische Fusionküche (Spezialität: Lamiens-Nudeln) in absolut coolem Ambiente. Nicht teuer, nette Menschen und vor allem beste Qualität. Die im Keller befindliche **Lounge** wurde mit den Möbeln eines China-Restaurants groovig-kitschig ausgestattet und hat sich sehr schnell als neuer Szenetreff etabliert.
Wiener Vorzeige-Café – **Sperl** 6: Gumpendorfer Str. 11, Tel. 586 41 58, www.cafesperl.at, Bus 57A, U2 Museumsquartier, Mo–Sa 7–23, So, Fei (außer Juli/Aug.) 11–20 Uhr. Glaslüster, Marmortische, Thonet-Sessel und Plüschbänke – in diesem 1880 eröffneten Refugium des Alten Wien waren dereinst Künstler wie Franz Lehár und Alexander Girardi fast zu Hause. Heute lässt sich's hier stilgerecht auf einen Opernabend im nahen Theater an der Wien einstimmen. Kleine Speisen, hausgemachte Mehlspeisen, Billardtische, gutes Zeitungssortiment.
Essen und Erholung – **Aux Gazelles** 7: S. 206.
Vinothek & Bistro – **Vinissimo** 8: Windmühlg. 20, Tel. 586 48 88, www.vinissimo.at, U4 Kettenbrückengasse, Mo–Sa 11–23 Uhr (warme Küche: Mo–Fr mittags & abends, Sa durchgehend, tgl. durchgehend kalte Schankerl). In diesem sympathischen Bistro kann man praktischerweise gleich die in der zugehörigen Weinhandlung feilgebotenen Kreszenzen in großer Auswahl glasweise verkosten. Pluspunkt: die vom ambitionierten Koch regelmäßig veranstalteten Spezialitätenwochen.
Exotisch und preisgünstig – **Saigon** 9: Getreidemarkt 7, Tel. 585 63 95, Bus 57A, U2 Museumsquartier, Di–So 11.30–23 Uhr (durchgehend warme Küche), ab 13 €. Essen als Abenteuer

Das Wiental

für die Geschmacksknospen und das Auge – äußerst abwechslungsreiche und immer frische Küche aus Vietnam, Spezialitäten z. B. Meeresfrüchte mit Kokos, Krebse, Enten. Informelles Ambiente, sehr freundlicher Service.

Trendige Adresse am Naschmarkt – **Theatercafé 10**: Linke Wienzeile 6, S. 39.

Stil-Ikone und Boheme-Treff – **Café Museum 11**: Operng. 7, Tel. 586 52 02, www.cafe-museum.at, Mo–Sa 8–24, So, Fei, 10–24 Uhr. Klassische Raststation am Beginn des weitläufigen Karlsplatzes (Ecke Operng.). Der Innenraum des ›Museums‹ wurde 1899 von Adolf Loos gestaltet und war damals Ziel heftiger Kritik. Die ästhetischen Prinzipien des revolutionären Stilpuristen sind in den kürzlich neu renovierten Räumen trotz Umgestaltung noch präsent; gute typische Kaffeehausküche.

Steirischer Einschlag – **Gmoa Keller 12**: Am Heumarkt 25, S. 37.

Anspruchsvoll und ohne Schnickschnack – **Entler 13**: Schlüsselg. 2, S. 36.

Milch und Käse – **Meierei im Steirereck 14**: S. 212.

Einkaufen

Lustvoll stöbern – **Flohmarkt 1**: S. 48 und S. 198.

Witziger Designer-Konzept-Store – **wieWien 2**: Kettenbrückeng. 5, U4 Kettenbrückengasse, Tel. 06 99 11 34 93 38, www.wiewien.at. Originelle Geschenk- und Souvenirartikel, Bücher, Musik aus und über Wien, interpretiert von namhaften heimischen Designern von heute.

Spice und Books for Cooks – **Babette's 3**: Schleifmühlg. 17, U4 Kettenbrückengasse, www.babettes.at. Tolles Sortiment an Kochbüchern auf Englisch und Deutsch, dazu gibt es exotische Gewürze.

Rares Vinyl – **Teuchtler 4**: Windmühlg. 10, U2 Museumsquartier, Mo–Fr 13–18, Sa 10–13, jeden 1. Sa im Monat bis 17 Uhr. Von Jazz- und Klassikkennern für seine Plattenraritäten und die fachkundige Beratung hoch geschätzt.

Afrikanisches (Kunst)Handwerk – **Habari 5**: Theobaldg. 16, U2 Museumsquartier, www.habari.at, Mo–Do 11–19, Fr ab 10, Sa bis 17 Uhr. Authentisches Kunstgewerbe, Dekor und Accessoires aus Schwarzafrika im Erdgeschoss. Ergänzend im Souterrain – bei freiem Eintritt! – regelmäßig Sonderausstellungen mit traditionellen und modernen Bildern, Skulpturen und Installationen zeitgenössischer Künstler aus Europa und Afrika.

Qualitätsdesign aus den 1920ern bis 1970ern – **Lichterloh 6**: Gumpendorferstr. 15–17, S. 47.

Pikantes für Feinschmecker – **Gegenbauer Essig 6**: Naschmarkt, S. 46.

Aktiv & Kreativ

Tiererlebnis für Jung und Alt – **Haus des Meeres 1**: Fritz-Grünbaum-Platz 1, im Esterhazy-Park, Tel. 587 14 17, www.haus-des-meeres.at, U3 Neubaugasse, Bus 13A/14A, Station Amerlingstr., tgl. 9–18, Do bis 21 Uhr, 11,30 € (div. Ermäßigungen). Aqua Terra Zoo im ehemaligen Flakturm auf insgesamt 3500 m^2 mit Süß- und Seewasserabteilung (darin Korallenriffe und Österreichs größtes Haibecken), Terrarien, Tropenhaus und Krokipark mit frei fliegenden Vögeln und herumlaufenden Äffchen; empfehlenswert: der **Panoramablick vom Dach.**

Für Schwindelfreie mit Kondition – **Kletterwand 1**: Adresse s. o., Haus des Meeres/Flakturm Esterhazy-Park, Tel. 585 47 48, www.oeav-events.at/OEAV/kletteranlagen, sommers tgl. ab 14 Uhr bis zum Einbruch der Dämmerung. An der Außenwand des Flakturmes (ein Betonkoloss aus dem Zweiten Weltkrieg) kann man sich angeseilt in der Senkrechten über den städtischen Alltag erheben. Auf der 34 m hohen Hauptwand, einer Gesamtfläche von über 700 m^2, sorgen 4000 Griffe und mehr als 20 Routen vom vierten bis zum achten Grad für Kurzweil. Im Angebot: (Schnupper-) Kurse, Tages- und Saisonkarten, Materialverleih vor Ort.

Walzermelodien – **Kursalon** 2 : Johannesg. 33, Stadtpark, Tel. 512 57 90, U4 Stadtpark, Straßenbahn 1, 2, www.kursalonwien.at. Strauß- und Mozart-Konzerte des Salonorchesters Alt Wien, Gesangs- und Balletteinlagen inkl., tgl. 20.15 Uhr, kombinierbar mit Galadinner im hauseigenen **Restaurant Johann;** schöne Sommerterrasse mit Blick in den Stadtpark.

Schlittschuhvergnügen für Groß und Klein – **Wiener Eislauf-Verein** 3 : Lothringer Str. 22, Tel. 713 63 53-0, www.wev.or.at, Mitte Okt.–Anfang März Mo, Sa, So, Fei 9–20, Di, Do, Fr bis 21, Mi bis 22 Uhr. Wiens zentrale Adresse für jene, die im Winter Runden oder Pirouetten drehen möchten – zwischen Konzerthaus und Hotel Inter-Continental gelegen, über 6000 m^2 groß, Schuhverleih und Gastronomie vor Ort.

Abends & Nachts

Gepflegter Schick – **Motto** 1 : Schönbrunner Str. 30/Ecke Rüdigerg., U4 Kettenbrückengasse, Tel. 587 06 72, www.motto.at, U4 Pilgramgasse, tgl. 18–3.15 Uhr (Küche bis 3 Uhr), ab 15 €. Seit Jahrzehnten ist das hippe Restaurant ein In-Treff für die Hetero- und auch Schwulenszene. Besonders stimmungsvoll: die Bar; tadellos die Küche. Mit im Angebot: Cocktails, Zigarren, Vegetarisches und zu Wochenanfang flambierte Steaks.

Wiedergeburt einer Lokallegende – **Café Drechsler** 2 : Linke Wienzeile 22, U4 Kettenbrückengasse, Tel. 581 20 44, www.cafedrechsler.at, Di–Sa 3–24 (!), So 3–24, Mo 8–2 Uhr, Gerichte 6–9 €, tgl. zwei günstige Menüs um 7,20 €. Das ob seiner unorthodoxen Öffnungszeiten legendäre Lokal am Naschmarkt wurde kürzlich vom britischen Stardesigner Sir Terence Conran mit viel Fingerspitzengefühl umgestaltet und hat erneut das Zeug zu einem Klassiker. Kulinarisch werden traditionelle Kaffeehausküche, Wiener Schmankerl und Saisonales (s. Wochenkarte) geboten. Dazu serviert man regelmäßig, nämlich So 14–18 sowie Di und Mi 18–22 Uhr, Guest-Acts live an den Turntables.

Geheimtipp für Nachtvögel – **Café Amacord** 3 : Rechte Wienzeile 15, U4 Kettenbrückengasse oder Karlsplatz, Tel. 587 47 09, tgl. 10–2 Uhr, Tagesteller: 6.30 €. Beliebter Ankerplatz nach Mitternacht. Gemütliche Atmosphäre, gute, teilweise feine Küche zu moderaten Preisen, Schach, reichhaltiges Sortiment an Gesellschaftsspielen und internationalen Zeitungen, buntes Publikum, smoothe Musik.

Schlemmen und Schauen – **Kunsthalle-Café** 4 : Karlsplatz, Treitlstr. 2, vis-à-vis der Secession, U1, U2, U4 Karlsplatz, Tel. 587 00 73, www.kunsthallewien.at, tgl. 10–2 Uhr. Das in einem postmodernen Glaskubus installierte Café ist einer der Szene-Treffs von Wien. Sein großer Garten dient der Boheme als Sonnendeck. Auf der Karte feiern Wiener, internationale und afrikanische Küche Hochzeit. Tagsüber sehr kinderfreundlich (mit Spielplatz!), jeden Abend legt ein DJ auf. Fazit: äußerst beschwingend.

State-of-the-art-Music-Club – **Sass** 5 : Karlsplatz 1, S. 52.

»Der Dritte Mann« im Original – **Burg-Kino** 6 : S. 205.

Lieblingsort

Milchmädchenrechnung
Eine helle Milchbar mit weißen Möbeln und ebenso livriertem Personal, zwei Schaukästen und vier Schauwagen mit insgesamt 120 Käsesorten aus 13 verschiedenen Ländern zum Hier-Essen oder Mitnehmen, dazu diverse Kaffees und Milch(mix)getränke und – viel gepriesen – jeden Nachmittag stündlich frische Strudel … Die **Meierei im Steirereck** 14 macht mit der Qualität sowohl ihrer Speisen als auch ihres Service dem ein Stockwerk höher gelegenen Gourmetrestaurant Steirereck, zu dem es gehört, alle Ehre. Zumal sie auch eine kleine Hauptspeisenkarte mit Schnitzel, Gulasch, Beuschel, Mehlspeisen und, ab 17 Uhr, ein Vier-Gang-Menü anbietet. Besonders angenehm gabelt, löffelt, nippt und schlürft es sich bei Schönwetter auf der direkt über dem Wienfluss gelegenen Terrasse (Am Heumarkt 2A, im Stadtpark, Tel. 713 31 68, www.steirereck.at, Mo–Fr 8–23, Sa, So 9–19 Uhr, Fei geschl., Meierei-Menü 36 €, Mittagsgerichte 6,50–16,50 €).

Das Beste auf einen Blick

Schloss Schönbrunn und Umgebung

Highlight!

Schloss Schönbrunn: Die einstige Sommerresidenz der Habsburger, mit Schauräumen, prächtigem Park, dem ältesten Zoo der Welt und vielen weiteren Attraktionen ist unbedingt einen Besuch wert. S. 216

Auf Entdeckungstour

Stationen des Wiener Jugendstils: Werkbund, Wotruba, Wagner & Co.: Auch in den westlichen Außenbezirken, fernab der touristischen Einzugsgebiete, findet sich so manche bauliche Kostbarkeit. Die Besichtigung der über die Bezirke 13, 14 und 23 verstreuten Perlen lässt sich gut mit einem halben Tag in Schönbrunn kombinieren. S. 220

Kultur & Sehenswertes

Wagenburg: Mehr als 60 prunkvolle Krönungs- und Trauerwagen, Schlitten und Sänften, dauerhaft geparkt in den Hallen der ehemaligen Winterreitschule. 3 S. 216

Tiergarten: Der 1752 begründete und damit älteste – freilich in jüngsten Jahren sorgsam und nachhaltig modernisierte – Zoo der Welt; dazu ein riesiges Palmen- & ein Wüstenhaus. 5 S. 216

Technisches Museum: In- und ausländischer Erfindergeist von der k.u.k.-Zeit bis heute, teils herrlich altmodisch, teils hoch modern veranschaulicht. 12 S. 219

Aktiv & Kreativ

Irrgarten und Labyrinth: zwei unlängst nach historischen Plänen wieder erschaffene schöne Orte; dazu ein Spielplatz zum Herumtollen. 11 S. 219

Genießen & Atmosphäre

Café Gloriette: Melange und Kuchen im lichten Ambiente des ehemaligen Aussichtspavillons Maria Theresias. 2 S. 222

Café Dommayer: Wo einst Johann Strauß aufgeigte – renommiertes Lokal mit elegant-plüschiger Ausstattung und lauschigem Garten für ein gutbürgerliches Publikum. 6 S. 222

Hietzinger Bräu: Mekka für Rindfleischliebhaber, wo man Tafelspitz und Co. traditionell zubereitet kredenzt bekommt. 8 S. 222

Abends & Nachts

Marionettentheater: Entzückende Unterhaltung für Jung und Alt. 1 S. 223

Schlosskonzerte: Mozart- und Straußmelodien in der Orangerie, evtl. kombiniert mit Dinner und Schlossführung. 2 S. 223

Schloss Schönbrunn !

Wer den Glanz der Donau-Monarchie wieder aufleben lassen möchte, muss neben der Hofburg auch Schloss und Garten von Schönbrunn durchwandern. Die 5 km oder 9 U-Bahn-Minuten westlich des Stadtzentrums am Ufer des Wienflusses gelegene ehemalige Sommerresidenz der Kaiserfamilie ist Österreichs meistbesuchtes Touristenziel. Bis zu 11 000 Schaulustige suchen in der Hauptsaison täglich den Palast heim.

Schlossgeschichte

Erst wer auf der Gloriette, dem alles überragenden, von Maria Theresia erbauten klassizistischen Kolonnadenbau steht, im Rücken die noch recht naturbelassenen Wälder des Fasangartens, vor sich das weite, wenn auch inzwischen verbaute Wienflusstal, kann verstehen, warum sich Maximilian II. anno 1569 in diesen Landstrich verliebte, die sog. Kattermühle samt Gutshof, Wiesen und Äcker erstand und in ein Jagdschloss mit Garten und Teichen umbauen ließ. Erst wer an der Westseite durch den Botanischen und den Tiroler Garten auf diesen Hügel gestiegen ist, erahnt, warum sich Franz Stephan, Maria Theresias Gatte, und nach ihm Erzherzog Johann, der Sohn Leopolds II., bevorzugt in diesen Refugien der Stille und Wissenschaft aufhielten. Und erst wer von dort oben auf die imperiale Pracht zu seinen Füßen hinabschaut, kann sich vorstellen, wovon der Hofarchitekt Johann Bernhard Fischer von Erlach träumte, als er – die türkischen Belagerer hatten das Jagdschloss inzwischen zerstört – 1692/1693 seinen ersten Entwurf für den Neubau vorlegte: ein gigantomanisches, auf Höhe der heutigen Gloriette gelegenes Gebäude – eine Art Über-Versailles, mit dem Bauherr Joseph I. dem feindlichen Frankreich Paroli bieten und die Größe Karls V. beschwören sollte.

Von Maria Theresia bis Franz Joseph

Allerdings fehlten für dieses Riesenprojekt sowohl das Geld als auch der nötige Größenwahn. Stattdessen beginnt man 1695 mit der Verwirklichung eines zweiten, bescheideneren Entwurfs. Er wird 1713 fertiggestellt. Keine 40 Jahre später lässt Maria Theresia das Schloss von Nikolaus Pacassi wieder umbauen und im Inneren auf Rokoko trimmen. Ihr sind u. a. das Millionenzimmer mit seinen 260 auf Pergament gemalten Miniaturen aus Indien, das Vieux-Laque-Zimmer mit den ostasiatischen Lacktafeln, das Napoleon-Zimmer mit den riesigen Brüsseler Tapisserien und der prachtvolle Festsaal im Zentrum des Schlosses, die Große Galerie, zu verdanken – allesamt Prunkräume, die man noch heute im Originalzustand besichtigen kann. Es folgen unter Joseph II., dem Römisch-Deutschen Kaiser, Jahre der prunkvollen Feste, nach dem Tod Leopolds II. ein Jahrzehnt der Verwaisung und schließlich zwei Intermezzi (1805 und 1809), während derer Napoleon in Schönbrunn kurzfristig Hausherr spielt. Dessen Sohn, der Herzog von Reichsstadt, sollte hier, von der Außenwelt abgeschnitten und von der Tuberkulose gepeinigt, bis zu seinem frühen Tod im Jahr 1832 leben.

Während der Regentschaft von Franz II./I. wird der insgesamt 180 m lange und 1200 Zimmer umfassende Komplex zur »dauernden Residenz der österreichischen Kaiser«, und unter Franz Joseph I. auch zum zweiten Regierungssitz. Monarchen aus ganz

Schloss Schönbrunn

Infobox

Reisekarte: ▶ E–H 14–17

Ausgangspunkt
Erreichbar ist Schönbrunn wegen der vor Ort begrenzten Parkmöglichkeiten am besten mit der U-Bahn-Linie 4 (Station Schönbrunn bzw. Hietzing) oder der Straßenbahn, Linie 58 bzw. 10.

Öffnungszeiten Schönbrunn
Schauräume: 8.30–17, Juli, Aug. bis 18, Nov.–März bis 16.30 Uhr, mit Audioguide: Imperial Tour, 22 Räume in ca. 35 Min., 9,50 €/Kinder 5,90 €, Grand Tour, 40 Räume in ca. 50 Min., 12,90 €/ 7,90 €, Letztere mit Führung: 14,40 €/ 8,90 €.
Park: April–Okt. tgl. ab 6, Nov.–März ab 6.30 bis zur Dunkelheit, also je nach Jahreszeit 17.30–21 Uhr, Zutritt kostenfrei, April–Okt. jeden 2. und 4. So 2-stündige Gartenarchitektur-Führung, Beginn: 14.30 Uhr, Res.: Tel. 811 13-239, 14,50 €.
Wagenburg: April–Okt. tgl. 9–18, Nov.–März Di–So 10–16 Uhr, 4,50 €/3 €.
Tiergarten: tgl. 9 Uhr bis zur Dunkelheit (spätestens bis 18.30 Uhr), www.zoovienna.at, 12 €/5 €, Kinder bis 6 Jahre frei, Kombikarte mit Palmen- und Wüstenhaus bzw. auch mit Riesenrad.
Palmenhaus: Einlass Mai–Sept. 9.30– 18, Okt.–April bis 17 Uhr. Kombikarte mit Wüstenhaus und Zoo, 3,50 €/1,70 €.
Gloriette/Aussichtsterrasse: Juli/Aug. 9–19, April–Juni, Sept. bis 18, Okt. & 2. Märzhälfte bis 17 Uhr, 1,99 €/1 €
Irrgarten, Labyrinth, Labyrinthikon: April, Juni, Sept. 9–18, Okt./Nov. bis 17, Juli/Aug. bis 19 Uhr, 2,90 €/1,70 €.
Kronprinzengarten (mit Broderieparterre, Laubengang und Treillagepavillons): Juli/Aug. 9–18, Mitte März bis Ende Juni, Sept., Okt. bis 17 Uhr, 2 €/0,90 €
Kindermuseum: Sa, So, Fei 10–17 Uhr, zu Ferienzeiten tgl. (Themenführungen!), 6,50 €/4,90 €.
Marionettentheater: Programme/Information Tel. 817 32 47, www.marionettentheater.at (s. u.).
Panoramabahn: April–Okt. 10–18 Uhr im Halbstunden-Rhythmus, sommers durch den Schloss- und Tierpark, in Letzterem schon ab Feb.

Informationen
Schloss Schönbrunn Kultur- und BetriebsGmbH, Tel. 81 11 30, www.schoenbrunn.at.
Empfehlenswert sind **Kombi-Tickets:** April–Okt. Schönbrunn Classic Pass um 15,90 €/Kinder 8,50 €, Nov.–März Winter Pass um 23 €/12 € (Details: s. Website).

Europa geben einander die schmiedeeisernen Torklinken in die Hand.

Obwohl Schönbrunns Bedeutung als Schauplatz der europäischen Geschichte gegen Ende des 19. Jh. mehr und mehr schrumpft (die Entscheidungen fallen jetzt häufiger in den Staatskanzleien und Parlamenten oder auf den Barrikaden), wächst seine Anziehungskraft auf die Wiener Bevölkerung. Es gehört zum guten Ton, in Hietzing zu wohnen oder auf dem dortigen Friedhof begraben zu sein. Die Konzerte von Walzerkönig Johann Strauß im benachbarten Kasino Dommayer sind das Abendvergnügen der Schickeria, und das warme ›Schönbrunnergelb‹ der Schlossfassade samt ihrer grünen Holzjalousien ist Vorbild für Abertausende von Schlösschen, Vil-

Schloss Schönbrunn und Umgebung

Sehenswert
1. Schlosshof
2. Eingang zu den Schauräumen
3. Wagenburg
4. Gloriette
5. Tiergarten
6. Schlosstheater
7. Römische Ruine
8. Obelisk
9. Taubenhaus
10. Palmenhaus
11. Irrgarten und Labyrinth
12. Technisches Museum

Essen & Trinken
1. Café-Restaurant Residenz
2. Café Gloriette
3. Kaiserpavillon
4. Tirolerhof
5. Schönbrunner Stöckl
6. Café Dommayer
7. Mario
8. Hietzinger Bräu
9. Zum blauen Esel

Abends & Nachts
1. Marionettentheater
2. Schlosskonzerte in der Orangerie
3. Bar, Café und Restaurant Reigen

len und Bürgerhäusern in der ganzen Monarchie.

Schönbrunn heute

Der Tourist, der heute die Atmosphäre in und um Schönbrunn wahrnimmt, wird diese Anziehungskraft durchaus nachfühlen können. Er kann kaum mehr ahnen, dass vor einem Vierteljahrhundert vieles noch im Argen lag, die Wagenburg z. B. mehr einer Garage als einem Museum ähnelte und Brunnen trocken lagen. Wohl auch wegen dieser und vieler anderer Schändlichkeiten und nicht nur wegen des schlechten Marketings und des geringen Profits hat die Republik Österreich das Nationalheiligtum 1992 einem privaten Betreiber überantwortet. Seither wird die gesamte Anlage merklich besser vermarktet. Schloss und Gloriette wurden in wesentlichen Teilen aufwendig restauriert und erstrahlen allabendlich im Scheinwerferlicht.

Schlossbesichtigung

Die meisten Touristen begnügen sich damit, **Schlosshof** 1 und Fassade zu bestaunen, ein paar wenige Schritte in das Gartenparterre zu tun und sich durch die **Schauräume** 2 schleusen zu lassen. Nur wenige sehen sich in der **Wagenburg** 3, der ehemaligen Winterreitschule, die mehr als 60 prunkbeladenen Krönungskarossen, Jagd- und Trauerwagen, Schlitten und Reisesänften, die Schabracken (Pferdedecken) und Livreen (Dieneruniformen) aus dem späten 17. bis frühen 20. Jh. an oder steigen über die Serpentinen bis zur **Gloriette** 4 mit ihrem neuen Kaffeehaus hinauf. Und kaum jemand stattet einem der Barockjuwele, dem architektonisch einmaligen **Tiergarten** 5 oder dem **Schlosstheater** 6 einen Besuch ab, kaum jemand nimmt sich die Zeit, durch den von Jean Trehet nach französischem Vorbild gestalteten **Park** zu schlendern und die darin verborgenen Baudenkmäler aufzuspüren, die romantisch verwachsene **Römische Ruine** 7 beispielsweise, den **Obelisken** 8, das **Taubenhaus** 9 oder das **Palmenhaus** 10, das bei seiner Eröffnung 1882 immerhin die weltweit reichhaltigste Sammlung exotischer Pflanzen beherbergte. Dabei vermitteln erst diese leiseren Teile der Anlage ein tieferes Verständnis für die spezifische Atmosphäre Schönbrunns und damit auch für das Wesen seiner einstigen Bewohner, der Habsburger.

Es gibt ansehnliche Buch- und Souvenirläden, mehrere Cafés, neben dem Palmen- auch ein Wüstenhaus, einen **Irrgarten samt Labyrinth** 11 sowie ein **Kindermuseum** und ein **Marionettentheater** 2.

Im Ehrenhof finden im Advent ein sehr stimmungsvoller Christkindlmarkt und in der warmen Jahreszeit immer wieder glamouröse Konzerte mit Weltstars wie Carlos Santana oder Elton John, Barbara Streisand oder Anna Netrebko statt. Und der ehemals veraltete Zoo hat dank seinem erst kürzlich pensionierten Generaldirektor Helmuth Pechlaner einen enormen Aufschwung erlebt und ist mit jährlich mehr als 2 Mio. Besuchern zum Publikumshit avanciert.

Technisches Museum 12

Mariahilfer Str. 212, www.tmw.at,
Mo–Fr 9–18, Sa, So 10–18 Uhr
In Sichtweite von Schloss Schönbrunn finden sich in diesem Prunkbau aus der k.u.k.-Zeit auf 22 000 m² Technik- und Designgeschichte in wunderbar altmodischer Opulenz nacherzählt. Die permanente Ausstellung, die historische Exponate in Kombination mit interaktiven Elementen präsentiert, wird regelmäßig durch interessante Sonderschauen zu technischen oder naturwissenschaftlichen Themen ergänzt. Auch für Kinder spannend: Die interaktiven Objekte machen durch das Prinzip »Ursache – Wirkung« Technik auch für die Kleinsten erfahrbar.

Auf Entdeckungstour

Stationen des Wiener Jugendstils

Wagner, Wotruba, Werkbund & Co.: Auch in den westlichen Außenbezirken, fernab der touristischen Einzugsgebiete, findet sich so manche architektonische Kostbarkeit. Die Besichtigung der über die Bezirke 13, 14 und 23 verstreuten Perlen lässt sich gut mit einem Halbtagesbesuch in Schönbrunn kombinieren.

Zeit: 2 Std. bis halber Tag.

Planung: am einfachsten mit dem (Miet-)Wagen oder Taxi; mühsamer, aber durchaus machbar per ›Öffi‹ (s. bei den jeweiligen Bauten).

Start: z. B. an der Endstation der U4 in Hütteldorf

Einer der führenden Jugendstilarchitekten: Otto Wagner

Im Zuge des U-Bahnbaus in den 90er Jahren des 19. Jh. und der Wiederinbetriebnahme der Schnellbahn S 45 schuf Otto Wagner (1841–1918) die Stationsgebäude, die sog. **Stadtbahnpavillons,** und renovierte etliche Hoch- und Streckenbauten (entlang der S 45 bzw. Linien U4 und teilweise auch U6, Info: http://progs.wiennet.at/ottowagner).

Für sich selbst errichtete Wagner 1886–1888 die **Villa Wagner,** ein Repräsentationsgebäude in Form der ›freien Renaissance‹ mit offenem Portikus und Pergolen. Das Bauwerk (s. Foto links) ist heute im Besitz des Malers Ernst Fuchs und als Museum für dessen Werk gestaltet (Hüttelbergstr. 26, Tel. 9148575, Bus 148 oder 152 bzw. 10 Gehminuten von U4 Hütteldorf, Innenführungen Mo–Fr für Gruppen ab 10 Pers. nach tel. Voranmeldung möglich).

Ein weiteres Wagner-Werk und das sakrale Hauptwerk des Wiener Jugenstils ist die **Kirche Am Steinhof** (1906–1907). Bei der Ausführung des monumentalen, kreuzförmigen Zentralbaus mit der hohen, von Kupferplatten bedeckten Kuppel trafen Tradition und moderne Baugedanken aufeinander. Die Außenfassaden schmücken weiße genietete Marmorplatten, der Innenraum ist in lupenreinem Jugendstil eingerichtet. Die Entwürfe für die Glasfenster stammen von Kolo Moser (s. Foto S. 78/79; Baumgartner Höhe 1, Bus 48A, geöffnet: bei Messen jeden So und Fei um 9 Uhr und zur Besichtigung bei freiem Eintritt jeden Sa 16–17 Uhr, Führungen jeden Sa um 15 Uhr, 6 €).

Begnadeter Wagner-Schüler: Josef Hoffmann

Das **Sanatorium Purkersdorf** (1904) ist Josef Hoffmanns wichtigster und wegweisender Bau in Wien, bei dem die Reduktion auf kubische und plattenförmige Elemente vollkommen gelungen ist. Hoffmann (1870–1956) war Gründungsmitglied der Wiener Secession und federführend in der Wiener Werkstätte tätig. Das Sanatorium wurde übrigens 1926 von Leopold Bauer aufgestockt (Purkersdorf, westl. der Wiener Stadtgrenze, Wiener Str. 74, Schnellbahn ab Westbahnhof bis Purkersdorf-Sanatorium).

Eine der mit viel Liebe zum Detail erbauten Hoffmann'schen Repräsentationsvillen ist die **Villa Skywa-Primavesi** (1913–1915) mit ihrer klassischen Vorderfront. Hoffmanns Streben bei Projekten wie diesem war es, biedermeierliche Effekte und moderne Bauformen zu vereinen (Gloriеtteg. 18, Straßenbahn 60 ab U4 Hietzing bis Station Wenzgasse).

Wichtigste Manifestation der Moderne in Österreich

Die 1930–1932 erbaute **Werkbundsiedlung** präsentiert den internationalen Architekturstil in Form einer Mustersiedlung mit verschiedenen Häusertypen internationaler und Wiener Architekten. Unter ihnen: Josef Frank (Gesamtleitung und Auswahl), Gerrit Rietveld, Josef Hoffmann, Adolf Loos, Hugo Häring, Anton Brenner, Oswald Haerdtl, Margarete Schütte-Lihotzky, Richard Neutra (Jagdschloßg./Veitingerg., Bus 54B/55B ab U4 Ober St. Veit).

Schichtung monumentaler Blöcke

Die 1974–1976 entstandene **Kirche Zur heiligsten Dreifaltigkeit,** ein sakraler Zyklopenbau, ist die einzigartige Manifestation von Fritz Wotrubas (1907–1975) bildhauerischem Konzept aus geschichteten Betonkuben (Georgenberg, Georgsg./Ecke Ryserg.,Bus 60A ab Endstation Straßenbahn 60).

Schloss Schönbrunn

Essen & Trinken

Kaffeekultur und Strudelshow – **Café-Restaurant Residenz** 1: im Kavalierstrakt (Nr. 52), Tel. 24 10 00, www.cafe-wien.at, tgl. 9 Uhr bis Ende Park-Öffnungszeit (Küche ab 11 Uhr), Hauptgerichte ab 9 €. Kulinarische Klassiker von Tafelspitz bis Kaiserschmarrn in gediegenem Rahmen. Sonderattraktion: die **Apfelstrudel-Shows** in der zugehörigen Hofbackstube (tgl. 10–17 zu jeder vollen Stunde, jeder Besucher erhält für daheim ein Originalrezept).

Traumpanorama über Schönbrunn – **Café Gloriette** 2: in der Gloriette, Tel. 879 13 11, www.gloriette-cafe.at, Mitte April–Okt. tgl. 9–mind. 17 Uhr, kleine Speisen 3,50 €–9 €. Grandioses Ambiente im lichtdurchfluteten Aussichtspavillon, im Sommer mit Terrassenbetrieb und Blick vom Hügel hinab auf Schloss und Park, kleine Speisenkarte, hervorragende Mehlspeisen (Sisi-Torte!). Sa, So, Fei: musikalisches Frühstücksbuffet »wie zu Kaisers Zeiten« (reserv., p. P. 25 €), vom ›Tal‹ aus auch per Panoramabahn (s. S. 217) erreichbar.

Tafeln im Tiergarten – **Kaiserpavillon** 3: s. Lieblingsort, S. 224.

Alpin, deftig, rustikal – **Tirolerhof** 4: im Schlosspark, am Rand des Tiergartens, Zugang: vom Schlossparterre per pedes oder Panoramabahn (s. S. 217), ab U4 Hietzing: Autobusse 15A, 51A, 56B, 156B, mit Pkw über Elisabethallee, Gratisparkplätze am Seckendorff-Gudentweg, www.kaiserpavillon.at, tgl. 9 Uhr bis zur Dunkelheit, ab 7 €. Original Tiroler Gasthaus, 1997 neu erbaut nach Plänen des knapp 200 Jahre zuvor hier errichteten Tiroler Bauernhauses. Herzhaftes von Speckjause und Schlutzkrapfen bis zu Spinat- und Tiroler Knödel.

Preiswerte Hausmannskost – **Schönbrunner Stöckl** 5: Schönbrunn/Meidlinger Tor, Tel. 813 42 29, www.schoenbrunnerstoeckl.com, U4 Schönbrunn, tgl. 11–21.30 Uhr, ab 11 €, Mo–Fr Tagesmenüs um 5,50 €. Ausgezeichnete gute, dabei äußerst günstige italienische, böhmische und Wiener Küche.

Traditionsreich und gutbürgerlich – **Café Dommayer** 6: Auhofstr. 2, Tel. 87 75 46 50, www.oberlaa-wien.at, U4 Hietzing, Straßenbahn 58, 60, tgl 7–22 Uhr, ab 10 €. Traditionsadresse im Herzen des noblen Hietzing, die noch den *Genius loci* von Schani Johann Strauß verströmt; gute Mehlspeisen, Kaffeehausküche. Einrichtung Marke Plüsch-Bugholz-Kristalllüster, großer Garten mit Veranda und Musikpavillon.

Mediterrane Leichtigkeit – **Mario** 7: Lainzer Str. 2, Tel. 876 90 90, www.mario-hietzing.at, U4 Hietzing, Straßenbahn 58, 60, tgl. 80.30, Küche 11–23 Uhr, ab 22 €. Pastaküche, Grill und Bar umschreiben als Schlüsselbegriffe das Konzept dieses im warmen Ton von Holz und Leder mit zeitgemäß-legerer Eleganz gestalteten Lokalneulings. Fisch- und Fleischgerichte vom Grill, tgl. frische Teigwaren, dazu feine Patisserie, frische Säfte, leichte Weine, ein hochwertiges Kaffeeangebot.

Mekka für Rindfleischliebhaber – **Hietzinger Bräu** 8: Auhofstr. 1, U4 Hietzing, Straßenbahn 58, 60, Tel. 87 77 08 07, www.plachutta.at, Mo–Fr 11.30-15, 18–23.30 Uhr, Sa, So, Fei durchgehend warme Küche, ab 24 €. Mekka für Liebhaber der Altwiener Rindfleischtradition, wo man zwischen Kruspelspitz, Scherzl und Meisel unterscheidet und das Gekochte nach alter Art in der Rindssuppe und mit Kren (= Meerrettich), Erdäpfeln und Schnittlauchsauce serviert. Im Zweifelsfall probieren: den Klassiker Tafelspitz.

Gehobenes Vorstadtgasthaus – **Zum blauen Esel** 9: Hadikg. 40, Tel. 895 51 27, www.blauer-esel.at, U4 Hietzing, Straßenbahn 10, 58, Mo–Sa (außer Fei) 18–1 Uhr, ab 20 €. Trotz der Lage an

Adressen

Die Gloriette, einst als krönender Abschluss der Parkanlage gebaut, dient heute als Kaffeehaus

Wiens viel befahrener, westlicher Ausfallstraße entpuppt sich das Lokal als sehr gemütliches Gasthaus mit einem idyllischen, von Kastanienbäumen wunderschön beschatteten Garten mit gehobener Vorstadtküche (mit kleiner wechselnder saisonaler Tageskarte).

Abends & Nachts

Entzückend altmodisch – **Marionettentheater 1**: Hofratstrakt, Programme/Infos Tel. 817 32 47, www.marionettentheater.at. Hochprofessionelle Bühne, was Spielführung und Ausstattung betrifft, Repertoire: bunt gemischt, von Aladin bis Zauberflöte, Oper, Musical, aktuelle Stoffe, spezielle Programme auch für Kinder. Aufführungen im Sommerhalbjahr beinahe tgl., winters vorwiegend an Wochenenden.

An authentischem Platz – **Schönbrunner Schlosskonzerte in der Orangerie 2**: Schönbrunner Schlossstr. 47, Zugang vis-à-vis der U4-Station Schönbrunn, Tel. 81 25 00 40, www.vienna-schoenbrunn-tickets.com oder www.imagevienna.com, U4 Schönbrunn, Konzertbeginn: ganzjährig tgl. um 20.30 Uhr, Tickets 39–75 €, auf Wunsch kombinierbar mit einer Schlossbesichtigung und/oder einem Dinner (stilvolles dreigängiges Abendmenü) für 49–109 €. Als Veranstaltungsort eine Institution: Kammermusik von Mozart, Strauß und Co. auf professionellem Niveau in authentischer Location, nämlich dem ehemaligen Palmenhaus.

Erfrischend vielfältiger Musikclub – **Bar, Café und Restaurant Reigen 3**: Hadikg. 62, Kennedybrücke, Tel. 894 00 94, www.reigen.at, U4 Hietzing, Straßenbahn 10, 58, tgl. 18–4 Uhr (Küche bis 3.30 Uhr!), Menüs ab 7,50 €. Immer wieder originelle Live-Gigs, tageweise auch Discobetrieb. Nebenan gute und preiswerte Küche, frische Salate, Vegetarisches, Wokgerichte, jeden Mo Spare Ribs, Fr frischer Fisch.

Lieblingsort

Zu Gast im »Frühstückspavillon des Kaisers«

Ist ein stilvollerer und zugleich origineller Platz zum Tafeln denkbar? Oder zum Jausnen (wie der ›gelernte‹ Wiener das nachmittägliche Zusammensitzen bei Kaffee und Kuchen zu nennen pflegt)? Im **Kaiserpavillon** 3 im Tiergarten, den sich Franz I. Stephan von Lothringen 1759 höchstderoselbst bauen ließ, kann man – umgeben von Fresken, Ölbildern und Spiegeln – in hochbarocker Pracht schwelgen und auch bestens essen. Besonders stimmungsvoll sitzt sich's hier, im Herzen des immerhin ältesten **Tiergartens** 5 der Welt, im Sommer auf der Terrasse mit Rundblick auf die historischen Zwinger. Wo sonst kann man beim Verdauungsspaziergang nach Griesnockerlsuppe, Tafelspitz und Apfelstrudel Elefanten, Panthern oder Rhinozerossen tief ins Auge schauen? (Zugang: Maxingstr. 13b, Tel. 879 35 56 10, www.kaiserpavillon.at, tgl. 9 Uhr bis zur Dunkelheit, spätestens bis 18.30 Uhr, ab 13 €.)

Das Beste auf einen Blick

Westliche Vorstadt

Highlight!

Museumsquartier: Das MQ, ein städteplanerisches Gesamtkunstwerk aus barocken Stallungsbauten und postmoderner Architektur, bietet neben einer geballten Ladung Kunst als Freizeitzone auch ein intensives urbanes Lebensgefühl – und zwar zu jeder Jahreszeit. 13 S. 234

Auf Entdeckungstour

Museale Highlights im MQ: Hinter barocken Mauern wartet eines der größten Museumsareale der Welt. Das Spektrum reicht von Schiele über Warhol bis zur heutigen Avantgarde. In den Besichtigungspausen genießt man das bunte Treiben in den mit Cafés, Loungeliegen und Spielen möblierten Höfen. 13 S. 236

Kultur & Sehenswertes

Schubert-Geburtshaus: Ein typisches Stück Altwiener Vorstadt – das Pawlatschenhaus, in dem der Liederfürst 1797 das Licht der Welt erblickte. 1 S. 228

Liechtenstein Museum: Ein Fest für alle Sinne – das Prachtpalais des berühmten Adelsgeschlechts, das unter seinem Dach barocke Gemälde, Skulpturen, Möbel und Tapisserien beherbergt. Zusätzlich erlebenswert: Sonntagskonzerte und Barockgarten. 2 S. 228

Sigmund-Freud-Museum: Das Haus, in dem Sigmund Freud von 1891 bis zu seiner Emigration 1939 wohnte und arbeitete, birgt jetzt ein dem weltberühmten Seelenarzt gewidmetes Museum. 5 S. 229

Aktiv & Kreativ

Summerstage: Open-Air-Gastronomie für alle Geschmäcker, stimmige Musik und jede Menge Freizeitspaß direkt am Donaukanal. 1 S. 240

Genießen & Atmosphäre

Spittelberg: Biedermeier pur gleich hinter dem MQ – in den autofreien Gässchen dieses mustergültig sanierten Vorstadtbezirks laden Handwerksboutiquen und gemütliche Esslokale zum Verweilen. 11 S. 233

Abends & Nachts

Highlife am Gürtel: Unter Otto Wagners Stadtbahnbögen sind seit einiger Zeit eine Reihe schicker In-Lokale beheimatet, in denen nachts bei Livemusik von House bis Hip-Hop die Post abgeht. 1 – 3 S. 233

Alsergrund, Josefstadt, Neubau – Schubert, Freud, Schiele & Co.

Im 9. Bezirk, dem Alsergrund, lässt sich auf den Spuren von Wiens weltberühmten Medizinern und Seelenkundlern wandeln. Im 8., der Josefstadt, und mehr noch auf dem Spittelberg wird zwischen Bassenahäusern und Schanigärten das Wien des Biedermeier lebendig. Dazwischen passiert man von stattlichen Gründerzeithäusern gesäumte Straßen. Und im brandneuen Museumsquartier regiert uneingeschränkt die Kunst des 20. und 21. Jh. Für den Spaziergang durch diesen alles in allem gutbürgerlichen Teil von Wien sollte man sich mindestens drei, vier Stunden Zeit nehmen – doppelt so viel, will man die vielen Museen entlang des Weges eingehender inspizieren.

Infobox

Reisekarte: ▶ L–O 8–12

Tipp
Wandern Sie auch mal abseits der beschriebenen Route mäandrierend durch die weiter westlich gelegenen Gassen. Zu entdecken gibt es, vor allem an Linden- und Siebensterngasse, Lerchenfelder-, Westbahn- und Gumpendorferstraße und deren Seitengassen, jede Menge schräge Boutiquen, Ateliers, Beisln und Bars. Die Josefstadt (8. Bezirk), Mariahilf (6.) und der Neubau (7.) haben sich zu einem veritablen Revier der jungen Creative Industries gemausert. Und die Neubaugasse, Josefstädter und Mariahilfer Straße zählen zu *den* Shoppingmeilen der Stadt.

Am Alsergrund

Schubert-Geburtshaus 1
Di–So, Fei 10–13, 14–18 Uhr
Das Geburtshaus Franz Schuberts ist ein eingeschossiger, über 200 Jahre alter Bau mit den für seine Zeit typischen Hoftrakten und durchlaufenden Balkonen, sog. Pawlatschengängen. Das Museum im 1. Stock versetzt den Besucher in die Welt des frühen 19. Jh. Es zeigt zeitgenössische Ansichten der Wiener Vorstadt, Faksimile von Notenblättern und Dokumenten, Stiche und Lithografien von ›Franzls‹ Angehörigen und seinen Freunden und auch zwei originale Hammerklaviere.

Liechtenstein Museum 2
Fr–Di 10–17 Uhr; Konzerte ganzjährig So 11, 15 Uhr, Tickets um 30 € inkl. Museumseintritt & Führung um 13.30 Uhr
Das Museum ist einer der jüngsten Wiens: Es ist 2004 eröffnet worden. Kunstschätze von Weltrang aus dem Besitz der gleichnamigen Fürstenfamilie sind zu sehen, u. a. eine der größten Rubens-Sammlungen sowie Werke von Cranach, Raffael und Rembrandt, daneben kostbare Skulpturen, Waffen, Porzellan etc. Das aufwendig restaurierte Palais bildet mit Rottmayr-Fresken, prächtiger Bibliothek und elegantem Garten einen herrlich barocken Rahmen. Hörenswert sind die **Konzerte im Herkulessaal**.

Strudlhofstiege 3
Schräg gegenüber führt die Strudlhofstiege über einen kleinen Steilhang hinauf zur Währinger Straße. Diese 1910 von Johann Theodor Jäger entworfene

reizvolle Anlage aus Treppen, Rampen, Kandelabern und einem Brunnen ist durch Heimito von Doderers gleichnamigen Roman weltberühmt geworden – als magischer Ort, an dem die Schicksale der handelnden Personen immer von neuem eine entscheidende Wendung nehmen.

Josephinum 4
Mo 9–16 (Führung um 11), Di 9–16, Do–So, Fei 10–18 Uhr
Hügelan erreicht man das Josephinum. Der repräsentative frühklassizistische Bau, den Joseph II. nach Plänen von Isidor Canevale 1783–1785 als medizinisch-chirurgische Militärakademie hat erbauen lassen, ist heute Sitz des Instituts für Geschichte der Medizin. Dessen Museum dokumentiert die Entwicklung der Wiener Medizinischen Schulen. Es enthält auch die berühmte Sammlung anatomisch-geburtshilflicher Wachspräparate, an denen zur Zeit Josephs II. angehende Ärzte das Innere des Menschen studieren konnten.

Palais Clam-Gallas
Direkt vis-à-vis steht das 1834/35 erbaute Palais Clam-Gallas (ursprünglich Dietrichstein). In dem stattlichen klassizistischen Bau ist heute das **Französische Kulturinstitut** untergebracht.

Sigmund-Freud-Museum 5
www.freud-museum.at, Okt.–Juni tgl. 9–17, Juli–Sept. 9–18 Uhr
Unscheinbar, aber höchst bedeutsam – die Wohnung Sigmund Freuds in der Berggasse 19. An diesem Ursprungsort der Psychoanalyse, zu dem täglich aus aller Welt Dutzende von Jüngern des großen Seelenerkunders pilgern, wurde 1971 ein für jedermann zugängliches Museum eingerichtet. Foyer und Warteraum der großbürgerlichen Wohnung wurden z. T. im ursprünglichen Zustand belassen, teilweise sorgfältig rekonstruiert. Das ursprüngliche Ambiente des Behandlungszimmers hingegen ist nur noch auf einer Montage großformatiger historischer Aufnahmen ersichtlich. Statt der Originaleinrichtung (selbst die legendäre Couch steht heute in London) beherbergt der durch gepolsterte Doppeltüren schallisolierte Raum eine Fotogalerie, die den Werdegang Freuds von der Kindheit im mährischen Freiberg bis zum Tod im Londoner Exil (1939) zeigt. In Vitrinen ist ein Teil seiner wertvollen Sammlung von Fetischen, Totems und anderen Kultgegenständen ausgestellt.

Altes Allgemeines Krankenhaus 6

Das Alte Allgemeine Krankenhaus, ein weitläufiger Komplex, den Reformkaiser Joseph II. in den 80er Jahren des 18. Jh. nach dem Vorbild des Pariser Hôtel Dieu schaffen ließ, wird heute als Universitätscampus genutzt. Statt in vielen kleinen sollten die Patienten in einem großen Spital untergebracht sein – ein zu dieser Zeit neues, höchst humanitäres Prinzip, dem die Gemeinde Wien 200 Jahre später und ein paar Blocks weiter mit dem Bau des Neuen Allgemeinen Krankenhauses, einem gigantischen Betonmonster, immer noch, nun freilich auf eher unzeitgemäße Weise, huldigte. In dem alten Bau wurden seinerzeit nicht nur Kranke betreut und uneheliche Kinder entbunden, sondern auch Sieche und Findelkinder auf Dauer versorgt.

Pathologisch-Anatomisches Bundesmuseum
Eingang: Spitalg. 2, www.narrenturm.at, Mi 15–18, Do 8–11, jeden 1. Sa. im Monat 10–13 Uhr, Fei geschl.

Westliche Vorstadt

Sehenswert
1. Schubert-Geburtshaus
2. Liechtenstein Museum
3. Strudlhofstiege
4. Josephinum (Museum zur Geschichte der Medizin)
5. Sigmund-Freud-Museum
6. Altes Allgemeines Krankenhaus mit Pathologisch-Anatomischem Bundesmuseum
7. Volkskunde-Museum
8. Piaristenkirche
9. Theater in der Josefstadt
10. Mechitaristenkloster
11. Spittelberg
12. Volkstheater
13. Museumsquartier (MQ)

Essen & Trinken
1. Centimeter
2. Espresso Hobby
3. D'Landsknecht
4. Schnattl
5. Hummel
6. Spatzennest
7. Schon Schön
8. Elliefant
9. St. Joseph
10. Glacisbeisl
11. St. Charles-Alimentary
12. Weltcafé
13. Die Wäscherei
14. Amerlingbeisl
15. Lux
16. Das Möbel
17. Lokale im MQ (Café Leopold, Halle, mumokka, Milo, Kantine, MQdaily)

Einkaufen
1. Living Vienna
2. Park
3. Lila Pix
4. Das Möbel
5. phil
6. Werkstätte Carl Auböck
7. Be a good girl
8. Wabi Sabi
9. M-ARS
10. Lichterloh
11. Brillen.Manufaktur
12. subotron shop

Aktiv & Kreativ
1. Summerstage am Donaukanal

Abends & Nachts
1. B72
2. Chelsea
3. rhiz
4. Blue Box
5. Phönix-Bar & -Supperclub
6. Frauencafé
7. Donau

Der 1784 im 13. Hof der labyrinthischen Krankenhausanlage erbaute **Narrenturm**, ein fünfgeschossiges, rundes Gebäude, war bis 1860 Heimstatt der Geisteskranken. Heute beherbergt er das Pathologisch-Anatomische Bundesmuseum, ein in seiner Art weltweit einmaliges skurriles Horrorkabinett, das Zartbesaitete tunlichst meiden, Menschen mit einer Ader für Gruselig-Abseitiges und einem starken Magen aber getrost besuchen sollten. Im engen, kreisförmigen Schauraum im 1. Stock erwarten einen dann in Formalin gelegte, grauenhaft deformierte Föten und von Nikotin zerfressene Lungen, verkrümmte Skelette, Zeichnungen und Fotos absurder Verkrüppelungen. ›Glanzstücke‹ dieser Sammlung sind mehrere 100 Wachsmoulagen, höchst naturgetreue Nachbildungen einzelner von Ekzemen, Geschwülsten und Entzündungen furchtbar entstellter Körperteile, ferner die ›Steinsammlung‹ des Professor Leopold Ritter von Dittel, eines Adeligen, der für die interessierte Nachwelt in Hunderten von Fläschchen unzählige Gallen- und Nierensteine aufbewahrt hat.

Das Quartier Latin Wiens
In den 13 Höfen des ehemaligen Krankenhauses erblüht seit einigen Jahren studentisches Leben. Vor allem am Abend ist hier die angehende Akademikerschaft in Beisln, Bars, Pizzerias und vor allem im **Uni-Bräuhaus** mehr oder weniger geschlossen anzutreffen.

In der Josefstadt

Volkskunde-Museum 7
www.volkskundemuseum.at,
Di–So 10–17 Uhr
Ein Museum gänzlich anderer Art ist jenes für Volkskunde im ehemaligen Gartenpalais Schönborn. Es verschafft,

Westliche Vorstadt

im wunderschönen, von Johann Lukas von Hildebrandt 1706–1711 barockisierten architektonischen Rahmen, einen guten Überblick über die historischen Lebensgewohnheiten, die Trachten und Festbräuche des Volkes in den Ländern zwischen Boden- und Neusiedler See. Wobei temporäre Ausstellungen immer wieder auch überregional-europäische Aspekte der Ethnografie thematisieren. Im zugehörigen, für die Allgemeinheit zugänglichen **Schönborn-Park** kann man aufs Angenehmste Luft und Stille tanken.

Piaristenkirche [8]
In unmittelbarer Nähe stößt man auf ein weiteres Barockjuwel: die Pfarr- und Ordenskirche Maria Treu, kurz Piaristenkirche genannt. Auch sie entstand ursprünglich (vermutlich) nach Plänen von Johann Lukas von Hildebrandt, wurde aber erst 1771 vollendet. In ihrem Inneren sind besonders die Deckenfresken von Franz Anton Maulbertsch und die Orgel, auf der einst Anton Bruckner und Franz Liszt spielten, zu erwähnen. Die prachtvolle, leicht gewölbte Kirchenfassade bildet gemeinsam mit dem Piaristenkolleg (linker Flügel) und dem Löwenburgkonvikt (rechter Flügel) den sehr malerischen Kirchenplatz.

Theater in der Josefstadt [9]
www.josefstadt.org
Schräg gegenüber steht Wiens älteste ständig bespielte Bühne: das Theater in der Josefstadt. 1788 als privates Schauspielhaus eröffnet und 1822 vom bekannten Biedermeier-Architekten Josef Kornhäusel grundlegend umgebaut, war es seither oft Schauplatz denkwürdiger Bühnenereignisse: Franz Molnars »Liliom« (1913) wurde hier mit großem Erfolg uraufgeführt, ebenso wie Hugo von Hofmannsthals »Schwieriger« (1924). Neben Sprechstücken standen häufig auch Opern, Singspiele und Ballette auf dem Programm. Zu Anfang des 20. Jh. wurde ›die Josefstadt‹ außerdem zur Heimstatt für Avantgarde-Autoren wie Frank Wedekind oder August Strindberg. Sein heutiges Aussehen verdankt das Haus dem Theatergenie Max Reinhardt. Der hatte hier in den 1920er Jahren nicht nur ein hochkarätiges Ensemble um sich geschart, sondern auch einen stilgerechten Umbau veranlasst. Seither gilt das Theater in der Josefstadt mit seinem intimen und plüschigen Inneren als Bühne für moderne Gesellschaftsstücke und elegante Kammerspiele sowie als Hort gehobener, typisch wienerischer Schauspielkunst.

Lenaugasse
Die Lenaugasse ist ein Paradebeispiel für eine Vorstadtgasse aus dem frühen 19. Jh. und zudem zur Gänze makellos renoviert. Man sollte sich Zeit nehmen, all die klassizistischen Fassaden, geschwungenen Portale, Fensterbekrönungen und Giebel, aber auch die Stiegenhäuser und Innenhöfe genau zu betrachten. Hier ist das Biedermeier durch keinerlei späteren Zusatz verwässert.

Mechitaristenkloster [10]
Kloster, Kirche und Museum sind n. V. zu besichtigen, Tel. 523 64 17
In der kurzen kopfsteingepflasterten Mechitaristengasse lebt hinter dem Tor der Hausnummer 4 seit vielen Generationen, von Wienern wie von Touristen in gleichem Maße unbemerkt, ein Grüppchen armenischer Mönche, die Mechitaristen. Ihr Kloster (1836–38 von Josef Kornhäusel erbaut) und ihre Kirche (1874 nach Plänen Camillo Sittes von Heinrich von Ferstel geschaffen) sind architektonische Kleinode.

Das **Museum** des Klosters besitzt eine numismatische Sammlung von

Spittelberg

Mein Tipp

Highlife am Gürtel
Jahrzehntelang war er ein verkehrsumtostes Halbweltrevier. Doch Ende der 1990er Jahre hat die Stadtverwaltung dem sechsspurigen Gürtel neues Leben eingehaucht; wurde er in einigen Abschnitten zur schicken Kultur- und Gastrozone umgestaltet. Hotzone für Nachtschwärmer sind der Lerchenfelder- und der Hernalser Gürtel, in dessen ziegelgemauerten U-Bahn-Bögen sich diverse Beisl und Läden niedergelassen haben, und Musiklokale wie **B72** 1, **Chelsea** 2 oder **rhiz** 3 die Nacht mit Live-Gigs zum Tage machen (B 72, Hernalser Gürtel/Stadtbahnbögen 72, www.b72.at, tgl. 20–4 Uhr; Chelsea, Lerchenfelder Gürtel/Stadtbahnbögen 29–31, www.chelsea.co.at, tgl. 18–4 Uhr; rhiz, Lerchenfelder Gürtel/Stadtbahnbögen 37, www.rhiz.org, Mo–Sa 18–4, So 18–2 Uhr.).

40 000 Münzen, wertvolle Teppiche und Gemälde, alte kirchliche Paramente und liturgische Geräte sowie eine **Bibliothek** mit 200 000 Bänden.

Spittelberg 11

Jenseits der Burggasse erwartet den Stadtflaneur ein besonders malerisches Revier, der Spittelberg. In dem Geflecht aus Gässchen zwischen Stift-, Breite- und Siebensterngasse, von dem Fußgänger über Treppen übrigens direkt in das Areal des benachbarten Museumsquartiers gelangen können, sind beinahe alle Bürgerhäuser vom Beginn des 19. Jh. erhalten geblieben. Das ganze Viertel ist Fußgängerzone und dient der Stadtverwaltung als Musterbeispiel für die in den späten 1970er Jahren in Angriff genommene Revitalisierung der Vorstädte. Es lockt mit seinen zahlreichen Kunsthandwerksläden und gemütlichen Beisln zum Bummeln und Einkehren.

Ecke Burg- und Breitegasse stößt man übrigens auf eine kleine Kuriosität: das offiziell ausgewiesene **kleinste Haus von Wien.**

Volkstheater 12
www.volkstheater.at
100 Schritte weiter gelangt man zum Volkstheater, einem wenig aufregenden, aber für viele Theaterbauten in der k.u.k.-Monarchie charakteristischen Gebäude aus der Gründerzeit, stammen seine Pläne doch von dem extrem produktiven Architektenduo Ferdinand Fellner & Hermann Helmer, das in den Jahren 1873–1919 in der gesamten k.u.k.-Monarchie und darüber hinaus an die 50 Theaterbauten geschaffen hat. Es hat vor allem aufklärerische Volks- und Politstücke auf dem Spielplan.

Palais Trautson
Vom Hauptportal des Volkstheaters aus gesehen liegt rechter Hand an der nächsten Straßenecke das Palais Trautson, ein prächtiges, in den Jahren 1710–1712 nach Plänen Johann Bernhard Fischer von Erlachs erbautes Barockpalais.

Westliche Vorstadt

Typische Gasse mit Beisl auf dem Spittelberg

Museumsquartier! 13

www.mqw.at

Vom Volkstheater aus linker Hand beginnt der riesige Komplex der ehemaligen Hofstallgebäude, der sich nach Süden bis zur Mariahilfer Straße erstreckt. Der Barockbau gab in den vergangenen Jahrzehnten Ursache für recht hitzige Diskussionen. Hintergrund: Immer wieder hatten Kulturpolitiker die Absicht geäußert, den 1723–1725 von Fischer von Erlach junior und senior ursprünglich für 600 kaiserliche Pferde und 200 Kutschen erbauten Stall in ein Museumsquartier umzuwandeln.

Bauplan

1990 endlich nahm der preisgekrönte Plan des Architekten Laurids Ortner für den Riesenkomplex im Detail Gestalt an. Obwohl klar war, dass die Barocktrakte unberührt bleiben und die modernen Gebäudeteile sich in die Umgebung mehr oder weniger einfügen würden, witterten traditionsbewusste Bürger Verrat an der historischen Bausubstanz und protestierten. Der Unmut war groß und verzögerte jahrelang den Baubeginn; erst Anfang 1998 konnte es losgehen. Wobei viele Modernisten bis heute ungehalten darüber sind, dass die ursprünglich viel wagemutigeren Pläne von der Politik immer wieder gezügelt wurden.

Im Jahr 2001 feierte man schließlich die Eröffnung jenes urbanistischen Gesamtkunstwerks und seiner Museen, das seither, mit dem Kultkürzel **MQ** bezeichnet, als eines der zehn größten Kulturareale der Welt international von sich reden macht und für jeden am Gegenwartsgeschehen interessierten Wien-Besucher zur Pflichtstation zählt (Details s. S. 236 bzw. S. 66, S. 67, S. 69).

Essen & Trinken

Belegte Brote nach Maß – **Centimeter** 1: Liechtensteinstr. 44, Ecke Bauern-

Adressen

feldplatz, Tel. 470 06 06 43, www.centimeter.at, Straßenbahn D, Mo–Do 10–24, Fr, Sa 11–1, So, Fei 11–24 Uhr, Brot pro cm 0,15 €/0,20 €, Hauptgerichte ab 7 €. Originell und sehr günstig im Preis-Leistungs-Verhältnis: Die Speisekarte in Form eines Zollstocks verspricht u. a. vielerlei dick belegte Riesenschwarzbrote, die man nach Zentimetern bezahlt. Andere **Filialen** entlang dieser Route: Lenaug. 11 und Stiftg. 4.

Kalorientankstelle für Nostalgiker –
Espresso Hobby 2 : Währinger Str. 9, Tel. 405 22 48, www.espressohobby.at, U2 Schottentor, Mo–Fr 7–19, Sa ab 8 Uhr, Hauptspeisen ab 5,10 €. Winziges, sehr originelles Ecklokal in grandiosem Resopal-Skai-Retro-Stil. Hausmannskost Marke faschierte Laibchen, Berner Würstel oder geröstete Knödel mit Ei, Tagesgerichte, hausgemachte Mehlspeisen, Strudel. Musik (Soul), manchmal Livekonzerte. Kleiner Schanigarten.

Tadellose Wiener Küche – **D'Landsknecht** 3 : Porzellang. 13, Tel. 317 43 48, www.landsknecht.at, U4 Roßauer Lände, tgl. 10–1, Küche bis 24 Uhr, ab 9 €. Gleich neben dem renommierten Wiener Schauspielhaus und unweit vom Liechtenstein Museum lädt dieses gemütlich-rustikale Gasthaus zum Besuch. Dunkle Holzvertäfelung, ein schöner Schankraum und verfeinerte Hausmannskost mit saisonalen Schwerpunkten. Herz, was willst Du mehr?

Edelbeisl mit steirischem Einschlag –
Schnattl 4 : Lange Gasse 40, S. 37.

Allround-Talent mit Vorstadtflair –
Hummel 5 : Florianig. 19, Tel. 405 53 14, www.cafehummel.at, U6 Josefstädterstraße, Straßenbahn 2, 5, 33, Mo–Fr 7–24, So, Fei 8–24 Uhr, Mittagsmenü (große Portionen) 6,50 €. Übertriebenen Schick kann man diesem Lokal-Dinosaurier aus den 1950er Jahren nicht vorwerfen. Dafür handelt es sich hier um eines der klassischen Café-Restaurants in der westlichen Vorstadt. Urwienerisch-gemischtes Publikum, sehr legere Atmosphäre.

Beislidylle pur – **Spatzennest** 6 : Ulrichsplatz 1, S. 39.

Restaurant, Friseurladen & Schneiderei
– Schon Schön 7 : Lindeng. 53, S. 39.

English, please! – **Elliefant** 8 : Neubaug. 45, Tel. 06 81 83 11 25 80, www.elliefant.com, variable Öffnungszeiten, U3 Neubaugasse, Mo–Fr ca. 10–16 Uhr, ab 5 €. Hier herrscht »the british way of sandwich«. Was puritanisch klingt,

Lustvoll brunchen – der Luxus eines ausgedehnten Frühstücks
Weltcafé 12 : Schwarzspanierstr. 15, Tel. 405 37 41, www.weltcafe.at, U2 Schottentor, tgl. 9–2, Brunch: So 10–15 Uhr – mit Fairtrade- und Bioprodukten sowie musikalischen Überraschungen.
Die Wäscherei 13 : Albertg. 49, Tel. 409 23 75 11, www.die-waescherei.at, U6 Josefstädterstraße, Straßenbahn 2, 5, 33, Mo–Fr 17–2, Sa 10–2, So 10–24, Brunch: Sa, So, Fei 10–16 Uhr – nach dem Motto »Chillen mit dem Bauch« wird auf einer langen Tafel fein und üppig aufgetischt.
Amerlingbeisl 14 : Stiftg. 8, Tel. 526 16 60, www.amerlingbeisl.at, U3 Volkstheater, tgl. 9–2, Brunch: Sa, So, Fei 9–15 Uhr, à la carte oder vom Buffet.
Lux 15 : Schrankg. 4, Tel. 526 94 91, www.lux-restaurant.at, U3 Volkstheater, Mo–Fr 11–2, Sa, So 10–2, Brunch: So, Fei 11–15 Uhr – vielfältig-üppiges Buffet, im Winter unterm Glasdach.
Das Möbel 16 : Burgg. 11, Tel. 524 94 97, www.dasmoebel.at, U3 Volkstheater, tgl. 10–1, Brunch: Sa, So, Fei 10–16 Uhr; s. auch: Rubrik Einkaufen, S. 240.

Auf Entdeckungstour

Museale Highlights im MQ

Hinter barocken Mauern wartet eines der weltgrößten Kulturareale: das Museumsquartier, kurz MQ 13. Das Spektrum des zu Entdeckenden reicht von Schiele über Warhol bis zur gegenwärtigen Avantgarde. In den Besichtigungspausen genießt man das bunte Treiben in den mit Cafés, Loungeliegen und Spielen möblierten Höfen.

Zeit: 3 Std. bis halber Tag.

Infos/Tickets: MQ Point, Info-Ticket-Shop am Haupteingang des MQ, tgl. 10–19 Uhr, Tel. 523 58 81 17 31 (aus dem Ausland) bzw. 08 20 600 600 (Inland), www.mqw.at. Dort auch ermäßigte Kombi-, Familien-, Art- und Duo-Tickets.

Öffnungszeiten: MUMOK, www.mumok.at, tgl. 10–18, Do bis 21 Uhr, Eintritt 9 €/7,20 €; Leopold Museum, www.leopoldmuseum.org, tgl. 10–18, Do bis 21 Uhr, Eintritt 9 €/5,50 €; AzW, www.azw.at, tgl. 10–19 Uhr, Überblicksführungen jeweils 1. & 3. Mi im Monat um 18 Uhr; KUNSTHALLE wien, www.kunsthallewien.at, tgl. 10–19, Do bis 22 Uhr, Eintritt 7,50 €/6 €.

Ein Mekka moderner Kunst

Steht man zwischen Kunst- und Naturhistorischem Museum und dreht der Hofburg den Rücken zu, hat man die schlossähnliche, mehr als 350 m lange Fassade der ehemals kaiserlichen Hofstallungen vor sich. Der in pudrigem Apricot getünchte Barockbau ist Teil jenes in den 1990ern von Grund auf sanierten und mit modernen Zubauten erweiterten Gebäudekomplexes, der unter dem Kürzel **MQ** (für Museumsquartier) mittlerweile jährlich über 3 Mio. Besucher anlockt.

Auf dem 60 000 m^2 großen Gelände finden sich barocke und postmoderne Architektur, kulturelle Institutionen aller Größenordnungen, verschiedene Kunstsparten und Erholungseinrichtungen zu einem spektakulären Ganzen vereint, das den Wienern sowohl als künstlerisches Labor und Archiv als auch als Alltagstreffpunkt dient.

Das Spektrum der im MQ beheimateten Institutionen reicht von großen Kunstmuseen über Ausstellungsräume für Zeitgenössisches bis zu Festivals. Dazu gesellen sich unter dem Sammelnamen quartier21 diverse autonome Plattformen für die Auseinandersetzung mit Kunsttheorie, diverse Kulturlabors und Produktionsstudios für Design, Mode, Musik, Visual Arts, Neue Medien, Künstlerateliers für Artists-in-Residence sowie Einrichtungen für Kinder. Pflichtstationen für jeden Kunstinteressierten sind die im Folgenden genannten:

Black Box …

Die Hauptanziehungspunkte des MQ bilden die beiden kühn zwischen die Barocktrakte gesetzten Riesenkuben. Der vom zentralen Eingang aus betrachtet rechte, ein düster und monolithisch wirkender Basaltlavablock, beherbergt das **Museum für moderne Kunst,** kurz **MUMOK** genannt. Kubismus, Futurismus, Konstruktivismus, Surrealismus, Art informel und abstrakter Expressionismus – kaum eine Stilrichtung, ein -ismus der klassischen Moderne, der in dieser Sammlung, nicht mit wichtigen Werken präsent wäre.

Und auch die wesentlichen Tendenzen der Nachkriegszeit wie Pop-Art, Fluxus, Fotorealismus, Wiener Aktionismus, Nouveau Réalisme, Konzeptkunst, Minimal Art und Arte povera finden sich in dem hermetisch verhüllten, fast bis zur Hälfte in der Erde versenkten Quader dokumentiert.

Die überaus reichen Bestände stammen mehrheitlich aus der Stiftung des rheinländischen Schokoladenfabrikanten und milliardenschweren Mäzens Peter Ludwig. Die Liste der vertretenen Maler liest sich wie das Who's who der internationalen Künstlerprominenz und reicht von Picasso, Ernst und Magritte über Oldenburg, Warhol, Twombly, Pollock, Baselitz und Richter bis zu ganz aktuellen Arbeiten aus den Bereichen Foto-, Video- und Medienkunst.

… und White Cube

Ungleich heiterer, aber auch traditioneller wirkt das Pendant zur Black Box des MUMOK, der White Cube des **Leopold Museums.** Hinter seiner mit Muschelkalkstein verkleideten und von zahlreichen Fenstern durchsetzten Fassade hat eine grandiose Kollektion der Wiener Secession, der Frühmoderne und des österreichischen Expressionismus ihre Heimat gefunden.

40 Jahre lang hatte ihr Namenspatron, der Wiener Augenarzt Rudolf Leopold, mit frenetischer Sammelleidenschaft mehr als 5000 Werke zusammengetragen, die er nach längerem Hin und Her Ende der 1990er Jahre

zwecks dauerhafter Zurschaustellung in diesem Haus dem österreichischen Staat veräußerte.

Auf der 5400 m² großen Ausstellungsfläche fand zwar nur ein kleiner Teil des Schatzes Platz. Doch ist das Gezeigte – u. a. Hauptwerke von Gustav Klimt, Oskar Kokoschka, Richard Gerstl, Herbert Boeckl, Anton Faistauer und Alfred Kubin sowie Möbel und Designobjekte der Wiener Werkstätte und Kunst aus Afrika, Ozeanien und Fernost – allemal imposant. Und der Bestand an Werken Egon Schieles ist in Größe und Qualität sogar weltweit unübertroffen.

Lebendiger Ausstellungsort
Das **Architekturzentrum Wien (AzW)** ist als Informations-, Wissens- und Forschungszentrum Österreichs erste Adresse für Architekturinteressierte und zugleich einziges Museum zum Thema – mit einer Dauerausstellung, jährlich mehreren großen Wechselausstellungen sowie kleineren Produktionen. Der Schwerpunkt liegt hierbei auf der Architektur des 20. und 21. Jh.

Zugleich bietet es vor Ort wie auch online einen vielseitigen professionellen Service, u. a. einschlägige Publikationen, ein Archiv, Stadtrundgänge und Exkursionen.

Aktuelles Kunstgeschehen
Die **KUNSTHALLE wien** in der ehemaligen Winterreithalle fungiert als Schauplatz für themenspezifische Ausstellungen, die Entwicklungen und Zusammenhänge von der Moderne zum aktuellen Kunstgeschehen vermitteln. Programmatische Schwerpunkte sind Fotografie, Video, Film, Installation, Neue Medien. Weitere Themenbereiche sind Retrospektiven bedeutender zeitgenössischer Künstler und Beiträge zur österreichischen Kunst nach 1945.

Weitere wichtige Institutionen
ZOOM Kindermuseum: Tel. 524 79 08, www.kindermuseum.at, S. 69 und S. 73
Dschungel Wien, Kindertheater: Tel. 522 07 20-20, www.dschungelwien.at, S. 73
Tanzquartier Wien: Tel. 581 35 91, www.tqw.at
Veranstaltungshallen E und G: Tel. 524 33 21, www.halleneg.at
Freiraum/quartier21: tgl. 10–20 Uhr, http://quartier21.mqw.at
designforumMQ: Tel. 524 49 49 0, www.designforum.at

1 MUMOK
2 Leopold Museum
3 KUNSTHALLE wien
4 AzW
5 Zoom Kindermuseum
6 Dschungel Wien
7 (a+b) Tanzquartier Wien
8 Veranstaltungshallen E+G
9 Freiraum/quartier 21
10 designforumMQ

Adressen

schmeckt durchaus köstlich: frisch belegte Toastbrote, dazu eine tgl. wechselnde »heartwarming soup«, ein Hotdish und frische Säfte. Ideal für den mittelgroßen Hunger zwischendurch.

Vegetarisch essen & biologisch einkaufen – **St. Joseph** 9 : Zollerg. 26/Mondscheing. 10, Tel. 526 68 18, U3 Neubaugasse, Mo–Fr 9–19, Sa 9–16 Uhr. Ausgezeichnete Mittagsmenüs (um 7 €) wie z. B. Polentabällchen mit Karottengemüse und Lauchsoße, dazu Linsencreme oder Avocadodip oder Topinambur-Chips, zehn verschiedene Kartoffelsorten u. v. m. Angeschlossen: sorgsam sortierter Naturkostladen.

Lokalklassiker nach MQ-Besuch – **Glacisbeisl** 10 : Museumsplatz 1 (Zugang über MQ-Eingang Breite Gasse bzw. die Stiege beim MUMOK), Tel. 526 56 60, www. glacisbeisl.at, U3 Museumsquartier, Straßenbahn 49, tgl. 11–2 Uhr, ab 16 €, Mo–Fr Mittagsmenü um 7,60 €. Traditionsreiches, freilich komplett runderneuertes Gastro-Relikt aus der Zeit vor dem MQ, dessen Repertoire einen Mix aus klassischer Wiener und altösterreichischer Küche mit mediterranem Einschlag bietet. Im Sommer schöner Schanigarten.

Höchst originelles Minilokal für Naturapostel – **St. Charles-Alimentary** 11 : Gumpendorfer Str. 33, S. 40.

Verlängertes Sonntagsfrühstück – **Adressen rund ums Brunchen** 12 – 16 : s. Tipp S. 235.

Schmaus & Trank nach dem Kunstgenuss – **die Gastroszene im MQ** 17 : U2 Museumsquartier oder Volkstheater. Nach dem Besuch bei Schiele, Klimt & Co. schaut man im **Café Leopold** vorbei, das an manchen Abenden mit einer eigenen DJ-Line begeistert und im Sommer eine schöne Terrasse bietet (So–Mi 10–2, Do–Sa 10–4 Uhr). Im Café-Restaurant **Halle** wirft man einen Blick auf die Einrichtung der Wiener Szenebar-Designer Eichinger oder Knechtl (tgl. 10–2 Uhr, s. auch S. 40). Und **mumokka** (tgl. 10–23 Uhr) heißt die Besucher des MUMOK, des Museums für Moderne Kunst, willkommen. Sehenswert ist die mit türkischen Kacheln gefliese Decke des **Milo** im Architekturzentrum, wo man – sommers auch im Gastgarten – leichte, mediterrane Küche genießt (Mo–Fr 9–24, Sa 10–24, So 10–18 Uhr). Die **Kantine**, gleich neben der Kunstbuchhandlung Prachner, ist u. a. auch ein Ort zum geruhsamen Schmökern in nebenan erworbener Lektüre (So–Mi, Fei 10–24, Do–Sa 10–2 Uhr). Und im **MQdaily** gibt's ein großes Frühstücksangebot, köstliche Standardgerichte, preiswerte Mittagsteller, aus der Speisevitrine Snacks und Kuchen, und an der Bar ›Stehkaffee‹ um 1 € (Mo–Sa 9–1, So, Fei 9–24 Uhr).

Einkaufen

Edel-Ethno-Shop – **Living Vienna** 1 : Liechtenstein-/Ecke Türkenstr., www.livingwarehouse.at, U2 Schottentor, Mo–Fr 10.30–18 Uhr. Erlesene Antiquitäten und witzige, handgefertigte Accessoires aus aller Welt, vom Kasten, Tisch und Torportal, der Kommode und Sitzbank bis zur Schatulle, Lampe, Buddhafigur und zum Nippes. **Zentrale:** 1., Franziskanerplatz 6.

(Wo)Menswear, Accessoires u. v. m. – **Park** 2 : Mondscheing. 20, www.park.co.at, U3 Neubaugasse. Im futuristischen Concept Store dominiert die Farbe Weiß, sogar bei den Kleiderbügeln. Bekannte europäische Designer wie Véronique Braquinho, Hussein Chalayan, Raf Simons oder Sophia Kokosalaki sind hier ebenso vertreten wie österreichische Nachwuchstalente mit ihren Debütkollektionen. Dazu finden sich ungewöhnliche Accessoires, internationale Modejournale und exklusive Möbel auf zwei Stockwerken.

Westliche Vorstadt

Neues, frisches Design – **Lila Pix** 3: Lindeng. 5, www.lilapix.net, U3 Neubaugasse. Textilien und Schmuck verbindet das Label der beiden Designer Lili Ploskova und Nik Sardamov, die fast alle Produkte in einer »very limited edition« herstellen. Die edlen, handbedruckten Seidenschals mit Blumenmustern stammen von Lili Ploskova, Nik Sardamov kreiert den von verschiedenen Schmetterlingen und Käfern inspirierten Schmuck in Silber und vergoldetem Silber. Die jungen Kreativen setzen auf neue, frische Ideen und Designs mit persönlicher, eigenwilliger Ausstrahlung.

Café & Designladen in einem – **Das Möbel** 4: Gumperndorfer Str. 11, www.dasmoebel.at, U1, U2, U4 Karlsplatz. In diesem höchst originellen Shop-Kaffeehaus-Hybrid verkauft man Mobiliar und Wohnaccessoires, die noch nicht in Serie produziert werden. Die durchwegs erschwinglichen Sessel, Sofas und Barhocker sind Prototypen von jungen österreichischen Designern und bei Gefallen stante pede käuflich.

Popkultur & Kulinarik – **phil** 5: Gumpendorfer Str. 10–12, www.phil.info, U1, U2, U4 Karlsplatz, Di–Fr 12–24, Sa, So 10–24 Uhr. Ein anregender Mix aus Café und Shop im Retrodesign: Bei Espresso und leckeren Snacks studiert man die in Speisekartenform gedruckten Verkaufslisten von Büchern, DVDs und Vinyl. Auch das Interieur kann erstanden werden.

Edles Alltagsdesign – **Werkstätte Carl Auböck** 6: Bernardg. 23, S. 47.
Stylish: Friseur & Shop – **Be a good girl** 7: Westbahnstr. 5a, S. 48.
Japanisch schlichte Mode – **Wabi Sabi** 8: Lindeng. 20, S. 48.
Kunstsupermarkt – **M-ARS** 9: Westbahnstr. 9, S. 48.
Qualitätsdesign der 1920er bis 70er – **Lichterloh** 10: Gumperndorfer Str. 15–17, S. 47.
Durchblick mit Stil – **Brillen.Manufaktur** 11: Neubaug. 18, S. 47.
Für alle Computerspiel-Freaks – **subotron shop** 12: MQ, quartier21, S. 48.

Aktiv & Kreativ

Open-Air-Gastronomie & Freizeitspaß – **Summerstage am Donaukanal** 1: Roßauer Lände, U4 Roßauer Lände, Tel. 319 66 44-0, für Reserv. ab 15 Uhr: 315 52 02, www.summerstage.co.at, tgl. 15–1 Uhr. Erstklassige und sehr vielfältige Lokalszene (Thai, Asian, Mexikaner, Italiener, Wienerisch u.v.m.) direkt am/über dem Wasser, fetzige Rhythmen, Beachvolleyball, Trampolinspringen, Boccia, junge Kunst und viel Sommerspaß am Südufer des Donaukanals (ca. Anfang Mai–Ende Sept.).

Abends & Nachts

Livemusik unter den Stadtbahnbögen – **B72** 1, **Chelsea** 2 und **rhiz** 3: s. S. 56 und S. 233.
Angesagt seit über 20 Jahren – **Blue Box** 4: Richterg. 8, Tel. 523 26 82, www.bluebox.at, U3 Neubaugasse, Mo 17–2, Di–Do, So 10–2, Fr, Sa 10–4 Uhr. Idealer Ort fürs späte Frühstück (bis 17 Uhr) auf allerlei Arten, nämlich bäuerlich, wienerisch, englisch, französisch und vegetarisch zubereitet; empfehlenswert: die riesigen Baguettes. Abends gibt's tgl. eine DJ-Line und montags ›Blue Cooking‹, bei dem man besten Jazz und ungewöhnliche Gerichte serviert.

Clubbing, als Event inszeniert – **Phönix-Bar & -Supperclub** 5: Lerchenfelder Str. 35, S. 52.
Café und Kleinkunst für Sie – **Frauencafé** 6: Lange Gasse 11, S. 53.
Techno-Club mit Kultstatus – **Donau** 7: Karl-Schweighofer-Gasse 10, S. 52.

Lieblingsort

Haupthof im MQ 13: eine prall mit Leben gefüllte Piazza
Die Wiener und ihre Gäste nehmen die Innenhöfe des weitläufigen Museumsquartiers als eine Art von Open-Air-Wohnzimmer in Beschlag. Im Sommer locken Boule und Schach, ein Film- und ein Literaturfestival, an Wochenenden DJ-Lines. Ein Hit für Jung und Alt sind die berühmten, kreuz und quer in der Landschaft stehenden ›Enzis‹, grellbunte Loungemöbel, die zum Liegen und Lümmeln laden. Im Winter sorgen im Haupthof eine Eisstockbahn, Modellautowettrennen, Punschstände und ein Riesenigluaus ›Enzis‹ für Kurzweil.

Das Beste auf einen Blick

Östliche Vorstadt

Highlights!

Schloss Belvedere: Das Gartenpalais des ›Türkenbezwingers‹ Prinz Eugen ist eines der schönsten Barockensembles der Welt – und voll mit grandioser Kunst obendrein. **1** **2** S. 244

Hundertwasserhaus: Die kommunale Wohnanlage der kuriosen Art des berühmten Maler-Architekten – mit kunterbunten, schiefen Fassaden und Bäumen auf den Balkonen. **7** S. 247

Volksprater mit Riesenrad: Eine Panoramarunde muss man in dem stählernen Wahrzeichen Wiens drehen – und zu dessen Füßen wartet der alt-neue, nicht nur für Kinder amüsante Vergnügungspark. **10** S. 252

Auf Entdeckungstour

St. Marxer und Zentralfriedhof: Auf dem größten und auf dem ältesten Gottesacker kann man vielen Geistesgrößen, von Mozart und Beethoven bis Schönberg und Qualtinger, die Referenz erweisen. S. 248

Kultur & Sehenswertes

Wittgensteinhaus: Ein Stück Avantgarde-Architektur, entworfen von dem weltberühmten Philosophen. 6 S. 247

Augarten: Das exquisite Weiße Gold aus der 1718 gegründeten Porzellanmanufaktur wird nach Originalvorlagen per Hand gefertigt. 13 S. 255

Aktiv & Kreativ

Donauinsel: Wiens über 20 km lange Binnenadria ist ein Eldorado für Sonnen- und Bewegungshungrige, Badenixen und Wassermännner. Und am Abend wartet die ›Copa Cagrana‹ mit Esslokalen, Discos und Bars. 1 S. 261

Bungeejumping: Nur für absolut Schwindelfreie taugt der Sprung vom 152 m hohen Donauturm am Gummiseil. 9 S. 261

Genießen & Atmosphäre

Schweizerhaus: Wiens prominentester Biergarten, gelegen im Herzen des Wurstelpraters. Hier verzehrt man, im Sommer unter Kastanienbäumen, Stelze, Backhendl oder Schnitzel. Authentischer geht's nicht. 7 S. 259

Schiffsrundfahrt: Wien vom Wasser aus erkunden – an Bord eines Motorschiffs der DDSG, die auf Donau und Donaukanal den 2. und 20. Bezirk umrunden. Besonders stimmungsvoll sind Themenfahrten bei Nacht. S. 244

Abends & Nachts

Open-Air-Kino im Prater: Sommerlicher Filmgenuss unterm Sternenhimmel – je nach Geschmack, von Blockbuster bis cineastischer Feinkost. S. 255

Urania: Neuer, schicker In-Treff im runderneuerten Volksbildungshaus. Kreative, kosmopolitische Küche, toller Blick auf den Donaukanal, Traumterrasse (reservieren!). 1 S. 261

Belvedere, Prater und Transdanubien

Der Barockpalast von Prinz Eugen, das Hundertwassersche Kunterbunthaus und die hypermodernen Wolkenkratzer rund um die UNO-City am jenseitigen Donauufer – die architektonischen Kontraste könnten größer kaum sein. Auch die beiden Bezirke, die man auf diesem mindestens vier- bis fünfstündigen (ohne Innenbesichtigungen) Spaziergang durchwandert, unterscheiden sich stark voneinander: Der Dritte, genannt **Landstraße** und (nord)östlich des Belvedere gelegen, erweist sich als mehrheitlich gutbürgerlich. Sein Bild wird geprägt von stattlichen Mietpalästen aus der Gründerzeit, in denen auch viele Botschaften Quartier bezogen haben. Der Zweite Bezirk, die **Leopoldstadt**, war viele Jahrhunderte lang das Wohngebiet von Wiens jüdischer Gemeinde – eine Funktion, die er nach dem Horror des Holocaust in jüngerer Zeit dank neuer Zuzügler allmählich wieder ausübt. Wobei etwa das ›Grätzel‹ (die Gegend) um den Karmeliterplatz neuerdings auch immer stärkere Anziehungskraft auf ›bourgeoise Bohemiens‹ ausübt und mittlerweile von seinen Fans deshalb sogar den Kosenamen »Bobostan« verliehen bekommen hat. Viel zu tun hat der Aufschwung dieses lange Jahre stark vernachlässigten, ja desolaten Viertels mit den nahen Erholungsgebieten. Denn der Augarten und mehr noch der Prater erhöhen die Lebensqualität für die Anrainer enorm. Die beiden ausgedehnten Grünzonen empfehlen sich übrigens auch Touristen als Refugien, in denen man nach langen Besichtigungstouren herrlich durchatmen und die Seele baumeln lassen kann.

Infobox

Reisekarte: ▶ P–U 8–17

Rundfahrten per Schiff
Eine stimmungsvolle Ergänzung nach dem Besichtigungsgang ist es, an Bord eines Motorschiffs der DDSG Blue Danube auf Donau und Donaukanal den 2. und 20. Bezirk zu umrunden. Im Angebot sind zahlreiche Themenfahrten, auch nachts, so beispielsweise eine Hundertwasser-Tour auf der MS Vindobona (Tel. 588 80, www.ddsg-bluedanube.at oder www.donauschifffahrt wien.at).

Oberes Schloss Belvedere! 1

www.belvedere.at, tgl. 10–18 Uhr
Mehrere Gründe sprechen dafür, diesen Rundgang beim Oberen Belvedere zu starten. Zum einen, weil man von jenem Hügel, auf dessen Hang sich der legendäre Feldherr und ›Türkenbezwinger‹ Prinz Eugen von Savoyen zwischen 1714 und 1723 sein prunkvolles, aus zwei Schlössern bestehendes Sommerpalais bauen ließ, einen Blick auf die ganze Innenstadt genießt – so fabelhaft wie auf dem berühmten Canaletto-Gemälde im Kunsthistorischen Museum. Zum anderen muss man die beiden Bauten von Johann Lukas von Hildebrandt, die zu Recht zu den schönsten Barockschöpfungen der

Oberes Schloss Belvedere

Welt gezählt werden, als Tourist einfach gesehen haben. Und drittens geben die darin untergebrachten Museen Gelegenheit, sich einen repräsentativen Überblick über die österreichische Kunst aus fünf Jahrhunderten zu verschaffen – vorausgesetzt freilich, man nimmt sich für die Besichtigung mindestens zwei Stunden Zeit.

Betritt man die Anlage durch den Eingang in der Prinz Eugen-Straße (Nr. 27), steht man unmittelbar vor besagtem Oberen Belvedere, dem bei Weitem prächtigeren der beiden Paläste. Es diente seinem Bauherrn als Lustschloss für verschwenderische Feste und ist dementsprechend üppig ausgestattet. Schon die meisterhaft gegliederte und reich geschmückte Fassade vermittelt eine Idee von jenen Summen, die den Habsburgern die Leistung ihres Oberbefehlshabers im Kampf gegen Franzosen und Türken wert gewesen sein muss. Gar nicht zu reden vom Inneren: Santino Bussis weißer Stuck in der Sala terrena, Carlo Carlones Fresken im Gartensaal und der Marmorsaal lohnten allein schon eine weite Anreise.

Sammlungen

Zusätzlich interessant wird die Besichtigung durch die hier präsentierte **Sammlung österreichischer Kunst,** der bedeutendsten, die sämtliche Epochen, vom Mittelalter bis zur Gegenwart, abdeckt. So hängen etwa in der Abtlg. **Jahrhundertwende und Wiener Secession,** seit Kurzem neu präsentiert, u. a. Werke von Schiele, Kokoschka, Waldmüller, Romako und Makart, aber auch Munch, Hodler, Segantini. Herzstück ist die weltweit größte **Gustav-Klimt-Gemäldesammlung,** als deren Höhepunkte die Werke »Der Kuss« und »Judith I« gelten. Seit dem Frühjahr 2008 ebenfalls im Oberen Belvedere, genauer: in dessen Ostflügel, ist auch die **Sammlung Barock** zu sehen. Sie umfasst u. a. Meisterwerke von Franz Anton Maulbertsch und dem Kremser Schmidt, weiters Gemälde von Paul Troger und Daniel Gran sowie die originalen Bleifiguren von Georg Raphael Donners Brunnen am Neuen Markt und die berühmten grimassenhaften Charakterköpfe des Bildhauers Franz Xaver Messerschmidt. Und im Westflügel präsentiert das Museum neuerdings dauerhaft **Meisterwerke des Mittelalters,** vor allem des spätgotischen Bildhauerkunst und Tafelmalerei, darunter Spitzenarbeiten von Conrad Laib, Michael Pacher und Rueland Fruehauf dem Älteren.

Botanischer und Alpengarten

Botanischer Garten: freier Zugang östl. des Schlosses; Alpengarten: April–Juli bei Schönwetter tgl. 10–18 Uhr, Eintritt 3,20 €

Bevor man über die großzügig angelegten Terrassen des Parks, an den vielen steinernen Statuen vorbei, zum Unteren Belvedere hinabsteigt, sollte man sich noch ein halbes Stündchen im nahen **Botanischen Garten,** in dem bereits Maria Theresias Leibarzt Gerard van Swieten Heilkräuter zog, oder im benachbarten **Alpengarten** mit seinen Tausenden, z. T. seltenen alpinen Gewächsen gönnen.

Auch sollte man vor dem Abstieg der bewegten Geschichte des höher gelegenen Palastteiles gedenken: Immerhin beherbergte dieser 100 Jahre lang die habsburgische Gemäldegalerie und war danach Wohnstatt von Thronfolger Franz Ferdinand (1904–1914) und Kanzler Kurt Schuschnigg (1934–1938). Und am 15. Mai 1955 besiegelten im Marmorsaal die Außenminister der vier Besatzungsmächte mit der Unterzeichnung des Staatsvertrags die erneute Unabhängigkeit Österreichs.

Belvedere

Sehenswert
1. Oberes Schloss Belvedere/Sammlung österreichischer Kunst
2. Heeresgeschichtliches Museum
3. Unteres Schloss Belvedere mit Orangerie und Prunkstall
4. Salesianerinnenkirche
5. Gardekirche (polnische Nationalkirche)
6. – 14 s. Karte S. 253

Essen & Trinken
1. Salm Bräu
2. – 12 s. Karte S. 253

Einkaufen
1. s. Karte S. 253

Aktiv & Kreativ
1. 2. s. Karte S. 253

Abends & Nachts
1. – 4 s. Karte S. 253

Abstecher zum Heeresgeschichtlichen Museum 2

Arsenal, Objekt 18, Tel. 79 56 10, www.hgm.or.at, tgl. 9–17 Uhr
Unweit des Oberen Belvedere harrt ein museales Juwel all jener Besucher, die sich näher für österreichische Geschichte interessieren. In einem 1850–1856 nach Plänen Ludwig Foersters und Theophil Hansens im neogotisch-maurisch-byzantinischen Mischstil auf dem Gelände des Arsenals errichteten Gebäude, wird die Geschichte der habsburgischen Armee und Kriegsmarine, vom Dreißigjährigen und den Türkenkriegen bis zu den Feldzügen gegen Italien, Preußen, Ungarn sowie den Ersten Weltkrieg, veranschaulicht. Auch das Schicksal Österreichs nach dem Zerfall der Monarchie bis 1945 findet sich aus militärhistorischer Sicht dokumentiert. Ein museumsdidaktischer Leckerbissen!

Unteres Schloss Belvedere! 3

Tgl. 10–18, Mi bis 21 Uhr
Das äußerlich vergleichsweise bescheidene Untere Belvedere verblüfft durch Innenräume, deren Prunk jenen des hügelaufwärts gelegenen Gegenstücks nicht nachsteht. Auch hier bildet ein freskenverzierter Marmorsaal das Zentrum. Nicht minder sehenswert:

das Goldene Zimmer (Spiegelsaal mit vergoldeter Täfelung), der Groteskensaal und die Marmorgalerie.

Orangerie und Prunkstall
Orangerie: tgl. 10–18, Mi bis 21 Uhr; Prunkstall: tgl. 10–12 Uhr (aus konservatorischen Gründen) und n. V., Tel. 79 55 70
In der angegliederten **Orangerie** wurde kürzlich eine moderne Ausstellungshalle als White Cube für temporäre Schauen der Gegenwartskunst eingerichtet. Und im nahen **Prunkstall,** einem Teil des einst weitläufigen Marstalls von Prinz Eugen werden in Ergänzung zur einschlägigen Abteilung im Oberen Belvedere unter dem Label **Schatzhaus Mittelalter** weitere Meisterwerke der Tafelmalerei, gotische Skulpturen und Flügelaltäre gezeigt.

Durch das Botschaftsviertel

Direkt neben dem Ausgang des Unteren Belvedere steht rechter Hand an der Stirnseite eines kleinen Ehrenhofes die **Salesianerinnenkirche** 4, eine unter Mitwirkung Joseph E. Fischer von Erlachs entstandene hübsche, von einer eindrucksvollen Kuppel bekrönte Barockkirche. Liebhaber klassizistischer Kirchenbauten werden auch der wenige Schritte stadteinwärts auf der gegenüberliegenden Straßenseite stehenden **Gardekirche** 5 (polnische Nationalkirche) einen Besuch abstatten und in dem von Nikolaus Pacassi, dem Umgestalter Schönbrunns, errichteten Bau besonders die teilweise vergoldete Rokoko-Stuckdekoration bewundern.

Durch das elegante Botschaftsviertel (hier residieren u. a. Briten, Deutsche, Italiener, Chinesen) führt der Weg hierauf leicht mäandrierend durch die Salesianer-, dann nach rechts durch die Neuling-, links die Ungar- und schließlich wiederum rechts in die Rochusgasse bis zur Kundmanngasse.

Unterwegs zum Donaukanal

Wittgensteinhaus 6
Eingang Parkg. 18, Tel. 713 31 64, Juli/Aug. nur n. V. zugänglich, sonst Mo–Fr 10–12, 15–16.30 Uhr
In der Parkgasse stößt man auf ein Bauwerk, dessen überragende Bedeutung als zeit- und kunsthistorisches Dokument lange Jahre missachtet und erst in jüngster Zeit wiedererkannt wurde. Der überaus strenge, auf einfachste Formen reduzierte Bau, den Ludwig Wittgenstein 1926 gemeinsam mit seinem Freund, dem Loos-Schüler Paul Engelmann, für seine Schwester Margarethe schuf, ist nicht nur ein Stück erstrangiger Avantgarde-Architektur, sondern auch ein Unikat. Denn der weltberühmte Philosoph hat sich weder davor noch danach jemals wieder als Architekt betätigt. 1975 erwarb die Bulgarische Botschaft den weißen Wohnkubus mit seinen charakteristischen, extrem hohen Metalltüren, rettete ihn somit vor dem Abriss und ließ ihn von Grund auf renovieren. Seither wird er auch für Ausstellungen und kulturelle Veranstaltungen genutzt.

Vom mehr oder minder anstrengenden Rundgang kann man sich etwa im nahen **Café Zartl** 4 in der Rasumofskygasse gut erholen.

Hundertwasserhaus ! 7
Ein Beispiel für eine vollkommen andere Auffassung von Architektur findet man zwei Gassen weiter, in der Kegelgasse: das Hundertwasserhaus. Die seit ihrer Fertigstellung 1985 von täglich bis zu 5000 Schaulustigen bestaunte kommunale Wohnanlage ist ohne

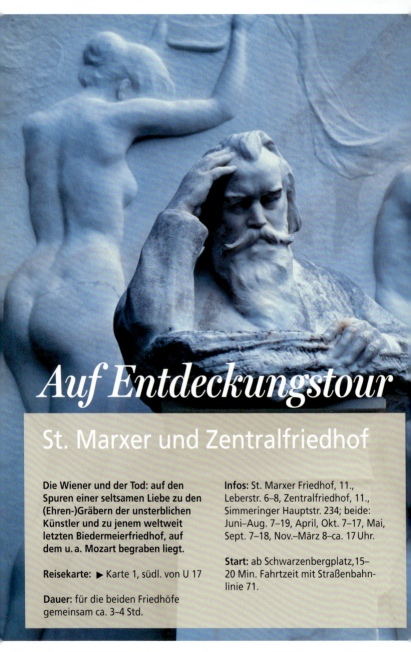

Auf Entdeckungstour

St. Marxer und Zentralfriedhof

Die Wiener und der Tod: auf den Spuren einer seltsamen Liebe zu den (Ehren-)Gräbern der unsterblichen Künstler und zu jenem weltweit letzten Biedermeierfriedhof, auf dem u. a. Mozart begraben liegt.

Reisekarte: ▶ Karte 1, südl. von U 17

Dauer: für die beiden Friedhöfe gemeinsam ca. 3–4 Std.

Infos: St. Marxer Friedhof, 11., Leberstr. 6–8, Zentralfriedhof, 11., Simmeringer Hauptstr. 234; beide: Juni–Aug. 7–19, April, Okt. 7–17, Mai, Sept. 7–18, Nov.–März 8–ca. 17 Uhr.

Start: ab Schwarzenbergplatz, 15–20 Min. Fahrtzeit mit Straßenbahnlinie 71.

Man sagt, die Wiener hätten im Vergleich zu anderen Großstädten eine besonders intime Beziehung zum Tod. Im Unterschied zu so vielen anderen gängigen Klischees entspricht dieses ausnahmslos der Wahrheit. Indizien? Man mische sich bloß einmal bei einem Heurigen unter die mehr oder weniger ›illuminierten‹ Einheimischen und lausche genau auf die Texte ihrer weinerlich-rauzigen Lieder: Vom »Wein« ist darin die Rede, der »sein wird, wenn man nimmer sein wird«, vom »G'wand, das verkauft wird, um in Himmel zu fahrn«, oder von »die Fiaker, die an trag'n, wenn ma amal stirbt«. Oder man höre den Wienern zu, wenn sie von einer »schönen Leich'« schwärmen, jenem repräsentativen Begräbnis mit prunkvollem Konduct und großer Trauergemeinde, mit stimmiger musikalischer Umrahmung, pathetischen Nachrufen und opulentem Leichenschmaus, das so viele als End- und Höhepunkt ihres bescheidenen Lebens erhoffen. Nicht ohne tiefe Gründe bestellen noch heute in mehr als 50 % aller Todesfälle die Hinterbliebenen bei der Städtischen Bestattung das teure »Begräbnis Erster Klasse«.

»Aphrodisiakum für Nekrophile«

Fremde, die diese seelischen Eigenheiten der Wiener besser verstehen wollen, sollten nach Simmering hinaus zum **Zentralfriedhof** fahren – am besten natürlich zu Allerheiligen, wenn Hunderttausende dorthin zu ihren toten Angehörigen wallfahren. Denn dieses »Aphrodisiakum für Nekrophile«, wie der scharfzüngige André Heller den ›Zentral‹ einmal nannte, ist mit seiner Fläche von 2,4 km^2, seinen mehr als 300 000 Gräbern, in denen ungefähr 3 Mio. Menschen bestattet sind, nicht nur einer der größten Gottesäcker Europas, sondern auch ein unvergleichlich wienerischer Ort: Nirgendwo wird deutlicher, dass hierzulande ein Friedhof immer auch ein Ziel für Familienausflüge und geruhsame Spaziergänge ist, eine Stätte mit Maroniverkäufern und Würstelständen, die Trost für die Unbill des Lebens spendet. Und nirgendwo sonst hat man Gelegenheit, kostenlos Wiener Philharmoniker und Chorsänger aus der Staatsoper live zu erleben: Sie verdienen sich am Rand offener Gräber mit schmalzigen »Averln« (Gounods »Ave Maria«) oder gestrichenen Trauermärschen tagtäglich ein Zubrot.

Freilich birgt der Zentralfriedhof auch kulturhistorisch Interessantes: die wuchtige, 1908–1910 von Max Hegele erbaute **Dr.-Karl-Lueger-Gedächtniskirche**, das Gegenstück zu Otto Wagners Jugendstilkirche an Steinhof. Architektonisch beachtenswert sind außerdem das reliefverzierte **Hauptportal** und gegenüber, auf dem Gelände des verfallenen Renaissanceschlosses Neugebäude, das 1922/1923 von Clemens Holzmeister erbaute **Krematorium**. Vor allem aber pilgert man zu den **Ehrengräbern**. In dieser Art österreichischem Pantheon liegen Größen wie Beethoven, Gluck, Brahms, Schubert, Hugo Wolf, Johann Strauß Vater und Sohn (Gruppe 32a), Schönberg, Stolz, Werfel, Hans Moser, Theo Lingen, Curd Jürgens und Helmut Qualtinger (32c), Schnitzler, Torberg und Karl Kraus (Israelit. Abtlg.; Detailplan an der Wand neben Haupttor).

Wiens einziger Biedermeier-Friedhof

Die Gründung des ›Zentral‹ (1874) markierte den zweiten großen Einschnitt in der Geschichte des Wiener Bestattungswesens. Den ersten hatte – fast 100 Jahre zuvor – Joseph II., der Reformkaiser, bewirkt. Er verbot zum ei-

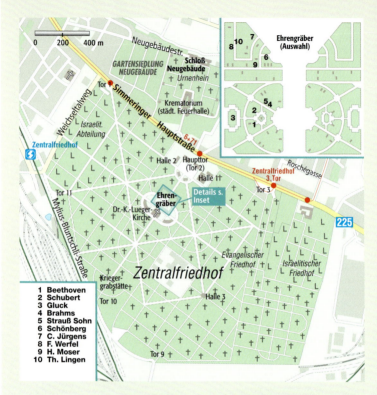

nen die Bestattung in Kirchen und in deren Grüften und beraubte den Klerus damit einer wichtigen Einnahmequelle. Zum anderen verbannte er alle Friedhöfe aus dem Stadtzentrum und ließ außerhalb des Linienwalls neue »communale Leichenhöfe« anlegen. Diese Vorortfriedhöfe wurden nach der Eröffnung des Zentralfriedhofs von den Gemeindevätern des Roten Wien in grüne Erholungsflächen und Spielplätze umgewandelt.

Einzige – längst denkmalgeschützte – Ausnahme ist der **Friedhof von St. Marx,** Wiens einzige erhaltene Biedermeier-Begräbnisstätte, ein efeuüberwuchertes Paradies für Melancholiker.

Rund 6000 Grabsteine aus der Zeit von 1784–1874 geben dort Aufschluss über vergangene Eitelkeiten. Ihre Inschriften zeugen von »Fabricanten«, »Privatiers« und »geheimen Räthen«, von »Todtengräbern« und »k.k.Kassieren« und – nicht zu vergessen – von einer »bürgerlichen Kanalräumers-Gattin«. Der mit Abstand prominenteste Dauergast auf dem vom Stadtverkehr umtosten Gelände ist **Wolfgang Amadeus Mozart.** Er wurde hier bekanntlich in einem Massengrab verscharrt. Wie meinte Helmut Qualtinger? »In Wien musst erst sterben, damit sie dich hochleben lassen. Aber dann lebst lang.«

Zweifel ein bunter Fleck in der grauen Stadtlandschaft. Der Maler Friedensreich Hundertwasser (1928–2000), der sich in den letzten Lebensjahren auch als Architekt betätigte, hat dabei, seinen ökologischen Prinzipien folgend, keine Kunststoffe, dafür viel Ziegelmauerwerk und Holz verwendet. Die Balkone und zwiebelturmbekrönten Dächer sind mit Bäumen und Buschwerk bewachsen, die Fenster und Fassaden bunt bemalt, und die Wände, Kanten und Böden mit Absicht vielfach asymmetrisch und krumm gebaut.

Museum KunstHausWien 8
Untere Weißgerberstr. 11–13, www.kunsthauswien.com, tgl. 10–19 Uhr
Um die Ecke vom Hundertwasserhaus hat sich der Künstler, der mit bürgerlichem Namen Fritz Stowasser hieß, mit dem Museum KunstHausWien ein weiteres Denkmal gesetzt. Dort, in den ehemaligen Räumlichkeiten der Traditionsfirma Thonet, hängen auf insgesamt 3500 m² sowohl eigene Bilder (stationär) als auch Exponate internationaler Ausstellungen (wechselnd).

Zwischen diesem Museum und dem unkonventionellen Wohnblock manifestiert sich freilich auch unmissverständlich Hundertwassers Geschäftssinn: Um die Touristenscharen in profitable Bahnen zu lenken, hat er ein eigens errichtetes Einkaufszentrum und sogar eine Toilettenanlage mit seinen typischen bunten, ondulierten Flächen versehen. Und die Preise im Souvenirshop der viel beachteten Sehenswürdigkeit sind auch nicht ohne …

Abstecher zum Gasometer

Vier Landmarken der Industriearchitektur des späten 19. Jh. – aus Ziegeln gemauerte Sichtzylinder des einst größten Gaswerks Europas mit einem Fassungsvermögen von je 90 000 m³: Nachdem sie ihre Funktion verloren hatten, wurden sie, inzwischen denkmalgeschützt, von vier Stararchitekten, nämlich Jean Nouvel, Manfred Wehdorn, Wilhelm Holzbauer und Coop Himmelb(l)au, in Wohngebäude umgewandelt. Der revitalisierte, ästhetisch ungemein spektakuläre Gesamtkomplex umfasst auch ein Studentenheim und ein Stadtarchiv, eine Shoppingmall, ein Kino und eine riesige Veranstaltungshalle, und ist den kurzen Abstecher mit der U3 nach Osten (Station Gasometer) allemal wert.

Prater

Über den Donaukanal gelangt man in den Prater, einen riesigen, bis zum Winterhafen reichenden Naturpark. Die **Praterauen** 2 dienen Spaziergängern und Sportlern, insbesondere Reitern, als Erholungsgebiet. Die Lebensader dieses ehemaligen fürstlichen Jagdreviers, das erst Joseph II. 1766 für die Wiener Bevölkerung öffnete, ist die über 4 km lange, von Kastanienbäumen gesäumte **Hauptallee.** Auf ihr finden seit dem Biedermeier Frühlingsfeste, Korsos und – seit 1890 – auch die Maifeiern der Arbeiterschaft statt. An ihrem südöstlichen Ende steht das **Lusthaus** 6 (1781–1783) von Isidor Canevale – einst ein Jagdschlösschen, heute ein reizendes Café-Restaurant. In seiner Nachbarschaft: die Galopprennbahn Freudenau und der Golf-Club, Wiens elitärster und teuerster Verein dieser Art. Jenseits des Heustadelwassers, einem tümpeligen Rest der einst unregulierten Donau, haben Sportler ihr Eldorado. Hier, in der Krieau, finden sie das Wiener Stadion, diesen 72 000 Zuschauer fassenden Ort legendärer Fußballschlachten, das

Östliche Vorstadt

Sehenswert
1. Oberes Belvedere
2. Heeresgeschichtliches Museum
3. Unteres Belvedere
4. Salesianerinnenkirche
5. Gardekirche
1 – 5 s. auch Karte S. 246
6. Wittgensteinhaus
7. Hundertwasserhaus
8. Museum KunstHausWien
9. Planetarium
10. Riesenrad
11. UNO-City
12. Karmelitermarkt
13. Porzellanmanufaktur
14. Ambrosi-Museum

Essen & Trinken
1. Salm Bräu; s. auch Karte S. 246
2. Unfried zum Posthorn
3. Zum Alten Heller
4. Café Zartl
5. GIG im Justizzentrum
6. Lusthaus
7. Schweizerhaus
8. Eisvogel
9. Restaurant Donauturm
10. Uniqa-Tower
11. Strandbar Herrmann
12. Schöne Perle

Einkaufen
1. Song

Aktiv & Kreativ
1. Donauinsel
2. Praterauen

Abends & Nachts
1. Urania
2. A Bar Shabu
3. Cabaret Renz
4. L.E.O.

Radstadion und die Trabrennbahn. Westlich liegt das Gelände der Messe Wien, auf dem Ringstraßenarchitekt Carl Hasenauer 1873 das Areal für die Wiener Weltausstellung anlegte.

Wer den langen Spaziergang bis zum Lusthaus nicht auf sich nehmen mag, biegt über die Donaubrücke kommend, gleich links auf die Hauptallee ab und geht auf das unübersehbare Riesenrad zu. Knapp davor stößt man rechter Hand auf ein Kuriosum: Edwin Lipburgers **Kugelhaus**. Der stadtbekannte Spaßvogel, der sich 1990 selbst zum »Präsidenten aller österreichischen Nichtwähler« erkor, hat hier die nur wenige Quadratmeter große ›Unabhängige Republik Kugelmugel‹ gegründet (s. Schautafel dort).

Und wenige Meter weiter steht das **Planetarium** 9, in dem regelmäßig astronomische Führungen veranstaltet werden (Auskunft Tel. 729 54 94).

Volksprater mit Riesenrad ! 10
*www.wienerriesenrad.at,
Mai–Sept. tgl. 9–24, März, April, Okt. bis 22, Nov.–Feb. bis 20 Uhr*
Zu den ›Pflichten‹ jedes Wien-Besuchers gehört die 15- bis 20-minütige Fahrt mit dem **Riesenrad**. Von den roten Waggons dieses 64,5 m hohen Wahrzeichens, das, vom Briten Walter Basset 1896/1897 konstruiert, im Krieg schwer beschädigt wurde, sich jedoch 1947 bereits wieder drehte, genießt man einen schönen Rundblick über die Stadt. Besonders nett ist die Vogelperspektive auf den zu seinen Füßen liegenden **Volks-** oder **Wurstelprater,** eine Landschaft aus altmodischen Karussells und Würstelbuden, neonglitzernden Hightech-Konstruktionen und Automatenhallen. Die Tradition dieses weltberühmten Vergnügungsparks geht weit ins 19. Jh. zurück. Pionier war Basilio Calafati. Er stellte 1830 das erste Ringelspiel auf. Bald folgten Wirtshäuser, Geisterbahnen, Feuerwerke. Heute dominieren im Prater die schrillen Erzeugnisse der Jahrmarktindustrie. Doch dazwischen existieren nach wie vor viele Relikte aus den zauberhaften frühen Jahren wie die Altwiener Grottenbahn oder das Ponykarussell. Vor der unsäglich verkitschten ›Architektur‹, die das neue, im Frühjahr 2008 fertiggestellte Entree für den Volksprater zu Füßen des Riesenrads prägt, all den aufgeklebten Pseudo-Biedermeier-Jugendstilkulissen, sollte man einfach die Augen verschließen …

Leopoldstadt

Vienna International Centre/UNO-City 11

Vom nahen **Praterstern**, der jahrzehntelang trostloser Sammelpunkt für Obdachlose, Trinker und Taschendiebe war, jüngst jedoch zu einem Verkehrsdrehkreuz von urbanem Schick umgestaltet worden ist, sollte man mit der U1 einen Abstecher über die Donau zum Vienna International Centre, der UNO-City, machen. Nicht dass die vier Türme des gläsernen, ypsilonförmigen Monstrums von besonderem architektonischen Reiz wären – ihr Architekt, Johann Staber, hat im Großen und Ganzen der während der Entstehungszeit (1973–1979) für solche Verwaltungsbauten üblichen Monumentalität gehuldigt. Doch erstens zählt der Komplex, zusammen mit dem dazugehörigen **Austria Center Vienna,** Wiens größtem Kongresshaus, zu den wenigen Sehenswürdigkeiten aus der Nachkriegszeit. Und zweitens kann man vom **Drehrestaurant** des 252 m hohen **Donauturms** 9 gut die flussnahen Bezirke, die Skyline der in den letzten Jahren an der Wagramer Straße und Donauuferautobahn förmlich in den Himmel schießenden Hochhäuser, den Donaupark, dieses Gelände der Internationalen Gartenausstellung von 1964, und das liebenswert unzeitgemäße Badeparadies an der Alten Donau überblicken.

Leopoldstadt

Zurück am **Praterstern,** erreicht man in westlicher Richtung den Kern des Zweiten Bezirks, der Leopoldstadt. Von der ursprünglichen Eigenart und

**Liebenswürdiges Ungetüm:
das Riesenrad im Volksprater**

Mein Tipp

Open-Air-Vergnügen im Prater
Den Sommer feiert Wien neuerdings mit Vorliebe unterm Sternenhimmel – etwa auf dem Gelände der alten Trabrennanlage im Prater (Tribüne Krieau). Dort gibt's von Anfang Juli bis Mitte Sept. vormittags **Frühstück, Küche** bis 1 und **Barbetrieb** bis 4 Uhr früh, jeweils samstags **Jazz & Tanz** und im Juli/Aug. jeweils um 21.30 Uhr auf überdachtem Platz **Sommerkino** (2. Bez., Nordportalstr. 247, Tel. 0664 522 47 26, www.krieau.com).

dem Charme dieses einst jüdischen Bezirks, der sog. Mazzesinsel, ist nur mehr wenig spürbar. Das Labyrinth aus Gässchen rechts und links der Taborstraße wurde in der Nazizeit entvölkert und danach ›arisiert‹.

Erst in den letzten Jahren ist hier die Zahl der jüdischen Bewohner wieder leicht gewachsen, hat sich erneut eine spezifische Infrastruktur mit Bethäusern, Schulen, Kindergärten und Läden für koschere Lebensmittel entwickelt. Und die Gegend rund um den **Karmelitermarkt** 12 ist in jüngster Zeit zu einem jener ›Grätzel‹ (wienerisch für: Viertel) avanciert, in dem vermehrt Wiens ›Bobos‹, bourgeoise, mit einem ausgeprägten Spürsinn für künftige Trends versehene Bohemiens, Wohnungen beziehen.

Augarten-Porzellanmanufaktur 13
Auskünfte: Tel. 211 24, www.augarten.com, Führungen (fast ganzjährig; alle Phasen der Porzellanherstellung) Mo–Fr um 9.30 Uhr

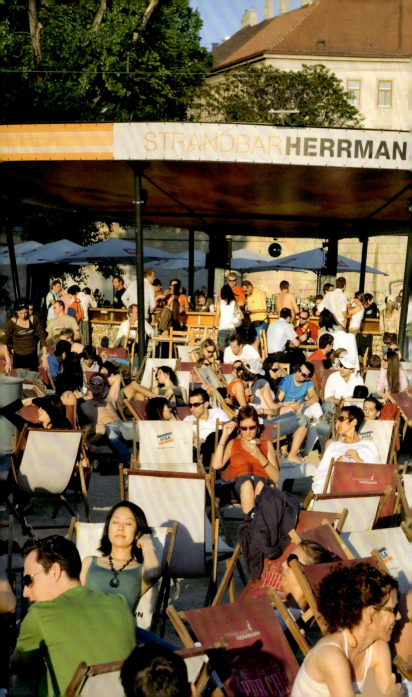

Lieblingsort

**Adriafeeling im
Herzen der Stadt**

Eine Reihe neuer Lokalitäten am Ufer des Donaukanals macht's möglich. Pionier und Top-Treff für coole Wiener zum geselligen *chill-out* bei Sonnenuntergang ist die **Strandbar Herrmann** 11. Wenn's warm wird, ungefähr Mitte Mai, werden direkt am Wasser, an der Mündung des Wienflusses, vis-à-vis der Urania, die Liegestühle aufgeklappt. Sonnen und Spaß am Sandstrand heißt die Devise, mit guter Musik, beim Boulespiel oder Seele baumeln lassen. Vorausgesetzt freilich, der Wettergott hat nichts dagegen und man konsumiert mindestens einen Drink (Mo–Fr 16–2, Sa, So 11–2 Uhr, www.strandbar-herrmann.at).

Östliche Vorstadt

Den Endpunkt des Rundgangs bildet der **Augarten,** in dem Ende des 17. Jh. das heutige Schloss im Stil Johann B. Fischer von Erlachs erbaut wurde. Man betritt den Park von der Oberen Augartenstraße (Nr. 1) durch ein triumphbogenartiges Eingangsportal, das Isidor Canevale 1775 schuf, als Joseph das Areal öffnen ließ. An seiner Innenwand zeigt eine Markierung an, welchen Höchststand die Donau hier vor ihrer Regulierung einmal erreichte. Geradeaus gelangt man zum Saalgebäude, dem Sitz der bereits 1718 gegründeten Wiener Porzellanmanufaktur, die – neben der erstklassigen Qualität der Rohware natürlich – vor allem dank ihrer charakteristischen Dekors aus Empire- und Biedermeierblümchen internationale Berühmtheit erlangte und von Kennern in einem Atemzug mit Häusern wie Sèvres, Nymphenburg oder Wedgwood genannt wird.

Ambrosi-Museum 14
Eingang Scherzerg.1a,
Di–So 10–18 Uhr
In einem Nebengebäude ist ein Museum mit den Werken – vorwiegend Porträtbüsten und Kolossalstatuen – des österreichischen Bildhauers Gustinus Ambrosi (1893–1975) untergebracht. Im Hauptgebäude, wo ab 1782 eine Zeit lang Mozart, später Beethoven die Morgenkonzerte dirigierte und im Biedermeier auch die beliebten Johann-Strauß-Konzerte stattfanden, logieren seit 1948 die Wiener Sängerknaben. Zu dem repräsentativen Barockbau haben Touristen allerdings keinen Zutritt (Livekonzerte und Messen mit den Sängerknaben s. S. 148).

Essen & Trinken

Herzhaft und günstig – **Salm Bräu** 1: Rennweg 8, Tel. 799 59 92, www.salmbraeu.com, Straßenbahn 71, tgl. 11–24 Uhr, Stelzenmenü für 2 Pers. inkl. 2 halbe Liter Bier 20 €. Selbst gebraute Bierspezialitäten nach alten Rezepten, dazu kraftvolle Hausmannskost, Suppen, belegte Brote, Eiernockerl oder auch Stelze mit Kraut und Knödel. Rustikales Ambiente, nette Bedienung.
Urig, sättigend und gut – **Unfried zum Posthorn** 2: Posthorng. 6, Tel. 966 38 86, U4 Landstraße, Straßenbahn O, Mo–Fr 11–24 Uhr (Küche 11–22 Uhr), ab 12 €, Mittagsmenü unter 7 €. Das seit 1870 bestehende Beisl wurde mit viel Liebe revitalisiert. Originale Wandtafelung, Wohnzimmeratmosphäre. Neben klassischen Gerichten der Wienerküche wie Tafelspitz, Blunzengröstl, Gulasch etc. gibt es auch Vegetarisches. Vernissagen, Lesungen, Livemusik und ein Schanigarten runden das Angebot ab.
Traditionell nach bester Manier – **Zum Alten Heller** 3: Ungarg. 34, Tel. 712 64 52, U4 Landstraße, Di–Sa (außer Fei) 10–23 Uhr (Küche 11.30–22 Uhr), ab 14 € (2 Gänge). Altmodische Gastwirtschaft mit Hausmannskost wie sich's gehört. Rostbraten, Beuschl, Backhendl – die Speisekarte gleicht einem Who's who der Wiener Küche. Sorgfältig gepflegt auch das Bier- und Weinangebot. Im Sommer lauschig: der kühle Laubengarten.
Kaffeehauskultur nach alter Tradition – **Café Zartl** 4: Rasumofskyg. 7, Tel. 712 55 60, U3 Rochusgasse, tgl. 8–24 Uhr (Küche 8–23 Uhr), ab 13 €. Eines der stimmigsten, klassischen Vorstadtcafés Wiens – gemütlich-unprätentiös, mit gutem Zeitungssortiment, tadelloser Küche (üppiges Frühstück!) und sehr persönlichem Service.
Gourmet-Kantine – **GIG im Justizzentrum** 5: Marxerg. 1a, Tel. 715 25 55, U3, U4 Landstraße, Mo–Fr 7–22 durchgehend warme Küche, Kantinenbetrieb: 11–14 Uhr, Einzelgerichte ab 8 €,

Adressen

Hauptgerichte in der Kantine 4,10–4,50 €. Wo sich Richter und Rechtsanwälte stärken, hat prinzipiell auch jedermann von der Straße Zutritt: Café, Restaurant, Cocktailbar und Kantine.

Essen im Biedermeier – **Lusthaus** 6: Freudenau 254, Tel. 7289565, www.lusthaus-wien.at, Bus 77A, Mai–Sept. Mo–Fr 12–23, Sa, So, Fei 12–18, Okt.–April Do–Di 12–18 Uhr, ab 19 €. Schöner ehedem kaiserlicher Jagdpavillon Ende der Prater-Hauptallee, mit Terrasse unter großen Kastanienbäumen und gehobener Küche. Besonders stimmig an lauen Sommerabenden.

(Fast) wie in München – **Schweizerhaus** 7: Straße des 1. Mai 116/Prater, Tel. 7280152, www.schweizerhaus.at, U1 Wien Nord-Praterstern, Mitte März–Ende Okt. Mo–Fr 11–23, Sa, So, Fei 10–23 Uhr, kleine Gerichte ab ca. 4 €, größere ab 6 €. In Wiens berühmtestem Biergarten inmitten des Wurstelpraters geben sich alle, vom Bauarbeiter bis zum Herrn Hofrat, ein Stelldichein. Das offene Budweiser und die knusprige Stelze (= Eisbein) sind legendär, der Gastgarten im Schatten mehrerer Kastanien-Methusalems an heißen Sommertagen eine Wohltat.

Allerbestes Wirtshausniveau – **Eisvogel** 8: Riesenradplatz 5, Tel. 9081116 31 00, U1 Praterstern, tgl. 11.30–22.30 Uhr, ab 30 €. Niveauvolle, teils auch moderne Wiener Küche mit Spezialitäten wie Kalbsbeuschel, Rindsroulade, Paprikahendl, böhmischen Mehlspeisen und gutem Weinsortiment rotweißroter Provenienz, faires Preis-Leistungs-Verhältnis, von der großen Terrasse Blick u. a. aufs Riesenrad.

Speisen in luftiger Höh' – **Donauturm-Restaurant** 9: S. 37 und S. 255.

Selbstbedienungs-Geheimtipp – **Restaurant im Uniqa Tower** 10: Untere Donaustr. 21–23, U1, U4 Schwedenplatz, U1 Nestroyplatz, Mo–Fr 11–14, Snack- und Café-Bar Aioli 7–18 Uhr, für Externe: Hauptgericht 9–10 €, Zwei-Gänge-Menü 12–13 €. Betriebskantine mit tgl. drei Vor- und fünf Hauptspeisen, dazu Dessert und Salatbar vom Feinkost-Caterer Do & Co. Der Renner ist das tgl. frische Wokgericht.

Inliner auf der Reichsbrücke vor der Skyline von UNO-City und Donauturm

Lieblingsort

Kleinkunst der besonders wienerisch-heiter-charmanten Art
Mit seinem **Letzten Erfreulichen Operntheater L.E.O.** 4 bietet Gründer und Direktor Stefan Fleischhacker in Personalunion als Tenor und Regisseur große Oper in Minimalversion – Verdis »La Traviata« z. B. für zwei Solisten und einen Pianisten. Oder die »Tosca«, ebenfalls mit Kleinstensemble nebst Beteiligung des Publikums als Chor. Wem hier, gelabt durch Schmalzbrote und ein Gläschen Wein, nicht warm ums Herz wird, der hat wohl keines (Ungarg. 18, Tel. 712 14 27, www.theaterleo.at).

Adressen

Chill-out bei Sonnenuntergang – **Strandbar Herrmann** 11 : S. 256.
Kreativen-Treff mit Cross-Over-Küche – **Schöne Perle** 12 : Große Pfarrg. 2, S. 41.

Einkaufen

Avantgardistische Mode für Sie und Ihn – **Song** 1 : Praterstr. 11–13, www.song.at, U1 Nestroyplatz. Schickes von Balenciaga oder Martin Margiela gibt es in dieser Boutique ebenso zu kaufen wie extravagante Schuhe, Handtaschen, Schmuck, Kopfbedeckungen, Unterwäsche, Parfum oder Brieftaschen. Die gestylte Ausstattung des Shops stammt von Architekt Gregor Eichinger. Ganz besonderen Kunden präsentiert Besitzerin Myung-Il Song ihre Lieblingskünstler in einem eigenen Ausstellungsraum, dem Salon.

Aktiv & Kreativ

Wiens Binnenadria – **Donauinsel** 1 : U1 Donauinsel. 200 m breit und über 20 km lang ist die Insel und ermöglicht die Ausübung aller nur erdenklichen Sportarten, vom Schwimmen, Radeln, Joggen, Inlineskating & Skateboarding über Streetsoccer, Trampolinspringen & Wasserski bis Fuß-, Basket- & Beachvolleyball; dazu gibt's diverse Boots- und Fahrradverleihstellen.
Erholungsgebiet zwischen Donau und Donaukanal – **Prateraue**n 2 : viel Grün für Spaziergänger und Sportler.
Hoch hinaus – **Bungeejumping vom Donauturm** 9 : April–Okt. jeweils Sa, So, p. Pers. 139 €, Info-Tel. 00 49 18 05 60 60 84, www.jochen-schweizer.at. Seit kurzem lockt der Turm all jene, die Sprünge aus schwindelnden Höhen lieben. Von der Absprungrampe unterm Drehrestaurant geht's 152 m in die Tiefe.

Abends & Nachts

Neuer Schick am Donaukanal – **Urania** 1 : Uraniastr. 1, Tel. 713 30 66, U1, U4 Schwedenplatz, Mo–Sa 9–2, So bis 24 Uhr. Im 1909 eröffneten Volksbildungshaus, einem wunderschön renovierten Jugendstilbau, ist seit Kurzem eine bei jungem, urbanem Publikum sehr beliebte schicke Mischung aus Café, Bar und Restaurant zu Hause. Die Ausstattung ist zeitgenössisch cool, die Küche kosmopolitisch und sehr kreativ. Gratis: der Blick auf die Mündung des Wienflusses in den Donaukanal.
Ankerplatz für Nachtschwärmer – **A Bar Shabu** 2 : Rotensterng. 8, U1 Nestroyplatz, So–Fr 17–2, Sa 19–2 Uhr. Regionale Köstlichkeiten direkt vom Biobauern, dazu – auch im Gassenverkauf – Weine mit Schwerpunkt Weinviertel, für die Trinkfesteren auch Absinth. Für passiv Sportliche läuft (vorrangig englischer) Fußball im Extrazimmer, für die Aktiveren steht ein Stoppelbillardtisch zur Verfügung.
Renaissance einer Legende – **Cabaret Renz** 3 : Zirkusg. 50, Tel. 06 99 11 60 34 88, www.cabaretrenz.org, U1 Nestroyplatz, tgl. 20–4 Uhr. Wiens ältester Nachtclub, einst gleichsam ein High-Society-Animierlokal mit schillerndem Kabarett- & Varietéprogramm, ist als – leicht schmuddeliger – Szenetreff für jugendliche Off-Kultur wiederauferstanden. Gute Drinks & Snacks; regelmäßig Performances, Lesungen, Theateraufführungen; tgl. ab 20 Uhr DJs.
Kleinkunst in kleinem Rahmen – **L.E.O.** 4 : U3 Rochusgasse, s. links. Neben Opern stehen auch Revuen, Kabaretts & szenische Liederabende in dem gemütlichen, 70 Pers. fassenden Lokal auf dem Programm. Was den – durchaus professionell geschulten – Protagonisten an Stimmperfektion mangelt, machen sie an Komödiantik und Charisma mehr als wett. Unbedingt sehenswert!

Das Beste auf einen Blick

Heiligenstadt und Grinzing

Auf Entdeckungstour

Wien und sein Wein: Als einzige Hauptstadt der Welt, in der Wein von internationalem Format angebaut wird, besitzt Wien auch eine dementsprechende Winzerkultur. Zu erkunden gibt es, nebst einer 2000-jährigen Geschichte, idyllische Weinberge und -orte, erstklassige Hauer- und Heurigenbetriebe sowie diverse Brauchtumsfeste im Jahreslauf. Und natürlich gilt es dabei auch manch edlen Tropfen zu verkosten. S. 268

Kultur & Sehenswertes

Karl-Marx-Hof: Der berühmteste Gemeindebau des ›Roten Wien‹ der Zwischenkriegszeit – Karl Ehns 1000 m langer Volkswohnpalast. 1 S. 264

Beethoven-Gedenkstätten: Auf den Spuren des unsterblichen Meisters aus Bonn in die Eroicagasse und ins Haus des Heiligenstädter Testaments. 2 S. 265, 3 S. 266

Aktiv & Kreativ

Mukental: Beim Spaziergang entlang dem Schreiberbach wandelt man in den Fußstapfen zahlreicher romantischer Künstler. S. 266

Vom Kahlen- auf den Leopoldsberg: Der klassische Sonntagsausflug für Generationen von Wienern – per pedes in einem knappen Stündchen vom einen Hausberg auf den ›Gipfel‹ des zweiten, Panoramablick auf Donau und Stadt sowie Besichtigung von Leopoldsburg und -kirche. 6 7 S. 267

Genießen & Atmosphäre

Höhenstraße: Eine Spritzfahrt auf der berühmten Aussichtsstraße über die Wienerwaldhügel belebt die Sinne. Tipp: die Einkehr in einem der traditionsreichen Ausflugslokale! S. 267

Sirbu: Einer von Wiens Paradeheurigen mit einem traumhaftem Blick von der Terrasse über die ganze Stadt, gelegen am Fuß des Kahlenberges inmitten von Weinbergen. 4 S. 271

Abends & Nachts

Mayer am Pfarrplatz: Einer der namhaftesten Stadtheurigen – authentisch, mit gutem Weinsortiment und Buffet, daheim in jenem Haus, in dem Beethoven komponierte. 1 S. 271

Abwechslung zur Großstadt: Raus aufs Land!

Abwechslung zur Großstadt gefällig? Voilà – eine kurze Wanderung durch die Weingärten auf die beiden Hausberge der Wiener oder Spritztouren in die berühmten Winzerbezirke Heiligenstadt und Grinzing, Heurigenbesuch inkl. Dabei kann man auf den Spuren Beethovens wandeln, auch Gustav Mahler an dessen Grab die Referenz erweisen. Gleich zu Beginn erteilt der legendäre Karl-Marx-Hof eine nachdrückliche Lektion sowohl in österreichischer Geschichte als auch darin, welchen Fortschritt sozialer Wohbau in der Zwischenkriegszeit für minderprivilegierte Menschen bedeutete.

Karl-Marx-Hof [1]

Die ca. dreistündige Wanderung zu dem berühmten Heurigenort Grinzing und hinauf auf die zwei Hausberge Wiens beginnt man am besten bei der Endstation der U4 in Heiligenstadt. Denn ihr gegenüber steht eine Wohnhausanlage von besonderem Symbolwert: der Karl-Marx-Hof. Dieser in den

Infobox

Reisekarte: ▶ nördl. K–N 5

Ausgangspunkt
Startplatz für die Wanderung in den stark hügeligen, grünen Nordwesten Wiens ist die U-Bahn-Station Heiligenstadt (U4, U6). Wer nicht zu Fuß, sondern rascher und bequemer in die Höhe will: Der Bus 38A bringt Ausflügler von hier direkt nach Grinzing und auch weiter auf die ›Berge‹.

Wiener Höhenstraße
Die durchweg kopfsteingepflasterte Panoramastraße (1935) führt entlang der Stadtgrenze über die Hügelrücken des Wienerwalds 9 km weit vom 14. bis in den 19. Bezirk. Sie wird speziell an Wochenenden von den Wienern gerne frequentiert. Die gemächliche, kurvenreiche Fahrt zwischen Hütteldorf und Leopoldsberg (die man auch in Teilabschnitten, etwa von den ehemaligen Winzerorten Neuwaldegg, Neustift am Walde, Salmannsdorf, Pötzleinsdorf, Sievering oder Grinzing, aus unternehmen kann) eröffnet immer wieder wunderschöne Ausblicke auf die Stadt. Unterwegs warten etliche kulinarische Stationen, von denen die Café-Restaurants Cobenzl und Oktogon, das Fischerhaus sowie das Häuserl am Roan bzw. am Stoan die bekanntesten, ergo meistbesuchten sind. Die vielen Parkplätze können als Ausgangspunkte für kürzere und längere malerische Spaziergänge oder Wanderungen dienen.

Infos
Weinliebhaber erhalten umfangreiche Infos über die Winzertradition, die Weine und Heurigen in Wien, aber auch über Veranstaltungen, Brauchtum, Seminare etc. bei der Vereinigung Weinregion Wien, Tel. 587 95 28 21, www.wienerwein.at.

Beethoven-Gedenkstätten

Realität gewordenes Klischee: Schrammelmusik beim Heurigen

späten 1920er-Jahren von Karl Ehn erbaute Komplex gilt mit seiner Länge von über 1 km, seinen 1325 Wohnungen und seiner spätexpressionistischen, von großen Bogen-Durchfahrten geprägten, eigenwillig rötlichen Fassade als repräsentativstes Beispiel des sozialen Wohnungsbaus im ›Roten Wien‹, wie die Stadt in der Ersten Republik (1919–1934) aufgrund ihrer sozialdemokratischen Verwaltung bezeichnet wurde. Der ›Hof‹ ist Sinnbild für das Bemühen der damaligen Stadtväter, der Bevölkerung statt der Kleinstwohnungen in den k.u.k.-Zinskasernen, wo es Fließwasser und Klosett nur im Hausflur gab, menschenwürdige Wohnungen zu bieten, ein Bemühen, das international vorbildhaft war. Er ist aber auch Symbol für die tragischen Bürgerkriegsereignisse im Februar 1934: als Zentrum des Widerstands der Arbeiterschaft, das die Truppen der austrofaschistischen Regierung mit schwerer Artillerie zerschossen (s. S. 106).

Beethoven-Gedenkstätten

Beethovenhaus 2
Di–So 10–13, 14–18 Uhr

Über die Heiligenstädter und, links abbiegend, die Grinzinger Straße erreicht man in etwa 15 Min. den Pfarrplatz und damit das Gebiet der Heurigen, jener legendären Refugien, in denen die Wiener und ihre Gäste allabendlich mit Hingabe Weingenuss und Geselligkeit frönen. Hier, wo die Stadt zum idyllischen Dorf wird, trifft man auf eine der rund 80 Adressen, an denen Ludwig van Beethoven während seiner 35 Wiener Jahre logierte. Freilich auf eine der berühmtesten: Im Beethovenhaus, Ecke Eroicagasse, entstanden immerhin Teile der 9. Symphonie. Heute ist in seinen 300 Jahre alten Mauern und seinem rebenbestandenen Innenhof die Parade-Buschenschenke Wiens – der Prominententreff **Mayer am Pfarrplatz** 1 – untergebracht.

Heiligenstadt und Grinzing

Sehenswert
1 Karl-Marx-Hof
2 Beethovenhaus
3 Haus des Heiligenstädter Testaments
4 Grinzinger Friedhof
5 Josephskirche
6 Leopoldsburg
7 Leopoldskirche

Essen & Trinken
1 Mayer am Pfarrplatz
2 Reinprecht
3 Schübel-Auer
4 Sirbu
5 Haslinger
6 Oktogon

Aktiv & Kreativ
1 Lebensbaumkreis Am Himmel

Abends & Nachts
1 Blaustern

Haus des Heiligenstädter Testaments 3

Di–So 10–13, 14–18 Uhr

Wenige Schritte weiter, in der Probusgasse, befindet sich eine weitere Gedenkstätte für den rastlosen Großmeister: das Haus des Heiligenstädter Testaments. »O ihr Menschen, die ihr mich für feindseelig störisch oder misantropisch haltet oder erkläret, wie unrecht thut ihr mir …« Diese oft zitierten pessimistischen Zeilen soll der fast ertaubte Beethoven hier zu Papier gebracht haben. Sie sind, nebst Skizzenblättern und Dorfansichten, in den beiden Gedenkräumen faksimiliert ausgestellt.

Dorfkern von Grinzing

Vorbei am mit Panzerglas bewehrten Wohnhaus des 1990 verstorbenen sozialdemokratischen Langzeit-Bundeskanzlers Bruno Kreisky (Armbrusterg. 15) kehrt man zurück zur Grinzinger Straße und folgt ihr westwärts bis zum Dorfkern von Grinzing in der Cobenzl- bzw. Himmelstraße.

Abends ist das malerische Ensemble vom Reisebusverkehr mitunter stark beeinträchtigt. Der Ort erstickt dann in lauter Fröhlichkeit. Tagsüber aber geben – vorausgesetzt man schließt Augen und Ohren vor dem dichten Autoverkehr – die jahrhundertealten Fassaden die ideale Kulisse für einen Bummel durch ein Stück erhaltenen Biedermeiers ab.

Grinzinger Friedhof 4

Ein Abstecher zum stimmungsvollen Friedhof, links durch die Managettagasse, führt u. a. zu den Ruhestätten von Gustav und Alma Mahler, Heimito von Doderer sowie den Ringstraßenarchitekten Heinrich von Ferstel und August von Siccardsburg.

Auf den Kahlenberg

Der Weg verläuft ein Stück stadteinwärts zurück, dann links hügelan über den Grinzinger Steig zum Heiligenstädter Friedhof und dort wieder links durch das **Mukental**. Generationen von romantischen Künstlern und Denkern haben sich hier beim Spaziergang am Schreiberbach von der Lieblichkeit der Landschaft inspirieren lassen. Nach ungefähr 1 km zweigt man rechts ab und steigt eine schier endlose Treppe hoch, von deren Ende mehrere Wegweiser sicher durch den Wald bis auf den Kahlenberg geleiten.

Erholen kann man sich von dem schweißtreibenden Unternehmen beispielsweise im **Heurigen Sirbu** 4. Der Blick von dort oben hinab auf die Stadt und bis zum Marchfeld und zum Leithagebirge entschädigt für alle Mühen.

Josephskirche 5

In der Vorgängerin der heutigen Josephskirche, neben der neuen Privatuniversität für Tourismus, soll der Ka-

puzinerpater Marco d'Aviano angeblich am 12. September 1683 vor der siegreichen Entsatzschlacht gegen die Türken seine berühmte Messe gelesen haben. Dabei anwesend: Polenkönig Jan Sobieski und Herzog Karl von Lothringen. Im Kircheninneren gemahnen Karten des Schlachtenverlaufes, Fotos der Türkenbeute aus der Staatlichen Sammlung im Krakauer Wawel und Votivgaben polnischer Gläubiger an das historische Ereignis, zu dessen 300. Jahrestag Papst Johannes Paul II. persönlich eine der Kapellen weihte.

Zum Leopoldsberg

Gegenüber der Kirche erinnert ein Denkmal an den Bau der **Wiener Höhenstraße** (1934–1938), jener zwecks Konjunkturankurbelung geschaffenen Aussichtsstraße, die Neuwaldegg mit dem Hameau, Cobenzl und Klosterneuburg verbindet und an schönen Wochenenden nach wie vor Zehntausende von Ausflüglern anlockt. Der bequeme Fußweg vom Kahlen- zum Leopoldsberg verläuft teilweise entlang ihrer Trasse.

Leopoldsburg 6

Ziel der Wiener Höhenstraße ist jene Burg, die Markgraf Leopold III. – der Legende nach noch vor Klosterneuburg – als Residenz der Babenberger hat erbauen lassen. Das gut erhaltene Gebäude war mehrfach Mittelpunkt kriegerischer Auseinandersetzungen. Herzog Albrecht I. etwa diente es 1287/1288 als Zufluchtsort vor den aufständischen Wienern, im 15. Jh. hingegen den Wienern als Schutz vor Albrecht VI., der die Stadt mit zahlreichen Verbündeten belagerte, um Kaiser Friedrich zu stürzen. 1484 machte sich der Ungar Matthias Corvinus zum Herrn der Burg, die im Jahr 1529, während der Ersten Türkenbelagerung, schwer beschädigt wurde.

Leopoldskirche 7

Die unmittelbar benachbart erbaute Leopoldskirche (1679) enthält, wie ih-

Auf Entdeckungstour

Wien und sein Wein

Als einzige Hauptstadt der Welt, in der Wein von internationalem Format angebaut wird, besitzt Wien auch eine dementsprechende Winzerkultur. Zu erkunden gibt es idyllische Weinberge und -orte, erstklassige Hauer- und Heurigenbetriebe, diverse Brauchtumsfeste im Jahreslauf.

Zeit: beliebig – 2 Std. bis 1 Tag.

Planung: aktuelle Infos unter www.wienerwein.at, im Programmkalender zum »Wiener Weinfrühling« (erhältlich in allen Heurigen) und dem jährlich neu aufgelegten »Wiener Heurigenguide«, den man in den 58 Mitgliedsbetrieben des Vereins »Der Wiener Heurige« bekommt.

Heurigen Express: Abfahrt in Nussdorf, Endstation der Straßenbahnlinie D, zu jeder vollen Stunde, Anfang April–Ende Okt. 12–19 Uhr, Dauer: ca. 40 Min., Fahrpreis: 7,80 €, 6- bis 18-Jährige: 4,50 €.

Lug und Trug

Eine Vorbemerkung sei gestattet: Für Uneingeweihte sind alle Lokalitäten, in denen man in malerischen Innenhöfen oder Gewölben Wein trinkt, launiger Musik lauscht und Stelze oder kaltes Geflügel mit Gurkensalat und Salzstangerl isst, Heurige. Kennern blutet ob solcher Pauschalbezeichnung freilich das Herz. Denn vieles, was einem echten Heurigen auf den ersten Blick täuschend ähneln mag, ist auf den zweiten eine schnöde Gaststätte oder Weinschenke, die, um Touristen anzulocken, zwar auch ein reichhaltiges Buffet, Instrumentalmusik und Gesang anbietet, in Wirklichkeit aber die Heurigenstimmung nur vorgaukelt. Die Preise sind in solchen Massenbetrieben meist hoch und die Weine – dies macht den entscheidenden Unterschied! – von irgendwo zugekauft und zudem häufig wenig bekömmlich.

Echt: die Buschenschenken

Echte Heurigenlokale hingegen, man nennt sie auch Buschenschenken, sind meist kleiner, stiller und preiswerter. Sie werden durch ein strenges Gesetz vor der oft hemmungslos kommerzialisierten Konkurrenz geschützt. Dieses beschränkt zwar einerseits die Dauer der jährlichen Ausschankzeit, erlaubt aber, in diesen Monaten an der Hausmauer als Qualitätskennzeichen einen grünen Föhrenbusch und eine Tafel mit der Inschrift »Ausg'steckt« anzubringen. Wer originäre Heurige sucht, findet sie in den Tageszeitungen unter der Rubrik »Ausg'steckt« sowie im Zentrum der Weinbauorte an speziellen Informationstafeln aufgelistet. Darüber hinaus weisen an den Eingängen zu Qualitätsbetrieben Gütezeichen mit dem Schriftzug »Original Wiener Heuriger« darauf hin, dass dort eigene Hausweine ausgeschenkt werden.

Per Heurigen Express durch Grinzing

Früher pflegten die Wiener und ihre Gäste per Zahnradbahn hinauf in die Weinberge zu fahren. Neuerdings steht ihnen dafür ein auf Nebenstraßen verkehrendes Bähnchen, der Heurigen Express, zur Verfügung. Vom Winzerort Nussdorf geht's in gemächlichem Tempo zunächst zu den **Beethoven-Gedenkstätten** (Besichtigung mittels Hop-on-hop-off-Prinzip möglich) und danach, ein langes Spalier malerischer Hauerhäuser entlang, durch **Grinzing,** auf den **Kahlenberg** und auf reizvoller Alternativroute nach **Nussdorf** retour.

Unterwegs lässt sich trefflich auch über die Geschichte des Weinbaus reflektieren – über den römischen Kaiser Probus etwa, der in der Region vor 2000 Jahren das Anbauverbot aufhob und neue Sorten sowie Kultivierungsmethoden einführte; über die Zustände im Spätmittelalter, als die Wiener pro Kopf und Jahr bis zu 120 l Rebensaft ›soffen‹ und ihn sogar zum Anrühren des Mörtels für den Stephansdom verwendeten; oder über die Reblaus, die im späten 19. Jh. dem örtlichen Weinbau im Verbund mit hohen Steuern und dem zum Modegetränk avancierten Kaffee und Bier beinahe den Garaus machte.

Zu Besuch bei den Top-Winzern der Stadt

Jahrzehntelang haben sich die Wiener Winzer vom unstillbaren Durst ihrer Gäste verführen lassen, die alles tranken, was man ihnen vorsetzte – hauptsächlich mit Sodawasser zum G'spritzten verdünnte Mischkulanzien in den charakteristischen Viertelliter-Henkelgläsern. In den letzten Jahren jedoch hat eine Reihe junger Weinbauern eine Qualitätsrevolution gestartet. Um deren Ergebnisse zu verkosten, empfiehlt es sich, in peripherere Weinbaugebiete aufzubrechen. Was natürlich nicht heißen soll, dass nicht auch im weltberühmten **Grinzing** eine Reihe ganz zu Recht renommierter Heurigenbetriebe beheimatet ist.

Dennoch: Der Pionier und bis heute Star unter den innovativen ›Revoluzzern‹, Fritz Wieninger nämlich, ist in Transdanubien, also jenseits der Donau, zu Hause. Er, der im Lokal seiner Familie in **Stammersdorf** Chardonnays und Pinot Noirs von Weltklasse sowie einen aufsehenerregenden G'mischten Satz kredenzt (www.wieninger.at), hat mit Gleichgesinnten die Marke Wien-Wein ins Leben gerufen, um »neue Qualitätsstandards zu setzen und den einzigartigen Charakter auch international manifest zu machen«.

Können und Enthusiasmus dieser Gruppe Gleich- und Fortschrittsgesinnter verdienen, beim Lokalaugenschein und der Gaumenprobe in deren Weingütern getestet zu werden. Zumal man dort wohltuend wenig bis gar nichts von der anderswo üblichen Kitschfolklore verspürt. Auf also per »Öffi« oder Taxi über die Donau nach **Jedlersdorf** ins Weingut von Rainer Christ und in den Südwesten, nach **Mauer**, zu Richard Zahel und Michael Edlmoser! (Infos zu allen Adressen: www.wienwein.net).

Winzerbrauchtum im Jahreslauf

Alle derzeit 342 Wiener Weinbauern bewirtschaften gemeinsam gegenwärtig 677 ha Rebfläche. Sie ernten im Durchschnitt etwas über 2 Mio. l im Jahr, von denen rund 80 % Weißwein – vorrangig Grüner Veltliner, Rheinriesling, Weißburgunder und Chardonnay – sind und rund 70 % in Heurigen verkauft werden. Um ihre immer edleren Kreszenzen dem potenziellen Publikum schmackhaft zu machen, inszenieren sie im Jahreslauf gemeinsam mit der Stadt Wien eine Reihe einschlägiger Veranstaltungen, an denen teilzunehmen sich Wien-Besuchern aus atmosphärischen wie önologischen Gründen dringend empfiehlt: Ende März etwa zelebriert man in vielen Betrieben kulinarisch das **Frühlingserwachen**.

Je nach Witterung, ungefähr Anfang Juni, finden in diversen Weinhauerorten **Rebblütenfeste** und **-wanderungen** statt. Alljährlich um die Monatswende von Juni auf Juli wird im Arkadenhof des Rathauses der **Wiener Weinpreis** verliehen und dabei werden rund 100 preisgekrönte Tropfen ausgeschenkt.

Und Ende September hält man den **Wiener Weinwandertag** ab. Gegen Ende Oktober wird in der City, am Graben, mit großem Tamtam der **frische Jungwein** präsentiert.

Weingartenpicknicks und Liederabende

Parallel zu diesen Festen gibt's in bestimmten Monaten während der warmen Jahreszeit täglich die Möglichkeit zu einem idyllischen **Weingartenpicknick am Fuße des Kahlenberg** (Info-Tel. 370 22 64) und das ganze Jahr über in ausgewählten Heurigen immer wieder **Jazz-** und **Wienerliedabende, Verkostungen** und **Weinseminare.**

Und Österreichs ältestes Weingut in Stift Klosterneuburg bietet, ebenfalls ganzjährig, Führungen im Betrieb und über den **Wein-Kultur-Weg** samt Verkostung in der eigenen Vinothek an (Info-Tel. 022 43 41 15 22).

Und für daheim, lesenswert bei einem guten Glas: »Wein in Wien« von Oliver Gruen (Verlag Pichler, Wien 2005).

re Schwesterkirche auf dem Kahlenberg, zeitgenössische Darstellungen der Zweiten Türkenbelagerung, denn glaubwürdigeren Quellen zufolge war in Wahrheit sie es, in der d'Aviano seine Messe las (s. S. 267). Verwundern darf die mögliche Verwechslung nicht: Bis gegen Ende des 17. Jh. hieß der Leopoldsberg Kahlenberg und der Kahlenberg hörte auf den wohlklingenden Namen Schweins- oder Sauberg.

Essen & Trinken

Besuch bei Wiens Paradeheurigem – **Mayer am Pfarrplatz 1**: Pfarrplatz 2, Ecke Eroicag. 4, Tel. 370 12 87, www.pfarrplatz.at, Bus 38A Fernsprechamt, Mo–Sa 16–24, So 11–24 Uhr. In diesem weitläufigen Winzerhaus komponierte Beethoven Teile der berühmten ›Neunten‹. Die Möblierung der Gewölberäume mit Holzbänken, Gusseisenleuchtern und Hirschgeweihen wirkt jedenfalls authentisch, wie von anno dazumal. Im schattigen Hof und Garten sitzt sich's ausgesprochen gemütlich. Schlemmen kann man sowohl à la carte als auch vom reich bestückten Buffet.

Renommierbetrieb im Herzen Grinzings – **Reinprecht 2**: Cobenzlg. 22, S. 43.

Jahrhundertealte Heurigenkultur – **Schübel-Auer 3**: Kahlenberger Str. 22, S. 43.

Stadtpanorama wie im siebten Heurigenhimmel – **Sirbu 4**: Kahlenberger Str. 210, Tel. 320 59 28, Bus 38A Armbrustergasse, zu Fuß oder per Taxi weiter, Mitte April–Mitte Okt. Mo–Sa 15–24 Uhr. Wiens höchst- und vermutlich auch schönstgelegener Heuriger, umgeben von Weingärten, mit Traumblick auf Stadt und Strom. Ausgezeichnete Weine, gut sortiertes Buffet, moderate Preise.

Idylle pur – **Haslinger 5**: Agnesg. 3, Tel. 440 13 47, www.buschenschank haslinger.at, Bus 39A Sievering, Di–Fr 14–24, Sa, So, Fei 11.30–24 Uhr. Dieser überaus gemütliche Buschenschank umfasst neben dem Gastraum und einem laubenumrankten Innenhof auch Dachterrasse und Naturgarten mit beschaulichem Blick ins Grüne. Dazu gibt es ein gutes Buffet und eigene Weine vom Nussberg.

Endstation für schöne Spaziergänge – **Oktogon 6**: Himmelstr., Ecke Höhenstr., Tel. 406 59 38 19, www.himmel.at/oktogon, 38A Cobenzl, dann 10 Min. zu Fuß, Mi–Fr 12–22, Sa, So, Fei 11–22 (Küche 11/12–20.30 Uhr), Sa, So, Fei 11–14 Uhr Frühstück. Der lichtdurchflutete Holzpavillon am ›Himmel‹ ist gastronomischer Stützpunkt für Besucher des Lebensbaumkreises (s. S. 272). Saisonal abgestimmtes Speiseangebot mit Produkten aus biologischer Landwirtschaft, gute und gesunde Drinks, herrliche Aussicht.

Aktiv & Kreativ

Freiluftkonzert und Meditation – **Lebensbaumkreis Am Himmel 1**: S. 272.

Abends & Nachts

In-Treff an Döblings Südzipfel – **Blaustern 1**: Döblinger Gürtel 2, Tel. 369 65 64, www.blaustern.at, Mo–Do 7–1, Fr 7–2, Sa 8–2, So 8–1 Uhr. Das Ambiente ist cool und schick, das Publikum jung und stilbewusst. Der Kaffee kommt von Illy, wird stets im Lokal frisch geröstet und ist dementsprechend von unwiderstehlichem Geschmack und Duft. Tgl. 17 Std. durchgehend warme Küche! Kleiner Wermutstropfen: Die Lage an einer recht verkehrsumtosten Ecke des Gürtels.

Lieblingsort

Musikgenuss am Himmel

Oberhalb von Grinzing, unweit der Höhenstraße, lädt der sog. Lebensbaumkreis zum genüsslichen Gratis-Freiluftkonzert: **Am Himmel** 1 heißt dieses stadtnahe Wienerwaldidyll, wo vor ein paar Jahren gut drei Dutzend Laub- und Nadelbäume nach astrologischen Kriterien im Kreisrund gepflanzt wurden. Vor jedem ragt eine Tonsäule aus dem Boden, die, wenn man vor ihr steht, von den biologischen und esoterischen Eigenschaften des Gewächses erzählt. Das ganze Jahr über kommt an Sonntagnachmittagen (mitunter auch samstags) synchron klassische Musik oder Jazz aus den Lautsprechern. Dann liegt man rücklings im Gras, blinzelt in den blauen Himmel und lauscht entspannt dem harmonischen Getön. Und als Zugabe gibt's ein grandioses Stadtpanorama (Himmelstraße/Ecke Höhenstraße, www.himmel.at, Bus 38A bis Station Cobenzl, dann 10 Min. zu Fuß).

Das Beste auf einen Blick

Wiens Umland

Kultur & Sehenswertes

Klosterneuburg: Alles überstrahlende Attraktion des Städtchens ist das barocke Augustiner-Chorherrenstift. Ein Genuss für alle, die an moderner Kunst interessiert sind: die Sammlung Essl. S. 276

Mayerling: Melancholische Reminiszenzen an Kronprinz Rudolf und Mary Vetschera ruft das Jagdschloss Mayerling hervor. S. 279

Krems: Die 1000-jährige Handelsstadt an der Donau entzückt dank ihrer tiptop-renovierten Altstadt. Reizvoller Kontrast dazu: die Kunstmeile mit hochkarätigen Museen. S. 280

Aktiv & Kreativ

Baden in Baden: Das berühmte Kurstädtchen lockt mit der Römertherme, einer modernen Badelandschaft. S. 279

Im Pferdewagen oder im Kanu: Spannende Dschungeltour im Nationalpark Donauauen. S. 283

Genießen & Atmosphäre

Heurigenbesuch: Perchtoldsdorf, Mödling, Pfaffstätten, Gumpoldskirchen … und wie sie alle heißen: Entlang der südlichen Weinstraße laden idyllische Winzerorte zur lauschigen Einkehr. S. 278

Abends & Nachts

Den Abend bei Hanner genießen: Ausgezeichnete Drinks und eine denkbar große Weinauswahl erwarten Sie nach einem exklusiven Abendmahl in der Bar des Hotels & Restaurants Hanner in Mayerling. S. 280

Station auch für Weinfreaks: In Tom's Restaurant in Melk kredenzt der Küchenchef leichte, aromatische Gerichte. Auch Weinkenner kommen bei dem üppigen Angebot mit Schwerpunkten Wachau, Burgenland, Toskana, Piemont, Burgund und Bordeaux voll auf ihre Kosten. S. 283

Wienerwald und weitere Umgebung

Der Wienerwald, jenes rund 1250 km² große Waldgebiet, das Wien im Westen halbkreisförmig umschließt und zu einem wesentlichen Teil für die überdurchschnittlich hohe Lebensqualität der Stadt verantwortlich ist, war bis tief in die Neuzeit hinein eine weitgehend undurchdringliche Wildnis. Von Mönchen und Bauern urbar gemacht, verwandelte er sich im Biedermeier, als Adel und Bürgertum die Reize der stadtnahen Natur entdeckten, zum bukolischen Idyll für sonntägliche Landpartien und auch vielwöchige Sommerfrischen. Heute ist der Wienerwald vorwiegend Erholungslandschaft. Zumindest in Stadtnähe ist er durchzogen von einem Netz von Wanderwegen, durchsetzt von Picknickwiesen, Ausflugslokalen, Aussichtswarten.

Sightseeinghungrige Touristen mögen enttäuscht sein, denn außer den Stiften Klosterneuburg und Heiligenkreuz, dem Jagdschloss Mayerling, dem vielbesungenen »Wegerl« im Helenental westlich von Baden und der Höhenstraße mit Wien-Panoramablick gibt es im Wienerwald kaum ›große‹ Sehenswürdigkeiten. Dafür stößt man inmitten der sanften, kaum 500 m hohen Hügel des nördlichen Teils und auch zwischen den schroffen Beinahe-Tausendern im Süden immer wieder auf kleine, stille Sensationen. Auf alte Schlösser, gut erhaltene Burgen und Ruinen, altehrwürdige Klöster und auf alpines Ambiente wie am Schöpfl, dem mit 893 m höchsten Gipfel des Wienerwaldes. Und auch auf verzauberte Orte, stille Buschenschenken und Meiereien, in denen man auf harten Holzbänken sitzend bei Milchrahmstrudel oder einem Achterl Wein eine Zeitreise in die Vergangenheit unternimmt. Eine Fülle spektakulärer Attraktionen erwartet den temporären ›Stadtflüchtling‹ im weiteren Umland, an der Südlichen Weinstraße, im Donautal, im Marchfeld …

Klosterneuburg

▶ Karte 4, D 2

Stift Klosterneuburg

Stiftsplatz 1, Tel. 02243411212, www.stift-klosterneuburg.at, Teilbesichtigung »Sakraler Weg«: ganzjährig tgl. 10–17, »Imperialer Weg«: Mai–Nov. Di–So 9–18 Uhr, Führungen in der Regel zur vollen Stunde, Eintritt 8 €, auch Kombitickets. Anreise: Bahn bzw. Schnellbahn ab Franz-Josefs-Bahnhof oder U4 bis Endstation Heiligenstadt, ab Endstation 10-minütige Busfahrt

Die im Norden, unmittelbar hinter der Wiener Stadtgrenze an der Donau gelegene Kleinstadt (rund 25 000 Ew.) ist dank ihres Augustiner-Chorherrenstiftes weltberühmt. Der Monumentalbau – gerne auch als »österreichischer Escorial« bezeichnet – wurde Anfang des 12. Jh. von dem Babenberger Leopold III., dem Nationalheiligen Österreichs, gegründet und wenig später dem katholischen Orden übergeben. Das Stift war jahrhundertelang wissenschaftliches Zentrum des Landes. 1730 nahm Karl VI. den barocken Ausbau vor. Der heutige Barocktrakt umfasst nur ein Viertel des ursprünglichen Bauvorhabens. Sehenswert sind darin vor allem die prunkvollen **Kaiserzimmer**, die **Kaiserstiege** und der **Marmorsaal**.

Klosterneuburg

In der Leopoldskapelle ist der **Verduner Altar,** ein Emailwerk des Nikolaus von Verdun, die Hauptattraktion. Außerdem verfügt das Stift über die größte Stiftsbibliothek des Landes (160 000 Bände), ein besuchenswertes Stiftsmuseum und die Schatzkammer. Am 15. November, dem Sankt Leopoldstag, frönt man im Stiftskeller alljährlich dem alten Brauch des **Fasslrutschens.**

Sammlung Essl
An der Donau-Au 1, Tel. 02243 370 50, www.sammlung-essl.at, Di–So 10–18, Mi bis 21 Uhr (ab 18 Uhr freier Eintritt), Eintritt 7 €, Familienkarten 14 €, diverse Führungen. Anfahrt zum Essl-Museum alternativ: Di–So um 10, 12, 14, 16 Uhr Gratis-Shuttle-Bus ab Wien-Albertinaplatz (beim Café Mozart)

Ein Muss für Freunde moderner Kunst stellt die Sammlung Essl dar. Als Museum österreichischer und internationaler Kunst nach 1945 bietet sie einen repräsentativen Querschnitt aus dem Schaffen vieler der namhaftesten Künstler aus dem In- und Ausland. Mit Gemälden, Skulpturen, Installationen oder Fotografien vertreten sind u. a., um nur einige wenige zu nennen, Arnulf Rainer, Hermann Nitsch und Franz West, Hubert Schmalix, Gerhard Richter und Antoni Tàpies.

Infobox

Reisekarte: ▶ Karte 4, Umgebung von Wien

Unterwegs in Niederösterreich
Per Drahtesel: Das Umland Wiens eignet sich ideal für Fahrradtouren. Insbesondere durchs Donautal sowie das Most- und Weinviertel führen, je nach Kondition und Geschmack, zahlreiche Ein- und Mehrtagestouren. Tourentipps: www.niederoesterreich.at/rad.
Per Schiff: Besonders malerisch ist eine Donaufahrt. Im Angebot: diverse Touren und Themenfahrten – etwa zur Marillenblüte oder Weinernte durch die Wachau, zwischen Krems und Melk (90 Min.), Wien und Dürnstein (6 Std.) bzw. Linz (12 Std.). Infos: www.brandner.at, www.ddsg-blue-danube.at.
Per Bahn: Das Streckennetz ist dicht und wird von den Verkehrsverbünden Ostregion bzw. Niederösterreich-Burgenland gut bedient. Fahrplan- und Tarifauskünfte: www.vor.at, www.vvnb.at bzw. Tel. 08 10 22 23 24.

Niederösterreich-Card
Lust auf ›das weite Land‹? Mit der Niederösterreich-Card in der Tasche lässt sich kostensparend und bequem auf Entdeckungsreise zu Top-Ausflugszielen und faszinierenden Geheimtipps gehen. Die jeweils ein Kalenderjahr gültige Karte berechtigt bei etwa 220 Attraktionen zu freiem Eintritt. Zusätzlich gibt's in Kooperation mit 270 Wirten und 35 Vinotheken ein Bonuspunktesystem. Kosten: 45 €, Kinder/Jugendliche zwischen 6 € und 16 20 €; erhältlich bei allen Raiffeisen-Banken, zahlreichen Reisebüros, tgl. 8–18 Uhr unter Tel. 5 35 05 05 oder bei www.niederoesterreich-card.at.

Infos
Umfassende Auskünfte – sowie Prospektmaterial und Buchungsmöglichkeiten – bietet die Niederösterreich-Werbung, Postfach 10000, 1010 Wien, Tel. 536 10 62 00, www.niederoesterreich.at.

Wiens Umland

Das Deckenfresko im Marmorsaal von Stift Klosterneuburg stellt eine Allegorie auf die Glorie des Hauses Österrreich dar (1749)

Schloss Laxenburg

▶ Karte 4, D 3
Anreise: über die Breitenfurter- bzw. Brunner Straße sowie mit dem Bus Richtung Eisenstadt, Abfahrt Wien-Mitte; alternativ: per Schnellbahn nach Mödling oder Badner Bahn bis Wr. Neudorf und auch von dort jeweils per Bus (Info-Tel. 711 01); Schlossplatz 1, Tel. 02236 71 22 60, www.schloss-laxenburg.at, Führungen auf den Hohen Turm & die Dächer bei Schönwetter um 16 Uhr, 6 €
Die über die südwärts führende Laxenburger Straße (15 km vom Stadtzentrum) erreichbare Marktgemeinde ist wegen des ehemaligen kaiserlichen Jagd- und Lustschlosses bekannt. Hauptattraktionen sind neben der seit dem 17. Jh. mehrmals umgebauten und erweiterten Anlage, dem spätbarocken **Blauen Hof** und dem unter Maria Theresia errichteten **Alten Schloss** vor allem der prächtige, 200 ha große **Park** mit seinen Teichen und Kanälen (Ruderbootverleih).

Franzensburg
Führungen: Ostern–Nov. tgl. um 11, 14 und 15 Uhr
Ein Highlight für Kunstinteressierte ist die Anfang des 19. Jh. auf einer künstlichen Insel inmitten des Parks erbaute klassizistische Franzensburg. Hier ließ Kaiser Franz II. aus allen Landesteilen Steine von Ruinen und Klöstern zusammentragen, wodurch ein ebenso kurioses wie kostbares Sammelsurium von mittelalterlichen Möbeln, Altären, Glasfenstern, Täfelungen, Türen, Ledertapeten u. v. m. entstand.

Südliche Weinstraße

▶ Karte 4, D 2–C 3
Diese Route berührt die weltberühmten Winzerorte an der sog. Thermenlinie südlich von Wien. Sie alle bieten ausgedehnte Wanderwege und einen malerischen Dorfkern mit vielen, nur teilweise vom Massentourismus angekränkelten Buschenschenken. Der erste Ort gleich hinter der Stadtgrenze ist

Perchtoldsdorf, wo vor allem die gotische Hallenkirche, die restaurierte Herzogsburg aus dem 14. Jh., der fast ebenso alte frei stehende Wehrturm sowie das Rathaus nähere Betrachtung lohnen. Auch das benachbarte **Mödling** ist ein beliebter Ausflugsort. Sehenswert sind die Bürgerhäuser aus Spätgotik und Renaissance sowie die Beethoven-Gedenkstätte im Hafnerhaus. In **Gumpoldskirchen**, einem der weltweit namhaftesten Weinbauorte, sollte man in einem Arkadenhof oder Garten eines der stimmungsvollen Heurigen den Gumpoldskirchner verkosten. Spaziergänge in der Umgebung führen u. a. zur berühmten **Burg Liechtenstein** und in die **Hinterbrühl**, wo man in der Seegrotte, dem größten unterirdischen See Europas, eine Bootsfahrt unternehmen kann.

Baden

▶ Karte 4, C 3
Anreise: nach 20 km vom Zentrum auf der A2 erreichbar; auch in 75 Min. mit der Badner Bahn, Haltestelle am Ring gegenüber der Staatsoper
Im Kurort Baden, dem bedeutendsten Rheuma-Heilbad des Landes, empfiehlt sich ein Besuch des modernen Kurmittelhauses, aber auch der gotischen Stadtpfarrkirche (Altarbild von Paul Troger!) sowie der Schlösser Leesdorf, Braiten und Weikersdorf. Die k.u.k.-Atmosphäre des verträumten Städtchens lädt zum ausgedehnten Bummeln. Ein Muss für Romantiker ist ein Spaziergang durch das im Westen Richtung Mayerling führende **Helenental**.

Übernachten

Repräsentatives Haus – **Hotel Herzoghof**: Baden, Kaiser-Franz-Ring 10, Tel. 022 52-872 97, www.hotel-herzoghof.com, DZ/F ab 170 €.

Essen & Trinken

Hohes Niveau – **Restaurant Rauhenstein im Grand Hotel Sauerhof:** in Baden, Weilburgstr. 11–13, Tel. 022 52 412 51, www.sauerhof.at, tgl. 7–22, So, Fei bis 18 Uhr, 2-Gänge-Menü 12 €.

Aktiv & Kreativ

Moderne Badelandschaft – **Römertherme:** Baden, Brusattiplatz 4, www.roemertherme.at, tg. 10–22 Uhr. 900 m^2 Wasserfläche, Dampfbäder, Saunen, Therapie- und Wellnesszentrum.
Österreichs größter Sandstrand – **Thermalstrandbad:** Baden, Helenenstr. 19, Tel. 486 70, Mai–Ende Sept. tgl. 8.30–18/19 Uhr. Riesige Open-Air-Anlage mit 5000 m^2 Wasserfläche.

Heiligenkreuz und Mayerling

▶ Karte 4, C 3

Stift Heiligenkreuz
Tel. 022 58 870 30, www.stift-heiligenkreuz.at, Führungen: tgl. um 10 (außer So, Fei), 11, 14, 15, 16 Uhr, im Winterhalbjahr nur n. V., 6,60 €.
Anreise: Autobahn A21 bis Abfahrt Heiligenkreuz, weiter nach Alland auf B11, 29 km von Mödling entfernt
Die mittelalterliche Klosteranlage (1133 gegründet) umfasst u. a. eine romanische Stiftskirche mit berühmten Altarbildern von Johann Michael Rottmayr und Martin Altomonte, einen Kreuzgang mit alten Glasmalereien (13. Jh.), ein Brunnenhaus und einen Kapitelsaal mit den Gräbern alter ba-

Wiens Umland

benbergischer Landesherren. Zum ältesten Zisterzienserkloster Österreichs gehören außerdem eine **Gemäldegalerie** und eine **Bibliothek**.

Jagdschloss Mayerling

Tel. 02258 22 75, www.karmel-mayerling.org, sommers tgl. 9–18, winters bis 17 Uhr, So, Fei ganzjährig erst ab 10 Uhr, Eintritt inkl. Führung 2 €

Im sagenumwobenen Ort Mayerling beging 1889 der habsburgische Kronprinz Rudolf Selbstmord; mit ihm kam die Baronesse Maria Vetschera ums Leben. Die Kirche des zu einem Kloster umfunktionierten Jagdschlosses und ein kleines, mit Originalmöbeln und -dokumenten ausgestattetes **Museum** können besichtigt werden.

Übernachten, Essen

Schiere Freude am Genuss – **Hotel & Restaurant Hanner:** Mayerling 1, Tel. 02258 23 78, www.hanner.cc, tgl. 12–14, 18–22 Uhr, DZ ab 214 €, 8-Gänge-Menü in kleinen Kostproben um 128 €. Mit Barbetrieb.

St. Pölten

▶ Karte 4, A/B 2
Anreise: Autobahn A1 bis Abfahrt St. Pölten Ost/Süd; per Bahn vom Westbahnhof ca. halbe Stunde

In der 60 000-Einwohner-Stadt St. Pölten, am Ufer der Traisen gelegen, lohnen zahlreiche Barockbauten den Besuch, die Jakob Prandtauer (1660–1726) und sein Kreis hier schufen. Hierzu zählen vor allem der Dom, die Franziskanerkirche, das Rathaus, das Institut der Englischen Fräulein und die Bürgerhäuser am Herrenplatz. Sehenswert sind auch das Stöhr-Haus und die renovierte Synagoge (beide im Jugendstil) sowie das Mitte der 1990er Jahre errichtete Neue Regierungsviertel, eine ›Schaumeile zeitgenössischer Architektur‹ (Landesmuseum, Festspielhaus, Medienhaus, Klangturm).

Essen & Trinken

Wunderschönes Jugendstilrestaurant – **Restaurant Galerie:** Fuhrmannsg. 1, Tel. 02742 35 13 05, www.langeneder.at, Mo–Fr 11.30–14, 18–22 Uhr, Hauptgerichte ca. 22 €.

Krems und Stein

▶ Karte 4, A 1
Anreise: A1 bis St. Pölten, dann S33, alternativ: A22, B3 über Stockerau; per Bahn: ab Wien im Stundentakt vom Franz-Josephs-Bahnhof

Krems

Am östlichen Ausgang der Wachau gelegen, gilt Krems – über 1000 Jahre altes, urbanes Zentrum des Handels und des Weinanbaus – als schönste Stadt Niederösterreichs. In seinem mehrheitlich verkehrsbefreiten Kern besitzt es zahlreiche mustergültig renovierte Bürger- und Gotteshäuser. Zu den speziellen Schmuckstücken gehören Piaristen-, St. Veit- und Dominikanerkirche, die Gozzoburg und das Göglhaus.

Zeitgenössische Kontrapunkte setzten die Stadtpolitiker in jüngerer Zeit mit großem Erfolg durch die Gründung der Donauuniversität sowie etlicher neuer Museen und Kulturinitiativen, der sog. **Kunstmeile Krems**.

Stein

Als nicht minder malerisch erweist sich die im Westen direkt an die Donau angrenzende, längst eingemeindete Zwillingsstadt Stein. Dort lohnen spe-

Sanfte Farben und natürliche Materialien waren bei der Gestaltung des Restaurants Hanner maßgeblich – sehr zur Freude der Gäste

ziell Minoriten-, Frauenberg- und Nikolauskirche, Göttweiger- und Passauerhof, Salzstadel, Maut- und Mazzettihaus eingehende Betrachtung. Besuchenswert ist zudem das **Haus der Regionen,** das sich regelmäßig einzelnen europäischen Regionen widmet.

Benediktinerstift Göttweig
Einen Abstecher verdient das am Südufer auf hohem Hügel thronende, ob seiner Monumentalität und geschichtlichen Bedeutung gern als »österreichisches Montecassino« bezeichnete Benediktinerstift Göttweig.

Übernachten, Essen

Entdeckungsreise mit Bodenhaftung – **Gasthaus Jell:** Krems, Hoher Markt 8–9, Tel. 02732 823 45, www.amon-jell.at, Di–Fr 10–14.30, 18–23, Sa, So 10–14 Uhr, Hauptgerichte ca. 22 €, mit schönem Gastgarten.

Wachau

▶ Karte 4, A 1/2
Anreise: A1 bis Melk, von dort am Nord- oder Südufer der Donau entlang nach Krems oder, vice versa, von Krems Richtung Südwesten; per Bahn: von Krems oder Melk mit der Donauuferbahn

Die Wachau, jenes »Lächeln im Antlitz von Österreich«, wie das Durchbruchstal der Donau zwischen Melk und Mautern bzw. Emmersdorf und Krems gern bezeichnet wird, ist eine mitteleuropäische Kulturlandschaft par excellence. Mit mildem, sonnigem Klima gesegnet, von malerischen, mühsam terrassierten Weingärten gesäumt, ist sie für ihre edlen Kreszenzen und die Obst-, insbesondere Marillenkulturen, die im Frühling eine weiße Blütendecke über die Ufer breiten, ebenso berühmt wie für ihre jahrtausendealte, sagenumwobene Geschichte und deren steinerne Zeugnisse. Wobei es ne-

Wiens Umland

> **Tourismusämter**
> **Baden:** Tourist Information, Brusattiplatz 3, 2500 Baden, Tel. 02252-22600600, www.baden.at
> **St. Pölten:** Tourismusinformation im Rathaus, Rathausplatz 1, 3100 St. Pölten, Tel. 02742353354, www.st-poelten.gv.at
> **Krems:** Krems Tourismus, Undstr. 6, 3500 Krems, Tel. 02732 82676, www.krems.info
> **Donau Niederösterreich:** Regionalbüro Wachau, Schlossg. 3, 3620 Spitz/Donau, Tel. 02713 3006060, www.wachau.at

ben den kunsthistorischen Schatzkammern wie Krems und Stein gerade auch die vielen kleinen Orte mit ihren gotischen Wehrkirchen, den sgraffitiverbrämten, arkadengesäumten Winzerhöfen aus der Renaissance und den über ihren Dächern emporragenden Ruinen der mittelalterlichen Höhenburgen sind, die eine Fahrt durch dieses »vom Silberband der Donau umwundene Land« (Franz Grillparzer) so reizvoll machen.

Am Nordufer

Eilige Besucher fahren in der Regel das Nordufer ab. Dort finden sich mit **Spitz** (Schifffahrtsmuseum und Burg Oberranna!), **St. Michael** (gotische Kirche), **Wösendorf, Joching** und **Weißenkirchen** (Wachaumuseum) besonders stattliche und schöne Winzerdörfer aufgereiht. Hier liegt auch die »Perle der Wachau«, **Dürnstein,** wo im ausgehenden 12. Jh. Englands König Richard Löwenherz auf dem Weg vom Kreuzzug retour Richtung Nordwesten eine Zeitlang inhaftiert war. Seine wichtigsten Sehenswürdigkeiten sind hoch droben die spektakuläre Burgruine und unten, nahe dem Fluss, eingebettet in ein Geflecht idyllischer Winzer- und Bürgerhäuser, das ehemalige Augustiner-Chorherrenstift, dessen barocker, blauweiß getünchter Kirchturm Reisende von Weitem grüßt.

Übernachten, Essen

Mit Gastgarten – **Hotelgasthof Sänger Blondel:** Dürnstein, Dürnstein 64, Tel. 02711253, www.saengerblondel.at, Mi–Sa 11.30–20.30, So, Fei 11.30–15.30 Uhr, DZ 47–55 €, Hauptgerichte 20 €.
Burgherr für eine Nacht – **Hotel Burg Oberanna:** Spitz, Mühldorf, Oberranna 1, Tel. 02713 8221, www.tiscover.at/burg-oberranna, DZ ab 125 €.
Stilvoll – **Restaurant Jamek:** Spitz, Joching 45, Tel. 02715 2235, www.weingut-jamek.at, Mo–Do 11.30–16, Fr bis 23 Uhr, DZ 120 €, Hauptgerichte 24 €.

Stift Melk

Tel. 02752555232, www.stiftmelk.at, Mai–Sept. 9–17.30, April, Okt. 9–16.30 Uhr, Nov.–März nur mit Führung n. V., 9,50 € mit/7,70 € ohne Führung

Als Wahrzeichen des Landes thront am westlichen Eingang in die Wachau majestätisch auf einem Fels über dem Strom Stift Melk. Seit seiner Gründung 1089 untrennbar mit dem Werden des Landes verbunden und ohne Unterbrechung von Benediktinermönchen bewohnt, gilt der palastartige Monumentalbau europaweit als Inbegriff klösterlicher Prachtentfaltung und Ikone barocker Architektur.

Besuchern zugänglich sind die Kaiserstiege und das in den Kaiserzimmern eingerichtete, reich bestückte Museum zur Klostergeschichte, weiters der Marmorsaal samt Altane, die Bibliothek und die mit kostbaren Fresken, Malereien und einem höchst theatralischen Hochaltar ausgestattete Stiftskirche.

Übernachten, Essen

Das Haus am Platz – **Hotel Stadt Melk mit Tom's Restaurant:** Melk, Hauptplatz 1, Tel. 02752 52475, Do–Di 12–14.30, 18–21 Uhr, DZ 46,50 €, Hauptgerichte 25 €.

Marchfeldschlösser

▶ Karte 4, E/F 2
Anreise: B3, dann B49 von Wien über Orth und Engelhartstetten, ca. 45 km; Infos Schloss Hof & Niederweiden: Tel. 02285 200000, Mai–Nov. tgl. 10–18 Uhr, Infos zu allen drei Schlössern: www.schlosshof.at

Schloss Hof
Eintritt 9,50 €, Führungen 2 €
Das flache Land, das sich östlich von Wien zwischen der Donau und March erstreckt, ist die Gemüsekammer der Hauptstadt. Einst war das Marchfeld bevorzugtes Jagdgebiet der Aristokratie, wovon etliche prunkvolle Schlossanlagen Zeugnis ablegen. Mit Abstand die prunkvollste ist Schloss Hof. Wo im 18. Jh. der Kaiserhof opulente Feste inszenierte, lädt seit Kurzem eine 50 ha große barocke Erlebniswelt zum Besuch. In dem von Hofbaumeister Johann Lukas von Hildebrandt entworfenen Komplex stehen wieder die Originalmöbel aus ›mariatheresianischer‹ Zeit. Auch der Terrassengarten wurde nach historischen Plänen originalgetreu wiederhergestellt. Altes Handwerk und vor dem Aussterben bewahrte Haustierrassen werden präsentiert, sommers wieder Konzerte und Feste veranstaltet.

Lustschloss Niederweiden
Zutritt zum Garten frei, Foto-Präsentation im Schloss 2 €
Nur 4 km entfernt liegt Prinz Eugens heute ebenfalls öffentlich zugängliches Lustschlösschen Niederweiden.

Schloss Eckartsau
Tel. 02214 233518, Führungen: April–Okt. Sa, So 11, 14 Uhr, 8–10 €
Ein wunderschöner Park umgibt das weiter westlich, nahe der Donau gelegene Schloss Eckartsau, das im Rahmen von Führungen zu besichtigen ist.

Übernachten, Essen

Eleganter Landhausstil – **Hotel & Taverne am Sachsengang:** im Marchfeld, Groß-Enzersdorf, Schloßhofer Str. 60, Tel. 02249 2901, www.sachsengang.at, tgl. 11.30–15, 18–23 Uhr, DZ 135–150 €, Hauptgerichte 14–31 €.

Nationalpark Donauauen

▶ Karte 4, E 2
Ein Naturerlebnis der besonders raren und intensiven Art erwartet Besucher des 1996 eröffneten, damals weltweit ersten Auen-Nationalparks. Östlich von Wien und nördlich der Donau bei Stopfenreuth/Hainburg gelegen, ist diese über 90 km^2 große Wildnis teils temporäre, teils dauerhafte Heimat für über 5000 verschiedene Tierarten, vor allem Wasservögel und Amphibien, aber auch für eine äußerst vielfältige Vegetation. Erkunden kann man diesen letzten echten Urwald Mitteleuropas auf eigene Faust oder im Rahmen geführter Exkursionen, zu Fuß, im Pferdewagen, per Boot oder Kanu. Als ›Tor zur Au‹ fungiert das **schlossORTH Nationalpark-Zentrum** in Orth an der Donau (ca. Mitte März–Ende Sept. tgl. 9–18, Okt. bis 17 Uhr, Auskünfte & Buchung unter www.donauauen.at oder, Mo–Fr 8–13 Uhr, unter Tel. 02212 3555).

Register

Adler, Alfred 108
Aichinger, Ilse 116
Akademie der bildenden Künste 139, 163
Akademietheater 118, 208
Albertina 141
Albrecht I., Herzog 267
Albrecht VI. 267
Alsergrund 228
Altes Allgemeines Krankenhaus 229
Altes Rathaus 182, 186
Ambrosi, Gustinus 258
Ambrosi-Museum 258
Ankeruhr 182
Anreise 21
Apotheken 72
Architektur 98, 101, 125
Architekturzentrum Wien (AzW) 238
Ärztliche Versorgung 72
Attersee, Christian Ludwig 129
Auenbrugger, Leopold 107
Augarten 243, 255
Augarten-Porzellanmanufaktur 255
Augustinerkirche 142
Ausgehen 50
Äußeres Burgtor 162
Austria Center Vienna 255
Avanio, Marco d' 267

Bachmann, Ingeborg 116
Backhausen, Textilunternehmen 193
Baden 279
Bayer, Konrad 116
Beethoven-Fries 201
Beethoven-Gedenkstätten 263, 265
Behinderte 75
Belvedere 244
›Bermuda-Dreieck‹ 167, 183
Bernhard, Thomas 116
Bevölkerung 81
Biedermeier 102
Billroth, Theodor 107 f.
Borromäus, Karl (Heiliger) 202

Börse 155
Bösendorfer, Klavierfabrik 194
Botschaftsviertel 247
Bruckner, Anton 123
Burg Liechtenstein 279
Burggarten 162
Burgkapelle 151
Burg-Kino 202, 207
Burgtheater 117, 158

Cabaret Fledermaus 120
Café Drechsler 211
Café Frauenhuber 176
Café Mozart 207
Café Sacher 181
Café Zartl 247
Calafati, Basilio 252
Capistranus, Johannes 169
Caspar, Franz 202
Cerha, Friedrich 124
City-Busse 169
Clemens Maria Hofbauer, hl. 182
Cotton, Joseph 207
Corvinus, Matthias 267

Designforum MQ 238
Deutsch-österreichische Beziehungen 134 f.
Doderer, Heimito von 115
Dokumentationsarchiv des Österreichischen Widerstands 186
Dollfuß, Engelbert 105
Dom- und Diözesanmuseum 174
Donau 96
Donauinsel 243, 261
Dorotheum 138, 144
Dr.-Ignaz-Seipel-Platz 183
Dr.-Karl-Lueger-Gedächtniskirche 249
Dreimäderlhaus 157
Dritte Mann Museum 196, 206
Dschungel Wien 73, 238
Dürnstein 282

Eckartsau, Schloss 283
Einkaufen 44

Eislaufverein, Wiener 197, 211
Ephesos-Museum 153
Erlach, Johann Bernhard Fischer von 101, 216, 202, 203
Fischer, Joseph Emanuel Fischer von 202
Esperantomuseum 155
Essen und Trinken 33

Falco 124
Februar-Trauma 104
Feiertage 72
Feste und Festivals 58
Feuerwehrmuseum 181, 182
Fiakerfahrten 167, 173
Frankl, Victor 108
Franz II., Kaiser 181, 278
Franz Joseph I., Kaiser 174
Franz Joseph, Kaiser 157, 217
Franz Stephan von Lothringen 174
Franzensburg 278
Franziskanerkirche 174
Freiraum/quartier 21 238
Freud, Sigmund 107
Fuchs, Ernst 221

Galerien 66
Gardekirche 247
Gasometer 251
Gedenkstätten 66
Geld 73
Geschichte 82, 99, 134
Glacis 200
Globenmuseum 150, 155
Gloriette (Schloss Schönbrunn) 216
Göttweig, Benediktinerstift 281
Graben 17
Greene, Graham 207
Griechische Kirche 183
Grillparzer, Franz 114
Grinzing 262
Grinzinger Friedhof 263, 266

Register

Gumpoldskirchen 279

Hader, Josef 122
Haen, Anton de 107
Handke, Peter 116
Haus der Musik 166, 178
Haus des Deutschen Ordens 178, 180
Haus des Heiligenstädter Testaments 266
Haus des Meeres 197, 210
Haus Zum großen Jordan 186
Heeresgeschichtliches Museum 246
Heiligenkreuz 275, 279
Heiligenkreuzer-Hof 183
Heiligenstadt 262
Helenental 279
Henry, Marc 120
Herrengasse 152
Herzog von Reichsstadt 218
Heurige 268 ff.
Hildebrandt, Johann Lukas von 101, 232
Hinterbrühl 279
Hitler, Adolf 135
Hochschule für angewandte Kunst 187
Hochstrahlbrunnen 207
Hof 181
Hof, Schloss 283
Hofburg 138, 140, 146 ff.
Hoffmann, Josef 221
Höfler, Karin 207
Hörbiger, Paul 207
Hofmobiliendepot Möbel Museum 103
Höhenstraße, Wiener 263, 264, 267
Hoher Markt 182
Horvath, Ödön von 116
Hotel Imperial 188
Hrdlicka, Alfred 129
Hrdlicka-Denkmal 141
Hundertwasser, Friedensreich (Friedrich Stowasser) 242, 247
Hundertwasserhaus 242, 247

Information 14

Jan III. Sobieski 99, 100, 267
Jedlersdorf 270
Jelinek, Elfriede 116
Jesuitenkirche 183
Joching 282
Johann-Strauß-Denkmal 209
Josefsplatz 147
Josefstadt 228 ff.
Joseph II., Kaiser 174, 249
Josephinum 228
Josephskirche 267
Judenplatz 182, 185
Jüdisches Ghetto 186
Jüdisches Museum 186
Jüdisches Wien 184
Jugendstil 221, 125

Kabarett 120
Kaffeehaus 110
Kahlenberg 263, 266
Kahlenbergermuseum 101
Kammeroper 183
Kanaltour Dritter Mann 207
Kapuzinergruft 166, 174
Karas, Anton 207
Karl VI, Kaiser 202
Karl-Marx-Hof 10, 263, 264
Karlskirche 202
Karlsplatz 200
Kärtner Ring 188
Kärtner Straße 174
Kasino am Schwarzenbergplatz 118
Kinder 73
Kirche Am Steinhof 221
Kirche Maria am Gestade 182
Kirche Zu den neun Chören der Engel 181
Kirche Zur heiligsten Dreifaltigkeit 221
Klima 95
Klimt, Gustav 126
Klosterneuburg 275, 276
Kohlmarkt 174
Kolschitzky, Georg Franz 111

Konzerthaus 207
Kraus, Karl 114, 115
Krems 275, 280
Kugelhaus 252
Kultur 80
Kunst Raum NÖ 155
Kunst- und Naturhistorisches Museum 138
Kunstforum 155
KUNSTHALLE wien 238
Kunsthandwerk 192
Kunsthistorisches Museum 159
Künstlerhaus 206
Kursalon 209, 211

Landsteiner, Karl 108
Landstraße 244
Lassnig, Maria 129
Laxenburg, Schloss 278
Lebensbaumkreis Am Himmel 271, 272
Lenaugasse 232
Leopold III., Markgraf 267
Leopold Museum 237
Leopoldsberg 263, 267
Leopoldskirche 271
Leopoldstadt 186, 244, 255
Lesungen 115
Letztes Erfreuliches Opterntheater L.E.O. 260, 261
Liechtenstein Museum 227, 228
Limes, Harry 207
Lipburger, Edwin 252
Lipizzaner 139, 148
Lipizzaner Museum 149
Literarisches Quartier Alte Schmiede 115
Literatur 16, 114
Lobmeyr, Kristallbeleuchtung 194
Loos, Adolf 210
Looshaus 149
Lothringerstraße 207

Madersperger, Joseph 202
Mahler, Gustav 123
Majolikahaus 198
Malerei 101, 128

285

Register

Marchfeldschlösser 283
Maria Theresia 107, 174, 217
Maria-Theresia-Denkmal 161
Marionettentheater 227
Mauer 270
Maximilian, Erzherzog 157
Mayer am Pfarrplatz 263, 271
Mayerling, Jagdschloss 275, 279, 280
Medizinische Schule 107
Meierei im Steirereck 212
Melk, Stift 275, 282
Metternich, Clemens Wenzel Fürst von 102
Miet-Oldtimer 20
Minoritenkirche 158
Misrachi-Haus 184, 185
Mödling 279
Mölker Bastei 157
Moore, Henry 203
Mozart 178
Mozarthaus 166, 174, 179
Mukental 263, 266
Museen 66
Museum für angewandte Kunst 167, 187
Museum für Moderne Kunst (MUMOK) 237
Museum für Völkerkunde 150
Museum KunstHausWien 251
Museumsquartier (MQ) 226, 234, 23
Musik 123
Musikfilmfestival 139, 158
Musikinstrumentensammlung (Hofburg) 154
Musik-Meile 180
Musikverein 197, 206
Musikvereinsgebäude 194
Musil, Robert 115

Nachtleben 50
Naschmarkt 197, 198, 199

Nationalbibliothek 147
Nationalpark Donauauen 275, 283
Naturhistorisches Museum 161
Nestroy, Johann 114
Neubau 228
Neue Burg 149, 151
Neues Rathaus 158
Niederweiden, Lustschloss 283
Nitsch, Hermann 130
Notruf 74

Oberes Schloss Belvedere 244
Oberhuber, Oswald 129
Öffnungszeiten 74
Olbrich, Joseph Maria 125, 126, 201
Opernball 141
Österreichisches Theatermuseum 118
Östliche Vorstadt 242
Otto-Wagner-Haus (Köstlergasse) 198

Palais Clam-Gallas 229
Palais Coburg 188
Palais Epstein 159
Palais Mollard 152
Palais Schwarzenberg 207
Palais Trautson 233
Pallas-Athene-Brunnen 159
Papst Johannes Paul II. 267
Papyrusmuseum 150
Parken 24
Parkring 187
Parlament 139, 159
Pasqualatihaus 157
Pathologisch-Anatomisches Bundesmuseum 229
Perchtoldsdorf 279
Pestsäule 181
Peterskirche 179, 181
Peymann, Claus 119
Piaristenkirche 232
Planetarium 252
Politik 80
Polizei 75
Post 75

Postsparkassenamt 167, 183
Prater 244, 251
Praterauen 243, 261
Prinz Eugen von Savoyen 244
Probus, römischer Kaiser 269
Psychoanalyse 107

Qualtinger, Helmut 122

Raimund, Ferdinand 114
Rainer, Arnulf 129
Ramsaier-Gorbach, Geigenwerkstatt 194
Rathauspark 157
Rauchen 75
Reed, Carol 206
Regierungsgebäude 187
Reinhardt, Max 232
Reisende mit Handicap 75
Reisezeit 17
Religion 81
Resetarits, Lukas 122
Ressel, Joseph 202
Richard Löwenherz, König von England 282
Ringstraße 138
Ringstraßengalerien 188
Ringturm 156
Rokitansky, Karl 107, 109
Römermuseum 182
Roth, Joseph 115
Rottmayr, Johann Michael 202
Rudolf, Kronprinz 280
Rundflug 279
Ruprechtskirche 183
Ruprechtsviertel 182

Salesianerinnenkirche 247
Sammlung Essl 277
Sanatorium Purkersdorf 221
Sängerknaben 139, 151
Schatzkammer (Hofburg) 15
Schatzkammer 149, 151

Register

Schatzkammer des Deutschen Ordens 174
Schiffsrundfahrt 243, 245
Schloss Belvedere 242, 244
Schloss Laxenburg 278
Schloss Schönbrunn 214
Schoah-Mahnmal 185
Schönberg 123
Schottengasse 152
Schottenkirche 153
Schottenring 153
Schubert-Gedenkhaus 227, 228
Schwarzenberg, Karl 207
Schwarzenbergplatz 188, 207
Schwertsik, Kurt 124
Secession 201
Semmelweis, Ignaz Philipp 107, 109
Sicherheit 75
Sigmund-Freud-Museum 227, 229
Sirbu 263, 271
Sisi 174
Sisi-Museum 153
Skoda, Joseph 107
Soyfer, Jura 116
Spanische Hofreitschule 148
Spittelberg 227, 233
Spittelberg-Viertel 103
Sport 62
Sprache 81
St. Marxer 242, 248
St. Michael 282
St. Pölten 280
Staatsoper 139, 140
Staatsopernmuseum 141
Stadtbahn-Pavillons 202
Stadtentwicklung 88
Stadtführungen 19
Stadtpark 208
Stadtrundfahrten 19
Stadttempel 186
Stadtverwaltung 80
Stallburg 152
Stammersdorf 270
Starhemberg, Graf Rüdiger 100
Station Kettenbrückengasse 198
Steckbrief 80
Stein 280
Stephansdom 166, 168
Stift Klosterneuburg 270
Strassgschwandtner, Gerhard 207
Strudlhofstiege 228
Stubenring 187
Südliche Weinstraße 278
Swieten, Gerard van 107, 109

Technische Universität 203, 204
Technisches Museum (Schloss Schönbrunn) 215, 219
Telefonieren 76
Theater an der Wien 199
Theater in der Josefstadt 232
Theatermuseum 142
Theseus-Tempel 159
Thonet, Michael 193
Tiergarten (Schloss Schönbrunn) 215, 216
Tourismus 80
Transdanubien 244
Trinkgeld 76
Türkenbelagerung 99

Übernachten 26
Uhrenmuseum 181, 182
Universität 156
UNO-City 88, 131, 255
Unteres Schloss Belvedere 246
Urania 187

Veranstaltungshallen E und G (Museumsquartier) 238
Verkehr 81
Verkehrsmittel 21
Vestibül 118
Vetschera, Maria Baronesse 280
Vienna International Centre 255
Villa Skywa-Primavesi 221
Villa Wagner 221

Volkskunde-Museum 230
Volksprater 242, 252, 255
Volkstheater 233
Votivkirche 157

Wachau 275, 281
Wagenburg (Schloss Schönbrunn) 215, 216
Wagner, Otto 125, 126, 167, 183, 198, 202, 221
Wagner-Jauregg, Julius 108, 109
Webern, Anton von 123, 124
Wein 262, 264, 268
Weinfeste 270
Weinheber, Josef 116
Weißenkirchen 282
Wellness 26
Welles, Orson 207
Werkbundsiedlung 221
Werkstätte-Museum 193
Westliche Ringstraße 153
Westliche Vorstadt 226
Westlicher Ring 140
Wetter 17
Wien Museum 101, 197, 203
Wien Museum am Karlsplatz 205
Wiener Gruppe 116
Wiener Höhenstraße 263, 264, 267
Wienerwald 276
Wieninger, Fritz 270
Wiens Umland 274
Wiental 196
Wienzeile 198
Winterreitschule 147
Wirtschaft 80
Wittgensteinhaus 243, 247
Wösendorf 282
Wotruba, Fritz 221
Würstelstände 197, 207

Zentralfriedhof 242, 248
Zita 174
ZOOM Kindermuseum 69, 73, 238
Zum Basilisken 183

287

Abbildungsnachweis/Impressum

Abbildungsnachweis

AKG, Berlin: S. 115, 132/133, 197 links, 204 (akg-images)
Bildagentur Huber, Garmisch Partenkirchen: S. 9, 96/97, 214, 223 (Mirau); 92 (Laimer); 110, 263 links, 265 (Schmid); 196 links, 203, (Fantuz Olimpio)
dpa Picture-Alliance, Frankfurt: S. 103, 104, (akg-images); 106 (Hackenberg); 268 (Imagno); 274, 278 (Kungel)
F1 online, Frankfurt: S. 136/137 (Kaiser/AGE)
Fuchs, Christa, Wien: S. 11 unten links, 260
Getty, München: S. 121 (Imagno/Austrian Archives)
Kees, Eva, Wien: S. 10 oben u. unten links, 11 oben rechts, 38, 138 links, 154/155, 148, 167 links, 184, 192, 194, 224/225, 241
laif, Köln: S. 12/13, 78/79, 99 (Hemispheres); 29, 46/47, 74, 77, 89, 208 (Zahn); 11 oben links, 41, 90, 128/129, 196 rechts, 212, 227 links, 236 (Stukhard); 45, 55, 191 (Gurian); 65 (New York Times/Redux); 70 (Hahn); 113 Huber); 125, 126, Umschlagrückseite (Derwal); 130 (Flitner); 139 links, 161,(Borgese); 178, 215 links, 220 (Hoa-Qui); 166 links, 180 (Body); 275 links, 281 (Kuerschner)
Look, München: Titelbild, 59, 68, 242 links, 254 (age fotostock); 20 (Martini); 32 (Greune); 10 unten rechts, 52, 256/257 (travelstock44); 138 rechts, 147 (Eisenberger); 144 (Felbert); 156, 226, 234 (Pompe); 166 rechts, 175 (Fleisher)
Mauritius Images, Mittenwald: S. 10 oben rechts, 109, 117, 176/177 (Imagebroker); 243 links, 248 (Scott); 242 rechts, 259 (Dietrich)
Münster, Guntram, Wien: S. 11 unten rechts, 262, 272/273
Weiss, Walter M.: S. 8

Kartografie

DuMont Reisekartografie, Fürstenfeldbruck
© DuMont Reiseverlag, Ostfildern

Umschlagfoto

Titelbild: Fiakerfahrer am Graben vor St. Peter

Hinweis: Autor und Verlag haben alle Informationen mit größtmöglicher Sorgfalt geprüft. Gleichwohl sind Fehler nicht vollständig auszuschließen. Alle Angaben erfolgen ohne Gewähr. Bitte, schreiben Sie uns! Über Ihre Rückmeldung zum Buch und über Verbesserungsvorschläge freuen sich Autor und Verlag: **DuMont Reiseverlag,** Postfach 3151, 73751 Ostfildern, info@dumontreise.de, www.dumontreise.de

1. Auflage 2009
© DuMont Reiseverlag, Ostfildern
Alle Rechte vorbehalten
Grafisches Konzept: Groschwitz, Hamburg
Druck: Sommer C. M., Ostfildern